国土空间规划与测绘工程技术

杨雅婷　张荣霞　翟　丽　著

吉林科学技术出版社

图书在版编目（CIP）数据

国土空间规划与测绘工程技术 / 杨雅婷，张荣霞，
翟丽著 . -- 长春 : 吉林科学技术出版社 , 2024. 6.
ISBN 978-7-5744-1473-0

Ⅰ . TU98; TB22

中国国家版本馆 CIP 数据核字第 2024FX2579 号

国土空间规划与测绘工程技术

著	杨雅婷　张荣霞　翟　丽
出 版 人	宛　霞
责任编辑	王　皓
封面设计	刘梦杳
制　版	刘梦杳
幅面尺寸	185mm×260mm
开　本	16
字　数	380 千字
印　张	19.75
印　数	1~1500 册
版　次	2024 年 6 月第 1 版
印　次	2024 年 12 月第 1 次印刷

出　版　吉林科学技术出版社
发　行　吉林科学技术出版社
地　址　长春市福祉大路5788 号出版大厦A 座
邮　编　130118
发行部电话/传真　0431-81629529 81629530 81629531
　　　　　　　　　81629532 81629533 81629534
储运部电话　0431-86059116
编辑部电话　0431-81629510
印　刷　廊坊市印艺阁数字科技有限公司

书　号　ISBN 978-7-5744-1473-0
定　价　98.00元

前　言

国土空间规划就是以可持续利用空间资源为目的，对国土空间的利用进行指导和优化，使之布局更加合理的一种公共政策手段。我国大多数省市地区在不断地尝试和研究之后，目前基本上都编制了层级、类型以及侧重点各不相同的空间规划，这些空间规划纵横交错，构成了具有我国自身风格和显著特性的空间规划体系。围绕空间规划的相关理论，我国专家和学者展开了大量、深入的研究和探讨，这对构建我国完整的空间规划理论体系具有重要意义，相关研究成果也被运用到资源调配和优化等方面的实践工作中，成效显著。

测绘技术无论是在微观的工程建设中，还是在宏观的城市发展上都具有不可替代的作用。测绘看似专业且遥远，实际存在于我们生活中的方方面面，包括道路桥梁建设、地产开发、车载导航等。在关系国计民生和大型国家建设项目中，测绘占据着极其重要的地位，它是工业发展的助推器，是人们追求美好生活的有效途径。作为一项基础工作，测绘在很多领域都得到了广泛应用，在日常生活中包括交通导航等，在国家科技发展中包括发射卫星等。毫不夸张地说，在我国经济和科技的发展中，测绘是极其关键的一环。测绘因其具有较强的实用性和科学性，在城市规划中经常被用到，具体就是通过测量城乡空间地理的地形，向设计和规划单位提供他们所需要的比例尺寸的地形数据，使其做出正确的决策，保证城乡建设工作高效、有序地开展。想要科学、标准和信息化地管理地理信息系统，首先需要全面地构建系统数据库，而测绘所能提供的空间数据恰恰满足了专业信息系统所需要的准确、数字化且标准的要求，在不同领域基础平台和地学空间的信息显示中运用地理信息系统，它能在预测预报空间和决策辅助等方面发挥积极的促进作用。

近年来，随着我国社会经济快速增长，人民生活水平不断提高，这进一步加剧了城镇化的进程，同时，国家的空间规划也面临着新的挑战。目前，我国的国土空间规划工作已经开始广泛地运用测绘技术，以促进国土资源的合理配置和有效利用。面对我国可利用土地资源面积逐渐减少的情况，测绘技术的运用有其必要性以及深远的意义。

本书围绕"国土空间规划与测绘工程技术"这一主题，由浅入深地阐述了空间规划发展演变与其内涵属性、国土空间规划的思想与理念、国土空间规划的体系，系统地论述了国土空间用途管制、韧性城市规划、大地测量技术、不动产测绘、测绘地理信息与土地资源利用管理等内容，以期为读者理解与践行国土空间规划与测绘工程技术提供有价值的参考和借鉴。本书内容翔实、条理清晰、逻辑合理，在写作的过程中注重理论与实践相结合，适用于从事国土资源、国土空间规划以及基础测绘研究或相关工作的专业人士。

在本书写作之前，笔者对国内外学者在相关领域中的研究成果进行了分析和借鉴，同时得到了很多权威专家和同行的帮助，在此表示诚挚的谢意。受时间等因素的限制，笔者在本书中的论述和观点还存在许多不足，诚邀前辈、同行和广大读者朋友多提宝贵意见。

目　录

第一章 国土空间规划发展概述

第一节 空间规划的发展演变进程

一、中国空间规划发展演变的总体历程

长期以来，我国中央集权的传统思想深刻地影响着国家的治理体系，同时，为了适应经济发展新的需求，尤其是在改革开放之下经济高速增长时期，国家治理体系又在不断的变化之中。在这种社会环境发生重大变化以及世界局势发生根本性转变的历史交替时刻，我国空间规划体系的发展也呈现出多元化的趋势，并且受到了我国权力格局的直接影响。结合国家治理体系的变迁，对于空间规划在我国的演变历程，可以将其划分为以下几个阶段。

(一)"计划经济"时期(1949—1977)：作为国民经济和社会发展计划的空间落实

在中华人民共和国刚成立的时候，国家百废待兴，尽快恢复生产、稳定国家的经济和局势成为当时社会的主要任务，在党的领导下，我们开始借鉴苏联经验，建立了中央集权的国家治理体系，该体系以计划经济体制为基础，政府的定位是全能型政府，全面负责社会经济发展计划的制订和实施。对于经济的管理，首先是对生产资料进行公有制改革，形成从中央到地方各级政府和经济部门的计划管理体系，政府通过调控和分配资源直接控制国家的经济生产；其次对于社会的管理，则是通过层层向下的组织动员来高效整合和管理各个社会群体以及个人。

这一时期的国家治理以国家为主导，权力集中在中央，空间规划的类型以区域和城市规划为主，国家在对资源和生产力进行配置和布局时，以这些规划类型为依据。在计划经济时代，国家主宰着城乡空间的发展，各级政府和集体组织掌握着城乡空间的所有权和使用权。国家对经济的规划严密且完整，在计划经济体制下，社会发展计划和国民经济发展计划贯穿于城市和区域的规划，在城乡空间单向、被动地落实国民经济计划是其主要功能。简言之，从空间层面绘制社会发展和国民经济发展的蓝图就是空间规划。

(二)"双轨制"并存时期(1978—1992):集权—分权交织的规划体系

党的十一届三中全会的召开标志着中华人民共和国在探索中改革的开始。该时期国家逐渐调整和放弃计划经济体制,且针对生产和消费颁布的指令性计划明显减少,作为主体,市场应有的作用得到了一定程度的发挥,国家逐渐放松了对社会和经济的全面控制。但是究竟应该以市场经济为主,还是计划经济为主,这一时期并没有形成明确的意识形态,中央集权下的经济社会计划和管控仍然占据主导地位,进而呈现出"双轨并存"的局面,即商品和计划经济同时存在的独特的国家治理体系。

这一时期我国的国土空间规划因为商品和计划经济并存的治理体系也表现出了独有的特征,即集权和分权相互交织。首先,计划经济时期的国家治理以国家的宏观调控为主,此时的国土空间规划也延续了这一特点,国家的国土和区域规划都由计划部门牵头绘制,而且在空间上的国民经济计划的空间布局策略也是由此体现出的;其次,国家由上到下下发的计划性指令越来越少,地方发展有了一定的自由发挥的空间,各个省市区域开始根据自身的发展需求编制本地的城市总体规划。

截至1988年,我国基本完成了城市和县级区域的整体规划,一些沿海经济发达地区,包括珠海、深圳等,还根据具体的发展情况和诉求编制了专业规划和更加细致的规划。我国从国家到区域再到地方的空间规划体系由此基本建成[①],初步形成的具有完整层级且以城市规划为主体的国家空间规划体系的标志就是1990年颁布实施的《中华人民共和国城市规划法》。此时,土地利用规划初现,但发展还不成熟,并不具有很强的影响力。

(三)"增长主义"导向时期(1993—2001):支持经济增长的空间工具

针对市场经济体制的建立,中共中央于1993年召开了十四届三中全会,并在会上就其相关问题通过了决定性文件,对在资源配置方面市场所具备的基础性作用予以明确,这是我国经济增长方式由内向型、计划性转向外向型和市场化的标志,自此,我国经济增长开始突飞猛进。1994年我国进行了分税制改革,其本质上是行政层面从中央集权到地方分权的一个过程,在这前后,国家还改革了城市土地有偿使用制度、福利性住房分配体制取消、提出城镇化发展战略等,这些改革措施将相对独立权赋予地方政府,各城市和城镇在经济发展中开始积极地出谋划策。邓小平提出"发展才是硬道理",改革开放以来我党一直坚持做实事,推进各种改革,该时期

---

① 张京祥,陈浩. 空间治理:中国城乡规划转型的政治经济学 [J]. 城市规划,2014,38(11):9-15.

的政府偏向于企业化的增长模式，以尽快实现短期目标为主，特别是地方政府表现更加突出，它们掌握着土地资源，而"土地财政"也由此产生。

随着分权化国家治理体系的逐渐形成，我国的空间规划体系也开始以地方为重心，高度分权的空间规划体系初步形成。中央政府职能改革不断深入，由中央到地方的区域和国土规划的影响力不断缩小，在经济快速增长基础上的地方城市总体规划、以控制为目的的进一步规划以及各种专业规划如雨后春笋般涌现，同时出现了很多"非法定规划"，这些规划想要突破法定和上位规划对城市发展的限制。这一时期，地方政府转变了在空间规划中扮演的传统角色。分税制使得地方迫切需要财政收入，而土地财政则可以为其带来高额财税收入，于是，地方政府开始将土地作为最重要的税收对象，为了最快、最大限度地发挥出城市土地经营的价值，各地开始超前规划空间。在该时期，为城市经营服务、促进市场资本的流入和城市竞争力的提升成为城市规划的主要方向和政府拉动地方经济快速增长的有效手段。土地利用总体规划，因其对城市扩张的限制而被看作阻碍经济增长的因素。

（四）"调控—刺激"反复期（2002年至今）：多规冲突、多元体系并存

21世纪，我国经济增速逐渐放缓，国际形势风云变幻，在经济快速增长期因为粗放式的发展模式所导致的环境恶化、贫富差距拉大等社会矛盾日益凸显。基于这些问题，中共中央召开了十六大会议，在原来分权制的基础上建立起新的治理格局，该格局具有有序分层、明晰权责、有力传导和充满活力的特点。

国家治理体系的变革也引领了空间规划的变革，这是一场深刻的、由中央到地方的全面调整。在第十八届三中全会上，中共中央对国家空间规划体系的建立进行了强调，并提出了分级管理、有序衔接和全国统一的要求；2014年，"多规合一"在我国逐步开展，国家先后在28个地区建立试点基地，对协调空间规划机制的建立进行了深入的探究；2018年，中央联合国务院出台了一系列改革方案，决定建立自然资源部，集合包括土地利用、城乡规划以及主体功能区域规划等在内的空间规划职能，由其负责空间规划体系的建立及实施监督，这意味着我国离重构国家空间规划体系又近了一步。作为国家治理体系的重要构成，国家空间规划体系将以重构地方政府权责划分、整合职能与体系以及消除多规矛盾为目标，以有效规制地方发展。

二、中国空间规划发展演变的总体趋向

我国空间规划体系的演进可以总结为从一规到三规再到多规，最终到多规合一。相较于西方发达国家已经建立的成熟的空间规划体系，我国仍处于初步建立这种规划体系的阶段。但是我国总体的空间规划体系发展趋势仍然可以通过其演进过程反映出来。

（一）地位

空间规划在很长一段时期内，都处于我国治理体系的边缘位置，尽管它最终走向了治理体系的中心。1980—1990 年，计划经济体制对空间规划的影响仍然处于主导地位，虽然此时国家从上而下开始重视空间规划，但其仍然无法摆脱在空间上落实社会和国民经济发展计划的定位。1990—2000 年，国家通过分权制推动地方之间的竞争与发展，城市规划在这一过程中扮演着助推器的角色，但并不是科学合理地管控和利用空间资源为主。为了尽快实现短期经济发展目标，以粗放型的发展模式过度消耗资源为主，此时国家被动出台土地利用规划，但影响甚微。

2000 年以后，国家对区域规划职能逐渐重视，在原有的城乡和土地利用总体规划的基础上，出现了层次、类型多样化以及覆盖空间广的各类空间规划，包括生态环境保护规划等，多规合一的空间规划体系促进了我国治理格局的转型和空间开发利用的优化，也成为空间规划开始迈向国家治理中心的标志。原来被动适应市场化和分权化的空间规划转变为在经济、空间和社会转型中积极发挥引领和指导作用的空间规划。围绕国土空间规划体系的建立及其实施监督工作，中共中央、国务院于2019 年发布了意见性文件，这意味着我国基本完成了全国统一的空间规划体系的顶层设计。促进地方发展模式的转变、有效应对市场负外部性将成为我国空间规划在未来的主要发展方向，同时在国家治理体系和能力的发展中，空间规划还肩负着引领转型和积极推动的历史使命。

（二）目标

我国的空间规划经历了从单一到多元服务目标的过程。1979—1990 年，为落实落成社会和国民经济发展计划以及为重大建设项目提供服务是空间规划的主要目标，简言之，就是从空间层面落实国家意志。1990—2000 年，为地方增长联盟的经济发展提供服务，促进地方快速增长是空间规划的主要目标。从 2000 年至今，空间规划呈现出多元化服务目标的发展趋势。空间规划的类型和层次都得到了很大的丰富，最具代表性的就是区域型规划，比如，生态环境保护规划、城镇体系规划等。同时，国家还对诸如《京津冀协同发展规划纲要》等这种带有鲜明引导色彩的基于国家发展战略的区域规划进行了批复。这不仅仅是我国空间规划在技术上的发展和创新，更是我国空间规划积极应对复杂环境和社会矛盾的具体表现。

(三) 角色

我国的空间规划体系经历了由反复变化到规范化和全面重构的过程。作为国家治理体系的重要组成部分，空间规划始终处于中央和地方不断变化关系的影响之中。1980 年国家延续了计划经济时期的中央集权制，1990 年国家推行分权制，2000 年国家又开始实行中央集权制，在这一变化过程中，空间规划的角色也由为国家落实社会和经济发展计划提供服务，变成为地方和市场的利益增长提供服务，再到从战略上引领和规制地方发展，对社会经济发展不断变化的需求进行适应性调整，国家治理体系也随之不断转型。21 世纪，国家和地方治理逐渐以空间规划为重要手段，为了加快国家治理体系和能力的现代化建设，国家开始全面重构空间规划体系，不断提升其在空间管理中的制度化和规范化水平。

(四) 属性

国家空间规划经历了从经济增长的服务工具到兼具刚性管控和战略引领的公共政策的发展过程。1990 年以后，空间规划以城市规划为主，有效推动着地方增长联盟的经济发展，其本身应该具有的对公共利益进行积极维护和对市场外部性有效约束的功能被削弱，2008 年，国家颁布实施了新的《中华人民共和国城乡规划法》，这才开始意识到城乡规划的公共服务职能。目前，我国经济发展进入快速增长期，国内社会环境和国际经济局势正发生着重大变革，国家开始注重发展的质量。

在提倡高质量和可持续发展的背景下，我国社会经济发展的价值观发生了根本性的转变。以往优先发展经济的空间规划价值观也转变为优先发挥城乡协调、环保等公共价值，在贯彻落实可持续发展观和国家发展意图的过程中，空间规划占据着中心位置，在刚性管控和战略引领方面发挥着关键性作用。

第二节　国土空间规划的内涵与属性

一、土地概述

(一) 土地的概念

因为国土空间用途管制是具有中国特色的概念，国际上广泛采用的是土地用途管制。另外，中国化的国土空间用途管制，从根本上说是源于土地用途管制的。因此，必须充分认识土地的概念内涵及其属性。目前，国内外学者对土地概念内涵的理解还不完全一致，但都认同土地是一个复合系统，是在一定的时空范围内，由若干个相互作用、相互依赖的要素，如气候、地貌、水文、植被等，有规律地组合生成的具有特定结构和功能的有机整体。

总体来看，土地作为地球表层中物理过程、化学过程和生物过程最为活跃的层次，处于岩石圈、水圈、生物圈、大气圈和智慧圈的接合部，是地球生态系统的重要组成部分。土地系统中各组成要素都有其不可替代的地位和作用，土地的性质和用途取决于各组成要素的综合作用，而不从属于任何一个单独要素。整体性是土地系统的突出特点，土地的性质和规律存在于全部要素的相互联系和相互作用之中。国土空间用途管制的制度设计，必须充分考虑土地系统的空间性、整体性、互动性及复杂性特征。

(二) 土地的特征

土地作为一种自然—经济综合体，具有资源（自然）和资产（经济）两重属性。土地的自然特性是土地自然属性的反映，是土地所固有的，与人类对土地的利用与否没有必然联系；土地的经济特性是在对土地利用的过程中产生的，在人类诞生以前尚未对土地进行利用时，这些特性并不存在。

1. 土地的自然特性

土地作为一种自然的客观物质存在，是国民经济社会发展的空间载体，也是一种重要的经济社会发展投入要素。当然，在农业社会、工业社会等不同的社会发展阶段，土地利用的不同方式则导致土地表现出不同的特性。作为一种物质空间，土地首先表现出的是它的自然特性。而它的自然特性，又包含以下几个方面。

(1) 固定性

任何土地都是在固定的区域、场所存在的，它不能像其他物质要素那样可以通过一定的方式实现空间位置的移动。

(2) 差异性

由于具体区域环境条件的差异，任何土地之间都存在物理、化学特性等方面的差异。当然，当土地实现经济用途以后，其区位条件的差异就表现得更为明显。这种差异性是影响土地价值与价格的重要因素。

(3) 耐久性

土地作为一种特殊的物质要素，其区别于其他要素的一个重要特征是其使用的耐久性。不同于其他易消耗的资源，一般情况下，土地可以被反复、永续地使用。但是，使用方式的不同也会影响土地使用的耐久性，例如，农业生产中越来越多地使用化学肥料，将会导致土地肥力下降。

2.土地的经济特性

土地除一般的自然特性，作为一种重要的经济要素，它还表现出对经济社会发展的基础作用，这主要是由土地的经济特性所决定的。从某种意义上看，土地的自然特性在客观上决定了它的经济特性。

(1)稀缺性

不同于淡水、空气、森林等资源，土地从数量上讲是一种不可再生资源，而由于经济社会的发展、人口的增长，我们对土地的需求也在不断增大。有限的土地与无限的发展之间是一对长期存在的矛盾。对于国土空间规划而言，一个重要的工作就是协调两者之间的矛盾，在可持续发展的目标原则指导下，保证经济社会合理、健康地发展以及对土地的集约使用。

土地的稀缺性除由于其绝对数量上的限制原因外，在一定时期内，土地的供给多少也是一个重要的影响因素。这里我们需要引入土地供给弹性的概念，土地供给弹性是指地价的相对变化量与地价变化引起的土地经济供给的相对变化量的比率(E)，可用来反映土地经济供给量对地价变化的影响。通常，$E<1$，说明地价变化只能引起土地供给量较小的变化。土地作为一种特殊的商品，在许多方面有其特殊性：其位置固定不变、自然供给不变，经济供给弹性也是有限的；买卖双方不能自行决定土地的位置和用途，土地价格受当时社会局势稳定与否及经济繁荣与衰退等因素的影响极大，因此，工业、商业、住宅用地有时又表现出供求的特殊性。当社会经济长期处于稳定发展状态时，城市土地的供求也遵循一般商品的供求规律，尤其在新开发的工业区、商业区、住宅区，在一定范围内土地的供求都有一定的弹性。在一般情况下，土地交易也遵循一般商品的供求规律：地价上升，则供给增加，而需求下降；地价下降，则供给减少，而需求增加。政府可根据这一规律，在其地价高涨时抛出较多土地以达到平抑地价的目的。土地供求关系的另一特殊形式就是有价无市，即只有土地供给价格，没有需求者；或只有对土地的需求及地价水平，但没有土地供给。在这两种情况下，都不能实现正常的土地交易，这在经济萧条时期是很常见的。

(2)区位效益性

空间，特别是具有生态位置意义上的空间是一个重要的资源，而且可以用它来支持对经济利益的追求。处于不同区位(地理区位、交通区位、环境区位等)的土地，其背后所蕴藏的潜在经济价值是不一样的，因此，土地尤其是城市土地的价格表现出巨大的差异。对于城市土地而言，区位是其核心价值所在，正如加拿大经济学家M.哥特伯戈在其《土地经济学》一书中所说的那样："城市不动产的三条最重要的特征，一是区位，二是区位，三还是区位。"当然，不同用途的土地对区位条件优越性的判断是不一样的，例如，工业用地区位优越的地方是对外交通方便、能源供应方便、用地完整的地区，居住用地区位优越的地方是生活设施配套齐全、自然与社会环境较好、出行方便的地区，商业用地区位优越的地方是处于消费区的核心、公共交通方便的地区。

（3）边际效益递减性

对土地的使用强度超过一定限度（最优利用程度）以后，从土地上所获得的单位面积收益就开始下降，呈现出一个倒"U"形的曲线。对于农业用地而言，这是因为过度开发、过度使用化学肥料导致土地肥力的下降；对于城市用地而言，这是因为过度开发导致设施成本及配套成本的提高，或者是环境品质的下降。因此，任何过度的土地开发不仅会导致环境的破坏，而且在经济上也不合算。

（4）土地的权属性

土地是有权属关系的。地权即土地产权，是指以土地所有权为核心的土地财产权利的总和，它是一个权利束，包括土地所有权及与其相关的或各种相对独立的权利，如使用权、发展权、租赁权、抵押权等。产权作为一种社会强制性的制度安排，具有界定、规范和保护人们的经济关系，形成经济生活和社会生活秩序，调节经济社会运行的作用。地籍即土地的"户籍"，记载土地的位置、界址、数量、质量、权属和用途（地类）等基本情况，是调整土地关系、确认地权、合理组织土地利用、保护土地所有者与使用者合法权益的基本依据。

3. 土地的经济特性与城市土地使用

城市土地使用中积淀的丰富的城市活动内涵，是各类城市活动开展的基础，社会的、经济的、技术的环境要素等都会制约城市土地使用的运行。对于城市土地的使用，我们不能只看到其各种物质空间的构成，更应看到在土地上人们所从事的复杂活动，并透过这些活动看到其中的经济社会关系。

（1）城市土地使用最显著的特征在于它的区位性

城市土地使用的区位性揭示了城市活动在空间地域上的相互关系，影响城市土地使用区位的因素主要有以下三个方面：①空间环境特征——每一项土地使用都会对城市及特定位置的自然条件和人文环境提出特有的要求。②空间可达性——这些土地位置在城市活动中的交通方便程度。不同的活动会选取特定的交通方式，对空间可达性的具体要求也不一样。③费用——从事一项土地使用活动所需花费的成本，包括时间成本。

（2）与土地使用密切相关的是土地使用强度

土地使用强度是单位面积的土地上承载城市活动数量的多少。土地使用强度不仅反映了城市土地上的环境质量，而且揭示了土地的可利用程度。不同的活动内容，其要求的空间质量和开发程度有所不同，如办公、住宅、休憩等对城市土地的使用强度都有其自身的不同要求。城市土地使用及其区位和强度的分布，在城市范围内形成了特定的空间关系，当其与交通路线和有关设施等相结合后，即构成了城市的具体空间结构与形态。

（三）土地的基本功能

1. 生产生活功能

土地具有为人类提供衣食住行的基本生产生活功能。土地是人类居住、休息、娱乐和工业生产的场所，为各种建筑和构筑物提供了建设基地，是人类社会生存的基本空间。土地为人类提供了98%的食物，人类就是通过土地的生产不断繁育和演化的。没有土地，人类社会可能就无法存在。土地能够涵养水源，蕴藏丰富的金属和非金属矿产资源，为人类从事生产和生活提供了必不可少的物质条件。土地是人类和其他生物生存的载体和活动空间。

2. 财富增值功能

土地具有资产的特征，是一切财富的源泉。在《辞海》中土地被解释为"资财的来源"。正如威廉·配第所说："劳动是财富之父，土地是财富之母"。随着人们对土地需求的不断扩大、基础设施和环境条件的改善，地价总体上呈上升趋势，土地作为财富增值的功能表现得日益明显。因此，土地具有储存个人、群体或社会财富的功能，而且能获得储蓄和增值的功效。

3. 生命健康功能

土地是地球生态系统的重要组成部分，是生物和非生物之间能量、物质、信息、价值交换的场所和载体，是植物、动物和微生物的栖息地。进入土地的污染物质在土体中可通过扩散、分解等作用逐步降低污染物浓度，减少毒性；经沉淀、胶体吸附等作用使污染物发生形态变化，变为难以被植物利用的形态存在于土地中，而暂时退出生物小循环，脱离食物链；通过生物和化学降解，使污染物变为毒性较小或无毒性甚至有营养的物质；通过土地掩埋来减少工业废渣、城市垃圾和污水对环境的污染。据报道，如果处理得当，土地对BOD、COD、TOC三项有机污染物的净化效率可超过80%。因此，土地的净化作用使其对人类的生命健康具有一定的维护功能。当然，土地的净化作用是有限的，必须在其容许的范围内进行。

4. 生态源汇功能

土地是在地球生态系统中对各种生物起到动力作用的"源"物质，各种生物也就自然成为土地作用的对象——"汇"。对于地球生态系统的生物地球化学循环，土地是不可或缺的载体和媒介。土地是全球生态系统能量平衡和全球水文循环共同

"决定因素"，能够调节地表水和地下水的储存和流动并影响它们的质量，是温室气体的"源"和"汇"。表土是主要的陆地生态系统碳库，全球0~100厘米深度土壤有机与无机碳库储量约为2400拍（P）克[①]，是大气碳库的3~4倍，是植被系统的5倍。土壤碳库储量较小幅度的变动，都可通过向大气排放温室气体直接导致大气二氧化碳浓度升高，从而以温室效应影响全球气候变化。CH_4是水田最主要的温室气体，对温室效应的贡献为19.0%~22.9%；水田的另一主要温室气体是N_2O，其温室效应是CO_2的296倍，温室效应贡献率为5%，而且它对臭氧层有间接破坏作用（张玉铭等，2011）。土壤是一个生物原生地和基因存储库。土壤中存在庞大的微生物群落，是土壤中绝大多数转化过程的驱动力。据估计，在耕作层中细菌约有336千克/公顷，真菌约有540千克/公顷。继细菌和真菌之后的土壤原生动物，目前已命名的有290余种，生物量巨大。据统计，在1克肥沃土壤中，原生动物可多达100万个。

5. 保障稳定功能

农地生产收入在农民的收入结构中占有不可或缺的地位。正是由于土地和农业收入的存在，农村劳动力的再生产才得以顺利、有序和低成本地进行。农地能给农民提供最基本的生活保障和稳定的就业，避免城市出现贫民窟，从而凸显土地的社会稳定功能。

6. 景观美学功能

土地因结构、纹理和形态不同，而形成了各种丰富多彩的景观。秀丽的群山，奔腾的江河，飞泻的瀑布，无垠的沃野，悬崖幽谷，奇峰怪石，清泉溶洞，千姿百态。田园中流淌着清澈的小溪，各种小动物在土地上自由生息，土地上有着生机盎然的自然格局。丰饶的土地自然景观，为人类提供了丰富的风景资源和美学感知及意象。

7. 历史记载功能

土地是一个自然历史综合体。它不仅记录了地球环境变化的众多自然历史信息，还埋藏了人类活动的大量历史文化遗迹，如化石、过去的气候证据和人类遗迹等。黑土地上的先民遗迹、洛川黄土的地质遗迹、河姆渡的水稻遗迹、江南良渚的丝绸遗迹等，都充分表现了土地具有很好的历史记载功能。

8. 文化象征功能

土地不仅仅是一个物质空间，它还是多维的，有历史的、有时间的、有文化的。在社会实践中，土地是一种体验文化的媒介。在传统中国民众的心目中，土地具有至高无上和神圣的性质，土地庙信仰就源于对土地的崇拜。"社祭"是中国自古以来

[①]1拍（P）克$=10^{15}$克。

土地崇拜的表达方式，历代帝王按照春祈秋报的时间固定对"社"祭祀。土地空间具有象征功能，美国波士顿贝肯山地区的土地、中国杭州西湖周边的土地，都被赋予一种价值象征属性——传统、威望、地位，使之一直能够吸引众多上流社会的人来此居住。

9. 商品交换功能

土地具有使用价值和交换价值，可以进入商品流通。同其他商品的交换一样，土地买卖是经常进行的经济社会活动。通过市场交易，不同主体可以进行土地产权流转，进行货币交换。区位、环境、社会、经济、政策、基础设施、公共设施、心理等因素都会强烈影响土地的交易价格和数量，从而使土地呈现不同的商品交换功能。

10. 人口迁移功能

土地的数量、质量、类型、结构、功能、区位等直接影响人口的承载类型和承载量，以及不同类型人口的发展机会。所以，这些因素都是影响人口迁移的重要因素。例如，由于土地适宜性的区域差异，在人口迁移规律的支配下，中国历史时期形成了居住于长城以南地区的华夏（汉）族以农耕生产为主，居住于长城以北与西北地区的非汉民族通常以游牧为主的人口分布格局。由于土地抵抗自然灾害能力的差异，每次严重的自然灾害降临之时，就是又一场大规模人口迁移之日。改革开放以后，由于土地区位和生产能力的差异，大量中西部地区人口向珠江三角洲和长江三角洲地区迁移，不但导致人口迁移数量剧增，而且迁移的区域流向出现明显的集中化倾向。

11. 区域发展功能

区域是地表空间的一个差异化部分。从地域系统角度看，区域实质上是以人地关系为核心的复合系统。在不同的区域系统中，土地资源禀赋、土地生产力、土地适宜性和土地区位等土地特质和功能都有别于外部邻区。不同区域土地再生产和社会再生产的功能逻辑有很大差异，人类活动空间的区域关联、强度、范围、相互关系以及区域在空间上彼此连接与分离的方式也有很大不同，对非均衡发展过程产生的资本主义的全球动力做出的地方反应也有较大差异。因此，土地具有促进或限制区域发展的功能。

（四）土地的功能属性

从国土空间用途管制角度看，土地的以下功能属性值得特别关注。

第一，土地功能是随着人类社会的发展、人的物质和文化需求变化以及土地开发利用程度的提高而发生演变的。在不同的时空条件下，人类对土地认识的深刻程度不同、对土地的物质和文化需求不同，对土地的开发利用程度也不同，土地功能的主体性也会随之发生变化。例如，在采集渔猎社会，土地只有最简单的生产和生活功能；在农业文明社会，土地除生产和生活功能，开始显现生态等功能，这一时期内，土地功能主要为农业利用，提高农业用地的利用效率，是人类对土地功能的最大需求；在工业文明社会，土地的生产功能不仅体现在农业生产方面，而且体现在工业、交通运输等众多非农业生产部门，土地的生活功能既体现在其提供承载空间方面，也体现在人类利用土地进行休闲、娱乐、疗养等提高生活水平的诸多方面；而当人类进入生态文明社会，土地的生态功能和可持续发展思想上升为主导和支配地位。国土空间用途管制需要因地制宜，才能适应人类社会发展与土地功能契合共生的需要，也才能保障用途管制对促进土地可持续利用的作用。

第二，由于土地面积的恒定性和有限性，在经济学上可称为供给无弹性，所以完全按照市场机制配置土地资源，则可能存在先天性的缺陷，这也是为什么要采取土地用途管制的重要理由。同时，由于土地是由气候、水文、岩石、地形、土壤、生物等自然要素以及人为要素相互作用下形成的物质实体。这些要素的不同组合作用，使得各种土地具有显著不同的空间异质性特征。如同音阶中的7个基本音级元素通过不同组合构成了无数首千差万别的乐曲一样，影响土地形成的远不止7个元素，其组合也形成了无数个不同的土地异质体。不仅东部、中部、西部、南部、北部的土地是不同的异质体，而且同是东部的山地、丘陵、平原、谷地是不同的土地异质体，同是东部平原地区的城市和乡村是不同的土地异质体，同是城市的沿街地块和背街地块也是不同的土地异质体。在垂直方向上，按照密度差异和性质的不同，可以分为3个不同的层面，即以地球基岩、风化壳和地下水为主的地下层；以生物圈、地貌和土壤圈为主的地表层；以近地面气候为主的地上层。同是地表层，由于深度不同，还存在表土、心土和底土等不同异质体。几乎可以说，如同找不到两个相同的树叶一样，世界上也找不到两块相同的土地。不同的土地异质体，具有不同的土地结构和功能、不同的地球化学或生物地球化学过程，以及不同的土力学性质或土壤肥力状况。土地空间异质性不仅仅是研究土地空间分异需要遵循的基本准则，更是研究国土空间用途管制必须深刻认识的特性。在市场结构条件下，土地还具有很强的资产专用性。所谓资产专用性是指用于特定用途后被锁定很难再移作他用性质的资产，若改作他用则价值会降低，甚至可能变成毫无价值的资产。无论是何种制度的国家，大部分会采用用途管制制度来确定土地资产的专用性，如把城乡土地划分为商业用地、住宅用地、工业用地、生态保护用地、耕地、林地、交通用地等。例如，一块城市住宅用地，如果改作生态保护用地，则其经济价值会显著降低。研究表明，当资产的专用性很强、财产的公共性很高时，宜由政府发挥作用。

第三，土地具有多种用途，既可用作工业用地，又可用作居住用地、商业用地，还可以用作耕地、林地、草地、湿地等。由于这一特性，对一块土地的利用，常常同时产生两个以上用途的竞争，并可能从一种用途转换到另一种用途。这种竞争常使土地趋于最佳用途和最大经济效益，并使地价达到最高。人们在利用土地时，如果仅仅考虑经济效益的最大化，就常常可能会忽视土地的农业用途或生态用途，使人类的长远利益受到损害。如何抉择多样性的土地用途，寻找近期利益与长远利益、局部利益与全局利益、经济利益与社会和生态利益的平衡，是国土空间用途管制制度设计特别需要谨慎对待的重大课题。

二、国土空间

(一) 空间语义的多重理解

"时间"和"空间"共同构成了人类存在的基本范畴，也构成了国土空间用途管制的"宿命"。在一般意义上，物与物的位置差异度量被称为"空间"，位置的变化则由"时间"度量。空间有宇宙空间、网络空间、思想空间、数字空间、物理空间等，都属于空间的范畴。空间作为一种概念，其基本含义是随着人类文明的进步和对认知的拓展而不断深化的。空间最开始更多是出现在哲学的范畴中，哲学意义上的空间被认为是没有任何具象物体的存在，即不需要任何物质的填充就能够存在，是一种纯粹的形式，脱离了表象化的特征，所以空间是抽象的、绝对的。而随着人类社会的不断分工，工业和商业的出现，空间成为表征用途的一种方式，空间由此演化成了商业的空间、工业的空间、生态的空间以及社会的空间等。

从国土空间用途管制的角度来看，空间更是一种实体性的存在，是一种由点、线、面不同形态的自然要素和人文要素在空间中的位置、分布形式和相互关系所构成的复杂结构，物质存在是其最本质的属性。陆地和海洋、动物和植物、水文和地质、气候和地形、岩石和土壤、建筑物和构筑物，都体现了空间的物质属性。可是，在现代意义上仅仅理解空间的物质属性是不够的，因为人类的生产活动、经济活动、社会活动、文化活动已经大大改变了空间的基本格局和属性。现代空间的基本内涵除物质内涵，还被赋予经济内涵、社会内涵、文化内涵乃至虚拟内涵，空间已成为一个多层次结构并存的功能复合体。

列斐伏尔在其《空间的生产》一书中将空间分成了多种形态："绝对空间、抽象空间、矛盾空间、差别空间、主导空间、家族空间、工具空间、精神空间、自然空间、中性空间、创造性空间、物质空间、多重空间、纯粹空间、现实空间、压抑空间、直觉空间、国家空间、透明空间、真实空间、女性空间等。"如果依照这种包罗万象的空间形态，国土空间用途管制将会被归结为社会意识形态的"编码"和"映像"，而失去了实在性的空间形式和结构，会导致国土空间用途管制的"去空间化"，这就违背了国土空间用途管制的存在初衷。国土空间用途管制作为人类社会有远见的实践性活动，从根本上说是一种既需要处理人与自然的关系，又需要处理人与人之间关系的法则、制度和技术范式。

毫无疑问，作为实践性活动的国土空间用途管制，其空间的内涵，不可能是泛化的、无限延伸的和虚空的。因为纯粹的社会空间或意识空间等，都不是一种原质或者实体，它们的空间过程是不能独立存在的。如果将社会空间或意识空间从实体物理空间中完全抽取出来，空间的主体就会变成没有内容、没有意义的存在，国土空间用途管制就会变成脱离实践的"乌托邦"行为。因此，在国土空间用途管制的语境下，空间应该主要指由土地、水、气候、生物等自然要素以及建筑物、工程设施、经济及文化基础等人文要素构成的地域功能空间。在国土空间用途管制的框架下，理解"空间"的含义，必须深刻把握以下三个方面的特质。

1. 空间尺度

空间作为国土空间用途管制的核心概念，需要深刻理解空间的尺度依赖问题，这是一种用来表征空间规模、层次及其相互关系的准则。大量研究证实，国土空间用途管制所研究的对象，包括国土空间格局与过程的发生、时空分布、相互耦合等。特性都是尺度依存的，这些对象表现出来的特质具有时间或空间，抑或时空尺度特征。因而，只有在特定的尺度序列上对其考察和研究，才能把握国土空间用途管制的内在规律。

国土空间用途管制常见的空间尺度有地块层面、地区层面、国家层面和全球层面，但这些不同尺度所代表的内涵及其特殊的作用是不同的。例如，从地区层面来看，对于长江三角洲城市群这样的地区，主要用途管制的议题是如何有利于促进一体化；从国家层面来看，长江三角洲城市群的用途管制议题是如何有利于提升全球的竞争力。

这种尺度性决定了国土空间用途管制有以下两个重要的特点。

一是层级性。这是由空间的尺度性决定的。它要求国土空间用途管制要根据尺度不同设置不同的层级，而且层级之间是可控制、可传递和可反馈的。例如，国家级、省级、市级、县级、乡级国土空间用途管制等。

二是地域性。由于各地区的资源禀赋、经济发展条件、社会基础等千差万别，各地区未来的发展方向、目标、地域结构、产业结构和布局结构、土地利用、各种基础设施和服务设施的建设也就不会相同，因而用途管制必须根据各区域空间的特殊性，因地制宜，才能充分反映用途管制的地域性。

2. 空间区位

在空间地域上，自然、经济和交通地理区位的有机结合通常被定义为区位。区位理论是指优化人类活动空间和空间组织的理论，也被称为区位经济学，其在经济领域的表现最为突出，以在空间区位内的人类经济行为的选择和经济活动的组织优化为重要研究内容。传统农业、工业等区位理论和中心地理论都属于区位理论。1990年，经济全球化的趋势开始加剧，现代区位理论得以产生和发展。迈克尔·波特（M.E.Porter）和保罗·克鲁格曼（P.Krugman）是该理论的主要创立者，向心力、外部性和规模经济或者区位竞争和离心力之间的关系是该理论研究内容的核心，具体以产业集聚为理论重点，并对区域竞争力的最大来源——规模经济进行了明确。

规模经济是基于聚集在一起的相当数量的企业而形成的产业链而产生的，它可以有效提高生产效率，实现利润最大化，并使相关产业在市场竞争中占据优势地位。区域内企业的数量和规模经济以及效率成正相关。但这并不意味着企业越多越好，如果企业数量超出一定的范围，反而会增加交易成本，带来环境污染、交通堵塞等问题，破坏投资环境，规模经济的效益就会随之下降，其对资本也不再具有向心力，而是分散力和离心力，相关企业就会纷纷离开产业集聚地，直至向心力和离心力恢复平衡。在设计国土空间用途管制制度的过程中，要对用途分区中空间区位所发挥的作用进行全面的考量，同时不能忽略空间区位在用途管制规则制定上的差异性，为区域竞争力和凝聚力的提升提供保障。

3. 空间布局

所谓空间布局，是指对有限空间资源的利用保护结构、利用保护方式和利用保护模式，在空间尺度上进行安排、设计、组合以及有效的配置，它是一种各个空间要素间的存在形式和存在格局。简单来说，空间布局就是指各类空间要素是如何组织的，它是区域自然、社会、经济、生态、环境、文化以及工程技术与建设空间组合的综合作用结果，在空间投影上主要通过用地组成的不同形态予以表达。如果空间布局不合理，即使投入再多也无法达到最佳的利用保护效果，甚至会出现负效应。合理的空间布局对区域经济社会发展、地区优势发挥、资源合理利用、竞争力提升、生态环境保护、高质量生产和高品质生活等都有重大影响。从可持续发展的角度来看，空间布局必须使区域所具有的环境功能得到保留，而对于环境的负面影响最小化。空间布局优化有两个基本准则：一是要根据比较利益准则，确定空间的最佳利用方向和利用方式，发挥其绝对优势和相对优势；二是要最大限度地发挥空间组织的结构效益，即发挥各个空间要素之间的互补效应。

国土空间用途管制不能人为割裂土地市场、资本市场和劳动力市场，必须关注空间要素的优化配置和组合配置，关注要素配置的集聚效应，关注改善要素流动的空间条件，关注全要素生产力的提升，促进商业机会创造、知识技术传播、创新研发、市场信息及时反馈等，从而促进国土空间结构和布局的优化。

（二）国土空间的概念本质

国土空间是一个复杂的地理社会空间，包括土地、水、矿产、海洋、生态、社会经济等不同客体，涉及自然环境、社会经济环境和心理文化环境。这些不同客体在空间上的相互作用，直接影响或决定了国土空间的适宜性、限制性、资源承载力、环境容许力、生态系统服务力、开发潜力、利用效率和可持续能力。在国土空间用途管制的框架下，国土空间的本质是一个强调在国家主权管辖之下的物理复合空间。所谓复合，是指物理空间、功能空间和管理空间的融合。

1. 物理空间

指能够触摸到的地理实体空间，是一定地域范围内通过自然环境要素与人工设施组织形成的物理实体，包括具有自然属性的地理场所和带有人文特征的建筑实体。例如，地块、地段、社区、聚落、植物群落、区域、国家等，是一种实体性的存在，物质属性是其最本质的要素。

2. 功能空间

在地理意义上表现为一系列开发与保护活动在不同空间选择不同组合方式的结果，是空间均衡分工范式的地域投影和空间表达，是提供特别效用和满足特别需要的空间。例如，首都、都市圈、城市群是一种典型的功能空间；自然保护地、国家公园等，是以提供生态和游憩效用为主的功能空间。这种开发与保护活动组合方式的内生动力机制是各地区的比较优势，是通过物质流、能量流、信息流、人流和资金流等建立起来的相互联系和相互作用的"流空间"。

3. 管理空间

主要指国家为了进行分级管理而实行的区域划分空间。例如，省级行政区，包括省、自治区、直辖市、特别行政区；地级行政区，包括地级市、地区、自治州、盟；县级行政区，包括市辖区、县级市、县、自治县、旗、自治旗、林区、特区；乡级行政区，包括街道、镇、乡、民族乡、苏木、民族苏木、县辖区。本质上，行政空间是一种管理空间（岳文泽等，2019）。它可以根据政府管理的需要，进行行政空间的调整。

中国的空间治理，是以不同层级的行政区划空间为基本单元的，它在国土空间用途管制中具有不可忽视的作用。不论何种类型的国家，行政区域划分的空间，重点是符合统治阶级的根本利益需要，同时顾及经济、文化、民族、地理、人口、国防、历史传统等多方面的因素。

国土空间用途管制中的"复空间",是物理实空间、功能和行政空间的复合,而且在不同的空间尺度上表现出差异化的复合特性。在较高层级,主要是行政空间和功能空间的复合;在较低层级,主要是物理空间和功能空间的复合。这种以物理为主体的复合空间,是由对立统一的虚、实空间相互作用而形成的。其中实空间更多的是收敛的引力场,虚空间是发散的斥力场。国土空间用途管制在空间划分上必须综合协调好物理空间、功能空间和管理空间的对立与统一。

三、空间规划

(一)空间规划的概念

20世纪80年代以来,西方发达国家的规划理论与实践更加关注空间发展的整体性与协调性,在原有物质空间规划的基础上更加强调经济、社会和环境目标的共同实现。欧盟为了避免各国城乡规划体系的称谓不同,将这种具有整合和协调功能的规划称为"空间规划"(Spatial Planning)。"空间规划"在1983年欧洲区域规划部长级会议通过的《欧洲区域/空间规划章程》中首次提出并使用。这种具有综合性、协调性、战略性的规划逐步成为世界各国对不同层次规划体系的统称。空间规划既是经济、社会、文化和生态政策的地理表达,也是一个跨学科的综合性科学学科群,一个管理技术和政策,旨在依据总体战略形成趋于均衡发展的物质组织。1997年发布的《欧盟空间规划制度概要》中指出,空间规划是指由公共部门对未来空间内各活动分配施加影响的各种方法,旨在创造一个更理性的地域土地利用组织和联系,在保护环境的同时对发展需求做出平衡,并实现各种社会和经济目标[1]。

对于空间规划的概念,各类机构的定义有所不同;欧洲理事会(COE)认为,区域空间规划是经济、社会、文化和生态政策在空间上的体现,其目标是实现区域的平衡发展以及空间安排,是一种跨领域的、综合性的规划方法;英国副首相办公室(ODPM)认为,空间规划超越了传统的用地规划,致力于通过用地空间来影响空间功能和性质的政策及项目的协调与整合;欧洲共同体委员会(CEC)则认为,空间规划可以被看作协调空间发展、整合目标、对空间要素进行综合或专项安排的技术手段和政策方法,空间规划的职能不再局限于用地空间的安排,而被视为整合各类政策的重要空间手段。

早期的空间规划一般被作为一个实践性的问题来研究,随着经济与社会过程的不断推进,英国乃至欧盟等对空间规划不断赋予更加多样、更加充实的内

---

[1] 蔡玉梅,王国力,陆颖,等.国际空间规划体系的模式及启示[J].中国国土资源经济,2014,27(6):67-72.

涵。不同国家对空间规划的范围与功能理解不尽相同，当前我国国内学者对于空间规划的定义也尚未达成共识。严金明等人认为几乎所有国家的空间规划系统与定义均包含三个要素：长期或中期的国土战略，不同空间尺度下整合各行业政策的协调方法，以及处理土地利用和物质发展问题的政府治理过程。张京祥等人认为空间规划是在一定时间和范围内，公共管理部门为达到特定的空间治理目的而采取的一系列行为方式的总和。空间规划被作为一个标签，用来描述国家、区域、城市的各种战略性、地方性的规划过程，以及反映经济、社会发展的各个方面①。

(二) 城乡空间发展受到的作用力

一般认为，空间规划作为一种规范城乡发展 (或形体结构) 的思想在人类社会中很早就已经出现，并进行了大量的规划、设计等实践工作。但古代的空间规划 (主要是城市规划) 大多是基于对哲学、美学或宗教等的理解，主要强调的是对形体空间的种种象征性营建。而空间规划真正与社会经济的发展相结合并发挥重要作用，出现真正科学意义上的空间规划思想、理论或技法，出现成熟的空间规划学科并将空间规划作为一项政府主动的、日常性的工作，则主要还是在近代工业革命以后的事情。因此我们可以说，空间规划的发展经历了一个由自发到自觉的进化过程，而其中，经济社会发展毫无疑问是最内在、最本源的推动力量。

概括而言，城乡空间的发展一般受到以下三种基本力量的作用。

1. 空间自组织力的作用

人类生存的地表环境作为一种生态系统，其客观发展、空间建构具有一定的自律性。在空间发展、演化过程中，空间系统的结构与能量并非固定不变，而是在直接受新物质、新能量和新信息的刺激下发生着社会与经济变异，空间结构进行着相应的转化，空间的这种自发演化即空间发展中的自组织现象。空间发展中的自组织机制实质是对系统平衡与恒定的不断否定，在空间发展的过程中，出现阶段性的稳定现象是暂时的，而不稳定才是经常的。

2. 经济社会的影响作用

城乡、区域空间的发展是一个长期的过程，而此过程是经济社会发展整体过程中的一个组成部分，因而空间发展、演化及其所表现出的实际效果，亦必然受制于经济和社会方面的力量与方式。国家、地区所处的经济发展阶段、经济结构组成、市场运作的方式，以及社会运作的基本体制、权利构架的基本体系、社会利益的分

---

① 张京祥，林怀策，陈浩. 中国空间规划体系40年的变迁与改革 [J]. 经济地理，2018，38(7)：1-6.

配关系等，均会对空间发展产生重大而直接的影响。

3. 空间规划的组织调控作用

作为人类生存发展依托的基础环境，空间的发展始终受到两种力量的制约与引导，即无意识的（自然发展）及有意识的人为控制，两者交替作用构成空间发展过程中的多样化形式与多种发展阶段。例如，人类对城市发展的干预几乎是伴随着城市一起产生的，而空间规划（城市规划）作为一种目的明确、手段极为有效的调控行为（重要的公共政策形式），对城市的发展起到了有力的规范和干预作用。

前面提到的影响空间发展的两种力量——自组织作用及经济社会作用，由于缺乏人类明确的价值观指导及有效的控制，因而在这些力量的作用下，空间的发展极易表现为一种不规则的剧烈震荡，尤其是当两种力量复合在一起时，将更会造成空间的无序发展并给空间的持续发展带来巨大的破坏。而空间规划的意义即在于：明确一个国家、地区长远发展的价值准绳，通过种种有效的手段（主要是空间的管制、引导），使得实际空间发展被约束在一个可以接受的、围绕"准绳"有限变动震荡的范围之内。因此，空间规划的组织调控有可能对一个国家、地区整体的发展演化过程产生三种影响：一是当规划组织力与空间发展自组织力、经济社会发展耦合同步时，加速国家和地区的发展；二是若反之，规划组织力则会阻碍或延缓空间自组织、经济社会发展的过程；三是通过空间规划的约束规制，修正空间自组织发展、经济社会发展的过程及方向。上述结果如何出现，完全取决于空间规划进行主动调控的目的、方式与能力，它与社会的整体价值观及社会权利主体的利益取向直接相关。

（三）空间规划作用的分析

空间规划的主要作用在于它对空间演化、发展的主动引导和控制。空间规划通过对一个国家、地区未来发展目标的确定，制定实现这些目标的途径、步骤和行动纲领，并通过对社会实践的引导和控制来干预空间的发展。空间规划作用的发挥主要是通过对空间资源尤其是土地使用的分配和安排来实现的，从本质上讲，空间规划是公共政策的反映和体现。我们主要可以从以下几个层面来认识空间规划的作用。

1. 作为政府宏观调控的手段

政府对经济社会的运行实行干预，必须借助于一些有效的、可操作的手段，从空间规划（城市规划）产生时起，它就是被政府牢牢掌握的。自近代工业革命以来，空间规划更是成为一项明确的政府职能，成为政府行政秩序及其运行操作体系中的一个重要组成部分。

在市场经济体制下，市场鼓励的是对个体利益的极大追求，各项经济发展要素的配置都会自发地遵循利益最大化的规律。但是市场的个体"理性"却会给社会带来一些外部不经济，例如企业为了追求自身的最大利润，给社会带来了严重的环境污染，从而造成社会整体的"非理性"，于是就产生了社会利益、经济利益之间的冲突：比如，市场通过利益最大化的原则对资源进行配置，但是无法保证对自然资源、生态环境、耕地等的保护，也无法保障弱势群体的利益，从而造成自然环境破坏、社会不公平等问题；市场对具有经济利益的行为感兴趣，但是大量公益性的事业却无法从市场那里获得发展的动力；市场对短期可以获利的项目具有浓厚的兴趣，而常常对长期缓慢获益的项目难有兴趣；等等。这些都说明市场在配置资源、促进发展方面并不是万能的，它并不能解决经济社会发展中的一切问题，这就需要政府通过一定的方式对市场这只"无形的手"进行干预。

也就是说，在市场机制运行的过程中有必要建立诸多的"游戏规则"，这些规则并非市场的对立物，恰恰是为了保证市场的有效运行。因此，这些规则本身是市场发展的产物，空间规划就是这些诸多规则中非常重要的一个。空间规划从本质上讲，是政府基于对社会整体发展利益最优化的判断，通过划定空间保护和利用用途、控制空间开发强度等方式，以影响、纠正市场对资源的配置，努力减少市场所带来的消极效应、负外部性。所以从这个意义上看，空间规划是政府对经济社会发展进行宏观调控的重要手段之一，也就是依据国家、地区的综合利益、长远利益最优化原则对市场经济的运行进行必要的干预，并对社会中众多分散的个体利益进行必要约束的过程。

2. 作为一种明确的公共政策

国家与地区的经济社会发展、空间建设是一个复杂的巨系统，其涉及社会公、私各部门以及广大的个体利益成员。而为了协调这些诸多利益主体的行动以形成促进发展的合力，要把那些不同类型、不同性质、不同层次的分散决策相互协同起来，并统一到与国家、地区发展的整体目标相一致的方向上，要把各类部门的决策和实际操作相互协同起来，以免产生对抗而带来各自利益的抵触及的消耗，就需要有一整套未来发展的目标和事先协调的行动纲领，就必须有一个明确的公共政策框架作为行动的导引，空间规划就是一种这样的"公共政策导引"。

无论是公共部门还是私人部门，只要它们本身需要发展或者处于发展的环境之中，就需要有空间规划这样的政策框架来作为其自身发展决策的依据，且需要据此来调整自身发展的策略，使其在谋求各自利益的过程中接受社会整体的价值基础，从而制约其行为方式、预期其行为结果。空间规划本身就是这样一种有关空间发展政策的表述，它主要表明政府对整体空间或特定地区发展的期望，明确各种保护要求、发展条件以及政府可能提供的支持，并采取种种方式约束、刺激、引导市场的行动。所以，空间规划是国家、地区在经济社会发展过程中各个部门、各利益主体进行博弈、决策整合的共同基础，它可以提高决策的质量，尽量克服因未来不确定性所可能带来的损害。

3.保障社会公共利益、维护公平的重要途径

随着城镇化的发展，当大量的人口、产业集聚到一个相对集中的地区时（如城镇），就形成了一些共同的利益要求——对"公共物品"的需求。但是，"公共物品"具有"非排他性"和"非独占性"的特征，市场不可能自觉地提供公共物品，这就要求政府的干预。空间规划通过对社会、经济、自然环境等的分析，结合未来发展的安排，从社会需要的角度对各类空间使用与公共设施布局等进行安排，并通过空间资源规划、土地使用安排为公共利益的实现提供基础，通过开发控制、管制来保障公共利益不受到损害。对于自然资源、生态环境、耕地、历史文化遗产、自然灾害易发地区等，则通过空间管制等手段予以严格保护和控制，使这些资源或地区能够得到有效保护，从而实现公共利益的最优化。

4.作为空间总体协调架构的控制

空间规划的主要对象是包含城乡、区域自然与人类活动在内的空间系统，空间资源尤其是土地使用的规划和管理历来是空间规划的核心内容。空间规划通过限定一个国家、地区中各项空间要素发展的区位、保护或使用用途、使用方式和使用强度等，对空间资源保护及利用格局进行优化配置，从而建立起一个符合国家、地区长远发展所需要的空间结构，并保持发展的整体连续性、稳定性。

空间规划对于空间结构的塑造作用主要表现在三个方面：第一个方面是对城市、乡村需要外延拓展的地区进行提前谋划与控制，以避免无序地开发行为的产生，引导、规范土地以及其他空间资源的使用；第二个方面是对城市、乡村中既有需要改造、提升的地区进行规划，从而实现城乡功能、社会环境与物质环境的更新；第三个方面是通过规划来划定需要保护或不可开发的生态地区、农田保护地区、历史文化遗存地区等，以引导其形成景观优美、舒适宜居、健康可持续的人居环境。

四、国土空间规划

(一) 国土空间规划的概念

国土空间规划在表面上看似乎是技术问题，然而本质上却是一种价值选择问题。所谓价值，从主、客体的关系看，其本质就在于能够满足主体的需要，能够推动人类的完善和进步。人类之所以需要规划，就在于规划的价值选择能够更好地满足人类生存发展的需要。因此，国土空间规划一经启动，就会受到价值选择强有力的影响，而且这种价值选择与规划的内涵本质、具体行为和方案之间的关系贯穿于规划的整个过程。如果不能深刻认识国土空间规划的核心价值取向，就难以辨认国土空间规划的概念边界、本质属性和存在逻辑。

从历史演化的角度看，国土空间规划的合法性毫无疑问是建立在"公共利益"基础之上的，"公共利益"是其基本价值取向和价值观的核心。从核心价值的角度看，国土空间规划是服务于人类整体利益和社会公共利益，为确保未来可持续发展能力，对国土空间系统进行的整体谋划和有意识行动。整体谋划的核心内容包括国土空间的自然保护、有序开发、更公平分配、更高效率利用和更高品质建设。自然保护、有序开发属于环境价值取向，更公平分配属于公平价值取向，更高效率利用属于效率价值取向，更高品质建设属于人本价值取向。其核心命题是围绕如何处理好人与自然之间的相互作用关系和协调开发与保护的矛盾而展开的，是对国土空间保护、开发、利用、整治、修复、建设所做的整体性统筹安排。它以实现国土空间的高质量生产、高品质生活和持续性演进为目标，是国家国土空间发展的指南、可持续发展的空间政策、各类开发保护建设行动和空间用途管制的依据。

(二) 国土空间规划的特性

就国土空间规划的特性而言，它具有以下五个方面的基本特质。

1. 整体性

国土空间规划不是简单的城市规划、土地利用规划或主体功能区规划的延伸，也不是这些规划简单的"多规合一"产物，而是"区域整体"的系统谋划。它以自然资源调查评价为基础，以动态演化的国土空间功能为对象，以协调人与自然共生为主线，以优化空间结构、提升空间效率和提高空间品质为核心，对土地利用、设施布局、开发秩序、资源配置等全要素所做的整体性部署和策略性安排，并将之付诸实施和进行治理的过程性活动。整体性是国土空间规划的本体，其存在的价值和意义就在于它的整体性。它既包括城市、乡村和海洋已建成和将要建设的空间整体布局，也包含农用地、生态用地和海域等非建设空间的系统规划；既涉及国家的发展和利益，也涉及地方的发展和利益，更涉及居民的环境与生活；既为增长，也为社会，更为生态。因此，国土空间规划的功能是通过整体效应最优的局部干预来实现的，具有功能整体性和逻辑一体性的属性。

2. 未来性

国土空间规划是对未来系统发展的谋划，是人类有目的地改造和利用国土空间、创建更加美好未来的一项社会行动，是对未来国土空间行为的一种控制和引导。

也就是说，规划一定不是对过去和现在问题的梳理，也不是对现在发展趋势的外延。如果只是对现在发展趋势的外延，那也不一定非要作规划，只要按照空间的自组织轨迹让其自动发展下去即可。人们之所以要付出成本来制定规划，就是因为对现状还不满意，希望借此能够改变现状，使明天更美好。因此，国土空间规划必须对未来不同时段社会经济发展情景和人们的需求变化作出多种可能的预测，向人们展示未来发展的意愿、目标和使命，战略引领自然成为其内生的要求。如果国土空间规划也像某些股民一样，"买涨不买跌"，不能很好地把握未来的发展趋势，不能引导和促进国土空间朝着更有利的方向发展，不能在国土空间未来发展的多种可能性中进行更理性的选择，不能在相互关联性和复杂性的国土空间中缓解未来的不确定性，而只是就事论事地安排空间利用方式、开发类型和布局结构，规划就会失去存在的价值。

3. 约束性

正如大量研究已经指出的那样，市场存在太多的外部性污染、信息不对称的欺骗、委托代理关系的道德风险以及完全契约的不可能性，它在空间资源资产配置中的作用是有限度的，时常会产生市场失灵的情况。国土空间在数量、质量、类型、潜力等方面都是有限的，再加之位置固定性和稀缺性，约束性是一种长期的普遍存在，而且其强度还会不断加大。可以认为，市场强调自由，规划则突出约束或控制。规划一词，无论是 Plan 或 Planning，都含有"计划"的约束色彩。在中国台湾，至今仍有将国土规划或城市规划，称为国土计划或城市计划。国土空间规划作为一种政府行为，不可避免地涉及政府对空间自由活动的干预，而这也正是规划本身的意义所在，即通过政府的管制约束行为，弥补市场失陷，避免负外部性。尤其是涉及土地利用、建设布局和生态环境保护的空间问题，由于其广泛影响到社会公众福利，对自由市场的活动行为进行管制约束是必须和内在的。所谓规划必须"适应市场"，在严密的理论逻辑上应该是不成立的。如果说，规划完全适应市场，市场机制如何配置资源资产，规划也按照市场机制配置资源资产，那就不需要制定规划了。国土空间规划为了应对资源环境的硬约束，必须有约束性，包括起点约束、过程约束和结果约束，刚性约束和弹性约束，用途约束和结构约束，也包括程序控制、目标控制和分层控制。否则，规划就可能沦为"墙上挂挂"的摆设。实际上，"市场"和"规划"是硬币的正、反两面，共同推动国土空间资源资产的有效配置。当然，在市场经济的环境条件下，必须厘清规划与市场的分工，认真反思计划经济的历史教训，防止重蹈计划经济的覆辙，不能把国土空间的一切开发利用建设活动都纳入规划的范畴。

4. 尺度性

国土空间的重要特质是具有尺度依赖性，这在前文中已经进行了详细的阐述。毫无疑问，作为国土空间的规划也具有浓厚的尺度依赖性，这也是国土空间规划区别于国民经济和社会发展等非空间性规划的重要标识。国土空间规划常见的空间尺度有地块、社区、地区、国家和全球等，但这些不同尺度所代表的内涵及其特殊的作用是不同的。一方面，为了更详细地把握和掌控国土空间系统运行的方式和机制，需要缩小国土空间规划的尺度；另一方面，为了有整体和宏观的认识的把握，需要扩大国土空间规划的尺度。例如国家级和省级国土空间规划，规划的重点是空间战略拟定和空间结构优化，提出国土空间保护开发的政策宣言和差别化空间治理的指导原则；而乡镇一级的国土空间规划，主要是着力于落地实施和用途管制等内容。国土空间规划需要清楚地界定所要解决问题的尺度，将不同尺度上的问题解决方案通过规划体系关联起来，如此才能既全面又深入地认识国土空间的运行机制并把握国土空间规划的内在规律。任何背离尺度性的范式，都是违背国土空间规划基本逻辑的。

5. 实质性

国土空间规划在性质上是属于问题导向和需求导向的。通过规划制定，配合投资、金融和财务计划等，制定短、中、长期实施方案，有效解决国土空间保护、开发、利用、整治、修复、建设等问题。在宏观层面，它需要根据上位规划，引导国土空间开发利用方向，协调整合实质性建设方案与非实质性发展构想；统筹城乡人文与产业发展，提升空间发展条件与竞争优势；划设限制地区和禁止地区，确保生态环境系统的永续性；确立环境敏感地区与自然灾害地区，维护生物及生命安全，建立生态与防灾体系；优化国土空间景观格局，健全城乡发展风貌和景观，推动城乡有机更新事业等。在微观层面，它需要对地块开发的位置、密度、用途、容积、建筑形式、建筑物的住入或使用形式（Occupancy）等进行规定；需要安排足够而又适宜的活动空间及有众多的服务设施可供选择，以方便人们日常生活起居；需要关注不同区位之间的时间和距离的关系，寻找这两种便利之间的平衡。总之，国土空间规划需要落实地方实质性的建设项目，需要对城乡居民点、各种基础设施和公共设施，包括产业集聚区、交通、水利、港口、防灾减灾、能源环境、电力通信、文化卫生等建设工程进行合理布局，实现对各类工程设施与土地利用和空间资源的高效整合，国土空间规划是一个落地的实质性规划。

6. 长期性

国土空间规划是对国土空间发展演变过程的动态管控，是一项长期性和经常性的工作。国土空间规划既要解决当前的矛盾和问题，又要充分估计未来长远的发展要求，它既要有现实性，又要有前瞻性。随着社会经济环境的不断变化，国土空间规划也不可能是一成不变的，而应该根据实践的发展和外界因素的变化，持续加以调整和补充，不断适应发展的需要。

有必要指出的是，虽然国土空间规划需要不断地调整和补充，但每一时期的国土空间规划都是建立在当时的政策和经济社会发展计划的基础上，经过深入调查研究而制定的，是在一定时期内统筹国土空间保护与利用的依据。所以国土空间规划一经批准，必须保持其相对的稳定性和严肃性。

7. 实践性

国土空间规划的实践性，首先，在于它的基本目的是为国家、地方的可持续发展与高质量发展服务，规划方案要充分反映国家、地方实践中的问题和要求，有很强的现实性；其次，编制国土空间规划的目的是给实施管理提供依据，编制规划不是目的，实现对国土空间规划的有效实施管理才是目的；最后，国土空间规划实践的难度不仅在于要对各项保护、利用的内容在时空方面做出符合规划的安排，而且要积极地协调实践中不断出现的现实要求和矛盾。

(三) 国土空间规划的属性

1. 兼具管控工具与公共政策的属性

(1) 作为管控工具的空间规划

国土空间规划的对象是国土空间系统，对空间的管控和引导是国土空间规划的核心内容。国土空间规划通过限定各空间要素保护或发展的区位、建设方式与建设强度，对空间资源及其利用方式进行优化配置，从而建立一个可持续发展的空间框架，发挥规划的战略引领与刚性管控的作用。

(2) 作为公共政策的空间规划

为了适应不同阶段的国家治理需要，中国空间规划的角色功能不断发生转变，尤其是历史最为悠久、实践最为丰富的城乡规划，先后经历了计划经济的空间供给工具、迎合地方增长需求的工具等角色变化，直至在 2008 年颁布实施的《中华人民共和国城乡规划法》中明确将城乡规划定位于政府的重要"公共政策"。"公共政策"属性的确立，意味着国土空间规划已经超越了空间布局管控技术工具的角色，成为对空间资源的使用和收益进行统筹配置、促进经济社会健康发展的复杂治理活动。

2. 国家治理体系的重要构成与有效手段

经过改革开放以来的快速工业化、城镇化，我国进入了生态文明建设、高质量发展的新时代，空间规划的本质属性将发生变化：从过去进行空间开发与保护规制的技术工具，转向统筹配置资源、高效利用资源、协调多元价值的公共政策，以及国家实现治理现代化的重要工具。简言之，国土空间规划是空间化的公共政策，国土空间规划本质上就是通过空间公共政策来实现国家治理目标的手段与过程，也就是所谓的空间治理。

在生态文明建设、高质量发展的新时期，国土空间规划承担着引领发展转型、推进国家治理体系与治理能力现代化的责任，国土空间规划的角色和地位已经上升到了治国理政的新高度。国家通过空间规划实现了对地方发展的战略引领与刚性管控，空间规划是政府配置资源、协调管控的工具，其主动、积极有力地引导经济、社会、空间朝着国家所希望的方向转型；同时，国土空间规划在调节地方发展模式、应对市场的负外部性等方面也具有极其重要的作用。

（四）国土空间规划的作用：塑造高质量国土、满足美好生活需求的支撑

中国人多地少、资源短缺、环境约束紧张，国土空间规划通过制定空间资源的利用规则、协调保护与发展的关系，以及科学有序地统筹布局生态、农业、城镇等功能空间，不断优化国土空间结构和布局，以实现美丽中国的目标。国土空间规划并非仅仅关注刚性的管制、上下传导的要求，而是更要关注如何通过规划来促进区域均衡发展、城乡协调发展、人与自然和谐发展。要通过国土空间规划的统筹协调，实现资源的合理配置、科学布局、高效利用、可持续利用，从而塑造高质量的国土环境，不断提高有限资源环境对无限发展需求的承载能力。要通过科学合理的国土空间规划，满足人民群众对美好生活向往的需求，以人为本、以人民为中心，延续历史文脉，突出地域特色，塑造美丽宜居的城乡人居环境，不断提高广大群众的幸福感、获得感。

第三节　国土空间规划的知识体系

一、空间规划知识体系的发展

从研究与实践领域划分的角度来说，空间规划并非某一种单独的学科门类，而是一个由城乡规划学、地理学、生态学、环境学、社会学、经济学、行政管理学等多学科共同参与的研究领域。其中，城乡规划学一直是空间规划实践工作的引领学科，甚至可以说，空间规划的学科属性随着经济体制和社会思潮的改变而演进的过程，实质上就是以城乡规划学为核心学科基础，并与地理学、生态学、社会学等其他学科不断交叉融合、学科属性不断拓展的过程。与此同时，传统城乡规划学与其他学科的交叉，还形成了城市生态学、城市社会学等多元学科领域，以及交通、市政等各类专项分支。不断扩大的空间规划核心理论体系与多元化的学科分支一起，共同组成综合性的空间规划学科群。二战以后，随着西方国家的空间规划角色由"空间管控手段"到"增长工具"，再到"公共政策"的陆续转变，空间规划知识体系呈现出多维度知识体系相叠加与综合的过程。

(一) 作为空间管控手段的空间规划知识体系

二战前，城市规划学科还未完全脱离建筑学的物质环境和空间实体的研究领域。城市规划被普遍视为放大城市尺度的物质环境设计，其成果主要是指导城市土地使用和空间形态建构的统领规划 (Master Plans)、详细蓝图 (Detailed Blueprints)，学科知识体系相应以设计和工程知识为核心，包含建筑和城市设计、交通和市政工程等方面的内容。二战后，许多西方国家纷纷选择凯恩斯主义的治理模式，随着以国家自上而下的规制为特征的空间规划体系的建立，空间规划作为空间管控手段的属性逐渐凸显。规划通过区域综合分析，以分析为基础为城市或地区的发展设定计划目标，并制定各种备选方案，计量分析、系统分析等数理分析手段因此成为这一时期空间规划知识体系的重要组成部分。

受 20 世纪 50 年代学科计量革命和功能理性主义思潮的影响，工具理性思想在这一时期主导着城市规划研究与实践领域，强调规划的"科学性"和系统性分析方法。在其理性主义的研究范式下，理性综合规划、系统规划和程序规划等理论先后出现，为区域层面空间规划的蓬勃展开奠定了基础。伴随国土规划和区域规划实践的广泛开展，理性主义的思考方式、数理研究方法开始被广泛应用于区域分析与规划编制研究中，成为空间规划知识体系的重要组成部分，使规划学科的科学性大大增强。

(二) 作为地区增长工具的空间规划知识体系

20 世纪 70 年代后，为应对新自由主义治理模式对规划的多元需求，西方国家空间规划一方面扮演地区"增长工具"的角色、积极地响应市场的发展要求，另一方面力图在集权和分权、政府力和市场力、经济增长和社会发展之间取得平衡。经济学、市场营销以及人文学科等知识被相继引入空间规划领域，在原有学科知识的基础上，进一步形成了更加综合化的地区增长工具角色下的空间规划知识体系。

作为市场经济下提升地区和城市竞争力的重要手段，城市设计、城市更新、老城复兴、城市再开发等规划在这一时期受到高度关注，广泛地融合土地经济学、产业经济学等领域的相关知识。以解决实际问题或某种特定目标为核心的导向型规划，也几乎在同一时间兴起，财政学、市场营销学、企业管理学等领域的知识被相继引入，体现出空间规划从"管控工具"到"增长工具"角色转变下知识体系的适应性转型升级。

(三)作为公共政策与治理平台的空间规划知识体系

20世纪80年代后,伴随空间规划在国家治理体系中的角色向综合空间战略转变,空间规划业已成为西方国家政府进行社会治理的重要途径,逐步完成了从"管控手段""增长工具"向"空间政策"的转型。空间规划的知识内涵由此进一步向行政管理、公共管理领域延伸。空间规划的公共政策转向,也对规划师的协调与沟通能力提出了全新的要求[①]。在公众参与思想的影响下,西方国家自20世纪70年代末期开始的空间规划"沟通转向",使规划权力逐步由精英群体让渡到普通民众,使沟通规划、协作规划成为这一时期具有代表性的空间规划类型。规划师的角色也相应逐渐转变为不同利益群体之间沟通、讨论规划议题的协调者,这就要求空间规划知识体系在已有的多学科基础上,进一步拓展谈判、沟通、协调等从事社会工作所需的知识内容。

当今西方国家的空间规划已普遍成为政府进行社会治理的重要途径,空间规划的知识向行政管理、公共管理领域延伸,沟通规划、协作规划等成为规划师的必备技能。与此同时,随着可持续发展成为全球发展的主导思想,生态保护也成为空间规划知识体系的重要构成,生态学、环境学等知识成为重要的补充。此外,西方空间规划知识也有进一步向专业化、技术化发展的趋势,主要表现为在交通、环境、历史保护等交叉领域形成了更加专业化的分支学科,以及地理信息技术、人工智能、大数据等新兴技术的运用,带来了规划技术创新的热潮。以城乡规划学科为核心代表的中国空间规划知识体系,其发展演化的历程、总体发展的方向与上述趋势基本是一致的。

二、国土空间规划的知识体系分析

从西方国家空间规划学科知识体系的发展和演变过程中可以看出,城乡规划学一直是空间规划实践工作的引领学科,也必然是中国的国土空间规划知识体系与学科群支撑的核心,在此基础上与地理学、生态学、环境学、社会学、公共管理学等其他学科不断融合、拓展,最终由城乡规划学、土地管理学、资源环境学等多个学科共同支撑起国土空间规划工作。准确地说,国土空间规划不是某一个单独、封闭的学科,而是一个庞大的、多学科交叉联动的学科群。

在国家治理体系和治理能力迈向现代化之际,中国的城乡发展将基本告别大面积的增量空间扩张阶段,越来越向面对复杂利益博弈的存量空间更新。在此背景下,

---

[①] 吕斌. 国外城市规划潮流的变化与城市规划师的培养教育 [J]. 规划师, 1998, 14 (2) 33-37.

对于国土空间规划知识体系而言，一方面是要不断发展、提升所谓的专业知识与技能，另一方面也必须关注新的要求与挑战。

首先，在治理现代化的视角下，国土空间规划尤其是区域性规划在处理上下、水平府际关系时将发挥更加综合的作用。因此，国土空间规划知识体系需要着重补充行政学、城市学与区域经济学、财政学、金融学等学科的内容。其次，随着我国现代化进程的推进，市民社会将不断发育崛起，市场在资源配置中起决定性作用也将不断得到深化与落实，因而空间规划更加需要在协调政府与市场、政府与社会的关系中发挥协商平台的作用，明确政府的有限责任与行为边界。因此，空间规划知识体系也需要补强城市社会学、乡村社会学等方面的内容，并加强对沟通协调、组织协同、制度设计等方法与能力的培育。最后，对于区域发展、城市发展、乡村发展客观规律的探索，需要更加精确、及时的数据与方法支撑，对于这部分技能的学习与运用将极大地丰富与拓展国土空间规划的知识体系，并系统地提升规划的科学性与合理性。

总体而言，国土空间规划的综合性实践要求其知识体系必须是一个不断吸收借鉴的开放体系，以服务区域、城市、乡村这些不同层次空间的综合保护与开发为主要宗旨，吸收有关学科的养分与最新的科技成果，持续完善、夯实国土空间规划既有的知识体系。

第二章　国土空间规划编制体系

第一节　国土空间规划编制的基本思想

一、国土空间规划编制概述

(一) 国土空间规划编制依据

我国要编制国土空间规划，依据空间规划对土地进行开发和利用，节约土地资源，为我国制定土地政策提供依据。而编制国土空间规划也是要有依据的。

土地调查结果是我国编制土地空间规划的依据，也是自然资源管理、保护和利用的重要依据。

《土地管理法实施条例》第八条：国家实行占用耕地补偿制度。在国土空间规划确定的城市和村庄、集镇建设用地范围内经依法批准占用耕地，以及在国土空间规划确定的城市和村庄、集镇建设用地范围外的能源、交通、水利、矿山、军事设施等建设项目经依法批准占用耕地的，分别由县级人民政府、农村集体经济组织和建设单位负责开垦与所占用耕地的数量和质量相当的耕地；没有条件开垦或者开垦的耕地不符合要求的，应当按照省、自治区、直辖市的规定缴纳耕地开垦费，专款用于开垦新的耕地。

省、自治区、直辖市人民政府应当组织自然资源主管部门、农业农村主管部门对开垦的耕地进行验收，确保开垦的耕地落实到地块。划入永久基本农田的还应当纳入国家永久基本农田数据库严格管理。占用耕地补充情况应当按照国家有关规定向社会公布。

个别省、直辖市需要易地开垦耕地的，依照《土地管理法》第三十二条的规定执行。

依据《土地管理法实施条例》的规定，要进行国土空间规划时，土地调查结果是编制国土空间规划的重要依据，也是自然资源管理、保护和利用的重要依据。

(二) 国土空间规划编制要求

编制市级国土空间总体规划必须建立在扎实的工作基础上：以第三次全国国土

调查为基础，统一工作底图底数；分析当地自然地理格局，开展资源环境承载能力和国土空间开发适宜性评价；对现行城市总体规划、土地利用总体规划等空间类规划和相关政策实施进行评估，开展灾害和风险评估；根据实际需要，加强重大专题研究；开展总体城市设计研究，将城市设计贯穿规划全过程。

(三)国土空间规划编制内容

一是落实主体功能定位，明确空间发展目标战略；

二是优化空间总体格局，促进区域协调、城乡融合发展；

三是强化资源环境底线约束，推进生态优先、绿色发展；

四是优化空间结构，提升连通性，促进节约集约、高质量发展；

五是完善公共空间和公共服务功能，营造健康、舒适、便利的人居环境；

六是保护自然与历史文化，塑造具有地域特色的城乡风貌；

七是完善基础设施体系，增强城市安全韧性；

八是推进国土整治修复与城市更新，提升空间综合价值；

九是建立规划实施保障机制，确保一张蓝图干到底。

(四)国土空间规划编制技术体系

1.国土空间规划编制技术体系构建的关键要点

本次国土空间规划改革是为了对现有的国土空间开发保护格局进行调整和优化，形成层次丰富、覆盖范围广泛、涉及多要素的规划运行体系。围绕规划体系的重构目标来优化规划编制技术体系，主要包括四个关键要点。第一，尽快形成全域、全要素的管控模式，这对于规划编制的空间维度提出了一定的要求。第二，构建多维度的规划编制体系，根据层级差异来确定规划管控的重点。规划编制应和多层级政府的管理事权的纵向维度保持相对应的关系。第三，构建编制和管理相结合的规划运行体系，在全域全要素管控与部门管理事权之间建立对应关系。就规划编制的内容而言，重点涉及规划的管理，应与编管相结合的横向维度保持对应关系。第四，形成全生命周期覆盖下的规划实施模式。规划改革是为了提高规划编制的发展质量和水平，规划编制和规划实施监督之间需要形成高度整合的关系，进而显示出该体系的时间维度。以上从四个方面明确了技术体系构建的要点，这四个方面的内容相互关联、相互影响，缺一不可。

2.国土空间规划编制技术体系构建的整体框架

(1)空间维度：全域、全要素的管控模式

从空间维度上来讲，规划编制体系的构建应适应当前的管控要求和管控模式。

针对现有的全域全要素格局进行调整，切实做好底线管控工作是本次实施规划改革的重点。在这个过程中，应该确定 3 个关键问题。首先，应将全域全要素的格局调整与升级当成本次改革的基本逻辑。结合国家主体功能区战略的提出与实施情况，在国家和地方这两个层次上来为国土空间格局的调整与升级设置底板，确定合理的生态红线，提供广阔的农业保护空间。其次，明确底线并制定战略。底线管控需要时间来趋于稳定，从而产生刚性的管控要求。就空间战略的制定而言，往往具有一定的动态特征，会根据环境和需求来进行调整。以国家"十四五"规划中涉及的部分战略为例，都需要以国家制定的双循环战略来作为载体，和"十三五"规划中制定的战略要求有着明显的差别。空间规划会结合不同发展时期的需求来对战略目标和任务进行调整，确保规划和战略的动态协调。最后，对动态与静态之间的关系进行有效的应对，并平衡战略与刚性管控之间的关系。通过制度健全与完善来在三者之间建立稳定的整体关系，设计出一套在实践中趋于成熟和稳定的规划运行模式。

就当前而言，规划编制体系与全域全要素管控要求的协调中出现了一些难点和断点，具体体现在技术体系构建和规划模式两个方面。

针对国内目前的空间规划模式而言，总体规划一直以来都被当成规划体系构建与运行不可缺少的主线，是一些极具战略意义的规划。总体规划非常注重战略性和法定性的体现，这是我国总体规划与其他国家相区分的主要特点。结合规划体系的运行效果进行对比与分析可以发现，这一模式在某些方面有着明显的缺陷，也是导致该规划实施过程中出现诸多问题的根本原因。从难点上来说，战略性与法定性之间的关系尚未明确。战略性侧重于总体规划的政策性，而法定性则关注总体规划的约束性。在协调两者之间关系这一方面，还需要进行深入的研究和多维度的探讨。

从长远的视角来讲，规划编制向规划运行制度建设的转变是大势所趋，但也需要一定的时间来不断完善，直至趋于成熟。结合以往的国际经验可以发现，西方发达国家在规划编制方面积累了丰富的经验，具有重要的借鉴价值。以德国为例，其在国家尺度规划方面通常会依据政策性意图来进行。之所以会出现这种情况，原因在于这些国家很早之前就已经开始针对空间规划体系的构建与运行展开研究与探索，在长期发展与实践中逐步产生了一套健全且完善的空间规划法律体系。就刚性管控要素而言，其通常表现出一定的法定性特征，需要通过构建制度体系来予以保障。就我国而言，当前阶段并未完成这套制度的建设与运用，只能依赖总体规划来完成所有的计划和任务，这样规划编制与管控体系稳定运行之间就会产生新的矛盾。

从技术体系的层面来讲，其断点指的是国家主体功能区战略制定与实施和地方"三区三线"统筹划定之间存在的逻辑关系，可从三个方面来论述。就国家主体功能区战略而言，其制定与实施呈现向下传导的特点，与地方的"三区三线"统筹划定之间形成了"两张皮"的对应关系。而主体功能区和行政单元逐一对应，从而产生新的嵌套关系，假设无法与财政、税收等政策机制设计形成固定的对应关系，那么这种分解无异于纸上谈兵，根本不存在任何意义。需要明确的是，主体功能区的向下传导早晚会从国土空间实施用途管制的要求上得到充分的体现。也就是说，我们应该针对主体功能区向规划分区的传导关系进行探究与分析，了解规划分区向控制线的技术转化的意义和作用。现有的技术体系无法从更深层次和更广的维度上对这些方面展开深入的研究，还需不断调整和优化。

(2) 时间维度：全生命周期规划实施模式

高质量发展是一个复杂且具有动态性特点的过程，是需要以问题来作为核心的导向。在这个过程中，对规划编制技术体系的构建提出了新的要求，在时间维度上应该和全生命周期的规划运行模式的要求保持高度的统一。首先，应对规划运行与实施结果之间存在的关联进行深入的理解和认知。其次，规划具有较强的目的性，但规划实施却表现出显著的动态性，因此我们要明确规划目标与动态实施之间存在的必然联系。最后，针对确定性与不确定性之间存在的逻辑关系进行探究。就规划而言，其与发展的不确定性相对应，应尽快构建科学有效的动态适应和规划调整机制。

针对全生命周期运行模式的构建与运用而言，其难点体现在多规合一的行动机制这一方面。应该意识到的一点是，多规合一同时体现在行动和编制两个层面，并在此基础上设计出一套灵活性较高的动态反馈优化机制。此外，应加快计划思维向规划思维的转型与创新。规划和计划之间不存在任何矛盾冲突，但二者在某些方面有着明显的差别，即规划对动态思维提出了具体的要求。要想在时间维度上构建出基于全生命周期的规划运行模式，应体现规划实施评价对于运行体现的价值和作用，并尽快形成以绩效为主要导向的规划实施体系。

(五) 国土空间规划编制技术体系架构的关键突破

1. 明确技术体系架构任务

国土空间规划体系的构建与运行势在必行，其总体要求包括两个方面。一是形成多元的规划编制体系，二是在面向实施的基础上形成完善的规划运行体系。就当前而言，开展规划编制工作变得更加紧迫，因此在构建技术体系的过程中，应该强调与规划运行要求之间的适配，结合以上4个维度得出的认知和结论来提出适合技术体系架构特点和规律的思路。

首先，设计"十"字形的技术体系架构。从纵向维度来讲，对"上"与"下"之间的关系进行协调，明确不同层次相关的政府行政事权，突出一定的纵向约束作用，为底层活力提供保护机制，形成责权清晰的传导制度，增强规划管控的效力。从横向维度来讲，应对编制和管理之间的关系做出应对和处理，明确不同要素管控和不同类型规划与之相关的部门管理事权，在面向实施的基础上形成系统的规划逻辑关系。规划的编制应确保有用、好用和管用，无论是纵向维度还是横向维度都应该保障责权清晰，知晓该管什么和不该管什么，突出固有的核心逻辑关系，强调重点和断点，防止构建的技术体系太过复杂。举例来讲，国家主体功能区战略在被提出和实施以后，会朝着地方层级传导，在这种情形下应切实做好顶层的政策设计，避免延续固有的"树"型思维来向下逐层分解，否则会导致技术体系的复杂化，甚至造成逻辑关系的混乱。再比如，以生态红线的管理和设置为例，应在构建纵向体系的基础上与不同层次的政府事权保持相对应的关系；以城镇开发边界的规划与管理为例，需要根据实际需要来设定过程管理相对应的规则，切忌只关注规模控制而忽视过程管理，不然会丧失优化国土空间格局的意义，甚至对地方发展活力造成负面的影响。

其次，形成动态的调控机制。不管是应对自上而下的关系，还是处理自下而上的关系，抑或界定规划与计划之间的关系，再或者是分析政府与市场之间的关系，这些过程都应该构建有着动态思维的调控机制。之所以这样做，是因为随着国土空间规划体系的构建与实施，相关部门会对其中包含的各种关系提出监督的要求，只有这样才能确保规划适应环境的变化，从而体现规划的各项功能，比如，战略引领功能和刚性管控功能。在处理地方的建设用地规模问题的过程中，可参考2035年的规模指标，但这些只是初步的规划控制导向，不能依据静态规模来对其进行监督和控制，而是需要在构建绩效考核机制以后设计出以资源动态优化为导向的配置模式，从而使新发展理念在实践中得以落实，为编制规划的集约化发展奠定基础，满足空间治理格局优化以及空间治理能力提升的要求和条件。

最后，双向创新的过程。一是规划运行环境的创新，二是规划编制体系的创新。二者相互关联、相互作用、相辅相成。就现有的国土空间开发保护制度进行优化，突出规划的战略性和权威性，让规划变得更加科学、可行。通过规划技术体系的构建和规划制度的运行来实现双向变革，在规划和运行的过程中趋于完善。技术体系的构建需要满足多层次、全域全要素以及全过程等需要，并在规划运行模式上有所创新和转变。规划行政机制的形成与发展需要和法律法规体系的建设与运行保持一致，确保习近平生态文明思想在规划制度建设与运行的过程中得到充分的体现，为多规合一的规划运行制度的建立健全提供有力的保障。国土空间规划是一种特殊的公共政策，应尽快形成配套的评估机制，确保政策体系和规划的正常运行，及时发现问题，连接断点。此外，应引入先进的信息技术和智能技术，为规划"一张图"的建设与运行提供技术支持，为规划体系的常规运行和持续优化带来技术方面的保障。

2. 突破两个关键技术环节

技术突破深刻影响着技术体系架构的优化，涉及以下两项标准。一方面，指的是国土空间规划类型划分的标准，对纵向体系的构建与运行有着重要的影响和作用，应该包含在不同层级的规划和总规中；另一方面，指的是国土空间用途的管制标准，该标准对于编管结合与横向体系的构建有着重要的意义，应尽快制定和实施。

就规划的编制和实施来讲，国土空间用途管制是这一过程不可或缺的前提条件，也是促进国土空间规划体系稳定运行的基础。中央文件中重点强调，国土空间的分区分类需要接受用途方面的管制，并在此基础上形成健全完善的用途统筹协调管控制度体系。就当前而言，涉及国土空间用途管制的认知与理解仍旧存在于农地转用方面，和中央提出的要求和标准有着较大的差距。不管是编还是管，国土空间规划分区分类标准在任何情况下都是国土空间用途管制制度建设与发展的基础条件，为用途管制提供重要的理论指导依据。需要明确的一点是，用途管制和分区分类相关的规则中包含一些重要的技术性问题，亟须解决。

3. 深化改革两个编制模式

实施和行动的规划编制对于规划管理和规划实施有着深刻的影响，前者是后者的基础条件。规划编制体系的构建与完善，须形成与实施和行动规划相适应的编制模式，这对于规划运行体系的改革与转型意义重大，需要得到政府以及各级部门的高度重视。就详细规划而言，其被当成规划管理的重要理论依据；针对行动规划来讲，则是规划得以有效落实的重要载体。详细规划指的是包含在开发边界范围内的详细规划，与以往的控制性详细规划相比更加细化也更加完善。以往的控制性详细规划在设计编制模式时，会依据指导开发建设来进行，通常表现出一定的静态特征，在新区开发建设阶段更加适用，但很难做到提高城市的运行质量和运行水平。就当前而言，城市规划的建设与发展逐步迈入新的城市存量更新阶段，空间的优化以及空间效能的提升开始得到相关部门的重视，目前构建的详细规划技术体系很难在这一领域发挥作用，易出现水土不服的情况。

应对现有的详细规划编制模式进行改革与创新，发挥行动规划的功能和作用。其一，详细规划需完善既定的内容体系，引入先进的技术和方法，与总体规划之间建立良好的衔接关系，和行动规划实现有机的结合，在落实详细规划的静态控制机制的过程中，强调与行动规划的动态实施的关联与连接，起到"1+1>2"的作用和效果。其二，把详细规划当成规划实施监测的关键，并在基础上对空间质量的变化进行评价。在这种情形下，需要将单元规划当成适合详细规划制定与实施的基本编制模式，消除开发控制的桎梏，让详细规划单元的作用和功能得以充分的发挥。此外，就城市更新阶段中提出的建设规划而言，应在详细规划中找出与之衔接的接口，构建非静态的规划实施模式。其三，确保规划实施层面的法规条例能够在规划运行的不同环节和阶段发挥重要的作用。就这些法规条例而言，其一直以来都被当成构建详细规划体系不可或缺的核心内容。随着全域全要素管控的提出与运行，用规则管空间的策略和机制的构建与实施显得更加迫切，深刻影响着乡村地区的规划管理质量和管理水平。

4.加强运行机制整体衔接

应加强国土空间规划体系的构建与运行，确保空间规划的功能和作用得以充分发挥，实现多层次、多类型的多规合一。

其一，重视规划运行模式的优化与更新。尽快形成"四位一体"的规划运行模式，既要做好总体规划也要进行详细规划，还要完善实施评估和行动规划等相关制度体系。就详细规划而言，其运行模式和总体规划的编制与实施之间应形成密切的关联，从而形成稳定的运行机制，针对总体规划来讲，其非常重视结构性的规划，在实施的过程中需要在详细规划与实施评估以及行动规划之间形成稳定的衔接关系，设计全过程统一协调的规划管理和运行模式。

其二，确保规划管理和法规条例等在体系建设与运行中发挥预期的作用和功能。就不同层次的规划而言，都需要重视规划的管理，并有效落实实施条例的制定与执行，围绕多规合一的规划与管理运行机制的构建与运行来切实做好重点的统筹规划，提高整体的规划管理水平，就规划编制、规划运行以及规划管理这三者的衔接提出新的要求和标准。

其三，尽快形成与规划实施密切相关的评估和反馈机制。随着权责清晰和社会参与的监督机制的制定与实施，在实施的过程中应该设计出适应规划实施的评估和反馈机制，为规划体系的稳定运行提供支持与保障。

(六)国土空间规划编制体系的类型划分

1.规划编制体系类型划分的依据

①以规划的层级作为规划编制体系类型划分的依据。规划一直以来都被当成政府管理所采用的工具，秉承"一级政府一级事权"的宗旨和要求，规划层级与政府层级保持高度的统一。大多数国家的行政层级只有3层，国土面积大的国家可能会设置高于3层的行政层级。宪法和地方法律法规中都界定了行政级别设置的要求和准则，部分也涉及规划事权的规定与实施。

②以规划的类型作为规划编制体系类型划分的依据。空间规划的类型主要包括3种：第一种是以政策／战略为导向的规划；第二种是以战略和土地利用为导向的规

划；第三种是以土地利用为导向的规划。就以政策/战略为导向的规划而言，其内容涉及空间规划理念的提出以及空间规划的政策制度建设等，一般又会明确具体的规划准则和目标，但不涉及细化的实施措施；就以土地利用为导向的规划而言，其内容涉及土地资源的利用规划、地方层次的规划、详细规划以及城市层次的规划等，其关键任务在于对土地利用活动中相关人的行为进行规范和约束，对多种类型的土地利用关系进行处理，对土地利用与环境之间的关系进行协调；就以战略和土地利用为导向的规划而言，其导向则介于其他两种类型之间，既具有以政策/战略为导向的规划的特点，也具备以土地利用为导向的规划的功能，能够起到承上启下的衔接作用和功能。

③以规划的地域范围作为规划编制体系类型划分的依据。根据规划的地域范围来划分规划编制的体系类型，主要包括两种类型。一是全覆盖的规划编制体系，二是局部覆盖的规划编制体系。就局部覆盖的规划编制体系而言，一般会划分成三种类型。第一种是基于区域规划的规划编制体系，通常会结合当地的经济或文化等关系密切程度来界定规划的范围；第二种是基于详细规划的规划编制体系，会结合土地开发的实际需要范围来完成编制和实现；第三种是基于城市总体规划的规划编制体系，在找出城市发展潜力较高的城市空间区域以后，在该区域制定全过程的总体规划并予以实施。

④以规划的纵向关系作为规划编制体系类型划分的依据。从空间规划体系的维度来讲，主要包括纵向维度和横向维度。就纵向维度的纵向关系来讲，具体由垂直型和平行型两种类型组成。就垂直型的关系而言，还涉及以刚性需求为导向的控制关系、以弹性需求为导向的指导关系以及以刚性和弹性需求相结合为导向的综合性关系。以平行型的类型为例，可参考荷兰的行政层级划分情况，这里不做赘述。

⑤以规划的横向关系作为规划编制体系类型划分的依据。所谓的横向关系可理解为空间规划和专项规划等之间存在的层级关系。就专项规划而言，指的是不同类型空间规划在核心内容上的拓展和延伸，与空间规划之间存在稳定的包含关系。针对部门规划来讲，指的是由不同政府部门参与编制的规划，在内容上通常呈现空间性安排的特点，和空间规划之间有着密切的关联。

2. 规划编制体系的主要类型

(1) 政府主导市场经济的中央控制型

以日本为代表，上级规划通过行政审批和技术指导对下级规划发挥控制作用。规划体系由三层三类组成："三层"是指与行政层级对应的中央、都道府县和市町村，"三类"指国土规划、土地利用规划、城市规划。日本空间规划体系在2005年进行了简化，但仍然是发达国家中最复杂的规划体系。

（2）福利市场经济下的中央直接指导型

以北欧的丹麦、挪威、瑞典和芬兰4个国家为代表，经济上是典型的福利资本主义国家，政体上属于单一制国家，但地方规划权力较大。中央政府制定国家利益要求文件或土地利用导则，直到地方规划。区域规划通常以首都城市地区为主或与落实欧盟各种区域发展基金有关。地方规划是具有操作性的土地利用规划。规划体系由两层三类组成："两层"指区域和地方级，"三类"指区域规划、综合规划和详细规划。

（3）自由市场经济下的中央间接指导型

依据政府的层级分为2种。一种是以法国和意大利为代表，政府分为四层，法国中央政府制定法律框架和基础设施投资、意大利中央政府制定国土开发导则影响区域和地方规划；规划体系由三层三类组成，其中"三层"指省级、区域、地方，"三类"指大区（省级）规划、区域规划、地方规划。另一种是以英国、澳大利亚和新西兰为代表，英国英格兰地区制定国家政策框架、澳大利亚联邦政府制定环境政策、新西兰政府制定国家环境标准和国家政策陈述；规划体系由两层两类组成，"两层"是区域和地方，"两类"指区域规划（大城市区域规划或区域联合体）和地方规划（城市规划、分区规划、地方规划等）。

（4）自由市场经济下的地方自治型

美国和加拿大的地方自治权利较大，规划体系多元性特性明显。规划体系由两层两类组成："两层"指区域联合体和地方；"两类"指区域规划和综合规划。土地利用管理主要依据地方综合规划，通过《土地用途分区条例》来依法行政。

（5）混合市场经济下的央地平行型

荷兰和比利时的平行体系在一定程度上意味着中央政府、省政府和地方政府的规划权是平行的，各自根据自己的利益划分，建立各自的结构规划和实施规划，属于"两类"；而"三层"则是指国家/区域、区域/省和地方三级政府。如比利时的弗雷区政府负责机场和港口，而市政府负责商业园区。

（6）社会市场经济下的央地合作型

以中欧的德国、瑞士和奥地利为代表，为联邦国家。联邦的规划权利较少，制定理念和战略，联邦州制定具体框架，上下级规划协调以对流为原则，上级对下级规划兼具控制和指导的功能。规划体系由四层三类组成："四层"指联邦、联邦州、区域和地方；"三类"指空间规划/发展规划、区域规划、土地利用规划3种。

（七）国土空间规划编制体系变化的主要趋势

随着社会的成熟发展，其规划体系的形态逐渐呈现简约化和局部精细化等特征。在社会经济快速发展的今天，发达国家的城市化水平大多超过80%，这些国家的国土空间发展框架趋于稳定，在短期内不会发生变化，且相对应的规划体系也呈现简约灵活的特点和发展规律。在社会经济走向成熟社会以后，社会发展水平得到显著的提升，并呈现全球化发展的趋势，人们对空间的需求随即改变，进而滋生了各种不同的空间规划类型。

就高质量发展的规划类型而言，往往会呈现"软"化或区域化等特征。区域规划在本质上和国家规划与地方规划没有区别，但其规划范围以"软性"的经济发展单元为主。就发达国家而言，其地域空间的关联已经摆脱了行政边界的约束和限制，从而出现了新的经济或文化空间，应基于编制规划来促使"软性"空间关系的需求得到有效的满足。

规划层级逐渐呈现地方化或社区化的发展特点。在20世纪90年代爆发的经济危机，引起了分权化的发展浪潮。日本、法国以及英国等国家先后对各自的地方组织法进行了修订，其目的在于转变以往的"央地"关系。地方分权化的出现与发展，孕育出不同的空间规划类型。一种是上下层保持平行的空间规划关系，以荷兰和比利时等国家最具代表性；另一种是跨层传导的空间规划关系，代表国家有英国等。

处于多元公共管理模式中的协调方式逐渐呈现多样化发展的趋势和特点。就规划体系而言，其内部不同类型和外部规划之间有着稳定的协调关系。从纵向协调的层面来讲，通常依据审批、监督和指导等手段或方式来进行协调；就横向协调而言，会基于咨询来进行协调，和空间规划编制设计中提及的公众参与比较相似。不同国家规划体系的协调方式有着明显的差异，这主要和各国的公共管理模式有关。以德国为例，会基于联邦层面来设立空间规划委员会，负责对各州的政策进行协调，利用区域规划程序来实现空间内各项目的协调。

二、国土空间规划的基本思想

(一)强化国家战略意识

国土空间规划体系就是要将国家战略层层传导分解落实，使所有的行动统一到国家战略的实施上。过去城乡规划编制也研究发展战略，但往往是从特定的城市和地区出发来设想各自的战略，缺少上下层次的贯通，甚至出现为了城市自身的发展需要而去谋划区域甚至国家战略，从而导致同一地区的不同城市所谋划的区域与或国家战略并不一致甚至产生矛盾，直接影响到城市与城市之间、城市与区域之间以及区域与区域之间无法真正协同行动。当然，强调国家战略的传递，并不是要否定城市或地区没有或者不需要考虑自身发展战略问题，而是说，城市或地区自身发展战略是国家战略实施的组成部分，是结合了地方特点和需求的实施国家战略的行动性的战略，或者说是策略。这就要求，不同层次的规划是国家国土空间规划体系传导网络的组成部分，共同服务于国家战略的实施。与此同时，各地的国土空间规划由于国家战略落实要求、资源配置内容以及地方特点和需求的不同，因此，在国家的国土空间规划体系中具有各自独特的作用，担负着不同的职责，服务于不同层级治理工作开展的需要，因此，在规划编制的内容、管控要素及其管控方式以及规划工作方法上都具有独特性。

(二) 重视国土空间全要素的配置和组合关系

相对于过去的城乡规划而言，国土空间规划涉及的是广域的国土空间范畴，在广域的国土空间中，城市、镇、村庄等只是其中的"点"。过去城乡规划更多是从"点"，或者是从点与点的关系 (城镇体系) 出发来思考"域"的问题和内容。因此，国土空间规划编制就必须从广域的国土空间格局出发，来完善各类要素的配置，并建立起这些要素之间的总体关系，这是国土空间规划编制的基础，而这恰恰是过去缺少研究的，也是各类规划中未能很好建立起来的内容。人与自然是生命共同体，山田林水湖草也是生命共同体，因此，国土空间规划编制不只是要处理好保护与发展的问题，其实质更是要建立起一个生命共同体的共同持续发展的问题。即使是城镇内部的空间格局、要素组织以及建设用地的安排，也应当与广域的国土空间格局相协调、相互依存、相互促进，生态文明建设是城乡高质量发展、高品质生活的基本保证，只有这样才有可能实现中华民族的永续发展。

(三) 国土空间规划编制必须与国家治理体系和治理能力现代化建设相结合

国土空间规划要做到满足"能用、管用、好用"的要求，就需要在规划编制中深入研究国家和地方的治理结构和治理方式，按照各层级的责权分工和不同的管控手段和方式，聚合和组织空间管控要素和规划内容。根据"谁组织编制、谁负责实施"和"管什么、批什么"的原则设定各层级规划的内容，满足各层级国土空间治理的实际要求。国土空间规划既包括战略内容，也包括公共政策和实施管制的内容，在不同层次上有不同的偏重，即国家国土空间规划注重战略性、省级规划注重协调性，县市规划注重实施性。即使是同一层次的国土空间规划，由于地方性的差异，如地方管理方式方法、社会经济发展阶段及其需求、地方文化传统等的不同，即社会治理架构的差异，也就对国土空间规划承上启下的作用及其内容有着不同的要求，这些都会给规划编制的思路、规划内容、管控要素的选择和安排以及实施路径等带来较大的差异。从另外一个角度来讲，国土空间规划编制实质上是在组织不同人群的未来行动纲领，制定不同人群未来行动的规则，因此，深入研究不同人群的真实需求，并将其与国家战略目标相结合是规划编制中的重要任务。

第二节 国土空间规划编制的核心理念

国土空间规划是国家空间发展的指南，在国土空间规划的编制中，既要密切关注国家政策的动态变化，也要注重生态文明建设，以达到资源协调、环境改善的目的。因此，生态文明理念是国土空间规划编制的核心理念。

一、生态文明理念与国土空间规划的关系

(一) 生态文明概念

生态文明理念从诞生到社会认同经历了漫长的过程。生态意识是生态文明观念的萌芽，在西方社会发展中诞生[①]。马克思与恩格斯、美国自然主义者亨利·索罗、约翰·穆尔等先驱者的论述，无不折射出生态文明理念的意识。自20世纪50年代以来，西方发达国家因处于二战建设阶段，各种环保运动层出不穷。从这一时期看，生态文明理念从萌芽走向共识[②]。2012年，党的十八大报告中提出了要大力推进生态文明建设，并将生态文明建设上升为国家高度和国家战略[③]。生态文明理念的核心是节约资源、保护环境，并按照这一原则发展经济，构建可持续发展的体系[④]。

(二) 生态文明理念与国土空间规划良性共生

生态文明的目标是在城市建设中合理利用资源、节约资源、保护环境、促进资源可持续发展[⑤]。在过去的发展中，由于忽视对生态环境的保护，造成了生态环境的恶化。从生态循环来看，坚持生态文明理念有利于生态环境的自我修复。在规划中坚持生态文明理念，对以往不合理、不科学的区域再开发布局，进而实现人与自然的和谐。在利用和开发中注重结合当地的用地适宜性进行评价，在适宜区内最大限度地优化土地、水资源、矿产等资源，解决开发区域生态问题，形成国土资源利用长效机制，防止后期进一步改造、开发、使用中由于过度开采造成环境破坏，实现可持续发展。

当前，我们要重视生态文明建设，不能再走"先污染后治理"的老路，而要以

---

① 谭治国. 生态文明建设思想的演进历程 [J]. 世界家苑, 2018(4).
② 陶国根. 多元主体协同治理框架下的生态文明建设 [J]. 中南林业科技大学学报 (社会科学版), 2021, 5(15): 7-16.
③ 秦书生, 鞠传国. 生态文明理念演进的阶段性分析: 基于全球视野的历史考察 [J]. 中国地质大学学报 (社会科学版), 2017: 19-22.
④ 郝庆. 面向生态文明的国土空间规划价值重构思辨 [J]. 经济地理, 2022, 42(8): 146-153.
⑤ 魏凡. 遵循生态文明理念, 加强国土空间规划 [J]. 规划与设计, 2021(6): 112-113.

生态文明发展为基础，改变传统观念和方式，不仅要加快经济社会发展步伐，还要创造优美的生活环境、宜居城市、美丽农村。国土空间规划从土地有效利用、空间结构优化、绿化等方面加强生态环境保护。在习近平生态文明思想的指导下，国土空间规划强调人与自然的和谐发展，将生态文明理念应用于国土空间规划，可以在一定程度上解决生态问题，提高资源利用率，减少资源浪费，形成良性发展趋势。

二、生态文明理念贯穿国土空间规划编制的策略思索

（一）生态空间规划

就生态文明的建设与发展来讲，生态空间规划是不可或缺的关键流程。规划编制需要基于不同维度来对当地的经济发展和环境情况进行调研与考察，促进当地社会稳定与经济发展以及环境保护等多个方面的协调发展[1]。以峨眉山市的峨汉高速公路为例，其规划应围绕沿线自然资源的分布情况进行，并了解具体的路况信息，形成整体的总体规划方案，减少对当地生态环境的破坏，挖掘资源的利用价值和潜力。

（二）全面评价生态环境承载力，积聚提升空间效益

国土空间规划需采取双评价双评估的机制和策略，界定生态保护极重要区的范围，并有效落实相关的生态保护政策和措施，同时在周边区域兼顾农业的生产和城市的发展[2]。

在信息技术快速发展的今天，现代化的基础设施规划模型在空间规划领域得到应用，基于数据的分析与建模来获得最优的空间规划方案，避免生态环境的破坏和污染。同时，对现有的生态评价机制和生态补偿制度进行优化与完善，在确定重点生态区的基础上，采取不同的手段来治理和改善当地的生态环境。

编制规划的过程中，应考虑空间效益的最大化，基于横向和纵向两个维度来获得更强的空间效应[3]。规划时应秉承因地制宜的基本原则，对区域内的资源进行整合和重新分配，既要创造更多的区域生态效益，也要突出当地的地方特色。

（三）生态转型政策机制保障

国土空间的规划编制须强调节约集约用地水平的持续提升，制定新的土地政策，提高农村闲置资产资源的利用率，形成康养旅游产业的长效发展机制，深入贯彻实

---

① 刘玉亭，袁奇峰等 . 国土空间规划 [J]. 南方建筑，2021（2）：63-70.
② 江峻任，杜云，等 . 人与自然和谐共生的中国式现代化道路彰显的五大特色 [J]. 2022，37（6）：1-10.
③ 张海洋，生态文明视野下的国土空间规划再认识 [J].2022（1）：26-28.

施旅游用地的分类管理制度，明确相应的准入清单，加快旅游资源管理运行机制的优化与升级，吸引更多的社会资本。

随着生态文明新时代的到来，我国正式进入全面开放的发展阶段，国土空间规划对于生态文明的建设与发展有着至关重要的作用和意义。这里选择峨眉山市作为研究对象，结合生态文明建设的内部结构和组成要素，制定适应资源优化利用的国土空间优化战略，实现各要素的相互融合，真正做到协调布局和空间优化。

站在国土空间规划师的立场来讲，应将国土空间规划体系的构建与运行放在首要位置，对编制区范围内的生态文化资源进行开发和利用，进一步优化当地的土地空间结构，从而实现经济发展、土地资源整合与生态文明建设的协调统一，找准国土空间规划人的角色定位。

第三节　国土空间规划体系与类型

一、发达国家空间规划体系类型对我国的启示

(一) 三种空间规划体系类型

就发达国家而言，通常会依据空间规划类型的结构差异来划分空间规划体系，包括垂直型的空间规划体系、网络型的空间规划体系以及自由型的空间规划体系三种。

1. 垂直型空间规划体系典型——德国

德国颁布的《中华人民共和国宪法》中明确指出，空间规划由联邦和州等行政层级协调管理，需参照《空间规划法》和《空间规划条例》等法律法规和规章制度来实施。联邦空间的规划设计分四个层级，按照自上而下的顺序依据为联邦、州、区域和地方。各级规划的编制都应该严格按照对流和辅助原则来进行，从而构建出垂直连贯的规划制度体系。此外，不同层面的空间规划可围绕整体区域来实施，还能与部门规划之间形成良好的衔接和反馈关系。

2. 网络型空间规划体系典型——日本

以日本为例，日本主要依据《国土形成规划法》等法律来进行空间规划。日本的空间规划设计分四个层级，按照由上而下的顺序依次排列为国家、区域、都道府县以及市町村。空间规划体系同时兼顾多个特点，涉及不同的空间规划类型，呈现网络型的分布特征。

3. 自由型空间规划体系典型——美国

美国尚未构建统一的空间规划体系，其空间规划体系呈现自由的特点。美国州以下的政府一般包括市、县、镇及村政府等不同层级，在此基础上形成了各自对应的空间规划体系。根据土地利用规划情况进行分析可知，提出全域用地规划和政策的州只占四分之一。一些州会把规划发展目标当成行政法令，对地方政府的总体规划实施提出严格的要求，以夏威夷州等最具代表性；一些州政府会基于发展规划来对各地方政府提出相应的要求和标准，通过整理和总结设计出覆盖全州范围的总体规划，以佐治亚州最具代表性。

（二）多因素影响国家空间规划体系

国家空间规划体系的构建需要围绕历史条件和其他因素进行，进而呈现一定的动态性。这些因素涵盖经济发展水平以及文化等各个方面。

1. 行政组织体系对国家空间规划层级起基本作用

不同国家会依据固有的原则和要求来设计适合本国的空间规划体系。以日本为例，会对照行政组织划分来构建与之对应的空间规划体系；以德国为例，会依据行政组织的体制来构建相适应的空间规划层级。随着国土面积的增加，国家的行政组织层级越来越复杂，从总体上来讲主要包括三大类。一类是国家级的空间规划体系，一类是区域级的空间规划体系，还有一类是地方级的空间规划体系。

2. 经济体制影响国家空间规划不同层级的功能

经济体制在一定程度上影响着空间规划体系的构建。就日本而言，日本是典型的行政主导型的国家，其空间规划体系基本趋于成熟，和规划之间存在紧密的协调关系；以德国为例，德国是典型的社会市场经济国家，在联邦层面上提出的规划相对更加宏观，在底层层面提出的规划相对更加详细具体；以美国为例，美国是典型的自由市场经济国家，目前尚未构建国家级的空间规划体系。

（三）经济发展阶段驱动国家空间规划体系的转变

不同的经济发展阶段，国土空间开发会呈现出不同的类型和方式。以英国为例，其空间规划体系出现在1968年。2004年，政府正式通过《规划与强制性购买法》这一法律法规，对国家政策导则和区域政策导则进行简化，构建出新的地方发展框架结构，强调社会大众的积极参与。以日本为例，在经过一系列国土综合开发规划的前提下，在2005年正式颁布了《国土可持续利用法》，对以往的三级国土空间规划体系进行了优化和升级，进而形成了更加灵活的网络型空间规划体系。

(四) 构建国家空间规划体系模式是定位国土空间规划的基础

国土空间规划的定位需要依据国家目前构建的空间规划体系的模式来确定。就目前而言，我国土地利用总体规划更加强调对用地的布局和安排，至于不同规划层级之间的协调关系有待持续地完善。城镇体系的规划需要依据既定的城镇化发展空间战略来进行，在主体功能区的规划定位上采取上位规划的方式，因为和规划之间的衔接有待完善，导致规划的实施受到不同程度的影响。当前错综复杂的情况说明我国现阶段构建和运行的空间规划体系存在一定的问题，对社会经济发展提出了新的要求。国土空间规划的定位主要受选择怎样的空间规划体系模式的直观影响。

现如今，我国正式迈入工业化城镇化发展的重要阶段，空间结构相较于以往有明显的变动，在资源环境的限制下导致国土空间的开发和协调等出现各种各样的问题，亟须治理。和垂直型、自由型以及网络型的空间规划体系相比，我国构建的空间规划体系有着独特之处，呈现出一定的多宜性和动态性特征，对各类、各级空间规划相互之间的关系协调和统筹管理提出了新的要求。国土空间开发格局的转变与优化，国土空间开发秩序的维持与协调，应尽快建立稳定的空间规划秩序。

二、我国国土空间规划的类型与体系

(一) 国土空间规划的类型

国土空间规划分为总体规划、详细规划、相关专项规划3类。国土空间总体规划是详细规划的依据、相关专项规划的基础，相关专项规划要相互协同，并与详细规划做好衔接。

1. 总体规划

总体规划强调综合性，是对一定区域（如行政区全域）范围所涉及的国土空间保护、开发、利用、修复等进行的全局性安排。

国家级国土空间总体规划对国土空间开发、资源环境保护、国土综合整治和保障体系建设等做出总体部署与统筹安排，对涉及国土空间开发、保护、整治的各类活动具有指导和管控作用，对国土空间相关专项规划具有引领和协调作用，是战略性、综合性、基础性的规划。国家级国土空间总体规划由自然资源部会同相关部门组织编制，经全国人大常委会审议后报中共中央、国务院审批。

省级国土空间总体规划是对全省国土空间保护、开发、利用、修复的总体安排和政策总纲，是编制省级相关专项规划、市县级国土空间总体规划的总依据。省级国土空间总体规划由省人民政府组织编制，经省人大常委会审议后报国务院审批。

市县级国土空间总体规划是市县域的空间发展蓝图和战略部署，是落实新发展理念、实施高效能空间治理、促进高质量发展和高品质生活的空间政策，是市县域国土空间保护、开发、利用、修复和指导各类建设的全面安排、综合部署和行动纲领。市县级国土空间总体规划要体现综合性、战略性、协调性、基础性和约束性，落实和深化上位规划要求，为编制下位国土空间总体规划、详细规划、相关专项规划和开展各类开发保护建设活动、实施国土空间用途管制提供基本依据。市县级国土空间总体规划一般包括市县域和中心城区两个层次：市县域要统筹全域全要素规划管理，侧重国土空间开发保护的战略部署和总体格局；中心城区要细化土地使用和空间布局，侧重功能完善和结构优化。市县域与中心城区都要落实重要管控要素的系统传导要求，并做好上下衔接。市县级国土空间总体规划由市、县（市）人民政府组织编制，除需报国务院审批的城市国土空间总体规划外，其他市县级国土空间总体规划经同级人大常委会审议后，逐级上报省人民政府审批。

乡镇级国土空间总体规划是对上级国土空间总体规划以及相关专项规划的细化落实，允许乡镇级国土空间总体规划与市县级国土空间总体规划同步编制。各地可因地制宜地将几个乡（镇、街道）作为一个规划片区，由其共同的上一级人民政府组织编制片区（乡镇级）国土空间总体规划。中心城区范围内的乡镇级国土空间总体规划经同级人大常委会审议后，逐级上报省人民政府审批，其他乡镇级国土空间总体规划由省人民政府授权设区市人民政府审批。

2. 详细规划

详细规划强调实施性，一般是在市县以下组织编制，以总体规划为依据，对具体地块用途、开发强度、管控要求等做出的实施性安排。详细规划是实施国土空间用途管制、核发城乡建设项目规划许可、进行各项建设的法定依据。

各地应当根据国土空间开发保护利用活动的实际，合理确定详细规划的编制单元和时序，按需编制。根据生态、农业、城镇空间的不同特征，依总体规划确定的规划单元分类编制详细规划。在城镇开发边界内的详细规划（主要是控制性详细规划），由市、县（市）自然资源主管部门组织编制，报同级人民政府审批；在城镇开发边界外的乡村地区，以一个或几个行政村为单元，由乡镇人民政府组织编制"多规合一"的村庄规划（详细规划），报上一级人民政府审批。根据实际需要，还可以编制郊野单元、生态单元、特定功能单元等其他类型的详细规划，由市、县（市）自然资源主管部门或由市、县（市）自然资源主管部门会同属地乡镇人民政府、管委会组织编制，报同级人民政府审批。

3. 相关专项规划

相关专项规划是在总体规划的指导约束下，针对特定区域（流域）或特定领域，对国土空间开发保护利用做出的专门安排。一般包括自然保护地、湾区、海岸带、都市圈（区）等区域（流域）的空间规划，以及交通、水利、能源、公共服务设施、军事设施、生态修复、环境保护、文物保护、林地湿地等领域的专项规划。除法律法规已经明确编制审批要求的专项规划外，其他专项规划一般由所在区域自然资源主管部门或相关行业主管部门牵头组织编制，经国土空间规划"一张图"审查核对后报本级人民政府审批，批复后统一纳入国土空间规划"一张图"及其信息系统。

（二）国土空间规划的"四体系"

"四体系"是指国土空间规划的编制审批体系、实施监督体系、法规政策体系和技术标准体系。

1. 编制审批体系

编制审批体系强调不同层级、类别规划之间的协调与配合，体现了一级政府一级事权，实现了全域全要素规划管控。规划的编制审批体系涉及各级各类规划的编制主体、审批主体和重点内容。根据《中共中央　国务院关于建立国土空间规划体系并监督实施的若干意见》，全国国土空间规划由自然资源部会同相关部门组织编制，由党中央、国务院审定后印发；省级国土空间规划由省级人民政府组织编制，经同级人大常委会审议后报国务院审批；国务院审批的城市国土空间总体规划，由市级人民政府组织编制，经同级人大常委会审议后，由省级人民政府报国务院审批；其他市、县及乡镇国土空间规划的审批内容和程序由省级人民政府具体规定。海岸带、自然保护地等专项规划及跨行政区域或流域的国土空间规划，由所在区域或上一级自然资源主管部门牵头组织编制，报同级人民政府审批。国土空间规划的编制审批体系见表2-1。

表2-1　国土空间规划的编制审批体系

"三类"规划	"五级"规划		编制机构	审批机构
总体规划	全国国土空间规划		自然资源部会同相关部门	党中央、国务院
	省级国土空间规划		省级人民政府	同级人大常委会审议后报国务院
	市县乡镇	国务院审批的城市国土空间总体规划	市级人民政府	同级人大常委会审议后，由省级人民政府报国务院
		其他市县和乡镇国土空间规划	市级人民政府	省级人民政府明确编制审批内容和程序要求

"三类"规划	"五级"规划	编制机构	审批机构
相关专项规划	海岸带、自然保护地等专项规划及跨行政区域或流域的国土空间规划	所在区域或上一级自然资源主管部门	同级政府
	以空间利用为主的某一领域的专项规划	相关主管部门	国土空间规划"一张图"核对
详细规划	城镇开发边界内国土空间规划	市县国土空间规划主管部门	市县人民政府
	城镇开发边界外的乡村地区的村庄规划	乡镇人民政府	市县人民政府

2. 实施监督体系

实施监督体系依托国土空间基础信息平台，以国土空间规划为依据，对所有国土空间分区分类实施用途管制；按照"谁组织编制、谁负责实施""谁组织审批、谁负责监管"的原则，建立健全国土地空间规划动态监测评估预警和实施监管机制，逐层授权、层层监督；按照"以空间定计划、以存量定计划、以效率定计划、以占补定计划"的要求，加大用地、用海、用林、用矿等自然资源要素配置的区域统筹力度，完善自然资源利用年度计划管理，保障规划稳步实施；强化国土空间规划的底线约束和刚性管控，制定各类空间控制线的管控要求，并开展各类空间控制线划区定界工作。

3. 法规政策体系

完善法规政策体系，加快国土空间规划相关法律法规建设。梳理与国土空间规划相关的现行法律法规和部门规章，对"多规合一"改革涉及的突破现行法律法规规定的内容和条款，按程序报批，取得授权后施行，并做好过渡时期的法律法规衔接。完善适应主体功能区要求的配套政策，保障国土空间规划有效实施。

4. 技术标准体系

国土空间规划是"多规合一"的规划，需要对城乡规划、土地利用规划、主体功能区规划等原有技术标准体系进行重构，构建统一的国土空间规划技术标准体系，并制定各级各类国土空间规划编制技术规程。为了保障国土空间规划所要求的精准传导、有效实施、及时监控，国家建立了统一底板、统一数据标准、分层分级管理的国土空间规划信息平台，在信息平台上统一进行规划编制与实施管理。由自然资源部会同相关部门负责构建统一的国土空间规划技术标准体系，修订完善国土资源现状调查和国土空间规划用地分类标准，制定各级各类国土空间规划编制办法和技术规程。

第四节　国土空间规划编制的基本内容

中国作为一个幅员辽阔、自然条件差异巨大、区域发展情况差别巨大的国家，必须建立分级分类的国土空间规划编制体系，不同层级的国土空间规划对应不同层级政府的责任与事权，规划内容侧重关注不同的问题，规划空间的落实体现不同的精度，空间管制体现不同的内容和深度。如此，才能使国土空间规划兼顾国家意志与地方发展实际、兼顾刚性管控与弹性活力，从而保证各个层级的国土空间规划科学、合理、可实施。

一、国家级国土空间规划

国家级国土空间规划应当以贯彻国家重大战略和落实大政方针为目标，提出较长时间内全国国土空间开发的战略目标和重点区域规划，制定和分解规划的约束性指标，确定国土空间开发利用整治保护的重点地区和重大项目，提出空间开发的政策指南和空间治理的总体原则。国家级国土空间规划的重点内容主要包括以下方面。

（1）体现国家意志导向，维护国家安全和国家主权，谋划顶层设计和总体部署，明确国土空间开发保护的战略选择和目标任务。

（2）明确国土空间规划管控的底数、底盘、底线和约束性指标。

（3）协调区域发展、海陆统筹和城乡统筹，优化部署重大资源、能源、交通、水利等关键性空间要素。

（4）进行地域分区，统筹全国生产力组织和经济布局，调整和优化产业空间布局结构。

（5）合理规划城镇体系，合理布局中心城市、城市群或城市圈。

（6）统筹推进大江大河流域治理，跨省区的国土空间综合整治和生态保护修复，建立以国家公园为主体的自然保护地体系。

（7）提出国土空间开发保护的政策宣言和差别化空间治理的总体原则。

二、省级国土空间规划

省级国土空间规划是落实国家发展战略要求、对省域空间发展保护格局进行统筹部署、指导市县等及其以下层次国土空间规划的基本依据，具有战略性、综合性和协调性。纵向上，要落实上位规划的目标和战略，明确本级规划的底线和重点，提出对下位规划的控制与引导要求；横向上，要统筹省级有关部门的各类空间性规划（专项规划），明确各部门的空间使用和管理边界。省级国土空间规划的重点内容主要包括以下方面。

（1）落实国家规划的重大战略、目标任务和约束性指标。

（2）综合考虑区域发展战略、空间结构优化、空间发展与保护、空间统筹与管制、城镇体系组织、乡村振兴等"一揽子"要求，提出省域国土空间组织的总体方案。

（3）合理配置国土空间要素，在省域内因地制宜地划定地域分区，突出永久基本农田集中保护区、生态保育区、旅游休闲区、农业复合区等功能区，明确相应的用途管制要求，明确国土空间整治修复的空间区域与总体要求。

（4）提出省域内重大资源、能源、交通、水利等关键性空间要素的布局方案，突出对历史文化、风貌特色保护与塑造等方面的要求。

（5）强化国土空间区际协调，对跨省区边界区域、跨市县行政区区域的重大空间要素配置、自然资源保护与利用、基础设施协调建设等，提出相应的建议或要求。

（6）制定保证省级国土空间规划实施的保障政策。

三、市级国土空间规划

市级国土空间规划应当结合本市实际，落实国家级、省级的战略要求，发挥空间引导功能和承上启下的控制作用，注重保护和发展的底线划定及公共资源的配置安排，重点突出市域中心城市的空间规划，合理确定中心城市的规模、范围和结构。市级国土空间规划的重点内容主要包括以下方面。

（1）落实国家级和省级规划的重大战略、目标任务和约束性指标，提出提升城市能级和核心竞争力、实现高质量发展、创造高品质生活的战略指引。

（2）确定市域国土空间保护、开发、利用、修复、治理的总体格局，构建与市域自然环境、发展实际相契合的可持续的城乡国土空间总体格局。

（3）确定市域总体空间结构、城镇体系结构，明确中心城市性质、职能与规模，落实生态保护红线，划定市级城镇开发边界、城市周边基本农田保护区等有关强制性区界。

（4）落实省级国土空间规划所提出的山水林田湖草等各类自然资源保护、修复的规模和要求，明确约束性指标，并对下位规划提出传导要求。

（5）统筹安排市域交通、水利、电力等基础设施布局和廊道控制要求，明确重要交通枢纽地区选址和轨道交通走向，提出公共服务设施建设标准和布局要求，统筹安排重大资源、能源、水利、交通等关键性空间要素。

（6）对城乡风貌特色、历史文脉传承、城市更新、社区生活圈建设等提出原则要求，塑造以人为本的宜居城乡环境，满足人民群众对美好生活向往的需求。

（7）建立健全从全域到功能区、社区、地块，从总体规划到专项规划、详细规划，从地级市、县（县级市、区）到乡（镇）的规划传导机制，明确下位规划需要落实的约束性指标、管控边界、管控要求等。

（8）在规划期内提出分阶段规划实施目标和重点任务，明确保障、支撑国土空间规划实施的有关政策机制。

四、县级国土空间规划

县级国土空间规划除落实上位规划的战略要求和约束性指标，还要重点突出空间结构布局、突出生态空间修复和全域整治、突出乡村发展和活力激发、突出产业对接和联动开发。县级国土空间规划的重点内容主要包括以下方面。

（1）落实国家和省域重大战略决策部署，落实区域发展战略、乡村振兴战略、主体功能区战略和制度，落实省级和市级规划的目标任务和约束性指标。

（2）划分国土空间用途分区，确定开发边界内集中建设地区的功能布局，明确城市主要发展方向、空间形态和用地结构。

（3）以县域内的城镇开发边界为限，划定县域"集中建设区"与"非集中建设区"，分别构建"指标＋控制线＋分区"的管控体系，集中建设区重点突出土地开发模式引导。

（4）确定县域镇村体系、村庄类型和村庄布点原则，明确县域镇村体系组织方案，统筹布局综合交通、基础设施、公共服务设施、综合防灾体系等。

（5）划定乡村发展和振兴的重点区域，提出优化乡村居民点空间布局的方案，提出激活乡村发展活力、推进乡村振兴的路径策略。

（6）明确国土空间生态修复目标、任务和重点区域，安排国土综合整治和生态保护修复重点工程的规模、布局和时序。

（7）根据县情实际、发展需要和可能，在县域内因地制宜地划定国土空间规划单元，明确单元规划编制指引，明确国土空间用途管制、转换和准入规则。

（8）健全规划实施动态监测、评估、预警和考核机制，提出保障规划落地实施的政策措施。

五、乡镇级国土空间规划

乡镇级国土空间规划是乡村建设规划许可的法定依据，重在体现落地性、实施性和管控性，突出土地用途和全域管控，充分融合原有的土地利用规划和村庄建设规划，对具体地块的用途做出确切的安排，对各类空间要素进行有机的整合。乡镇级国土空间规划的重点内容主要包括以下方面。

（1）落实县级规划的战略、目标任务和约束性指标。

（2）统筹生态保护修复，统筹耕地和永久基本农田保护，统筹乡村住房布局，统筹自然历史文化传承与保护，统筹产业发展空间，统筹基础设施和基本公共服务设施布局，制定乡村综合防灾减灾规划。

（3）根据需要因地制宜地进行国土空间用途编定，制定详细的用途管制规则，全面落实国土空间用途管制制度。

（4）根据需要并结合实际，在乡（镇）域范围内以一个村或几个行政村为单元编制"多规合一"的实用性村庄规划。

村庄规划的主要任务包括以下方面。

①统筹村庄发展目标。落实上位规划要求，充分考虑人口资源环境条件和经济社会发展、人居环境整治等要求，研究制定村庄发展、国土空间开发保护、人居环境整治目标，明确各项约束性指标。

②统筹生态保护修复。落实生态保护红线划定成果，明确森林、河湖、草原等生态空间，尽可能多地保留乡村原有的地貌、自然形态等，系统保护好乡村自然风光和田园景观，加强生态环境系统修复和整治，优化乡村水系、林网、绿道等生态空间格局。

③统筹耕地和永久基本农田保护。落实永久基本农田和永久基本农田储备区划定成果，落实补充耕地任务，守好耕地红线；统筹安排农、林、牧、副、渔等农业发展空间，推动循环农业、生态农业发展；完善农田水利配套设施布局，保障设施农业和农业产业园发展合理空间，促进农业转型升级。

④统筹历史文化传承与保护。深入挖掘乡村历史文化资源，划定乡村历史文化保护线，提出历史文化景观整体保护措施，保护好历史遗存的真实性；防止大拆大建，做到应保尽保；加强各类建设的风貌规划和引导，保护好村庄的特色风貌。

⑤统筹基础设施和基本公共服务设施布局。在县域、乡镇域范围内统筹考虑村庄发展布局以及基础设施和公共服务设施用地布局，规划建立全域覆盖、普惠共享、城乡一体的基础设施和公共服务设施网络；以安全、经济、方便群众使用为原则，因地制宜地提出村域基础设施和公共服务设施的选址、规模、标准等要求。

⑥统筹产业发展空间。统筹城乡产业发展，优化城乡产业用地布局，引导工业向城镇产业空间集聚，合理保障农村新产业新业态发展用地，明确产业用地用途、强度等要求。如除少量必需的农产品生产加工外，一般不在农村地区安排新增工业用地。

⑦统筹农村住房布局。按照上位规划确定农村居民点布局和建设用地管控要求，合理确定宅基地规模，划定宅基地建设范围，严格落实"一户一宅"。充分考虑当地

建筑文化特色和居民生活习惯，因地制宜地提出住宅的规划设计要求。

⑧统筹村庄安全和防灾减灾。分析村域内的地质灾害、洪涝等隐患，划定灾害影响范围和安全防护范围，提出综合防灾减灾的目标以及预防和应对各类灾害危害的措施。

⑨明确规划近期实施项目。研究提出近期急需推进的生态修复整治、农田整理、补充耕地、产业发展、基础设施，以及公共服务设施建设、人居环境整治、历史文化保护等项目，明确资金规模及筹措方式、建设主体和方式等。

六、专项规划与规划研究

作为由自然要素、经济要素、社会要素、空间要素等众多要素交织构成的巨系统，国土空间的矛盾问题、发展规律极其复杂。不言而喻，国土空间规划工作并非仅仅依靠上述五个层级、三种类型的国土空间规划编制就能全部实现，相关的专项规划、大量深入及前瞻性的规划研究都是不可或缺的。一方面，实际工作中大量的专业性规划仍然需要依靠相关的专业部门、行业专家进行编制，它们作为"专项规划"统一纳入国土空间规划的体系中；另一方面，我们需要对城乡、区域发展中的许多重要问题进行深入的专题性研究，寻找解决问题的方案，这就是"规划研究"。

在国土空间规划体系中，专项规划、专题研究将发挥重要的支撑性作用。以"千年大计"雄安新区为例，专项规划和专题研究是雄安新区规划体系的重要组成部分。其规划体系可以概括为"1+4+54"的体系，其中，"1"是指《河北雄安新区规划纲要》；"4"是指《河北雄安新区总体规划（2018—2035年）》《河北雄安新区起步区控制性规划》《河北雄安新区启动区控制性详细规划》《白洋淀生态环境治理和保护规划（2018—2035年）》这四个综合性规划；"54"是指以防洪、水系、海绵城市、排水防涝等22个专项规划，以及水资源保障、清洁能源利用、城市住房制度等32个重大专题研究组成的支撑体系。总之，我们需要通过大量的专项规划、规划研究来支撑和完善国土空间规划体系，要构架好各类专项规划、规划研究向法定规划转化的桥梁、路径，切实发挥其对国土空间保护与利用的积极作用，不断提高国土空间规划的科学性、前瞻性、合理性、可操作性。

（一）专项规划

专项规划是针对国土空间开发保护的重点领域和薄弱环节、关系全局的重大问题编制的规划，是国土空间总体规划中对若干主要方面及重点领域的展开、深化和具体化。专项规划的编制必须符合总体规划的总体要求，并与总体规划相衔接。

国土空间规划肩负着统筹全域空间要素，兼顾保护、发展和修复等重要职能，不可避免地要涉及大量的相关专项规划，如公共服务体系规划、给水排水规划、电力电信规划、供热供气规划、防洪防灾规划等，而有关部门也会地编制各自部门相应的专项规划。国土空间规划体系中的专项规划，既要参照各有关部门编制的专项规划，并将其作为重要的依据，又要与各部门编制的专项规划有所区别——国土空间规划中的专项规划一般不如专业部门制定的专项规划那么具体和技术化，它只是对各专项空间布局进行原则性、轮廓性的安排，因此并不能代替专业部门的具体规划工作；同时，各部门编制的专项规划往往是从本部门单一角度进行考虑，而国土空间规划中的专项规划则是在对国土空间总体发展的合理规划基础上，对各种专项规划进行统筹考虑后制定的整体最优方案。因此，各专业部门应该与自然资源部门及时沟通、相互反馈，以使相关规划协调统一。

（二）规划研究

每一个区域、城市在不同时期的具体发展中面临的重大问题都不尽相同，国土空间规划需要因地制宜、寻找针对性的问题解决方案，各种专题性的规划研究就显得尤为必要。在国土空间规划体系中，专题研究通过识别影响城乡与区域发展的重大问题并进行科学论证，提出针对性的解决方案，能够对包括国土空间总体规划在内的综合性规划、相关专项规划的编制提供强有力的支撑，是提高国土空间规划科学性的重要保障。

从西方发达国家空间规划体系构建的经验来看，法定规划政策文件形成的背后，都离不开大量非法定规划、规划研究的支撑和储备。从此前中国城乡规划的实践发展看亦是如此，如果没有发展战略规划的前期研究，城市总体规划的一些重大问题就无法明确；如果没有城市设计的前期研究，就无法进行精准的控制性详细规划；如果没有大量的专题科学研究，就无法支撑许多技术标准与规范的出台。可见，非法定规划、规划研究不仅可以作为法定规划的决策参考和技术支撑，而且是保障科学、合理编制法定规划的重要前提。在国土空间规划体系中，需要吸收相关规划开展专题研究的有益经验，根据实际需要，积极开展聚焦解决国土空间规划重大前提性问题、前瞻性政策的专题研究。

第三章 国土空间用途管制

第一节 国土空间用途管制的内涵

一、管制的基本概念

(一) 管制的一般性概念

近年来，"Regulation"一词以"监管""规制""管制"3种译法频现于国内的文献，并常常被交叉使用。"监管"强调对市场的监督管理，"规制"强调通过法律规则来限制市场，而"管制"在多数情况下被认为与"规制"同义。在通常情况下，将微观市场规制和宏观市场调节合称为公共管制。"管制"这一概念不仅涉及公权与私权、国家与市民社会之间的关系，也涉及经济学、社会学、法学等学科领域，从而有了不同角度的解读。

不同学科对管制主体、管制方式、管制对象的认识并不完全统一。在刑法中，管制是一种量刑种类，是对罪犯不予关押，但限制其一定自由，依法实行社区矫正。经济学中的管制是政府用来控制企业行为的法律和规定。在大众生活中，管制多作"应付紧急危难之事解"，如对地震灾区实行人员来往管制，对危险药品实行危险药物管制，对火灾发生地区实行交通管制等。从总体上看，管制是政府或行政机构系统地进行管理和节制，并含有规则、法律和命令的基本含义，是一种为了矫正或改善市场机制内在问题的行为 (杨惠，2010)。管制是在特别重要和特别紧急情形下的一种治理方式，更强调集权和控制，其主体是单一的政府组织，偏重于运用国家的力量。

(二) 管制是一种警察权

在世界立法史上，通过制定成文法对契约自由进行国家干预的实践可追溯至1802年英国的《学徒道德与健康法》，该法要求限定棉纺织业学徒的工作时间。这种公共管制权虽萌发于英国，但成熟于美国。在世界各国的法律制度中，警察权一般归入行政权的名下，是一种特殊的行政权力。国外将现代警察权界定为3项基本职能：执行法律、解决争端和提供服务。在各种公权力中，警察权对维护统治的作用是不言而喻的，它对民众的强制手段也最为直接。由于国土空间的开发利用存在很大的负外部性，是市场机制无法规避的，因此管制成为空间治理一种必不可少的手段。但是，应该充分认识到，管制会影响到不同国土空间的资源资产价值，也会影响到整体国土空间的价值链，还会影响到财富公平分配的效果。道理很简单，因为，受到管制的国土空间，选择性急剧下降，活力和价值都会受到影响。所以，对使用管制的范围、强度、方式、条款和条件等，都需要谨慎审视，最好能留一定的空间灵活性或者弹性，以便更好地协调市场与政府之间的关系。

二、土地用途管制的含义

（一）土地用途管制的概念界定

据研究，运用行政管理权进行土地用途管制起源于16世纪中叶西班牙在南美洲针对屠宰区的管理，后由德国在城市土地用途上应用，迄今已有近500年的历史（沈守愚，2002）。一般认为，在国际上比较广泛运用的土地用途管制，最早出现于19世纪末的德国和美国。德国柏林市政府将城市划分为不同功能区，并限制有妨碍各分区用途的其他使用，以解决工业化和城市发展所带来的一系列交通、卫生和治安问题等。1885年，美国加利福尼亚州地方政府为了解决洗衣店污水问题，制定区划条例，禁止在城市中心区开设洗衣店（陈利根，2000）。1916年，第一个土地分区管制条例在美国纽约通过，并以治安权为依据，规范建筑物的密度、高度、容积率与空地面积等，规范土地作为住宅、工业、商业或其他目的的使用。此后，土地用途管制作为管理土地的重要手段被大多数国家所使用。

所谓土地用途管制，是根据规划所划定的土地用途分区，确定土地使用限制条件，实行用途变更许可的一项强制性制度。它包括两个方面的内涵：一是土地使用分区，指对由自然、经济、社会和生态等要素决定的土地使用功能的地域空间划分；二是管制规则，指对土地用途区内开发利用行为进行规范的细则，包括用途区内允许的、限制的和禁止的土地用途和开发利用方式的规定以及违反规定的处理办法。土地用途管制是实施国土空间用途管制的核心工具，土地使用分区的设计有利于提高国土空间利用的合理性，而管制规则的制定为用途管制的实施提供了标准依据和制度保障。

需要指出的是，西方语境下的土地用途管制，实际上是指土地用途分区管制，或称为土地利用分区管制，核心是分区制（Zoning），规定了可以在给定的一块土地上可容纳的活动类型，用于这些活动的空间数量，以及建筑物的位置和形状，以确保私人使用土地符合政策标准。一些形式的土地使用规定包括房屋规范、分区条例、建筑规范，其管控的对象是私人使用土地，范围涵盖所有使用土地时受到的约束。而中国当下的土地用途管制，于实际操作中在很大意义上是特指不同用地类型转换的管制。这种土地用途管制，英文可翻译为"Land Use Regulation"，与西方语境下的土地用途管制是有一定差别的。

(二) 土地用途管制的演化轨迹

追溯土地用途管制的演变轨迹将有助于理解土地用途管制的重点和侧重点。土地用途管制始于19世纪末，经过100多年的不断演变，大致可以分为以下4个不同的演化类型。

1. 欧几里得式区划（Euclidean Zoning）

1926年，美国最高法院在欧几里得案中做出判决，认为土地使用分区管制是一种维护公共卫生、公共安全、公共道德与公共福利的治安权，确定了分区管制的合宪性。1928年，美国发布了《城市规划标准授权法案》，将欧几里得区划条例作为样板向全国推行，为各州和地方政府制定分区管制条例奠定了法律基础。欧几里得式区划方法主要解决了土地开发中的4个问题，包括土地和建筑的用途、土地开发的强度、建筑体量和建筑位置。在此基础上，按照《城市规划标准授权法案》还需要设立区划上诉或调整委员会，来解决规划与私人之间存在的矛盾。

2. 绩效标准区划（Performance Zoning）

随着社会经济、法律等情况的越发复杂，传统的区划方法过于单一，促使可供选择的分区方法出现。欧几里得分区通常依赖于特定用途的列表来定义在不同区域中允许哪些活动。一般来说，商业、工业和住宅用途显然是分开的，在这些类别内根据不同的密度和发展水平进一步划分。绩效标准分区是指从不同的角度分离潜在的不兼容土地用途的问题。在绩效标准上，规划者着眼于效果而不是使用。只要工业、商业或住宅活动在操作、环境影响和外观方面都能达到某些标准，就可以在社区的任何部分使用这种用途。绩效方法的关键是定义各种区域所需的绩效水平的标准。性能标准的制定需要观察社会、经济和物理环境的特定元素，以确定需要什么样的绩效水平。绩效标准所依据的目标和政策需要清楚陈述，它们需要与现有的社会、物理条件和潜在的发展压力相一致。在可能的情况下，目标必须是可量化的，并且需要保持足够的数据，以便测量。

3. 激励性区划（Incentive Zoning）

20世纪80年代，由于美国联邦和州基础设施资金的削减，很多大城市在区划条例中引入激励性内容。美国政府将公共艺术引入区域规划法中，通过城市规划鼓励当地公共艺术的发展，在保证当地城市规划建设的同时加大了对公共艺术的建设。

在激励性区划中，开发商可以通过参与公共艺术的设计，或是为城市住房和市政基础的改善提供资金，额外获得容积率奖励。

4. 形态条例区划（Form-Based Codes, FBC）

形态条例区划，也称为表单用途区划，是通过适用于整个社区的统一性设计导则来对具体项目的设计过程进行管理。基于形式条例的区划方法，其在当代空间设计过程中更加实用和灵活，因为它强调的是"形式"而不是严格地隔离"土地使用"。随着20世纪80年代新城市主义的兴起，人们开始重新思考由僵硬的隔离分区引起的空间问题，与传统的过分强调土地利用和强度控制的分区不同，FBC通过控制和调节形式来促进对建筑环境的预测。FBC为不同规模和类型的城乡区域的持续设计提供了一种更现代的方法。作为对新城市主义和智能增长的反应，FBC旨在通过建立一个更灵活、更具交互性的空间设计框架来支持可持续的设计流程，来创建规则并控制开发场景。

（三）土地用途管制的弹性方式

由于土地用途管制严格限制各分区的土地利用，经常会导致交通拥挤、通勤成本增加、社会隔离、无法塑造整体景观甚至导致犯罪率上升等问题，20世纪80年代以后，国际上的土地用途管制逐步由僵硬性的分区管制走向弹性管制方式。

1. 规划单元开发

规划单元开发是与"地块分散开发"相对的一个概念，指在规模相对较大（街区或多地块）的土地（但有时也可以小到几公顷的土地）开发中，政府主管部门只要求开发商保证落实开发强度、公共空间及市政、交通等设施强制性控制要求，而其他具体的控制规定，如功能配比、建筑高度、建筑形式、密度、建筑退缩线、开发程序以及许多设计元素等更加灵活，由市场条件和基地条件去决定和由开发商做出弹性的安排。规划单元开发能够使土地利用与建筑设计更具有弹性和创意，也能够节省不少开发成本，还能减少政府部门不必要的干预。

2. 浮动分区管制

对于某些不便事先进行合理规划分区的事，应先对开发标准和条件进行明确，等到开发者提出开发申请并完成相关审批手续后，再在某地固定浮动分区就是浮动分区管制。固定后的浮动分区无异于传统的分区管制。通过这种管制，可以实现规划与开发的有效衔接和统一，不断满足城市动态发展的需求。

3. 特别使用分区管制

为实现特定目标，所采取的不同于普通土地的分区管制，这种管制就是特别使用分区管制。比如，纽约为了发展戏院事业而设立的戏院区，及为防止办公空间挤占制造业空间，保障服饰业的可持续发展而设立的服饰特区；台北市为了对市内交通枢纽进行规划而设立的台北车站地区，为了打造第二个台北商业中心而设立的信义地区，这些都属于特别使用的分区管制。

4. 条件式分区管制

条件式分区管制是针对试图改变原有使用分区成为另一种使用分区时，必须符合某些附加条件的管制措施。在通常情况下，在分区使用改变过程中所附加的条件内容与规定，是由开发商和小区居民协商的结果。该条件可能是基地内设计的规定或要求，亦可能是基地外公共设施的投资改善，例如学校、道路、停车场等。

5. 发展权转移

发展权转移是指土地所有权人可将发展权让渡，让渡的发展权在转让地块上作废，而可以在受让地块上与其现有的发展权相加而存在的一种权益转让。如此可以使得被限制开发地区的土地所有权人，可以借由开发权的转移与出售而获得利益上的补偿。发展权转移可以降低传统分区管制下所造成利益暴损的不公平现象，也能更有效地保护环境敏感地区、开放空间、农地或历史古迹区，使土地利用更有效率。

6. 冲击分区管制

冲击分区管制是用来分析开发方案对当地财政、环境及社会经济方面可能产生的冲击。其内容主要是为了避免土地开发造成潜在的环境灾害，持续评估、督导和鼓励开发商为社会提供正面利益。

7. 绩效分区管制

绩效分区管制是为改善传统使用分区管制对环境所产生的危害，而采用绩效标准管制观念所提出的管制办法。其目的在保护环境脆弱地区，提升规划方案设计的品质，同时给予每个基地更多的弹性。它依每一种使用所设定的绩效标准，在特定时间、既定土地上，允许或禁止土地的开发使用及开发强度，以及土地需求条件与供给因素方面能相互平衡。因此，绩效分区管制是以基地自然环境评估的结果作为基础，并以地形、排水、植生、景观、舒适以及可及性等指标决定一块土地的发展潜力，并将其反映在开放空间比率、不透水表层比率、密度、容积率4个管制指标上。

8. 土地混合使用发展

土地混合使用发展是将住宅、商店、办公、服务、娱乐等多种使用集中于一体的土地使用方式。其偏重单栋建筑物或建筑复合体的混合使用。土地混合使用强调整体的发展规划，对规划范围内的土地使用种类、规模、密度等相关条件都有所规定，其混合使用需要具有相当功能上及实质上的联系，以促进土地的集约利用。

9.开发许可制

开发许可制是指对土地的开发须经开发人申请并获得政府许可后才能实施开发利用行为的制度。政府部门根据空间规划和地方发展战略，基于公共利益而予以准许开发、附加条件开发、不准开发。这种先审查后开发的制度能够更好地确保环境的品质、土地资源的有效利用和达到城乡发展的规划目标。

三、国土空间用途管制

（一）国土空间用途管制的国家意义

2014年，《生态文明体制改革总体方案》由国务院和中共中央联合印发，该方案对国土空间开发保护制度的构建提出了具体要求，即以空间规划和用途管制作为基础和主要手段。2015年，中共中央就我国社会和国民经济发展，为第十三个五年规划提出了建议：在规划主体功能区的基础上，对不同的空间性规划进行有效统筹，积极落实"多规合一"相关工作，构建由县级行政区组成的空间治理体系，体系包括通途管制、空间规划、差异化绩效考核等内容。2017年，国家开始围绕如何建立全国统一、层级清晰的空间规划体系和国土空间用途管制制度进行探索，并在各省建立了空间规划试点。2018年，中共中央在《深化党和国家机构改革方案》中明确提出要建立肩负空间规划体系建立及其实施监督职责以及对国土空间用途管制和生态保护修复进行统一行使的自然资源部。针对国土空间规划体系的建立及其实施监督职责，中共中央、国务院于2019年发布了意见性文件，明确我国要在2025年建成国土空间开发保护制度，该制度要以国土空间规划和统一用途管制为基础和手段。基于国土空间的实际情况来管制所有国土空间的分区分类及用途。2019年，我国对《中华人民共和国土地管理法》进行了第三次修订，并于2020年正式实施，根据该法第十八条，国家要在对农业、城镇等功能空间进行科学统筹、对国土空间布局和结构方面进行合理优化，促进国土空间开发保护效率和质量提升的基础上建立健全国土空间规划体系。各类国土空间的开发、建设以及保护活动都要在法律批准的国土空间规划的范围内进行。不难看出，在国家治理体系和能力的现代化建设中，国土空间用途管制已经成为其重要抓手，积极促进着我国社会经济的可持续发展。

（二）国土空间用途管制的基本内涵

1.国土空间用途管制的内容

国土空间用途管制源于土地用途管制，涉及规划、实施、监督3项核心职责。其基本内涵是：按照可持续发展的要求和不同层级公共管理目标，划分不同尺度的空间区域，制定各空间区域的用途管制规则或正负面清单，通过用途变更许可或正负面清单等配套政策，使国土空间开发利用者严格按照国家规定的用途开发利用国土空间的制度。其核心内容包括：国土空间区域划分、分区内容确定、管制条款或正负面清单制定、管制实施四个方面的内容。与传统土地用途管制相比，国土空间用途管制在以下三个方面具有更强的功能：①更具有整体性和全域性的功能。就是指国土空间用途管制要做到区域全覆盖，不仅要管控农用地和建设用地，还要管控海洋以及河流、湖泊、荒漠等自然生态空间。②具有更强的空间管控功能。它不仅仅指一般意义上的地下、地表和地上的立体空间，更指由土地、水、地形、地质、生物等自然要素以及建筑物、工程设施、经济及文化基础等人文要素构成的地域功能空间。③具有更强的空间治理功能。国土空间用途管制以空间治理体系和治理能力现代化为目标导向，更强调将山水林田湖草海作为生命共同体的功能。它要求以可持续发展为价值取向，不断推进国土空间用途管制的治理结构和治理模式创新，理顺空间、要素与功能之间的逻辑关系，实现政府—市场—社会的联动以及国土空间规划、国土空间用途管制—资源总量管控的联动，建构底线约束与激励引导相结合的新机制，切实推进空间开发利用更有序、更有效和更高品质。

2. 国土空间用途管制的本质

国土空间用途管制的本质是对国土空间开发利用的规制，绝不仅仅是指对国土空间的用处或用作什么进行管制，其对象包括所有市场失灵和导致负外部性的国土空间开发利用行为和活动。"规制"一词来源于英文中的"Regulation"或"Regulatory Constraint"。经济学领域早期将规制定义为"有规定的管理以及有法规条例的制约"。从公共管理角度看，规制就是政府设置或出台规定对相关行为进行限制，是一种制度安排。其内涵包括市场经济条件下政府旨在克服广义市场失灵现象的法律制度以及以法律为基础对微观主体产生负外部性的活动进行某种干预、限制或约束的行为。依据规制性质的不同，规制可分为经济性规制与社会性规制。经济性规制主要是针对市场失灵所采取的限制性规定；社会性规制主要是针对负外部性有关的限制性规定，是以确保居民生命健康、防止公害和保护环境为目的所进行的限制。在规制理论起源的法语环境中，规制的概念包括系统论的内涵，即系统的各个不同部分或过程在某种条件下交互调整从而产生某些有序的动态。管制作为政府干预国土空间开发利用的一种方式，可以纠正市场机制的以下缺陷：垄断、外部性、公共产品、信息不对称、不正当竞争和社会经济发展政策失衡等。国土空间用途管制权作为一项行政权，具有经济性规制和社会性规制的复合功能。其理论基础是孟德斯鸠的三权分立学说及公共权力论。三权分立是指行政、立法和司法的三权分别独立而又相互制约。公共权力论是指它是人民的、社会的权力，但它又凌驾于人民大众之上、社会之上，是为维护社会共同利益而行使的权，具有行政强制性。正如上文所指出，英美国家把这种行政强制权称为警察权，是指政府为维护国家安宁、社会秩序、保障社会公共利益和全体人民的共同财产为目的而施行的权，由国家行政机关实施，人民大众必须共同遵守。在一般情况下，行政强制权无须授权即可行使，它的权源是宪法性法律。

3.国土空间用途管制的特征

国土空间用途管制发展到如今，其主要特征包括以下几点。

（1）作为国家政策工具对国土空间的开发利用进行干预

国土空间的开发活动和利用活动在市场经济体制下具有负外部性和失灵性。政府以均衡公共利益和社会福利水平的整体提升为导向，在公共利益领域，包括生态保护、可持续发展、城镇化发展、区域增长等方面，以公共利益为中心，对国土空间的开发利用进行管制，以保障国土空间利用的集约化、规范化，从而提升整个社会的福利水平和对建筑设施外观、特点的控制力，使其成为行政和法定技术手段，为建成美观、经济和方便的建筑设施提供保障，从而解决市场经济的弊端。在国土空间用途管制中，强制性是其最重要的特征之一，社会经济快速发展导致资源过度开发利用、生态环境被破坏、区域差距越来越大等问题，而强制性就是为了解决这些问题而出现的，21世纪以来，很多国家和地区都开始注重这一特征。具体就是突破相关部门的制约，从整体上规划和开发国土空间，保持区域之间的协调性，使国土空间用途管制的战略性、协调性和整合性水平得到有效提高，形成一个完整有机的规制体系。土地用途管制是以国土空间用途管制作为国家干预国土空间开发和利用政策的前提与核心。哈耶克曾经说过，管制土地是政府在自由市场经济中所扮演的最核心的角色。

（2）以国土空间规划为主要依据

通过对空间的引导和限制，国土空间用途管制基于不同的区域类型采取了不同的管制措施，包括对空间的鼓励、限制、准入和禁止等，在开发利用国土空间的过程中，以国土空间规划为主要依据，协调不同用途区域和利益主体的供需矛盾，并合理组织各个区域的功能与空间结构。

例如，如何确保通过管制使各种不同类型的国土空间开发利用是独立的、分割的但又是整体有效的，不会使建设开发影响居住用地和生态保护；如何确保国土空间开发利用的个人利益与公共利益有机融合，促进国土空间开发利用结构的优化等，都必须依据国土空间规划所提供的整体谋划和有序安排。只有依据国土空间规划所指定的工业区、商业区、住宅区、农保区、生态区等不同用途，才能使开发利用活动产生的负外部效应减小，以达到社会需求的最适宜国土空间开发利用。因此，国土空间用途管制就会存在"规划范围越扩大，管制工具越多样；规划问题越复杂，管制类型越多元"等发展趋势。随着国土空间规划的范围扩大和复杂性提升，国土空间用途管制的目标、类型、内容和角色也将会更加多样化并更具灵活性。

（3）随着资本积累体制的变化而改变管制模式

以西方资本主义国家为代表的国家经济危机于20世纪70年代爆发，社会经济发展停滞不前，物价居高不下，大量居民失业。在这样的社会背景下，阿加利塔等法国学者基于年鉴学派和熊彼得的创新理论，对生产力和生产关系在资本主义经济演化中的变化进行探究，并完成了对规制理论架构的建立。该理论提倡要随着资本积累体制（Regime of Accumulation）的变化对规制模式（Mode of Regulation）进行适应性调整。所谓资本积累体制，就是在社会再生产中，生产和消费基于市场经济规律对其发挥支撑作用的相互关系。国家经济危机爆发后，资本积累体制无法支撑社会再生产，集约化的生产已经无法满足大众化的消费需求，为了促进生产率的提高、丰富产品的类型，福特制的资本积累体制逐渐转向"弹性化"的后福特制（Post-Fordism），国家开始以地方为主导，实行网络化和灵活性的国土空间用途管制。由此可见，作为国家规制经济和社会的重要手段，国土空间用途管制必定要与资本积累体制的发展需求相适应，以适应市场为导向建立多元化的管制体系，包括投票式、重叠和浮动分区管制等新模式，为稳定和促进资本积累体制的建立奠定坚实基础。

简言之，国土空间用途管制的重要目的和任务在于尊重、培育、引导和促进市场，而不是全面管制市场。没有完美的国土空间用途管制，它是一个动态的概念，应该有充分的灵活性来使用途管制超前于市场发展趋势和市场竞争力。

（4）国土空间用途管制在很多情形下会失效和低效

由于政府干预信息缺乏、决策中心化、家长主义、不当诱因、独占扭曲和内部性等问题，国土空间用途管制也会因此失效，而且会产生昂贵的执行和交易成本。在很多情形下，国土空间用途管制纠正市场失灵的结果有时并不会提升经济效率，而通过开发利用的要求去指导国土空间开发利用过程远比用途管制更有效率。国土空间用途管制会提高收购的权限以及土地成本，造成住宅价格上涨。首尔的土地价格在1974—1989年以年平均24.2%的速度增长，严格的用途管制被认为是同期房价暴涨的"罪魁祸首"之一。美国严厉的用途管制，由于减少了土地的供应量，对住房的平均销售价格提高产生助推影响。美国由于严格的用途管制政策，形成了非紧凑式的城市结构，对能源消耗、二氧化碳排放量都有重要影响。2010年格雷泽（Glaeser）等人发现，各大城市以及城市内部各区域的土地使用管制强度跟二氧化碳排放量之间呈现显著的相关性，已经造成了社会福利的净损失。此外，"规制俘虏理论"研究表明，政府有基本的资源和权力。在管制过程中，部门或利益集团会不断说服政府应用其权力为本部服务，市场主体则成为部门管制者的"俘虏"，从而进行寻租活动，使得用途管制模式很容易陷于行政垄断和部门寻租的窠臼。"新规制经济学"的研究还表明，政府的承诺能力是规制政策有效执行的重要前提。政府承诺的缺乏将带来"棘轮效应"。所谓"棘轮效应"可以用宋代司马光一句著名的话来阐释：由俭入奢易，由奢入俭难。与依据欧几里得式用途管制进行的传统居住和商业开发相比，按照"新都市主义"或 TOD 模式进行开发的项目数量很少。背后的原因就是：尽管在很多地方用途管制条例中都明确表示了鼓励这些后现代主义发展模式，但欧几里得式用途管制因其要求清晰明确而具有更大的确定性，可以减少在与地方政府关于设计风格、基础设施和公共设施等方面进行反复沟通协商的成本。因此，国土空间用途管制需要强调从管制者和被管制主体所面临的信息结构、约束条件及可行管制中去研究激励相容和机制设计问题，从管制与竞争的对立转向两者的融合，针对管制区域类型的差异选择管制路径，设计符合区域协调和可持续发展需求的管制机制。

（5）国土空间用途管制的实施必须实行多元联动

与土地用途管制制度相比，国土空间用途管制涉及的资源类型更多，不局限在以耕地保护为核心的农用地转用，而是要扩展到以生态保护红线划定为重点的河流、湖泊、地下水、湿地、森林、草原、滩涂、岸线、海洋、荒地、荒漠、戈壁、冰川、高山冻原、无居民海岛等各类自然生态空间以及城乡建设区域，它不仅要管制各类自然资源的空间载体，还要实现对各类开发建设活动的空间管制，包括制定耕地、林地、草地、湿地、海域、海岛国土空间用途转用规则等。这就需要根据中国国情和生命共同体建设的总体要求和科学原理，强化基础性研究，对国土空间用途管制的治理结构进行重构，实行多元联动，包括政府与市场的联动、实施与监管的联动、不同规划之间的联动、上下级政府之间的联动、政府—市场—社会的联动、政策设计与技术支撑的联动、国土空间规划—国土空间用途管制—资源总量管控的联动等，才能形成更加完善有效并具有中国特色的国土空间用途管制制度体系。

（三）国土空间用途管制的作用

1. 降低空间负外部性

外部性是普遍存在的空间现象。从经济学的角度看，外部性是指外溢的成本或利益，也就是在市场交换时，非有意造成的结果，或非有意造成的副作用（Side Effects）。外部性可能是有利的，也可能是有害的。如果有害也就是外部不经济或称负外部性，如污水排放；如果是有利的又称为正外部性或外部经济性，如植树造林。外部性实质上是私人成本和社会成本、私人收益和社会收益之间发生的偏离。不少经济学家，如庇古（Pigou）和科斯（Coase）等，都试图通过市场的途径来解决国土空间开发利用的负外部性问题，但均未取得预期效果。

而国土空间用途管制，通过合理的功能分区和政策分区，实行严格的国土空间用途管制，例如，把住宅区和工厂区分开布置，把垃圾填埋场布置在无人居住区，把飞机场布局在比较偏远的郊区，对流域的上游限制开发等，就能把国土空间开发利用的负外部性问题降到最低。西方在整个经济发展过程中，自由主义经济思想崇尚市场竞争，然而实践证明完全自由主义会带来很多不可控的负面效应，例如，一块城市绿地被批租为商业或其他用地，土地使用权的这种重新确认将导致城市生态环境的外部不经济性；一宗市中心土地如果被批租为商业用地，就排斥了金融等对这一地块使用的可能；建筑物过高，阻挡了毗邻建筑的部分采光、通风、接收无线电信号；上游开发引起的水土流失和环境污染对下游的影响等，都是国土空间利用负外部性的典型例子。因此，为了降低国土空间开发利用的负外部性，同时降低市场失灵，国土空间用途管制便成为世界各国普遍采用的一种制度设计。

2. 协调开发保护矛盾

从人类文明历史的发展进程看，当土地作为农业生产用途过程中受到其他产业生产、居民居住、社会消费、自然休憩等用途的竞争时，国土空间开发和保护的矛盾便成为一个永久的重要话题。世界范围内对协调自然资源开发和保护的关注可以追溯到20世纪初的美国和欧洲大陆国家对城市快速扩张所造成的对粮食生产能力降低、保护生态环境、维持景色美观、稳定农村生活的担忧。由于自然资源数量的有限性、位置的固定性以及开发报酬的递减性，造成了自然资源供给的稀缺性。随着人口的增长、经济的发展，人们对自然资源的需求日益增大。为满足这种日益增大的需求，大量边际自然资源被开发、自然资源被过度利用、自然资源快速减少，从而导致生态环境退化。

如同爱情是文学作品的永恒主题一般，协调好开发与保护的关系始终是人类生存发展的永恒主题，也是一个始终未能很好解决的难题。国土空间用途管制，坚持底线思维，把国家安全、生态安全、环境安全、粮食安全摆在最优先的地位，客观分析可能出现的问题，制定妥善解决问题的方案。其根本出发点是要超越狭隘的经济范畴，走向公共安全的最大化，按照风险预防原则寻求公共安全和长远福利的最大份额。同时，通过认识客观世界，认识各种空间组成要素、相互联系、结构功能及它们的发展演变规律，按照这种认识和某种约束性来推进开发，做到有条理、有次序和规则不乱，做到宜建则建、宜保则保。

另外，实施国土空间用途管制之前，国土空间规划会对开发和保护全过程中可能出现的主要矛盾及问题进行系统调查、评价和梳理分析，以确定在特定时期内国土空间开发与保护的阶段性特征和矛盾的主要方面，着力明确国土空间开发与保护的现实基础和将面临的机遇与挑战，提出未来国土空间开发与保护全面协同的目标导向和战略框架。根据国土空间规划指引和约束，开发主体就会明确，应该选择哪些空间开发行为，如工业、商业、住宅、交通还是水利；在哪里安排资源利用行为最有效，什么时间安排何种资源利用行为最合适。于是，在国土空间规划的基础上或者说内生于国土空间规划的国土空间用途管制，就成为起到全面协同国土空间开发与保护矛盾的功能，并不断提高协同国土空间开发与保护的前瞻性、综合性、整体性和系统性。国土空间用途管制的意义和价值就在于此，"安身立命"之地也在于此。

3. 维护空间公共利益

当空间变成一种重要的社会资源而在不同利益主体之间加以分配时，调节人与人在空间资源分配中的矛盾并维护空间的公共利益，就将面临巨大的社会阻力。在市场环境条件下，当空间变成一种重要的资产或资本时，其调整必然牵涉不同社会阶层的利益关系，存在强势和弱势的分野。在这种复杂的利益关系中，人们出于利己本性和生存的需要，就会出现"人对人像狼一样"的互相斗争，维护公平正义和公共利益就成为首先和必然的选择。否则，由于先天的生理、地域等因素，个人因参与能力方面存有差异，强者就会通过空间剥削以谋取更多的利益，公共利益也由此不能得到维护，这是任何人都不愿看到的社会悲剧。

国土空间用途管制，通过警察权进行国土空间用途分区和管制。警察权的目的就在于增进、保护和维护全体人民的公共卫生、安全、便利、福利、道德和持续再生产，以维护空间资源分配的公平正义和公共利益。有关国土空间用途管制使用的警察权，重要的通常有以下四种：①国土空间用途分区管制；②国土空间用途细分；③租金管制；④环境质量标准。其他还可以包括建筑技术规则、消防与卫生规则、景观和停车空间的规定、开矿和动物疾病的控制、危险物品的运输和储存等。科学合理的国土空间用途分区管制，能为全体人民，尤其是不同的少数或弱势群体提供空间需要和期望。这些需要和期望包括穷人买得起合适的住房、为残疾人服务、对妇女安全的环境、改进人行道的舒适性、完善基础设施和公共设施、减少环境污染、保护农用地和其他资源、保护历史遗产、维护公共健康和安全、增加景观美化等。而国土空间用途管制正是针对公共利益，建立起国土空间集聚开发、分类保护、综合整治三位一体的空间治理新体系，实质上就是对国土空间的未来发展进行方向的引导与资源配置，其中重要的一点就在于维护涉及全社会的公共利益。同时，由于公共利益的特点，也需要有合理的管制体系存在来实现社会公众对公共利益的共享。

4. 提升公共财政效率

城乡基础设施和公共设施的建设及其有效运作，主要有赖于公共财政的提供配置。由于公共财政具有非排他性和外部性的特性，该财政一旦被提供出来，便可供任何人消费，故增加一个人的消费成本为零。由于公共财政具有联合消费（Joint-Consumption）的特性，往往会使得使用者隐藏真实的意愿付费，形成"搭便车"的心理，因此公共财政欲通过私人市场有效率地提供，是不可行且很难推行的。所以说，欲维持一个区域正常的运作，公共财政的提供必须通过规划的手段来实现，而国土空间用途管制分区便是提供公共设施的一个重要途径。既然公共财政无法由市场机制配置，那么就必须由政府部门供给，其中便涉及公共支出的问题。以城市的公共支出为例，一方面，当城市人口增加时，公共支出也会相应增加；另一方面，当城市人口密度不同时，公共支出也会不同。一般而言，城市人口高密度发展能有效地降低每人平均的公共支出，如消防、污水、自来水等公共支出在高密度地区比低密度地区更为节省。这也就是说，低密度发展可能会造成某些公共财政配置上的无效率。当城市人口规模和人口密度同时考虑的时候，消防设施、教育设施、污水设施、医疗设施和公园游憩设施等，其每人平均公共财政支出或成本和人口因素之间的关系呈现 U 字形态。即随着人口规模和人口密度的增加，公共财政支出成本随之递减，达到最低点后支出又随着人口因素的增加而增加。国土空间用途管制的目的，就是寻找公共财政支出最低的那一点，也就是人口规模或人口密度最适宜的那一点。因此，实施科学合理的国土空间用途管制，有利于提高公共财政的效率。

5. 促进空间有序开发

国土空间开发，主要有两种类型：一种是新开发，是将土地从一种用途转变为另一种用途的过程；另一种是再开发，是空间的物质性置换过程，往往伴随着功能的变更，如居住功能变为商业功能，单一功能变为复合功能等。无论是哪一种形式的开发，都与区位属性、开发用途、开发强度及垂直空间布局的适宜性等密切相关。从投资者角度看，更与投资区位、投资利润和投资环境等紧密相连。国土空间用途管制将空间划分为保护区、农业区、防洪区、住宅区、商业区和工业区等，明确告知投资者哪些区位和地点适宜开发，而哪些区位和地点是禁止开发或限制开发的，可让投资者明确投资的适宜地点。不仅如此，住宅区、商业区和工业区等使用分区划定，不但提供了投资者投资区位的选择，而且其开发强度、允许开发类别、建筑管制事项等规定，已经隐含了投资利润与可能的投资风险，也隐含了用途转换使用后的收益率及资本化的土地价值和再开发的时机，也就是国土空间使用的机会成本，可以让投资者充分了解投资的信息。再者，国土空间用途管制的区域划设，也明确了各个区域公共设施服务项目、道路等级、环境限制、可及性等因素，以及明确了开发地块的互补性、排斥性和环境质量，能让投资者了解开发地块之外的投资环境，如此以来，就能更好地促进国土空间的有序开发和高效利用。

第二节　国土空间用途管制的基础理论

一、国土空间用途管制的地理空间基础

（一）空间管制的地理基础

国土空间用途管制的分类、分区、过程、事件、现象、效应，无一例外地发生在以地理空间为背景的基础之上。地理空间的分布、形式、结构、功能、规律，直接影响国土空间用途管制的存在基础和实践价值。地理空间的天然不均衡性，空间结构体系，地表形态有序性，地理过程与速率，自然节律性，区位等级，空间竞争，位置、距离和可接近性，空间连通性，人类活动与地理环境关联性等，无一例外地影响并制约着国土空间用途管制的过程和效果。从国土空间用途管制的角度来看，除充分认识区位和尺度两个地理空间的重要特性，也应深刻理解以下地理空间关键性变量，也具有重要的理论价值和现实意义。

1. 地理空间分布

地理空间分布与尺度有密切关系，通常可以分为两个不同的层次：一是在全球和国家层面上的地理空间分布。主要受自然规律分布的影响，地理空间地带性就是这种宏观意义上空间分布规律的基本表达。例如，热带雨林、亚热带常绿阔叶林、温带落叶阔叶林和北方针叶林在地理空间的分布，就属于这种宏观层次的地理空间分布。二是在区域和地方层面上的地理空间分布。主要受社会经济规律分布的影响。例如，在长江三角洲地区，上海、杭州、南京、苏州、合肥、宁波、嘉兴、湖州等不同等级层次在地理空间上的分布，就属于这种中微观层次的地理空间分布。国土空间主体功能区、经济区、用途区等的划分，深受地理空间分布的规律制约和影响。

2. 地理空间差异

地理空间在区域上的分布是很不均衡的。这需要从以下两个方面去做深刻的理解：首先，不存在完全相同的两个地理空间，具体来说，就是地理空间之间会存在各个方面的差异，包括资源的丰富程度和适应程度、地形地貌地质、基础条件、发展趋势和机会、人力财力资源、区位优势与劣势、基础设施建设水平等。其次，地理空间的差异性也是人类社会发展的需求。如果所有区域的地理空间都是相同的，就会因为梯度的缺失而无法实现物质、能量和信息的迁移、交换与流动。所以，应

该从区域均衡的角度来制定国土空间用途管制的发展战略，但是区域之间合理的发展梯度还是需要保持的，这里的合理就是将梯度控制在能够激发区域发展原始动力的范围内。

3. 地理空间循环

地理空间存在两个基本循环：一是地质大循环。系指地表岩石矿物的风化过程及其产物的迁移、淋溶、搬运、转化和累积等过程，在地球表面周而复始地进行。它是固结在岩石中的营养元素经过风化以后释放出来，成为生物可以利用的有益元素。固结状态的岩石矿物成为地表松散堆积物，产生蓄水性能、保热性能和通气性能。其中，次生黏粒矿物的形成，能吸附与交换一定数量的阳离子，因而使土壤具有一定的保肥性能。这就为地球生命和陆地植物的生存、演化和发展，创造了适宜的生长条件。二是生物小循环。它是指岩石经风化后释放出的化学元素在生物体与土地（土壤）之间的循环。

具体来讲就是：植物从土地中吸收化学元素，尤其是营养元素，形成植物体。后者供动物生长，而动植物残体回到土地中，在微生物和动物的作用下转化为植物的化学成分，构成物质与能量的循环，促进地球生态系统生产力的形成和发展。国土空间用途管制，不仅要研究全球生态系统的地质大循环，还要研究局部生态系统的生物小循环。要把"土壤圈"和"水圈"的生物地球化学循环作为国土空间用途管制研究的核心问题。任何国土空间用途管制分区和管制规则的制定，都不能破坏或者阻隔地理空间的地质大循环和生物小循环。

4. 地理空间节律

地理空间随时间重复出现的变化规律通常称为自然地理环境的节律性，是自然界一种特殊的时间循环，也是一种递进中的循环，主要由天文因素和地球运动特性所决定。它主要有三种类型：一是周期性节律。它是自然地理过程按严格的时间间隔重复的变化规律，发生在地球自转和公转及地表光、热、水的周期性变化基础之上。例如，春夏秋冬的季节节律、潮汐的周日变化等。二是旋回性节律。它是以不等长的时间间隔为重复周期的自然演化规律。例如，地质时期古生代、中生代和新生代的地壳演化，冰期—间冰期的气候旋回等。三是阶段性节律。它是生物自身特性所形成的节律，具有阶段性的特点。例如，生物生长在每一个生长期内，其生长过程符合罗吉斯蒂曲线即 S 形曲线，多年的记录就反映出阶段性的节律重复特点。国土空间用途管制需要充分考虑自然地理空间各种要素具有周期性和阶段性的特点，按照持续发展的节律性更加精准和精细地制定各种管制规则。再例如，德国城市地理学家克里斯塔勒发现的中心地空间结构，就是指中心地的等级由中心地所提供的商品和服务的级别所决定；中心地的等级决定了中心地的数量、分布和服务范围；

中心地的数量和分布与中心地的等级高低成反比,中心地的服务范围与等级高低成正比;一定等级的中心地不仅提供相应级别的商品和服务,还提供所有低于这一级别的商品和服务;中心地的等级性表现在每个高级中心地都附属几个中级中心地和更多的低级中心地,形成中心地体系。国土空间用途管制的功能分区和管制规制制定,必须以地理空间结构体系及其分异规律为基本遵循。

5. 地理空间外溢

地理空间外溢有两层含义:一是地理空间的外部性。这是普遍存在的空间现象。植树造林会对改善和保护生态环境产生积极影响,而污水的任意排放会导致居民生活的不便和环境遭受破坏,这就是所谓的外部性。外部性是指地理空间外溢的成本或利益,非有意造成的副作用。地理空间的外部性可能是有利的。国土空间用途管制的重要功能和存在的正当性,就是要解决地理空间的负外部性问题。二是地理空间的传布性。地理空间梯度的存在必然产生广义的力;力的作用必然导致广义的"流";流的行为必然带来广义的传布性。地理空间上的非均衡性和地域差异,从本质上也就具备了广义的地理梯度,因此也就必然导致外溢的传布性。在一个地理空间内的任何一点,如果它具有与周边的发展梯度时,那么它就可以由这个高发展地区所在地理空间内的中心位置,向外辐射影响。这种外溢影响传布与距离有关,也与强度密切相连,包括"外溢的扩散传布效应""区域的罗吉斯蒂增长效应"和"区域形状、大小以及距离对外溢影响的辅助效应"。在任何距源中心(高发展地区的中心)的特定影响距离上,低发展地区的发展强度内部增长率,随着发展能力梯度的消失,或者随着软硬传布手段(载荷能力、携带能力、运输能力等)的无差异逼近,该发展强度内部增长率也就逐渐趋近相等。国土空间用途管制的分区,需要强化动态观点,重视在时间梯度上的这种外溢传布性影响。

6. 地理空间竞争

在国土空间开发利用过程中,除面临资本竞争、生产竞争、利润竞争和技术竞争等,另外一个很重要的就是对地理空间的竞争,包括对地理位置的竞争,如市场范围的竞争、生产地点和原料地点的竞争等。之所以会出现地理空间竞争,主要有两个方面的原因:一是在众多的地理空间系统中,开发者总是会选择用途最为合适的、经济最为合算的、时间上最为合宜的空间区域。这种选择上的"受胁迫"状态或"非自由"状态,本身就体现出了竞争的内涵。二是在众多的开发者中,均不同程度地需要同一类的空间地域,势必就会出现对于区域开发程度、对于资源利用经济性、对于区域识别优先度等一系列复杂的竞争关系。空间区位的市场竞争,就是地理空间竞争的常见现象。从动态经济分析的方法看,地理空间的人口分布变化、新技术和新产品的演进都可以改变原市场分布状况,使市场重新分布。如 A 企业与

B企业由于技术引进不同造成生产费用变化，从而引起市场变动。一个企业要想扩大市场，或占领其他企业的市场，只有降低成本和运费，即最终降低价格。国土空间用途分区的城镇和城镇辐射范围确定，本质上是由地理空间竞争关系所决定的。从竞争位势理论来看，产业的吸引力和企业在市场中获得的位势是竞争优势的来源，对地理空间区位竞争有重要的影响。东、西部地区的区域竞争力差异，重要原因之一就是其地区更具有区位竞争优势。国土空间用途管制的功能分区和定位，就需要以地理空间的竞争关系作为重要依据。

(二) 地理空间的演化机理

"演化"一词源于生物进化论，其意思是根据适者生存的原理，不同主体会根据自己变化大的预期来选择某种均衡状态。以新经济地理学中的核心——外围模型为例，空间成本就是一个推动地理空间演化的重要因素。在空间成本过高的情况下，各市场往往处于分割状态；空间成本越小就越利于形成核心；但在空间成本为零的情况下，市场则成为一个完全统一的市场。即随着空间成本的下降，产业从分散到集聚，市场从分割状态达到统一，经济体系逐步实现核心化。在城市空间生产过程中，表现为主城土地价值溢出推动制造业外迁重组、工业新区建设拉动城市空间外拓、开发区成为制造业空间生产的主要载体。自然界的地理空间不断朝着复杂性演进。自组织临界性 (Self-Organized Criticality) 理论认为，对于无序的和非线性的复杂系统，包含着众多发生短程相互作用的组元，并自发地向着一种临界状态进化。在临界状态下小事件引起的连锁反应能对系统中的大量数目的组元发生影响，从而导致规模事件的发生。在众多小事件中，噪声尤其是小噪声，就是驱动地理空间演化的最重要因子，它服从幂律分布。小噪声是当一个系统处于临界状态的动态系统在产生所有各种尺度和所有各种持续时间的连锁反应时所出现的信号，而分形可以看成自组织临界过程的"快照"。因此，分形结构和小噪声分别被看成自组织临界状态的空间和时间"指纹"(李朝红，2008)。小噪声与频率成反比，越是低频，噪声功率越高。频率为0处的噪声功率接近无穷大。在噪声特别是随机噪声的作用下，原本具有空间和时间异质性的地理空间格局就有可能产生放大噪声的作用效应，结果就表现出某种随机不确定性，动态变化的节奏也变得不均匀。当地理空间的缓慢演化进入临界状态时，噪声的扰动，一种不可测"变数"微小的变化就能影响空间演化的进程。

地理空间演化过程中的自组织、他组织和噪声现象，反映了非线性耦合在一起的大量单元和子系统由于有序和混沌的竞争，会形成新的时空组织结构。对于非线性的地理空间而言，不仅有平衡运动和周期运动，还可以有更复杂的非周期运动，如混浊等。后者是一种确定性随机运动，其表征为对初始者的敏感依赖性。在国土空间用途管制的制度设计过程中，要深刻认识和充分把握地理空间的演化机理和演替规律。

二、国土空间用途管制的空间共生理论

（一）人地共生理论的历史演变

"人地关系"是一个概括用语，它并非仅指一般的人口与土地关系，而是指人类社会和人类活动与地理环境之间的相互关系，而更多还泛指人与自然的关系。纵观历史的发展，在不同的文明时代，人类有着不同的社会发展水平、哲学思潮与科学技术导向，这也催生了各个时代不同的人地观。在原始文明的早期阶段，人类只能依靠摄取自然界的现成果实来获取能量，对自然环境存在强烈的依赖性，人地之间是一种依附和顺从的关系，是一种"天命论"的人地观。在农业文明时代，人口基数小，对资源的需求量少，人类对自然环境开发强度和广度都严重受限，其生产行为依然主要受自然环境的约束，农业主要是一个靠"天"吃饭的行业，是一种"决定论"的人地观。在工业文明时代，人类利用自然资源的能力得到了大幅度的增强，人与自然的关系由依赖转为征服，特别是随着两次工业革命中蒸汽机及内燃机的兴起，人类对自然资源开始了掠夺性的开发。这一时期的人地关系是对立的，是一种"征服论"的人地观。

到目前为止，就一般意义上的认识论层面而言，人们还是将"人地关系"中的"人"与"地"作为分开的二元主客体进行对待的。它一方面反映了自然条件对人类生产生活的影响和作用，另一方面也表达了人类对自然现象的认识与把握，体现的是人类与自然环境之间二元的互动互感关系。可是，自然界的山水林田湖草是精密镶嵌和互补互动的生命系统。青山、碧水、绿林、沃田、蓝天、镜湖，是自然界的睿智存在。在这里有春分、清明、夏至、立秋、秋分、冬至，人类的一切与生态时间紧密相连。山水林田湖草、细菌、原生生物、植物、动物，通过生物小循环和地质大循环，创造了可持续发展的生命有机循环系统和生物圈的"自创生"系统，这是一个"它弃你用""你无我补"的互补互动运营紧密系统。田者出产谷物，维系人类的生命；水者滋润田地，使之永续利用；田、水、山、土、树等构成生态系统中的环境，形成一种共生关系，结成命运共同体。所谓"道生一，一生二，二生三，三生万物，万物负阴而抱阳，冲气以为和"，或者说"人法地，地法天，天法道，道法自然"，也充分表达了人类与山水林田湖同呼吸、共命运的自然法则。人们开始认识到，原本的"人地关系"理论，在认识上还存在某种局限性，需要从"人地关系"走向人地共生。

（二）人地共生的基本理论内涵

"共生"一词源自希腊语，本意是生活在一起。其作为一个现代的科学概念，根据科学史学家詹·萨普（J.Sapp）记载，最早是由德国真菌学家德·巴里（A.de Bary）在1878年提出的。巴里将共生定义为"不同种属的生物共同生活（The living together of unlike named organisms）"。之后，随着相关研究的逐渐深入和社会科学的不断发展，"共生"已不再是生物学的专属名词，而是外溢到经济学、管理学等领域，被用来指称两个不相同而又彼此影响的主体之间各种不同类型的耦合关系。所谓人地共生的基本理论内涵是指具有普遍意义的基本规律，它是在大量观察、实践的基础上，经过归纳、概括而得出的。在一般意义上，人地共生具有以下四个方面基本理论内涵。

1. 人地共生的自然法则

东方文明的特点是自然顺从型的自然共生型文明，而西方文明是自然对抗型的自然支配型文明。人类学和历史学的研究表明，人与自然对抗，必然发生生态环境破坏，这是不变的宇宙法则。因此，人类文明必须遵循宇宙法则，建设人与自然的共生系统。国土空间用途管制也不例外，因此必须以构建人与自然和谐共处的生命共同体为基本法则，按照生命共同体的整体性、系统性及其内在规律，推进国土空间用途管制的制度创新。未来国土空间用途管制应当把地与人作为一个生命共同体进行统一的、整体的、系统的保护和治理，发现隐秘于山水林田湖草之中的宇宙法则和熵减少规律。通过共生和再生型国土空间用途管制，不断增加负熵流的输入，推动形成人与自然共生发展的新格局。

2. 人地共生的复杂性原理

人地共生远比其他动物与环境的关系要复杂得多，它不仅包括人类与自然环境的共生，而且包括人与人为环境和社会环境之间的共生，也包括自然环境、人为环境和社会环境彼此之间的共生。而在这些共生中，要解决好以下四个平衡：第一，人的自然的平衡，即满足人的基本生理需求。第二，人的社会的平衡，即满足人的社会需求，维持社会系统的正常运转。第三，自然环境系统本身的平衡，即在自然环境可能的承受能力之内利用环境。第四，自然环境—人为环境—人之间资源、生产与消费的平衡。上述平衡中的任何一个受到破坏，都会引起混乱而难以实现共生。

3. 人地共生的因果反馈逻辑

人地共生是一种不以人们意志为转移的客观现象，不论从宏观还是微观，人地共生对双方彼此的影响无处不在。一方面，人类活动对环境的影响随着社会文明的演化而愈加深刻，初始在自然界中创造诸如城市、道路之类的人工景观，随后填海造陆、聚沙成岛等壮举直接改变了自然地貌，人类对自然环境的开发强度与广度不断增强，甚至影响到了生态系统的物质循环与能量流动；另一方面，自然环境对人类的生产生活也具有潜移默化的影响，自然环境提供了人类生产生活必需的各种物质基础，在生活中影响着人类的行为习惯甚至作风性格。

4. 人地共生的动态性内涵

人地共生的内涵随时代发展而不断地演变，人类主体、自然环境、人为环境和社会环境等多方面的因素都会对人地共生造成影响，而由于自然环境、人为环境和社会环境又都是变化的，因此人地共生也是一种动态变化的关系。纵观人类的历史，从原始文明过渡到农业文明，接着工业革命推进了工业文明，自然环境的破坏又使人类倡导发展生态文明，人地共生的动态变化之道就在这文明演化过程中不断演替发展。

（三）山水林田湖草海共生理论

近代分子生物学和遗传学的研究表明，基因突变是物种进化的主因，但只有被自然接受且与自然共生的基因突变，才能造就物种的成功演化。自生命诞生以来，全球生物共经历了 5 次物种大消亡，每次有 75% ~ 95% 不等的物种消失。

"大音希声；大象无形。道隐无名。夫唯道，善始且善成。"山水林田湖草海虽是无声的，但它像一个精密运行的机器，有着严格的"道"和运行规则。如果违背了这种"道"和运行规则，人类将会面临严重的惩罚。综观许多古文明的兴衰，可以发现这些文明之所以从强盛走向衰落，是因为它们在文明发展过程中很少或根本没有遵循山水林田湖草海共生的规律，对自然界肆意开发和掠夺，从而导致自然生态系统的崩溃，最终酿成文明的衰败。美索不达米亚文明、玛雅文明、哈巴拉文明都是如此。当下的土地退化、资源短缺、水源断绝、物种灭绝、地球变暖、灾害性气候频发、环境荷尔蒙对体内胎儿的影响等，就是违背山水林田湖草海共生之"道"的结果。

山水林田湖草海是自然界的存在，它应是无限和永恒的。建设人地共生的生命共同体，实现"与天地合德"，才是国土空间用途管制的终极关怀和意义所在。通过国土空间用途管制去促进和改善有利于所有生命健康生存的生物圈的自我调节，保障生物圈有序和安全所需的各种生态参数的稳定，这应该成为国土空间用途管制的价值取向和终极目标所在。为此，国土空间用途管制必须摒弃传统人地关系在认识论上的"二元"局限，而应更虚心地倾听自然的教诲，更认真地吸取自然的智慧，更科学地掌握生态系统自组织和自我调节的基本原则，如相互依存、反馈循环、多样性和稳定性，以及作为所有这些结果的可持续性，将"人"融入其中，从"二元"

走向"一元"，才能遵循自然规律去恢复和重建山水林田湖草海生命共同体的复杂联系和生命之光。所谓山水林田湖草海共生＝（人类命运共同体＋生物共同体）共生。这些共同体包括个人、生命个体、物种、生物群落、人类集体和整个人类。它强调以下4个核心概念。

1. 生命整体性

自然生命物种进化的历史告诉人们，自从蓝藻、绿藻等早期地球生命产生，演化到现在大约有1000万种的生物圈，最显著的特点就是生命物种整体系统的多元共生与协同进化。山水林田湖草海系统的各种生命、各个环境要素，都有自己的"生态位"，却相互依赖共同构成生命系统不可或缺的循环结构。人类行为的任何细微改变，都可能成为山水林田湖草海共生系统的"催化剂"。在化学上，这种催化剂虽然量微且本身的质量和化学性质在化学反应前后都没有发生改变，但改变了90%以上的工业过程。聚焦生命的整体性和系统性，平等地对待山水林田湖草海，是共生理论必须坚持的基本准则。以鸟类生息环境的生命共同体建设为例，国土空间用途管制要有利于土地利用空间、水资源利用空间、地形地相空间、森林树种空间、鸟类食物链空间等在一个复杂组合状态之下的环境构造和有机整合。所谓有机整合，简单说就是山水林田湖草海各个要素的互相结合。这些要素的互相结合，并不是相互抵触、牵制，而是各出所长、相互取长补短，从而获得更好的天地人共生的结果。就像化学中无机络合物和螯合物的形成一样：其中心体（中心离子）都是金属离子，配位体为阴离子或中性分子，配位体向中心体提供电子对构成配价键，彼此吸引而实现络合，形成有机络合物。

2. 自然优先性

人类在国土空间用途管制过程中应该建立一种新的范式，即尊重自然和自然优先。在国土空间用途管制过程中，个人或团体的意愿和目的都必须以不伤害山水林田湖草海构成的自然生态系统为前提。换句话说，人们制定国土空间用途管制行为的目的必须是一种伦理上的约束性追求。每一种国土空间用途管制规则都有其最适宜的特定自然生境。一种国土空间利用方式可视为一个"生命感应中心"，它有其自身的适宜生境，其行为组织围绕这一生境而展开。人类必须十分珍惜、切实保护这种自然生境。

3. 共生共存性

其核心内涵就是强调山水林田湖草海各类要素整体的相互依存、不可或缺，休戚相关、生死与共。在土地开发利用时，不忘水土保持，要把大江大河上游、重要水源地、自然保护区等重要区域纳入生态公益林范围，综合运用改坡、护岸、植草、退耕还林和建设水保林等工程和生物措施，大力推进小流域水土流失治理，促进形成生命共同体。如果种树的只管种树、治水的只管治水、护田的单纯护田，很容易顾此失彼，最终造成天地人共生系统的破坏。人类必须以山水林田湖草海的整体视角，在地方、区域以及全球尺度上考虑不同山水林田湖草海类型所依存的生态系统背景，并通过生态化的规划和管治，塑造出有利于人类健康、环境保护以及可持续发展的决策、态度和价值文化。

4. 因地制宜性

1859年，英国进化论的奠基人达尔文（Charles Robert Darwin）的《物种的起源》正式出版。其中最重要的论断就是：自然万物进化的原因是"物竞天择，适者生存"，这也是自然演进的根本法则。所谓"适者"，就是人要顺乎自然、融入自然，做一个因地制宜的"适者"。只有因地制宜的"适者"才能"生存"，才能实现天地人"共生"。老子曰："天长地久。天地所以能长且久者，以其不自生，故能长生"，说的就是因地制宜才能"适者生存"的道理。按照《淮南子》的思想，人与自然是同根同源、和谐统一的关系，人与自然应坚持因顺自然、因地制宜、因时制宜，按事物运行的"道"行事。先秦《逸周书·度训》"以土宜之法，辨十有一土之名物"，关注的就是不同性质的土壤，对不同的生物有着不同的适应性。国土空间规划如果只是按照统一的规程或标准去编制，不能做到"因地制宜"，很可能就是一种瞎折腾。老子曰："人法地，地法天，天法道，道法自然。""道"是山水林田湖草海共生的本原，它蕴含在因地制宜之中。要向女性学习观察事物细致、细腻的精神，深入观形察势，从大环境观察到小环境勘测，才能更好地实现山水林田湖草海和谐发展。

三、国土空间用途管制的开发保护协调

（一）开发保护协调的理论逻辑

国家推进空间治理体系的重大改革，实行统一的国土空间用途管制，其重要起因就是为了解决"因无序开发、过度开发、分散开发导致的优质耕地和生态空间占用过多、生态破坏、环境污染等问题"，协调好国土空间开发和保护的关系。

从人类文明史的发展进程来看，土地作为一种农业生产用途，在受到其他产业、居民住房、社会消费、自然休息和其他用途的竞争时，协调发展和保护已成为一个不可避免的重要课题。全世界对协调开发和保护自然资源的关注可以追溯到20世纪初美国和欧洲大陆国家对城市快速扩张的担忧，导致粮食生产能力下降，由于自然资源的数量有限、位置固定、开发回报递减，造成了自然资源供应的稀缺性。随着人口的增长和经济的发展，对自然资源的需求与日俱增。为了满足这种日益增长的需求，大量边缘自然资源被过度开发和迅速减少，导致生态退化。在这一进程中农

地非农化是必然的现象，其直接后果是用于生产粮食的土地减少，从而使粮食安全受到威胁。由于农地非农化是许多发展中国家资本积累的重要途径，这就意味着对农民经济利益的侵害和就业机会的损失，从而造成诸多的社会安全问题。国土空间用途管制作为空间治理的重要手段，其核心使命就是要坚持可持续发展，坚持资源节约和环境保护，坚持绿色发展和满足人民对美好生活的追求，从而形成人与自然和谐发展的国土空间新格局。协调好开发与保护的关系，始终是国土空间用途管制永恒的主题，就如同爱情是文学作品的永恒主题一般。如果只讲保护，管制规则是很容易制定的，或者只讲开发，管制规则也很容易制定。如何"协调"开发与保护的矛盾，理论上可以讲"在开发中保护，在保护中开发"，但在现实的操作和边界把控中是一个100多年来都没有很好解决的重大课题，也是长期以来理论界争论的焦点。人类在开发利用自然资源的过程中，给自然环境造成了越来越严重的破坏，以至于威胁到人类自身的生存和发展。但是，人类社会要取得进步，在很多情形下就不得不向大自然不断索取。如何进行开发与保护的取舍，这是国土空间用途管制必须作出的抉择，其意义和价值就在于此，"安身立命"之地也在于此。

开发是指以土地、矿产、森林、水力等自然资源为对象，采用工程、生物等措施，扩大自然资源有效利用范围或提高对自然资源利用强度的活动。前者通常被称为外延开发，后者通常被称为内涵开发或深度开发。保护是指对潜在退化的自然资源和需要特殊爱护的自然资源，采取工程、生物等措施，预防和治理自然资源退化并对自然资源特殊功能进行专项护理的活动。协调开发和保护作为国土空间用途管制的主线和难题，在实践中的运作必须遵循以下理论逻辑。

1. 底线思维是逻辑基础

先在性是自然的最基本属性。人类产生于自然，依存于自然，其生存发展也受制于自然。人与自然和谐共生，是维持人类长久生存的必然选择。国土空间用途管制必须坚持底线思维，把国家安全、生态安全、环境安全和粮食安全放在首位，客观分析潜在问题，制定适当的解决方案。在某种程度上，可以认为，国土空间用途管制的根本出发点是超越狭隘的经济范围，朝着公共安全最大化的方向发展，并根据风险防范的原则，寻求公共安全和长期福利的最大份额。

2. 有序开发是逻辑向度

改善空间结构和布局，转变空间开发方式，提升空间发展功能和竞争力，始终都是国土空间用途管制不变的追求。打造永续发展的绿色产业，有尊严有活力的城乡居民生活和万物共荣的生态环境，这是国土空间用途管制的目标所在。其中除经济增长，还指人们生活条件和生产条件的改善，以及保持环境条件和生态平衡的状态。促进区域有序开发，不仅仅是国土空间用途管制理想性的逻辑向度，更是国土空间用途管制一种具有强烈现实性的逻辑向度。所谓有序开发，是指对客观世界、各种空间成分、相互关系、结构功能及其发展演变规律的理解，基于这种认识和一定程度的约束，促进发展，实现有序、有章可循的发展，确保建设适度、保护适度。

3.尊重规律是逻辑起点

无论人类如何从自由世界转变成自为世界，其赖以生存的仍然是自然界物质基础，始终无法摆脱大自然规律的桎梏。即在"自由王国"时期，仍然要遵循大自然的发展规律。自然生态价值的优先性如果被忽视和破坏，国土空间用途管制的价值也就随之荡然无存。从宏观层面的人地共生，到微观层面的土地使用、基础设施布局和社区环境建设，都需要遵循地域分异规律和空间系统的整体性以及空间功能的完整性规律。国土空间用途管制作为人类生命共同体价值的承担者和实现者，其价值不仅仅是表现在对国土空间的认识和改造，更重要的是表现在如何完成国土空间的"生生之德"或"生生之道"。任何形式的国土空间结构调整和布局优化，都必须建立在尊重自然规律和遵循因地制宜的逻辑起点上。

4.区域协同是逻辑演绎

国土空间用途管制需要对开发和保护全过程中可能出现的主要矛盾及问题进行系统调查、评价和梳理分析。协同国土空间开发与保护，必须坚持"全区域协同"和"全方位协同"，包括上下游和不同场地之间的协同，不同治理主体内部和层级之间的协同，不断提高协同国土空间开发与保护的前瞻性、综合性、整体性和系统性。

(二) 空间可持续性的实践决策

可持续发展是支撑国土空间用途管制的核心原则，其灵魂是要确保每个人，现在和未来世代的人，拥有一种更好的生活质量。按照可持续性的价值取向，至少要确保今日所制定的用途管制分区和管制规则，从长远来看是正当的和有益的。即使短期动机，如果要回应当下的需求或需要，在决策中也不能成为压倒性因素。在进行计算和决策时，需要充分考虑环境的影响和生态的平衡。在国土空间用途管制实践中，决策其可持续性水平，至少需要从以下四个方面去进行判断。

1.国土空间适宜性

所谓国土空间适宜性，是指国土空间在一定条件下，对指定用途或特定利用方式的适用性。即某种国土空间类型持续用于特定用途的适宜程度，用于反映特定利用方式下的国土空间质量。这种适宜性包括三层含义：一是是否适宜，也就是能生产什么、适宜干什么；二是适宜到何种程度，也就是高度适宜、中等适宜还是勉强适宜；三是存在什么影响适宜性的限制因素，是因为水的限制、工程地质的限制，还是交通的限制等。国土空间适宜性可以分为现有条件下的适宜性和经过改良后的潜在适宜性两种。所有国土空间的适宜性都应该建立在良性生态循环的基础之上，即在国土空间的开发利用过程中，不应该造成资源破坏和环境退化。

2. 国土空间资源承载力

资源承载力是国土空间可持续性的基础支持系统。如果在考虑资源世代分配的情景下，可以满足资源承载力的需要，则表明国土空间的利用具备了持续性的条件；如不能满足，就应该依靠科技进步或其他路径来挖掘和替代资源，务求"基础支持系统"保持在区域发展需求的范围之中。一个国家或地区的资源承载力（Carrying Capacity），是指在可预见的时期内，利用本地区的能源和其他自然资源，以及智力和技术等，在保障与其社会文化准则相符合的物质生活水平的情况下，所能持续供养的人口数量。在生态学中一般将资源承载力定义为"某一生境所能支持的某一物种的最大数量"。从国土空间用途管制的角度看，可以将资源承载力的概念定义为：在不损害国土空间健康和相关生态系统功能的前提下，某一给定区域可以允许的最大自然资源消耗和废物排泄率。这一概念包括以下两条底线：一是不损害国土空间健康，即不损害国土空间在其生态系统界面内维持生产，保障环境质量，促进生物与人类健康和维护自我恢复的能力。二是不损害相关生态系统功能，诸如不会引起物种退化或消失等。

3. 国土空间环境容许量

容许量，通常简称容量，是指一个物体的容积大小，也就是物体或者空间所能容纳的单位物体的数量。物理学中的热容量、土壤学中的交换容量、计算机硬盘的容量等，都是广泛使用的概念。"环境容量"一词最早由生物学家弗胡斯特（Forest）于1838年根据马尔萨斯人口理论提出，他认为在环境中的生物种群可食食物量有一极限值，种群增加也有相应极限值，在生态学中这个极限量被称为环境容量。这一时期环境容量的概念，相当于资源承载力或资源承载量的含义。

随着环境污染问题的不断凸显并成为人类最重要的公害之后，现代环境容量概念应运而生。目前大多将环境容量定义为：在人类生存和自然生态不受损害的前提下，某一环境所能容纳污染物的最大负荷量。影响环境容量的因素很多，概括起来主要有以下五个方面：①环境的自净能力；②环境的自然背景值；③环境的质量标准；④污染物的类型和结构；⑤污染物的规模、强度和速度。它具体又可以分为大气环境容量、水环境容量、土壤环境容量等，受自然环境、人口环境和社会环境综合作用的影响。人对区域的开发、人对资源的利用、人对生产的发展、人对废物的处理等，一句话，即国土空间开发利用中的全部行为和要素配置，均应维持在环境的允许容量之内，否则国土空间的持续发展将不可能延续。

4.国土空间生态系统服务功能

至少保障生态系统服务功能不降低、力求生态系统服务功能有提升，是国土空间用途管制的重要职责，也是判断国土空间用途管制是否具备可持续性的重要诊断指标。生态系统服务（Ecosystem Services）是指人类从生态系统获得的所有惠益，包括供给服务（如提供食物和水）、调节服务（如控制洪水和疾病）、文化服务（如精神、娱乐和文化收益）以及支持服务（如维持地球生命生存环境的养分循环）。它是生态系统产品和生态系统功能的统一。生态系统服务功能是指生态系统与生态过程所形成及所维持的人类赖以生存的自然环境条件与效用。一类是生态系统产品，如食品、原材料、能源等；另一类是对人类生存及生活质量有贡献的生态系统功能，如调节气候及大气中的气体组成、涵养水源及保持土壤、支持生命的自然环境条件等。生态系统服务的功能主要包括生产生态系统产品、产生和维持生物多样性、调节气候、减缓旱涝灾害、维持土壤功能、传粉播种、有害生物的控制、净化环境、景观美学与精神文化功能十个方面。

四、国土空间用途管制的空间治理逻辑

(一)现代治理的本质内涵

1.西方语境下的现代治理

所谓治理，全球治理委员会将其定义如下：各种公共的或私人的个人和机构管理其共同事务的诸多方式的总和。它是使相互冲突的或不同的利益得以调适并采取联合行动的持续过程。事实上，西方虽然将治理称为理论，却"不提供一套规范的理论"，这就为争议留下了空间。因此，关于治理理论，各国的理解并不相同，但都包含一个共同点，即认为治理理论是一种汇聚利益相关的多元主体，以持续互动和充分协商的方式来处理公共问题的范式。

与传统管理方式相比，现代治理的理论框架具有以下两个典型的基本特征：一是强调治理主体的多元化。在传统的科层制管理体制中，强调集权，通过等级形成的权威来推进行动方案，其主体是单一的政府组织，偏重于运用国家的力量。而现代治理立足于"多元主义观"，国家、企业、社会组织和公民个人都是治理的主体，而且不仅限于社会力量的参与，而是多元主体共同治理。在多元主体中，相互关系是平等的，强调合作与授权，是一种"网络制格局"，而不是等级与控制。二是治理机制的协商化。现代治理采用多种机制和多种利益相关主体博弈互动，但核心是利益相关行为者的平等协商和持续互动，没有形式性的命令等级或科层链条贯穿其中。不同主体围绕共同目标，在一种稳定的相互依赖的环境中，通过持续对话减少个体

的机会主义行为。虽然在这种协商和持续对话的过程中，各个主体的权力结构不见得完全对称，利益关系也未必绝对平均，但各个主体之间通过共享公共权力的协商与约定，通过对特定公共事务的信息共享、决策共议、行动共商等机制，可共同达成治理的目标。

事实上，西方学者倡导治理，是由于公共服务和代议制的困境，其论点主要是关于如何为改进行政和公共服务提供方式，及在代议制民主中增加直接参与的要素。总体上看，在西方语境下，现代公共治理理论属于新自由主义的范畴，是作为一种意识形态上的新自由主义而存在的。但是，公共治理理论并不敌视国家与公共部门，现实性较为明显。需要辨识的是，新自由主义在国内与国际的不同：在国内生活中，公共治理理论需要应对的是市场失灵与政府失败；在国际生活中，公共治理理论客观上为干涉他国内政提供了理论支撑。推进西方语境下的治理，通常假设存在以下两个前提条件：一是在社会多元主体之间存在成熟的伙伴关系；二是民主和信任的氛围很浓以及相互协商的能力很强。

2. 中国现代治理的基本内涵

在汉语中，"治理"一词古已有之，指的是"管理""统治"。如《荀子·君道》中有一句："明分职，序事业，材技官能，莫不治理，则公道达而私门塞矣，公义明而私事息矣。"又如《孔子家语·贤君》中有"吾欲使官府治理，为之奈何"。瞿秋白也曾使用过"治理国家"的说法。但是，在中国很长的历史时期内，"治理"一词使用的主要内涵是"处理、修正"，如中国大陆出版的《现代汉语词典》与中国台湾地区出版的《重编国语辞典》都有这种解释，这种含义是英文"Governance"所没有的。早在春秋战国时期，《荀子·王制篇》就指出："相高下，视肥浇，序五种，省农功……治田之事也。"在唐朝记载南诏的《蛮书》也有记载："蛮治山田，殊为精好。"在历朝历代直至 21 世纪初，中国语境下的治理，通常使用得更多的是土地治理、黄河治理、淮河治理、沙漠治理、盐碱地治理、坡地治理、湖泊治理、流域治理、环境治理等。这些治理的含义主要是指通过应用工程和非工程措施改良土地和环境的不良性状，提高资源利用率、生产率和环境效能，以促进集约高效发展的过程。

关于治理能力现代化，就是要增强"制度执行能力"。因此，在中国语境下的治理，无论是在自然科学还是在社会科学范畴，都更多的是指向"处理、修整"。虽然在社会治理层面，国家也提倡有更多的公众参与、更多民主和协商，与西方语境下的治理有一定的相通之处。但是，在国家治理层面，中国语境下的现代治理与西方主流理论所倡导的治理是完全不相同的。简言之，在中国文化环境和制度体系下谈论现代治理，切忌简单搬用西方主流的治理理论。

(二) 空间治理的基本逻辑

国土空间治理是一种决策行为，也是政府干预空间生产的一种手段，其目的是要解决空间中各种物质要素和非物质要素在空间布局与时间序列上的各种冲突，协调开发与保护之间的矛盾，推进空间高质量生产和高品质生活。国土空间治理不同于一般意义上的治理，它具有以下两个显著的特征：一是空间治理的尺度性。国土空间治理的最大特点是具有尺度性，不同尺度条件下的治理内容有显著差异，对空间治理的需求也有根本性不同。对于国家、省、市、县、乡镇、村、地块等不同层面的空间治理，其内涵及其特殊的作用都是很不相同的。例如，国家层面的空间治理，重点是要解决国家安全和国家战略的落地问题；县级层面的空间治理，重点是要解决上位战略的空间落地和本县域的竞争力提升及可持续发展问题。也就是说，不同空间治理尺度需要有不同的制度与组织安排。二是空间治理的整体性。国土空间治理不是治理单个生产部门或单项建设的布局，而是统筹治理国民经济各部门、各项生产性和非产性建设在一定国土空间范围内的整体布局，着重解决有关区域空间发展中的整体性问题。它涉及资源、工业、农业、交通、水利、能源、城乡建设、环境保护、旅游、商业、科教文卫等各专业部门，更涉及城市与乡村、发展与保护、生产与生活、当代与后代、局部与整体、中央与地方、居民与政府等复杂的关系。尤其是，要着重治理土地利用的负外部性和市场失灵问题。

国土空间治理是政府对市场失灵的干预。在国土空间开发利用过程中，市场失灵主要表现为四个方面：一是无约束的城市蔓延，浪费土地资源，造成开发无序和低效；二是只关注短期利益，损害生态环境；三是只专注私人物品和服务的有效供给，公共物品和公共服务供给短缺；四是缺乏资源分配的公平正义，导致乡村凋敝、社会隔离和贫富分化。因此，国土空间治理的理论框架是以弥补市场缺陷为切入点，以协调人地关系为主线，以市场、政府和社会主体的互动发展为核心，构建起一种能将资源利用、生态系统演变、集体行动、制度结构、跨时空范围和治理绩效融合在一起的"共同语言"。这是一种复合型的治理框架：①自上而下的命令和控制。市场条件下，工具理性和短期利益会不断膨胀，其结果必然是价值理性的不断丧失。国土空间治理是为弥补市场缺陷而存在的，如果只是单向度的多元主体协商和持续对话，缺乏自上而下以命令和控制为主要形式的等级结构保证，缺乏执行、监督以及仲裁方面的组织设计，多主体参与的交易成本将无法控制，治理的"实质合理（Essential Rationality）"就难以有效实现，国家意志就难以充分体现，公共利益会不断被侵蚀，空间整体也会被瓦解，长远发展就难以持续。因此，建构自上而下的以命令和控制为主要形式的治理结构，是国土空间治理的特殊要求。②自下而上的行动和反馈。如果空间治理只有自上而下的命令和控制，而缺少自下而上的行动和反馈，就会在治理中有意识或无意识地排除或削弱其他主体的作用，切断或减少了决策信息来源的支持，使空间治理成为个人决策或少数人的决策，这是一种消极的关系形态。从信息论的角度看，现代空间治理是一个决策信息的收取、集合、处理、加工、储存、输送和控制的过程。基层或社区掌握更多和更充分的事实信息，而国家的意志和价值信息必须与事实信息相连接。空间治理决策的质量和治理系统的整体效能等都直接取决于信息是否准确、足量和及时。形成、交流、传达信息这些行动的本身也是空间治理。自下而上的行动和反馈，还包括对自上而下命令和控制的落实、监督、制约和修正，它构成空间治理的目标—手段链。在这一目标—手段链中，基层政府行动的逻辑是改善公共服务的可及性、回应性和责任性，以及通过辖区竞争来提高资源配置和利用的效率。③横断面上的竞争和合作。现代空间治理在对传统空间管理进行消解的同时，需要进行存在性的重新建构。这种建构的重要路径就是要促进系统中每一实体间既是一种相互约束的依赖关系，更是一种竞争和合作的生态关系，反对割裂事物间联系的机械论，重点解决同一级政府不同职能部门之间空间治理冲突的问题，同时还包括解决同一区域不同政府之间的空间治理冲突问题。现代治理理论主张主体间的有机联系，认为每一个个体基于理性产生集体行动，其中正式制度与非正式制度可以共同组成新的权威空间。借助"语言游戏论（Sparachspiel）"，横断面上竞争和合作的"规则"如同棋牌、纸牌游戏一样，是一个形式复杂和功能多样的规则体系，各地区可以根据自身需要制定规则和调整规则，是一种类似于家庭成员之间基于血缘关系形成的"家族相似"。

从逻辑的视角看，国土空间治理必须将"工具选择"和"价值认同"有机融合，才是治理实现的根本逻辑。在空间治理这个需要自上而下命令和控制的特殊领域，如果没有政府、企业、社会组织、城乡居民等多元主体间价值认同的形成，治理的结构、程序、制度等工具选择将可能因为难以实现与政府主体的价值认同而流于形式，甚至只是增加了交易成本而没有增加产出效果。如果缺乏现代治理机制，公共机构尤其是政府部门及官员就会追求自身的组织目标或自身利益，形成内部性或内部效应，这是空间治理失效的一个基本原因。很多空间治理的结果，只是政府各部门利益的博弈均衡。因此，必须将工具选择和价值认同这两个"形式"与"实质"基质相互渗透、彼此促进，建立空间的现代治理机制，才能实现国土空间的"良治"和"善治"。

老子构建了以"道"为核心概念的本体论哲学，为国土空间治理提供了依据和思考工具。"道"是万物存在的依据，是发展的本源与规律，国土空间治理也必须依照"道"的规律，只有尊重"道"的规律，依"道"治理，才能实现人类理想空间秩序。从"道"的本体论看，空间治理的本体主要有两种：一是制度规则；二是社会准则。国土空间治理以"制度规则"和"社会准则"效法"天道"、把握"常道"、完善"人道"，从而实现"空间善治"。按照"道"的逻辑，应把握国土空间发展的演化规律，从现象层面抽象出"国土空间"的特点和本质。从这个角度看，国土空间治理并非完全出于"设计"，而是"应然"存在，具有"自然"属性。源于"自然法则"的空间治理是规范人们行为的"制度规则"，是一种外在制度。这种外在制度的设计必须遵循文明兴亡的宇宙法则：能量移动法则、能量守恒法则和熵法则的综合作用，改善对大自然的情感和价值认同，重构促进人地和谐、人与自然共生的空间治理新体系，这才是空间治理的根本之道。

第三节　国土空间用途管制的实施

一、塑造有机融合的管制价值体系

21世纪，国家对国土空间和自然资源的规划管理提出了新的要求，即对国土空间进行全域全要素的用途管制，以促进和保障国土空间规划的顺利实施。空间规划的重点是分区划定空间以及对空间进行区域性管理。目前，我国根据不同的发展需求建立了侧重点不同的空间分区管制体系，在主体功能区的规划中，功能和政策的明确是管制的核心，在功能区划上属于综合性的类型；在城乡的规划中，为保证城镇化的有序发展，空间和规模的明确是其管制核心，在功能区划上属于规制建设用地的开发；在土地利用的规划中，为实现平稳有序增长，对指标和底线的明确是管制的核心，在功能区划上属于对土地总供需的综合协调；在生态功能区的规划中，对目标、底线和措施的明确是管制的核心，在功能区划上属于对生态环境保护的单一强调。

针对国土空间规划控制线的统筹划定，国家于2019年制定了意见性文件，提出要基于社会经济发展的实际情况，结合各个区域自然资源的条件和优势，以三条控制线的功能为出发点，加快分类管控机制的建立和健全，并对农业、城镇以及生态等功能空间进行科学统筹，对国土空间规划的用途管制和分区所受到的来自"三区三线"的直接影响予以明确。在新时代背景下，国家通过"三区三线"这一重要举措有效地推进了国土空间规划体系的统一和不同空间规划分区管控的有机整合，从而促进了空间开发与空间保护的相互协调。

以"三区三线"为核心的用途管制分区推进了国土空间用途管制的体系建设，也为管制实施提供了更加明确的行动路径，但在实施之前，应该建立有机融合的管制价值体系。从各平行的规划价值导向来看，各有各的价值标准和优先性，土地利用规划平衡开发建设与耕地保护，城乡规划平衡建设效率与公平，生态功能区规划强调生态绿色与环境保护等。价值理念的认知不同于选择的差异，并将从根本上影响国土空间用途管制的有效性。因此，国土空间用途管制不仅仅应重视空间冲突调解和空间利益权衡的具体操作性措施，更应重视顺应时代发展的要求，建立适应生态文明发展的新的管制价值体系。一方面，"吃饭—建设—生态"是难以回避的价值选择，但与传统价值认知不同，如"要建设还是要生态"是这种非此即彼的二元价值选择，抑或"一是吃饭，二是建设，三是生态"是这种因发展阶段与社会条件限制而做出的排序性价值选择，未来的国土空间用途管制应建立全面系统的管制价值体系，走向对多元价值存在的共同观照与共生导向；另一方面，国土空间用途管制价值体系建设基于对全域空间和全要素禀赋的系统把握和科学认知，价值导向也要因地制宜、因时制宜，充分适应、遵循、利用社会经济环境系统的运行规律，将资源环境承载力、人与自然生命共同体等生态文明价值观的内涵纳入国土空间用途管制价值体系，为国土空间用途管制实践提供基础的认知前提。

二、探索弹性灵活的管制激励模式

自 20 世纪 80 年代中后期开始，以保护耕地资源为出发点的全国第一轮土地利用总体规划陆续建立的层层分解，环环相扣的土地规划—计划—供应—监督—执法等，形成了中央到地方刚性较为突出的土地行政管理体系。

不可否认，"命令—控制"式的管制模式在解决经济困境、保持社会稳定上发挥过关键作用。但随着市场的逐渐成熟和社会需求的转移，这种传统管制方式的弊端也逐渐暴露出来，政府部门分工过细、机构臃肿、资源低效配置等问题凸显。

西方发达国家的行政管制发展路径是从自由市场向政府管制转变，其目的在于对国家与社会二元关系进行界分，而我国正处于经济转型期，在土地市场发育还不成熟的时候就实行了土地用途行政管制，在社会经济发展中，土地市场的地位至今还未确立。综合国际土地空间用途管制的发展，可以发现，传统的管制制度和理念已经逐渐被激励性的管制理念和制度取代，比如，美国的弹性化管制、新加坡针对特殊区域的弹性管制、日本的分区管制、英国对规划分区的精减等。多元化、民主化和弹性化是国土空间用途管制未来主要的发展趋势，其最重要的特征就是管制措施和力度的放松，以改变原来相互对立的私人权利和公共管制，加强政府与市场的协调与融合。

三、建立多元协同参与的实施平台

当代中国在历经近40年的快速发展后，自2012年起开始步入"三新"发展时期——经济发展走向稳增长、调结构、抓创新、促开发的"经济新常态"，政治发展走向了反腐败、讲规矩、履责任、重法治的"政治新格局"，社会发展走向了固保障、求质量、讲公平、重生态的"生活新期待"。当代中国发展是在新时代开放、包容、协同、绿色、共享的科学理念指导下，国土空间用途管制，也需要探索实现经济繁荣、社会自治、生态宜居、文化和谐等多元价值融合的治理思路，其意味着不仅要赋予各级政府治理权力，而且要赋予包括居民、企业、社会组织等各类治理主体的共有权利，建构一个可控的且相互合作的多层次秩序体系。

从时代发展来看，由于现代社会城镇化、工业化引发了人与资源环境关系的日趋紧张，空间利用的无序、低效等要求在国土空间开发利用问题上以私人和市场为导向、为前提，走向以国家管制为主导，为私人和市场配置活动空间、为其管制行为提供了合法性的保障。值得警示的是，合法性的保障并非来自公权压倒私权的制度安排，也并非通过管制来扼杀私人和市场配置资源的自主性；反之，要巩固管制行为合法性，必须激发市场活力、保障私人权利，来提高国家管制的效率。即进入国家管制时代，不代表"国家权力可以无边界地膨胀，私人权利可以被无底线地压抑——作为前提的管制可以很疏松，作为例外的自由可以很强健"。

从用途管制制度的演变来看，其大致经历了"零星管制—严格管制—局部弹性管制"三个阶段，事实证明，传统严格的管制目标是美好的，但它并没有实现预期效果，也无法继续对国土空间发展做积极的引导。因此20世纪中后期，发达国家和地区开始出现各种弹性管制措施。制度向灵活弹性演变，反映出政府与市场、社会等主体角色的变化，留给市场更多的发展空间。

从国土空间发展来看，随着增量规划向存量规划转型，对存量空间的用途管制在实践中日益凸显。存量空间管制面临的是与增量完全不同的产权状态，建设用地使用权分散在多个土地使用者手中，由此形成多元的利益格局。因此，存量空间管制是一个在众多分散的产权主体之间进行资源重新配置的交易过程，产权交易方式趋于复杂和多样。以拆除重建类城市更新为例，存量开发过程可以简化为3个环节：一是开发者从原产权人手中收购土地；二是拆除原有房屋设施，将土地变为净地；三是开发者获得净地，进行二次开发建设。这里的第一和第三个环节，将发生土地产权交易行为，这里的开发者并非单一的主体，可能是政府，可能是市场开发商，也可能是原业主或代理人；城市更新的产权交易，既可以是政府与原业主的交易，也可以是原业主与开发商的交易，还可以是原业主自主更新改造而不发生交易。

无论哪种交易方式，最大的变化是政府较难完全按照自己的意志处置土地，政府的权力空间被压缩，存量空间改造越来越趋向于多元市场主体之间的交易过程，政府趋向于仲裁者和协调者，制定交易和管制规则，维持公共环境和社会稳定，促使交易各方达成一致意见。从香港城市更新管制的经验来看，政府角色正在由执行者向执行者和促进者并重转变。

综上所述，国土空间用途管制实施将是一个庞大的自组织与他组织共存的巨型系统工程和改革工作，应当立足于国家治理转型的背景，建立不同层级政府协同、多元主体协商的实施平台。

（1）层级政府协同的核心问题是"管"与"放"。在综合考虑多层级政府的行政运行体系以及各自事权范围的基础上，重点聚焦中央与地方、区域与地方、部门之间的关系协同，从以行政许可制度为核心的管制模式向以协同政策网络为核心的管制模式转变。从事权结构层面看，一般管制、监督和审批的权责重心越往上级政府主体移动，其管制的刚性程度越大。因此，国家层面、大区域层面的总量管制决策事权以及重要国土空间资源的底线管制事权，可上移至中央政府以赋予最大的刚性；对管制涉及的比较重要的监督事项，事权重心建议相应上移，根据监督事项的性质决定事权上移的层级；而对于以改善基层地区／城镇人居环境，提供生活便利为主旨的地方性管制事务，则由地方政府或规划主体自行设定其相应的管制模式和空间政策。"放"不是简单的放权，更不是各自为政、独当一面的思维定式，而是尝试打破层级、区域沟通壁垒，建立以合理合法为保障的公共政策畅通路径，提高管制的效力和效率。

（2）多方参与的共建共管共享的实施机制。"管治"新思维应成为"管制"的重要组成部分。"管治"是一种在政府与市场之间进行权力和利益平衡再分配的制度性理念，这种理念往往不是集中的管理和控制，而是多元、分散、网络型以及多样性的管理，是通过多元主体的对话、协调、合作，达到最大限度地动员和利用资源的管制方法，是一种综合的社会治理方式，它补充了市场交换和政府自上而下刚性约束的不足，从而达到最佳管理和控制。具体措施可包括强化政府为市场主体提供服务的功能；创新"企业家政府"（政府的市场化管理）和"虚拟政府"（政府通过委托、授权、承包、合同等形式，将政府职能转移给社区、企业和私人，政府只负责监督的一种组织形式）；建立公众决策机制和社会影响评估机制等。需要指出的是，中国的现代治理是完全不同于西方治理模式的。建立多元治理的协商平台是必要的，但不仅必须适应公有制为主体的经济制度和以科层制为主体的治理机制，还必须充分考虑到中国人多地少的基本国情。否则，国土空间用途管制实施机制的改革创新，将可能由于违背中国的国情和传统文化，而难以取得预期效果。

第四章 韧性城市规划

第一节 韧性城市规划的理论研究

一、韧性城市概述

(一) 韧性的概念

韧性 (resilience) 在语言学领域中最早可追溯到拉丁语 "resilio"，其意思就是最初状态的恢复。这一概念最先被应用于工程学中机械韧性的描述，具体就是在外部的冲击和压力下，金属所具有的恢复原状的能力。而韧性概念在生态学 (ecological sciences) 领域的应用，始于生态学家霍林 (Holling)1973 年的研究，他提出通过不同的两种属性来定义生态系统的表现行为，一是韧性，二是稳定性，同时他还对韧性进行了划分，具体分为生态和工程韧性，为当时的韧性研究提供了新的方向。

后来，不同学科领域的专家和学者对韧性的概念展开了深入的研究，且成果显著，20 世纪 80 年代，灾害管理领域开始应用韧性理论，具有先进灾害管理思想和理念的学者们开始将目光由原来的脆弱性转向韧性，引领了灾害管理的发展。20 世纪90 年代末至 21 世纪初，学者们不再满足于从自然生态学的角度研究韧性，而是逐渐将研究范围扩展至人类生态学 (human ecology)。作为人类生态学的活动主体和重要组成部分，城市也很自然地成为韧性在这一领域的主要研究对象，并为后期韧性城市理论体系的构建提供了主要依据。

随着韧性概念的不断发展，许多学者对韧性的定义从不同的角度提出了见解（见表 4-1）。

表 4-1 韧性的定义

观点来源	概念
韦达夫斯基（Wildavsky, 1988）	韧性是应对不可预期灾难的能力，并能恢复到正常水准。强调灾害发生时的韧性与发生之后的适应能力
霍林（Holling, 1995）	韧性为系统所拥有的应对外来冲击，并在危机出现时仍能维持其主要结构和功能运转的能力

续表

观点来源	概念
迈拉克 (Mal'akh, 1998)	韧性是一个个体或组织迅速设计并实现与当时状况相匹配的积极适应性行为,并经受最小限度压力的一种能力
TobinG (1999)	韧性指一种社会组织结构,能够尽量减少灾害的影响,同时有能力迅速恢复社会经济活力
联合国减灾署 (UNISDR, 2005)	韧性是一个系统、社区和社会暴露于危险中时能够通过及时有效的方式抵抗、吸收、适应并且从其影响中恢复的能力,这一能力的高低取决于该社会系统的自组织学习能力
政府间气候专门委员会 (IPCC, 2007)	韧性用来描述一个系统能够吸收干扰,同时维持同样基础和功能的能力,也是自组织、适应压力和变化的能力
卡特 (Cutter, 2008)	韧性指一个社会系统对灾害响应和恢复的能力,包括系统本身具备的吸收事件影响和应对能力

由表4-1众多韧性定义可见,学者们对韧性的见解也有相通之处:一是都强调韧性系统具有吸收外界干扰并保持自身功能正常运转的能力;二是强调系统具有自组织能力;三是认同韧性系统对外部环境变化应具有适应力并能从灾害中学习,得到经验教训。

(二) 韧性城市的概念

发展至今,韧性概念被广泛应用于各个领域。20世纪90年代,人们开始研究韧性概念在城市规划中的应用,以生态所受到的来自基础设施建设和物理环境的影响为研究重点,并为后续形成韧性子系统理论,包括韧性社区和韧性城市等提供了支持。

韧性城市在不同系统、领域和学科系统中,有着不同的定义,其发展经历了工程、生态和演进韧性三个阶段,每个阶段都在原有的基础上扩充和完善了韧性城市的内涵。针对韧性的定义,多个国际组织和机构都曾作出自己的阐释。"韧性联盟"将韧性定义为具有学习适应能力和自主组织能力且能够在不断变化之中维持原有的控制结构和功能的能力。政府间专门的气候变化委员会认为可以保持基本功能和结构且能够对干扰、压力进行吸收、适应和变化的能力就是韧性。国际减灾战略将韧性定义为了对系统基础设施、功能以及结构进行恢复而对变化所具有的吸收、抵抗和适应的能力。通过对国内外学者定义韧性城市研究的对比和筛选,以孟海星为代表的学者将韧性城市定义为"面对扰动城市系统在适应、恢复、吸收以及转变过程中表现出动态特征"的一种城市属性。

对于韧性城市的理念，虽然目前学术界还未形成统一的定论，但在基本共识上还是有所达成的，即基于预先的准备，韧性城市可以通过吸收和抵御，对外部冲击进行转化和适应，使系统基本的功能、特征与结构得到维持，并快速恢复到冲击前的状态。

（三）韧性城市的特征

以下是韧性城市的基本特征。

1. 多样性

韧性城市的多样性涉及两个不同的层面，一是指多样的社会和生物，具体就是生态系统在多样化的生物和社会中会变得更稳定，同时系统自我调节的能力也会增强，各种灾害发生的频率也会降低；二是由不同部件组成的多功能系统具有较强的抵御和自我保护能力。比如，依靠政府供水的智利城市家庭，因其地处中央山谷，而地震频发，灾害发生时就会冲击城市供水系统，为了应对这种情况，很多家庭都开凿了水井以保证日常用水。

2. 冗余性

为了确保城市某一系统遭到破坏时，整个系统不会失灵，城市的分散式系统会提供具有相似、相同的功能或者对功能进行备份，这就是冗余性。在城市系统中，最有效的增强城市韧性的方式就是提升基础设施的冗余性。当外部力量冲击和摧毁城市系统时，冗余性设施就可以代替原来的系统发挥相应的功能。

3. 适应性

在以往的各种灾害中，城市系统积累经验，并在此基础上对应对灾害的措施和计划进行不断地优化和完善，从而在外部环境上形成更好的适应动态变化的状态。传统应急策略的应对措施侧重于防御，因为它将敌人简单地划分为自然和人为灾害，因此，灾害后短期内的系统恢复成为应急策略的主要内容。适应性则要求城市要结合民众参与、社会管治等社区层面与物质系统来进行基础设施建设，以促进整个城市适应能力的全面提升。

4. 坚固性

系统总体的强度，即对外部冲击的抵御能力是通过坚固性反映出来的。当灾害发生时，系统的临界值被超越后仍不瘫痪，能够正常运行系统的基本功能的状态可以用坚固性来描述。所以，在韧性城市的众多特征中，最显著的就是坚固性。

5.灵活性

随着外部环境的不断变化，系统为了适应这种变化能够及时有效地进行自我调整就是灵活性。韧性城市最理想的状态就是城市能够基于自身的灾难预警、信息管理和应急系统，在强烈干扰来临之前就预判到紧急情况和灾害，同时将预判的相关信息通过完善的信息渠道传递给系统决策者，使其对抗灾措施进行有效选择和及时发布，用最短的时间做出最合理的反应，对不必要的灾害及其损失进行有效的规避。

（四）韧性城市系统的多维内涵

城市作为人类与众多其他有机系统共生的复杂适应系统（CAS），在具有该系统的一般特征的同时，还具有韧性系统的一些特性，最终体现的还是唯物主义辩证法的一些哲学基本观点和城市系统强健模型所有相关要素的表达。

1.生态协同：城市按其生态位进行自组织的发展

针对韧性城市系统的发展，我们需要"具体问题具体分析"，基于 CAS"标识"的概念，使介主体和组织结构得以凸显。"标识"是主体相互作用的基础，从宏观角度，区域中的城市职能分工，也是依赖城市的资源这一"标识"来进行的，城市应该是各具特色的。

城市作为一种自适应的复杂组织，其生存发展之道在于不断地深化为最能发挥其功能的形态以及找到最佳的"生态位"。

自组织的复杂系统都有记忆，这种记忆承载着一个城市的市民和城市作为一种组织与大自然奋斗的历史智慧，这对于现代历史文化名城保护与利用和对后来的城市建设具有非常重要的指导作用。例如，地处秘鲁山区的马丘比丘是古印加帝国一个著名的城市，大概800年前被废弃了。这个城市建立在海拔近3000m的高原上。因为缺水，它所有的水系统修建得非常精致，雨水利用比现代城市还要高效。我们从中可以得到启示：千年以前人类就发展了非常精细的雨水灌溉系统，先把城市的雨水和生活污水收集起来，然后灌溉周边的梯田。可见，自组织（自然生长发育）的城市比他组织（上级政府为开发油田、矿山而设立的）的城市更具生命力。这也是城市成为人类文明史中唯一能长时期生存并持续发展的人造物的原因之一。

2.共生进化：主体和环境是共生循环演进的关系

韧性城市系统应该是"按自身规律永续发展"的，城市主体与环境是"共生进化"的一对关系，物质和能量流在其间循环往复交换，符合韧性理论的"扰沌模型"。

城市是社会、自然环境的具体展现和浓缩，城市与周边的环境密不可分，并且后者是城市本身健全与存续发展的基础，是其永续发展的主要依托。

3.网络冗余：多元主体构成的网络式结构使城市更具有韧性

世间万物是存在普遍联系的，互联网加强了人与人、物与物以及城市与城市之间的联系，网络结构更能反映出这种联系，分布式的设施具有更强的韧性。多元的主体在网络式的结构中更能协调发展，在遇到扰动时，能形成系统功能的冗余功能，在阈值范围内，城市系统是能保持稳定的。

4.自发适应：城市运行遵循自发的隐秩序

韧性城市系统的"积木"机制能使城市在面临一种新的复杂情况时，通过对经自然选择和学习过并证明有效的元素的重复排列组合，从而产生新的综合物，也就是解决办法的机制。面对新的扰动，城市往往能"自发适应"新的情况，在"对立中寻找统一"，这体现的是城市运行遵循的自发的隐秩序。

5.稳中求变：以局部"紊乱"确保整体"有秩序"

韧性城市适应系统需要"稳中求变"以保持永续的生命力，许多小主体的决策会引发系统大的变化，一般是要"聚集"到一定的量才能"涌现"新的表征，体现的是"质、量互变"规律，结合外部变化可能会造成小的紊乱，但系统的"自适应"能力能使整体更加有序，多个小的紊乱化解了大的扰动的可能。

6.学习转型：主体能自我学习以应对扰动和转型发展

韧性城市适应系统能从历史经验中总结有用的发展规律并选择适合的发展模式来转型发展，每一次转型升级都要遵循"否定之否定规律"，在不断的传承与变革中循环演进。

新理性主义认为，城市的大脑——政府部门，甚至每个成员都可以借助大数据、物联网和地理信息系统 GIS 等新技术，比以往的决策者更能从周边环境和历史经验中提取有用的信息和决策模式，并将它们作为制定城市自身发展战略、城市规划和公共政策的参照或依据。

二、韧性城市理念下的我国城市规划新方法

将"韧性理念"融入城市规划的思想内核，是解决当前城市规划诸多弊端的重要之举。现行城市规划在体系、原则、目标、过程和分析方法上，均可借鉴韧性城市系统理论和发展理念来突破和创新。值得提出的是，规划方法创新的提出，并非要完全摒弃传统做法，而是在传统规划的基础上，进行改良和创新，是对新思维新理念的兼容并包，而非一味的否定、非此即彼。

(一) 城市规划路径：从"唯一确定"到"多种可能"

城市规划的本质特征是未来导向性，这一特征决定了其本质的不确定性。从实践上看，规划最重要的意义在于将城市发展中可能会遇到的种种具有不确定性要素

的发展方式按照我们所期望的目标和方向进行引导。传统城市规划中忽视了对不确定性因素的分析，因此将不确定性分析纳入城市规划的分析框架，考虑规划方向和结果的多种可能性，可有效提升城市规划的适应性，是规划应对城市冲击、提升城市韧性的重要手段。

1. 规划的不确定性内涵解析

城市规划从结构和过程来看，是由规划主体、规划客体和规划过程构成的，规划中的不确定性既来自规划客体的发展演变，也来自规划主体的意愿变化，还来自规划过程的不确定性。规划的不确定性内涵可从以下几个方面来分析。

（1）规划客体的不确定性

规划客体是规划的作用对象，是复杂城市系统，也是人类生活的城市空间，包括区域、城市、社区等层次里的自然、经济、社会等内容的空间组织。这一复杂系统在组分、结构和功能上都存在不确定性。

对规划客体不确定性内涵的梳理，可将其分为规划环境、规划对象和突发冲击因素。其可能来自规划对象自身的客观变化、某些政策或某些事件等人为因素，也有可能来自规划难以改变、调节和控制的社会环境。

1）规划环境

规划环境的变化，包含社会、经济和环境要素的变化及其不确定性，可以从社会、经济和生态三个方面来认识。

①社会环境的不确定性。包括与社会、文化、收入阶层、风俗习惯等相关的一些社会性要素变化的不确定性。如价值观的不确定，不同的社会群体由于收入差异、文化认同、生活环境、利益相关性等方面的差异而有着不同的价值取向、生活习惯和生存需求，同时这些要素的变化会导致社会关系的变化和空间需求的不断变化。

②经济环境的不确定性。主要来自全球经济波动、国家宏观经济政策、区域发展政策等城市外部发展因素的变动对城市发展所带来的不确定性。如全球市场的波动对产业发展产生影响，进而影响到产业园区的兴衰；区域发展政策如自由贸易区的政策对城市发展的巨大影响。虽然充分的市场研究与需求预测可以在一定程度上对市场供求关系的变化进行预判，但在全球市场一体化背景下，供求关系复杂变化带来的不确定性难以借助技术手段实现对市场运行进行绝对准确的判断。

③城市生态环境的不确定性。来自开发项目的功能布局、开发强度和密度、环境保护措施等方面的问题所导致的城市及区域的生态本底及生态系统的影响，促使规划在很多情况下很难预料到。生态环境的变化走向尤其是在当前全球气候变化的大背景下，影响更难预测。生态系统的变化本来遵循自然的发展规律，有迹可循，但是在我国当前快速城市化和工业化的背景下，遍地开花的人工对自然的干预正影响城市及

区域的生态安全以及城市人居环境质量。如我国多年来出现的大面积城市雾霾，局部地区的几百年乃至上千年一遇的特大洪涝灾害，给城市发展造成了巨大影响。

2）规划对象

规划对象的不确定性因素来自规划环境的不确定变化导致的空间发展变化的不确定。作为为实现一定时期内城市的经济和社会发展目标而进行的空间布局及各项建设所作的综合部署与具体安排，其部署对象发展的不确定性将直接影响空间布局和空间安排。虽然可以通过对城市发展的规律性把握来降低发展的不确定性，对城市发展进行引导和控制，从而达到某些规划建设目标，但是从根本来说，上述发展背景的不可预判和难以预料，直接导致空间有效布局的不确定性，因此，规划对象本身的不确定性是规划固有的、难以消除的。

3）突发冲击因素

突发冲击因素的不确定性，是指自然以及人为因素造成的突发灾害事件，其中自然灾害是由自然发生的物理现象造成的快速或缓慢发生的冲击事件，技术或人为事故是指由人类引起的、发生于人类聚居区、对人的生命财产安全造成威胁的冲击事件，如安全生产事故、交通事故等。这些事件发生的概率非常小，但无法事先预知，一旦发生就可能对社会、经济和生态环境带来难以想象的影响。规划客体的不确定性内涵详见表4-2。

表4-2　规划客体的不确定性内涵

分类	因素	不确定性内涵
规划对象	空间发展	在较长时间和较大空间范围内，空间发展受制于环境变化，难以预计
规划环境	社会环境	不同社会群体价值取向和需求的差异及各利益相关方的冲突和矛盾
	经济环境	全球经济波动、国家宏观经济政策、区域发展政策等城市外部发展因素的变动
	生态环境	气候变化、人为全面干预使生态环境出现不确定性变化
突发冲击	自然灾害	自然发生的物理现象造成的快速或缓慢发生的灾害，无法准确预知
	人为技术	人为引起的工业生产或交通事故等难以完全预防和预知

（2）规划主体的不确定性

规划主体包括规划研究者、规划编制者、规划管理者以及相关的一些规划研究、编制与政府管理部门，他们在认知、行动和价值上都存在不确定性。对规划主体不确定性的分析，可以从行为主体、政府政策和偶发因素三个方面阐述。

1）行为主体

规划的执行主体是政府，在政府—市场—社会的三角关系中，每届政府采用的政策方案可能存在很大的差异，导致规划执行主体的意图发生变化。同时，政策的变化导致规划涉及的各利益相关方的价值取向、判断预期发生变化，这些都构成了规划行为主体的不确定性。比如，在经济全球化的背景下，为了保发展保就业，促进公共财政的增长，地方政府需要进行"城市经营"，成为事实上的企业。每一任城市主政者的施政方针不一，意味着规划执行主体的变化，这些变化在规划之初是难以确定的。

规划行为主体的不确定性还来自：①规划研究、编制、管理和实施分属不同主体，各主体间有着不同的价值判断，规划编制、规划主管人员、政府领导，由于知识构成、信息获取、价值取向不同，对城市发展的方向和重点往往有着不同的判断，从而导致规划从研究、编制到管理实施中的不确定性偏差；②规划实施过程中，城市政府的人事变动、规划行政主管部门的人事变动，带来的价值观变化和发展理念的变化，可能会给规划的实施带来一定的不确定性，这在我国的规划实施中变化尤其明显；③不同层级或不同部门主体之间由于其管辖范围的特殊性和利益冲突，在缺少充分的联系和沟通情况下导致规划实施过程中的不确定性，从而不利于城市发展的连贯性。

2）政府政策

规划作为一项公共政策，是政府通过国家的政策干预维护市场运行机制，抵消或缓解市场经济的外部性带来的"市场失灵"的手段，其主要政策目标是维护社会秩序、保障经济增长、促进持续发展。不同的时间、不同的地点有不同的社会、经济与环境条件，因此规划的政策取向会因条件的变化而变化。即公共政策本身因为其维持社会秩序的功能，会随社会经济发展条件的变化而变化，从而带来了规划内在的不确定性。

政府政策的不确定性因素主要来自：①上级政府可能出台新的有关社会发展、经济发展、城乡发展、生态环境建设的法律政策，致使规划方案所依据的政策背景发生了重大变化，使规划在这一不确定性背景下失效，不得不推倒重来。②一些区域性重大基础设施建设的政策变化，给城市和地区的发展带来了决定性的影响，政策的变化受全球经济、社会发展状态等客观因素和人为因素的影响，政府何时会颁布怎样的政策，显然是一个难以预测的不确定性问题。③规划作为政府整个政策体系中的一个环节，会受到相关政策变化的影响，如物权法、土地管理法、环境保护法等，都会对城市的空间安排产生深远的影响。这些都构成了规划不确定性的内在基础，并通过规划目标的设定和规划行动方案的安排体现出来。

总体来讲，由于政策的制定有一个决策过程，因此在一个相对较短的时间内，如一两年内，政策的确定性较大，不确定性相对较小，但是由于受到政府换届及其新政策的影响，有时在较短的时间内也不具备确定性，而在一个较长的时间内，政策的不确定性因素将变得更加难以把握。

确定城市发展方向的总体规划，往往编制时间长、审批时间长。从开始编制到审批结束，城市发展情况往往发生了很大变化；等规划批复下来时，也到了规划要重新修编的时候，规划成果难以引导城市的发展；即使规划能得到比较快的批复，在实施管理阶段，规划对象可能对规划做出很多不确定的反应。例如，城郊农民了解规划建设内容，就开始在自家地里种树、盖房子，以获得更多的征地拆迁补偿，大大增加了规划实施的难度。规划过程的不确定性内涵如表4-3所示。

表4-3　规划过程的不确定性内涵

规划过程	不确定性内涵
规划客体的动态反馈	由于对规划客体的认识不足，或者是由于学科本身的限制，客体对规划的反应常常会超出规划主体的预期，造成规划过程的不确定性
规划编制与审批	较长时间的规划编制与审批过程中，城市发展情况往往发生很大变化，导致规划成果难以引导城市发展
规划实施与管理	在规划实施与管理过程中，规划对象可能对规划做出很多不确定的反应，导致最终规划实施结果的偏离

3）偶发因素

偶发因素是指那些难以预测、突然发生且对城市规划产生重大影响的事件或因素。这些因素可能包括自然灾害、社会事件、经济波动等。偶发因素具有不确定性、突发性和不可预测性等特点，使得城市规划主体在规划过程中难以完全掌控和预测。

偶发因素对城市规划主体的影响如下：

第一，打破原有规划框架。偶发因素的出现往往打破了原有的城市规划框架，使得规划主体需要重新审视和调整规划方案。例如，自然灾害可能导致城市基础设施严重受损，需要规划主体紧急启动灾后重建计划。

第二，增加规划难度。偶发因素的不确定性和突发性增加了城市规划的难度。规划主体需要充分考虑各种可能的偶发因素，并制定相应的应对措施，以确保城市规划的稳定性和可持续性。

第三，影响规划目标实现。偶发因素可能对城市规划目标的实现产生直接影响。例如，经济波动可能导致城市规划中的产业发展目标无法实现，需要规划主体及时调整规划策略。

在韧性城市理念下，我国城市规划主体面临着诸多不确定性，其中偶发因素尤为突出。然而，通过提高预测和应对能力、加强多部门协同合作以及推动公众参与和社区建设等措施，我们可以有效应对偶发因素对城市规划的影响，推动城市的可持续发展。

2. 传统规划"唯一确定"的分析过程

传统的规划分析，主要是基于城市历史的发展，在总结过去的基础上，分析现状存在的问题，适当考虑今后可能发生的变化，然后进行规划。这一规划思路采用调查（survey）—分析（analyze）—规划（plan）的路径（通常称之为 SAP 方法）。

（1）问题识别与目标确认

识别问题、界定目标是城市规划编制过程中的第一个环节，对其他环节的编制工作有明确的导向作用。所谓"问题"，是城市发展中呈现出来的冲突与矛盾，以及通过对其他城市的发展阶段分析类比可能存在的矛盾，而目标界定的实质是对政府提出的城市发展目标进行技术性的转译，或根据同类城市发展类比进行确认。

（2）资料调查与分析预测

资料调查与分析预测受资料的不完备、分析预测的局限两方面的影响。

①资料的不完备。资料收集是规划编制必不可少的重要环节。从规划的综合性来看，只有占有尽可能多的资料和信息，才能准确把握城市发展的历史、现状，从而找到城市发展的问题和目标。我国《城乡规划法》明确规定："编制城市规划应当具备勘察、测量及其他必要的基础资料。"规划编制中明确要进行基础资料汇编，涉及城市系统的各个方面。基础资料作为必要规划成果的组成部分，是规划方案形成的必要基础。但在实际规划编制中，由于各部门间工作的不同步和统计口径的差异，所能获得的资料与信息实际上是有限的，也可能是冲突的，这种不完备性成为规划编制的约束条件。

②分析预测的局限。通过对收集到的资料进行分析，预测未来城市人口、用地、基础设施的规模和需求量，从而提供与规划目标相匹配的城市物质环境和设施配置标准。因此，分析预测的方法及其结果的准确性关系到规划编制的质量。但是，规划分析预测的局限性制约了规划的科学性，表现在以下几点。

第一，高质量资料的缺乏。在资料不完备的条件下，对资料的选取和替代，导致分析预测的科学性被局部转换化成主观臆断，甚至异化成为论证目标和问题的工具，失去客观性和科学性。

第二，分析预测的内容有限。规划分析预测偏向于城市发展的结构性和功能性内容，如人口、土地、设施等，忽视了政府在规划实施中的政策施行变化和发展重点转移等决策变化，也忽略了政府改善规划实施的政策与途径、管理方法以及未来可能变化等内容，致使规划成果在实施中难以应对复杂的发展不确定性。

第三，预测结果的失准。规划分析预测试图从城市发展过去与现状的资料中，理解影响城市发展的各重要因素之间的相互关系，然后依照这种关系，推测城市局部或者整体在未来某个时刻的发展状态。然而规划实践表明，作为分析预测对象的城市的复杂性，其发展包含大量偶然因素，与现实发展情况相比，分析预测的结果往往有很大的偏差。

3.韧性规划纳入"多种可能"

规划预测的前提是完备的纯粹理性和客观的价值中立。以上对传统规划过程中各步骤研究分析表明，在规划编制研究中，由于有限理性的存在、政府强势价值的介入，以及缺乏对不确定性的把握手段，因此很难做到对城市未来发展的准确预测。尽管如此，如果能在预测过程中摒弃强势介入，站在比较客观的立场，分析预测至少作为城市未来发展确定性部分的认识，帮助规划师在规划编制中认识各种趋势的可能性，就可以减少编制方案的不确定性。这在规划中还是需要的，而且是重要的。

同时应该认识到，韧性城市系统包含事物发生发展的不确定性和偶然性，城市未来发展具备发展环境变化、重大偶然性因素、城市社会各利益主体的价值选择等基本要素，需要在规划编制研究中将这些不确定性要素纳入分析框架，从而为城市未来发展的多种可能提供更为全景式的理解，才能避免规划有效性的丧失。而"情景分析"则为城市规划提供了一种应对未来不确定性的方法和理念。

"情景分析"来源于"情景规划"，是西方战略研究领域应对未来不确定性和复杂性的一种方法和理念。它不是一味地寻求"最佳的方案"，而是设计并推动"适合的战略及规划流程"。其分析思路是通过"有规则的想象"来"思考不可思考之事"。通过科学地分析找出环境的发展趋势与主要不确定因素，在此基础上，按照事物发展遵循的一定逻辑，运用直觉和经验，依据各种科学方法，想象各种不确定性在未来一段时间的相互作用状况，将未来的各种典型环境构建出来。

"情景分析"的过程就是降低不确定性的过程。在高度不确定的环境下，如果不用"情景规划"，城市面对的未来环境的可能性（情景）就可能有无穷多种，城市将无所适从；使用"情景分析"，可以根据城市当前所处的环境，识别影响环境变化的趋势与主要不确定因素，抽象出城市在未来可能面对的几种典型情景。

相比传统的规划思路，"情景分析"的主要优点是增强了决策的科学化和民主化，它是对传统规划的超越和补充，是规划者应对城市发展环境条件快速变化不确定性的一种新方法。"情景分析"可以作为规划政策的计算实验平台，通过系统的、连贯的分析，评估权衡未来的多种可能性，在不确定性的环境中采取积极的、预先的探索，增强规划政策的弹性、可操作性和应变能力，从而提升城市系统的整体韧性。

（二）城市规划体系：从"单向封闭"到"复合开放"

城市规划的根本目的是实现社会公共利益的最大化，要在规划中有效实现各种利益的协调，使得公共利益最大化，不出现发展中的"零和"游戏，城市规划体系就需要改变自上而下的规划体系，转向多元主体、多向互动的复合开放的规划体系，这样才能适应市场经济条件下多元利益群体的需要。

1. 传统规划自上而下的单向封闭体系

在城市规划行为中，直接相关的利益主体基本可以划分为政府、企业、市民和农民。城市规划需要各利益主体的广泛参与，来实现各种利益和公共利益的最大化。在城市规划与建设过程中，各利益群体对城市发展的价值判断是不同的。政府侧重于发展和规划的均衡，而其他建设主体的价值取向则主要受到市场价值规律的影响。

现行的城市规划体系，其他利益主体的价值判断在规划中并没有得到很好的体现。但是，其他利益主体尤其是房地产开发商，在城市开发建设中，作为资本的占有方，通常拥有较大的话语权，他们在城市发展上施加的影响会在客观上造成城市规划的偏差与失效。现在全包全揽的"全能政府"行为方式，已激化众多社会矛盾，引发相关利益群体的反弹。

在市场经济体制下，城市发展的利益冲突以及不同的利益群体的利益需求必然会反映到对空间资源的争夺上。我国市场经济体制的建立和国有土地使用权有偿出让的施行，激化了依附于土地空间上的经济利益矛盾，城市规划的目标越来越注重通过空间和土地资源的分配来均衡不同利益群体或个体的利益诉求。因此，转向复合开放的规划体系成为必然趋势。

另外，目前城市规划编制过程中的公众参与大多是停留在表面上，仅仅起到了"公示"和"宣传"的作用。相关的利益集团对规划编制的有限参与使得最终的城市规划实施因受到一定程度上的抵制而出现偏差。这源于具体操作层面公共利益的难以界定，而关于公共利益的概念至今仍缺乏明确统一的判别标准，为实际工作带来诸多困难。

2. 韧性规划多向互动的复合开放体系

在城市建设和发展的投资方式多渠道和多元化的背景下，规划实际上是各利益主体或群体集团之间谈判和协调的过程。因此，基于韧性目标的城市规划，应从自上而下的单向封闭的规划体系转向多向互动的复合开放的规划体系，这就需要从多元主体参与、各方价值协调和开放沟通合作几个方面开展工作。

(1) 多元主体参与

在建立规划目标的过程中，应让规划制定者、其他政府部门、市场主体和公众等多方主体更多地参与规划决策，从机制上保证各利益主体的参与权利，明确各利益主体的诉求，吸收各利益主体的意见，力求规划目标成为更多利益方的共识。应以广泛充分的公众参与来补充传统的精英决策[①]。尤其在"物权法"颁布后，公众真正有望成为城市规划利益协调中重要的参与方。

在城市规划的实施管理中，也要重新明确公共权力的任务，从"行政管理"向"调节控制"转变。现代城市规划的"行政管理"模式是与静态的规划方法和排他的限制性的管理方法相匹配的。韧性规划需要在特定条件下对个别案例进行分析，并需要多方面参与者的共同合作，让城市的运行和管理成为一个开放的领域。

(2) 各方价值协调

城市规划本质上不是一个简单的技术分析、理性选择的过程，而是一个利益冲突和价值协调的过程。城市规划的基本工作应是努力使保障公众利益优先的决策得到有效实施，避免受到过多市场趋利行为的侵害。因此，韧性规划应建立利益均衡机制，从体制上保障公众利益。

协调各方价值，并不是做"和事佬"达到各方妥协的均衡点，而是始终要以公众利益最大化为准则。强势群体具有将不确定性转嫁给他人的能力，从而给弱势群体的利益带来不利影响。由此，在充满不确定性因素的规划建设过程中，容易出现对社会公平的伤害。因此，需要建立利益均衡机制，规范各利益主体的相互关系及行动准则，关注弱势群体的利益，限制某些强势群体对公众利益的损害行为，保障社会长远利益和弱势群体利益不被市场因素过度侵犯。

(3) 开放沟通合作

韧性规划在坚持公平互惠原则的基础上，在公共政策的制定中促进和鼓励利益各方的沟通与合作。现代城市规划对城市公有部分和私有部分的划分，已经不适用于公共基础设施的投资组成日益复杂化的趋势。新技术应用使得公共设施服务（如给水、供电、电信）的生产、运输和分配可以相对独立，由不同机构承担。互联网创造了社会生活新的准公共空间，多维的社会需要复合实体空间和虚拟空间的"超空间"。

例如，PPP（Public-Private Partnership）公共基础设施项目融资模式，就是政府和社会资本合作的良好范例。在该模式下，鼓励私营企业、民营资本与政府进行合作，参与公共基础设施的建设。在政府公共部门与私营部门合作过程中，让非公共部门所掌握的资源参与提供公共产品和服务，从而实现合作各方获得比预期单独行动更为有利的结果。

总的来说，在社会价值多元化的背景下，城市规划应该为社会多元主体提供城

---

① 需要注意的是，我国的政体不同于欧美等国家，完全自下而上的公众推进进程并不符合我国城市规划现状。因此，对现有体制的改革不可能一蹴而就，而是需要循序渐进，因此现阶段以充分的公众参与来补充传统的精英决策，是比较现实稳妥的思路。

市发展的群体诉求、协商框架，从而构建针对发展进行谈判、协调的机制。市场经济中，资本的多元化、群体价值的尊重是城市发展建设的重要动力。

(三) 城市规划过程：从"被动控制"到"主动应对"

传统规划以城市发展的稳定性和连续性为前提，遵从"编制—实施—评估"的单向被动控制的循环体系，规划的实施过程过于机械化和被动，难以及时应对外界环境的变化。面临日益复杂的规划环境，应该从被动控制转向主动应对，主动监测规划环境的变化、主动应对规划条件的变化，同时，积极主动地创造条件实现规划目标，减缓规划的时滞影响，大大提升规划的有效性。

1. 传统规划实施的机械性和被动控制

规划实施中的被动来自传统规划的前提假设，即城市发展的结构是稳定的、连续的，发展的结果应该只有一种结局。

这一前提使得规划方案无法综合归纳和反映决策者及社会各方对城市未来发展的群体意图和愿望，忽略行为主体的策略意图，不能体现人类驾驭未来的能动作用。在动荡多变和错综复杂的发展环境下，直接导致规划跟实际情况不符以及实施中的机械性和被动性。由于传统规划遵从编制—实施—评估的单向的、被动控制的循环体系，当城市发展的实际与规划目标出现偏差时，只能等待这一循环结束，重新进行下一轮循环时，再对规划进行纠正。

这一过程中，规划已失去其应有的导向作用，而城市发展的某些错误也就遗留了下来。在我国，由于地方政府和某些主要领导的强势地位，这一问题的出现更为频繁，其对城市带来的影响和后果更为严重。被动控制采用的是事后控制，对于城市发展实际过程中政府及各利益主体能动作用导致的结果，采用的是后评估机制。这种事后控制的模式，使得规划在实施中捉襟见肘、疲于应付，是规划赶不上变化的机制性原因。

同时，受计划经济体制的影响，我国城市规划理论在过去很长一段时间内都是以理性主义为基石，对城市发展动力与城市建设行为的理解过于简化，城市规划编制与实施过于机械，缺乏弹性、预警机制和应急预案。

出现这种局面的实质是规划机制和本体理论出现了问题，是理性主义思维与不确定现实冲突的表现，试图用一个确定性的系统去控制一个充满不确定性的系统。这种现实矛盾要求我们反思传统的指导城市建设的城市规划理论和方法。

2. 韧性规划实现主动应对

要实现韧性规划的主动应对，首先，需要在规划实施中监测规划环境和条件的变化，以确定影响目标实现和规划实施的各种有利和不利因素，并将这些因素考虑到规划和其他管理职能之中。同时识别风险，努力将各种影响目标实现和规划实施的潜在因素揭示出来，为风险分析和管理提供依据，并在规划实施过程中做好风险管理工作。

其次，需要分析现行发展条件下规划目标偏离的可能性。根据发展情况与目标的关系可能性有两种：一是在发展条件不利的情况下，难以实现预期目标，通过对发展条件的干预或选择不利条件下的发展方案和路径，试图使计划目标得以实现；二是在发展条件很有利的情况下，发展将超出预期目标，通过对发展目标的重新修订或选择有利条件下的发展方案和路径，把握发展机遇。

再次，用科学的方法制定规划。做好规划可操作性分析，消除那些造成资源、技术、经济不可行的各种错误和缺陷，保障规划实施能够有足够的时间、空间、人力、物力和财力，并在此基础上力求使规划得到优化。

同时，规划的制定应有适当的弹性，即"规划应留有余地"。这样，可以避免那些经常发生但又不可避免的干扰因素对规划产生影响，减少"例外"情况产生的数量，从而使城市规划处于主动地位。

另外，制定必要的备用方案，以应对可能出现的影响目标或规划实现的情况。一旦发生这些情况，应有应急措施作保障，从而减少偏离量，或避免发生偏离。

最后，在规划实施的过程中即时进行信息搜集、整理和研究工作，为判断城市未来发展状况提供全面、及时、可靠的信息。

主动应对是一种基于现实发展条件面对未来的前馈控制，可以解决传统被动控制过程中存在的时滞影响，尽最大可能改变发展条件不利的局面，抓住发展的机遇，从而使规划更为有效。这就需要规划者或城市政府根据已掌握的可靠信息判断城市发展的态势，继而制定纠正措施引导城市发展。主动控制是一种事前控制，必须在事情发生之前采取控制措施。

（四）城市规划原则：从"精确刚性"到"刚柔相济"

基于理性预期基础上的确定性城市规划思想在某种意义上通过对城市社会经济发展规律的把握，为未来的预测和决策提供了基础框架，成为城市规划作用发挥的前提。但仅仅以理性为基础，在确定性发展前提下进行编制的规划方案，形成的未来城市理想蓝图，在不确定的城市发展中难以发挥有效的作用。因此，规划应刚柔相济，在精确刚性中增加模糊弹性。

1. 传统城市规划的理性与刚性

以理性预期和刚性约束为基础的传统城市规划思想在一定程度上通过对城市社会经济发展规律的把握，为未来的预测和决策提供基础框架，成为传统城市规划发挥作用的前提。城市规划需要理性和刚性，才能在城市社会经济生活的理性中对未来发展设立相应的预期和目标，提供一种政策导引，激发各利益主体的主观能动性。

因此，首先要肯定传统城市规划的理性内核。理性作为一种思维方式和思维过程的实质内容，是在发展过程中社会不断现代化、知识体系不断理性化的背景下，城市规划的必然要求。理性化从内在机制上为城市规划的有效运作提供了确定性的基础。从现代知识体系的角度来说，城市规划的理性化是作为一种现代知识形态继续存在和发展的必要基础，也是城市规划发挥作用的前提。对我国城市规划来说，理性化是在百废待兴的历史条件下，对城市规划整体性的建构，建立起了能够统领我国城市规划各组成要素的运作机制。因此，一味地否定或终结城市规划中的理性基础和理性精神，将使城市规划失去脊梁，失去对城市发展过程的引导作用。由此可见，从城市规划发生的背景条件、发挥作用的前提条件来看，倡导城市规划中的理性思维、提出规划的刚性原则保持理性在规划中的"脊梁"作用，对规划本身是必不可少的。

但是，与此同时，城市面临复杂、多方位的干扰和冲击，加上城市复杂巨系统的本质属性，这是规划理性难以把握的，也是规划刚性难以控制的。因此，面对城市发展条件的多元变化，规划需要更新理念，更具弹性和灵活性。

实际上，我国的城市规划虽然仍存在计划经济时代"终极蓝图式"规划的影响，但是已经初步建立了弹性规划的理念。比如，在城市总体规划中，增加划分禁建区、限建区等强制性内容，区分了强制性内容和指导性内容，实际上也是对规划弹性的一种体现。

过于刚性、没有冗余的规划思维带来的问题，在控制性详细规划中体现得尤为突出。传统的控制性详细规划编制同总体规划编制一样，倾向于获得未来静态控制目标，也在寻求一种理想化的未来终极蓝图。而事实上，由于我国城市处于快速发展时期，面临着很多外部不确定性和市场需求的变化，城市发展对用地的需求一直在不断改变。而在编制过程中，规划师根本没有能力事先作出精准的预测，蓝图式的规划成果也无法随时间进行自我调整。而规划管理者往往陷入被动状态，带来无休止的控规调整和控制指标的一再突破。这严重损害了规划的法律效力，也频频导致市场力侵蚀公共产品。

2. 韧性规划融入弹性和柔性

城市社会经济生活及发展的理性特征，使得规划对未来的预测成为可能，但由于规划过程中对信息搜集、处理、分析能力的有限性，不可能做到纯粹理性或完全预测，因此需要在有限理性的基础上，兼顾并整合城市发展的不确定性特征。

城市发展的不稳定性特征，要求规划过程、规划编制到规划实施必须具有充分的弹性，从而为规划落实提供充足的弹性空间，避免规划实施中的"蝴蝶效应"，其整体性和多样性统一的特征要求规划为城市多样性的保存提供充分的弹性空间。这就需要将规划手段从对精确刚性之中融入模糊弹性，做到刚柔并济。

这种弹性控制不是无限制地失去理性的弹性，而是"刚性＋柔性"的结合控制。即通过对确定性因素的分析，取得未来发展的目标和可能路径；通过对不确定因素的分析，判断未来可能的发展变化，包括经济发展条件的变化、社会人口发展的变动以及可能的偶发性因素，从而在确定性的基础上，针对不同的发展条件，提供发展的多种可能，进而在空间上进行弹性控制。

通过这种规划中理性特征和变化特征的结合，可以化被动应对不确定性为主动策划利用不确定性。

因为在制定面向未来目标的政策时，不确定性给政府带来了非常被动的局面。由于缺乏对未来发展条件变化的认识，或对发展条件变化有所认识，但又无法理解条件的变化将带来的影响，行为主体只能被动等待变化的结果显现。在问题显现出来并充分暴露之后，才被动地采取"补救"行动。规划忙于被动应对条件的变化，在实施中显得乏力、无用。规划具有的前瞻性的导向功能受到质疑，政策及行动总是落后于变化，这是规划失效的政策性原因，可称之为"规划的政策失效"。分析这一失效，其本质还在于对不确定性的认识不够透彻，无法主动应对变化。而传统规划分析方法难以提高对规划不确定性的认识。

通过对不确定性因素的定性或定量的预设，新的分析方法可以预判未来系统的可能状态和由当前状态发展到未来状态的可能路径。在选择合意的发展方向或目标之后，通过有效选择行动路径，或积极等待条件成熟，或主动干预创造条件等方式，规划可以充分利用分析成果，预先判断变化的条件及情况，主动策划利用不确定性。也就是说，描述的各种可能条件，为如何处理环境变化提供了重要线索。新的分析方法从关键因素入手演绎整个发展途径，有代表性地描述未来城市的事件和趋势，回答了"当某种情况发生的时候，我们该怎么办？"或"我们要达到某个目标，需要在什么时候哪些方面做点什么？"等问题，从而为规划决策主动应对环境变化的挑战提供了可行的分析平台。

应该指出的是，刚柔并济的韧性规划方法，必须具备刚性以满足规划实施的需要，同时具备弹性和灵活性，以应对外部冲击和内部条件的变化，并进行动态调整。倡导规划的弹性，不是要否定规划理性，而是在充分考虑市场的力量和城市发展的不确定性的基础上，否定纯粹理性，肯定有限理性。需要结合新形势，针对新问题，进而对规划的功能进行再思考，使规划的边界再清晰。

（五）城市规划目标：从"预测未来"到"把握变化"

传统的城市规划通过静态的计划并按规划图纸决定未来，它符合人们通常的思维方式，也能反映人们已经认识到的规律或约束条件。而实际上未来的发展是复杂多变的，且具有多种发展态势。因而必须建立一种更为灵活、更能应对不确定环境的动态规划。这就需要将规划思路从对未来的预测转向对预测和变化的双重把握。

1. 传统规划的固定战略蓝图

传统的规划预测方法和模型通常是以一系列假定条件为基础，在系统环境和结构不变的情况下对某一特定技术发展的未来状态作出定量推算。其战略和蓝图是固定的，是一种纯粹用过去事物发展的模式来推断未来的方法。

传统规划依据对历史和现状的分析结论预测未来发展趋势，它通常需要预先设定一系列假定条件，将未来环境的不确定性通过假设确定下来。面对未来发展的不确定因素的处理方式，通常包括：忽视、害怕、通过设定假设条件将其模型化、依靠直觉判断或作出武断预测、抱着竞争对手可能也无法预测不确定性的侥幸心理等。这些对待未来发展不确定性的态度和做法是消极的，不能充分考虑不确定性因素对未来发展环境的影响。

另外，传统规划对不同因素的影响分析相对独立，对因素组合影响的关注度较低。其分析结论与规划措施基本上一一对应，在对分析结论达成共识后，相匹配的规划措施也固定下来，一旦发展面临的环境发生变化，则无法及时调整规划措施。

这些规划研究方法看似合理，但根据理想的发展条件，取其万全之策，本身就是个缺陷，因为规划从当下到未来，在每个阶段都可能出现不同的问题链和目标链，不可能有立项条件的存在，万全之策也无从谈起。面对不断发展与变化的环境，城市规划需要随时把握变化，从传统的固定战略蓝图转向动态的多重路径。

2. 韧性规划注重动态把握变化

从规划功能来看，规划是为未来做现在的决策。但不能指望从左边输入一些数据，从右边就会产生出规划。因此，规划不仅仅是设定的目标，更是行动的指南。而要作为行为的指南，规划要做的是系统地制定目前城市发展机遇与挑战风险的决策和行动计划，并尽可能地了解这些决策和行动计划对未来所产生的影响，系统地组织这些决策，通过系统的反馈，对照规划的期望或愿景来衡量这些决策的可能成果。规划的目的是使城市在变化的发展环境中，能够通过对发展形势变化的判断，不断达到期望的规划目标。而行动的实施需要城市果断地把握机会，一个城市只有在拥有一套完整的规划之后，才能判定一个机会是否真的是对目标实现有益的机会，否则就无法判断城市是朝预期的方向前进，还是走上歧途，分散或浪费了宝贵的发展资源。

韧性规划把多种可能性纳入分析框架，与单个不可靠的应急计划不同的是，它同时探究多个不可靠、不确定因素，从而形成多种动态规划愿景，以及为实现愿景所采纳的行动组合，以充分把握及应对变化，从而真正做到未雨绸缪，防患于未然。

总之，由于城市发展环境条件变化的不确定性，城市规划要避免规划有效性的丧失，必须在规划目标中纳入多种发展预案，包括基于各利益主体诉求的预案，明晰每种预案背后的发展环境条件，以及实施预案的行动组合。这样才能通过对发展环境条件的监测，进行发展预案转换，实施相应行动。

笔者提出 5 点新的启示：一是规划路径从"唯一确定"向"多种可能"转变；二是规划体系从"单向封闭"向"复合开放"转变；三是规划过程从"被动控制"向"主动应对"转变；四是规划原则从"精确刚性"向"刚柔相济"转变；五是规划目标从"预测未来"向"把握变化"转变。需要说明的是，本节研究的最终落脚点并非试图建构一套理想的、完整的城市规划方法体系，而是针对我国城市规划面临的现实挑战，从韧性城市系统理论的视角，提供发展理念和规划方法的一些变革思路，从而为城市规划的变革提供理论和方法的借鉴。

三、韧性城市规划的理论依托

(一) 风险理论

风险理论是城市发展建设过程中进行风险治理管理的关键核心概念和重要理论基础。风险评估通常包括三个步骤：第一，风险辨识，造成灾害的危险程度——辨析对社会经济系统构成风险影响的自然危害程度大小；第二，风险分析，风险带来的暴露程度——受灾后可能受到危害影响的人口包括受灾害影响的家庭、个人、企业、社区和地方政府，以及可能受到灾害影响的财产，如房屋、汽车等物质财富；第三，风险评价，应对风险的适应能力——涉及系统在遭遇风险时所表现出的综合能力，包括面对风险的反应能力、应对风险的应变能力和处理风险的承受能力。基于风险理论设立的评估框架，其优点是能够使用成本效益分析等方法对风险损失进行量化，但这种方法过于依赖于历史灾害统计数据，导致健康及生命损失、生态系统服务等间接无形风险、长期风险、系统性风险等难以得到有效评估。由于风险同时具备客观性和主观性，所以城市体系中的风险管理是多维、复杂的。对于城市系统中的更小单元，如社区、个人等难以直接管理风险问题，只能采取"理解或感知"。在全球经济一体化、气候变化等大环境下，城市建设和应对风险有了更高的要求，因此，韧性理论是一种理解认知风险、应对处理风险的新思路新方法。

(二) 可持续发展理论

可持续发展是一个囊括社会、环境、人口、资源、经济、科学、技术等广泛领域的概念，它强调系统发展的持续性，即不仅要满足当代人的需求，又要考虑到后代人的利益，使系统能够继续发展并永久存在下去。可持续发展理论的内涵包含可持续性、发展性、共同性三个方面。可持续性是指资源—经济—人口—环境—社会复合体的可持续发展，合理有效地利用资源能够保障人类社会的长远发展。发展性是可持续发展的核心，必须通过多种方式进行衡量界定以确定可持续发展的内涵与范围，确保实现可持续发展。共同性是指各研究区在实际地理区域、社会发展、人口经济、生态环境以及实现可持续发展的具体模式方面，都有相同的目标，即确保经济社会发展可持续，保护和改善环境质量，以及实现人类可持续发展。由联合国减少灾害风险办公室（UNDRR）领导的全球计划议程"让城市具有韧性 2030"（MCR 2030），可以促进和推动联合国倡导的可持续发展目标 11（SDG11）实现。

可持续发展的思想和观念历史十分悠久，最早可追溯到远古时代的朴素可持续发展思想。马尔萨斯在 1798 年出版的《人口原理》一书中阐述了可持续发展的概念，并首次指出了人类迅速繁衍的趋势是由其所处的自然环境决定的[1]。20 世纪以来，随着经济的迅速发展，全球面临着资源、环境、人口和粮食等方面的危机，这些问题对人们的生活产生了负面影响，促使人们开始反思社会传统的发展观、价值观，并重视探索未来社会的发展方式。1987 年，世界环境与发展委员会（WCED）在《我们共同的未来》中，首次正式提出了可持续发展的概念，即满足当代人的需要而不损害后代人满足其需要的发展。可持续发展是研究人地系统关系的最终目标，韧性城市对于城市可持续发展而言是一种强有力保障，是指城市在快速城市化过程中，通过规划和治理管理及时吸收和减轻干扰，以实现城市的可持续发展。鉴于快速城市化过程中面临的诸多干扰，只有基于韧性理念规划治理下的城市系统才能运用好合适的手段来吸收减轻干扰，并通过系统各个组成部分的协调优化和重新组合来限制扰动带来的系统失效和负面影响，从而实现长期、协调和可持续发展。韧性观念的提出与引入，表明在可持续发展问题上城市规划研究者们对可持续发展的意义和实现有了新的见解认识。

(三) 社会生态系统理论

人类与自然在发展进化的过程中形成了社会生态系统，该系统具有自组织性、

---

[1] 托马斯·罗伯特·马尔萨斯. 人口原理 [M]. 北京：中国人民大学出版社，2018：205.

非线性和阈值效应等特征，包含社会和生态两个子系统，二者之间相互作用、相互依存。但社会生态系统并不等于社会、生态子系统的简单叠加，而是基于子系统之间互相作用、关联的共同组合体。因此，社会生态系统同时具备系统的层次性、动态性，以及作为复合系统所独有的复杂适应性。人类对自然环境的依赖关系，最早可以追溯到人类远古时代。然而随着科学技术的发展和人口的迅速增长，人类对自然系统的影响逐渐增长并滋生了管理控制的需求。时至今日，人类的足迹遍布全球，人类活动对全球土地利用造成了重大影响，并且导致地球环境气候发生了巨大变化。人们逐渐认识到如果失去赖以生存的自然资源系统，人类社会就不能以可持续的方式继续繁荣发展，因此有必要把自然和社会进程纳入保护资源的计划中，以有效保护自然资源。社会生态系统理论的出现是需要通过整合自然和社会进程，以维持对人类至关重要的生态系统均衡稳定性，减轻且适应环境灾害风险，并最终实现人地系统的可持续发展。

社会生态系统理论起源于20世纪20年代的芝加哥社会生态学派，但当时该学派只关注人类主体和社会系统，将自然因素纳入影响社会结构的指标之一。

近20年来，"社会生态系统"这一概念才被应用于研究人类—地球系统的理论框架中，随后被广泛用于环境科学、社会学和经济学等不同学科。但是，社会生态系统的准确定义是由俄罗斯微生物学家切尔卡斯基（Cherkasskii）首先给出的，他认为社会生态系统由社会和生态这两个相互作用的子系统组成，其中生物子系统是被管理的对象，而社会子系统发挥调节系统内部的作用。后来，伯克（Berkes）和福尔克（Folke）继而探讨韧性理念如何嵌入融合进资源管理系统，并且将社会生态系统与复杂性和环境管制相联系，他们认为制度与生态系统的动态匹配程度决定了社会生态系统性能提升的难度。奥斯特罗姆在《社会生态系统可持续发展总体分析框架》一文中给出了社会生态系统及其分析框架的相关概念，认为社会生态系统由多个子系统及其内部变量组成，这些看似独立的子系统及其内部组成部分实际上在不同层面上相互作用并提供反馈，以维系支持整个系统的演变[①]。

社会生态系统是近几十年来受到越来越多关注的一个话题。社会生态系统理论是一种具有动态性、前瞻性的研究视角，它在理解处理人地之间的关系时，重视对系统中各组成部分的格局、过程、相互作用和反馈机制的研究。该理论首先运用到资源管理和可持续发展中，并将其作为社会生态系统适应性的分析框架基础，为解决城市发展中的疑难问题提供了新视角。由于城市被认为是人类现实生活中最为重要的社会生态系统，城市生态系统与社会功能有着密切的关系，二者之间相互影响、

---

① 谭江涛，章仁俊，王群.奥斯特罗姆的社会生态系统可持续发展总体分析框架述评[J].
科技进步与对策，2010，27(22)：42-47.

相互作用，为社会功能提供反馈，这种反馈机制和无形的联系将生态系统的健康发展和人类福祉紧密地联系起来。若想要深入理解认知这个具有耦合性、复杂性和持续变化的系统，就必须超脱出传统的自然科学和生态学的决定论观点，转而关注运用科技革新来适应、控制、改善环境的思路和手段。从社会生态系统角度来看，韧性城市是指城市系统通过减缓、适应和转型等方式，应对内部和外部环境变化所带来影响和扰动的能力。

四、未来韧性城市规划建设应对重点

(一) 加快韧性城市融入时代发展趋势

城镇化发展到现在，正值都市圈和城市群发展的大趋势，都市圈和城市群的规划发展亟须韧性城市理念的指引，韧性城市规划建设也将迎来新的机遇期。另外，任何一座城市的存在往往并不是孤立的，与其他城市产生联系是必然的，城市韧性的强弱不仅体现在城市内部，而且城市与城市之间的沟通协调也非常关键。因此，在加快韧性城市规划与建设更好融入当前都市圈、城市群发展大趋势的基础上，要不断加强区域中不同城市之间的协调。党的二十大报告中，明确提出要以城市群、都市圈为依托构建大中小城市协调发展格局。而都市圈和城市群正是我国城市化发展的主体，尤其是以京津冀城市群、长三角城市圈、粤港澳大湾区、成渝城市群和长江中游城市群为代表的国家级城市群，更是中国与世界接轨的门户和枢纽。事实经验也表明，前所未有的疫情、洪涝灾害等各种不确定性因素对城市造成了十分严重的危害，单一城市在危害中难以独自幸免。因此，在结合国外发达国家实践经验的基础上，从统筹国家发展和安全的总高度对韧性城市建设进行规划，同时要从都市圈、城市群发展的整体进行谋划，不断推进韧性城市规划建设与城市群和都市圈的融合发展。在不断加强区域中不同城市之间的协调方面，首先，要建立并完善城市间的协调发展机制，通过发挥多元主体的作用，建立城市之间紧密联系的合作网络。同时，加强中央或省级层面协调机制建设，对于跨省区、跨地市的区域内，在面临重大风险挑战且难以达成共识的情况下，必须由上级组织予以协调。其次，要不断丰富合作治理方式，比如，设立区域共同发展基金、搭建合作平台等；并加快完善城际关系协调的法律法规，通过相关法律法规的约束与保护，以促进城市之间的合作。最后，大力发展区域性社会组织，采取更加灵活多样的模式，在涉及区域重大环境治理、公共服务供给、疫情联防联控等方面，积极鼓励各类区域性社会组织广泛参与论证、宣传和协调等工作，从而促进城市间合作事项的顺利开展。

(二) 强化韧性城市建设的地方特色

不同区域中的城市往往在自然本底层面 (气温、降水、地形、地貌等) 存在较大差异，适宜城市发展的条件也不尽相同，并不是所有城市都适合进行大规模开发利用，韧性城市的规划与建设也要因地制宜、因时制宜、因城制宜，统筹考虑新城开发与旧城保护，重点体现不同地方的特色文化，使韧性本身更具韧性。因此，韧性城市的建设要在不同城市现有发展基础上，依据城市自身的自然本底条件和历史文化等综合因素，发挥不同城市的比较优势，不断加强由"外延式"向"内涵式"的发展转变，不断完善城市功能，优化城市空间结构、挖掘特色文化，提升城市品质，找到一条适合城市自身发展的道路，逐步打造成有地域特色的、高质量的韧性城市。

第二节 韧性城市规划的评估评价

一、评估评价指标体系的构建原则

想要确保构建的评估评价指标体系更加科学合理，就必须按照一定的制定原则，切不可盲目自信、肆意妄为，同时，需要参考和借鉴国内外学者遵循的基本原则来构建该指标体系。

(一) 科学性原则

基于科学性原则构建城市韧性规划指标体系指的是客观理性地分析其发展，确保制定的指标体系都能突显城市韧性规划的基本特点和复杂程度，可以完整地展示一个城市韧性规划的发展前景和发展方向。同时，确保每个设定的指标都有明确的含义，能够对评估和分析城市韧性发展规划提供客观、理性的参考，保证评价结果是科学合理的。

(二) 系统性原则

构建城市韧性规划指标体系是一个复杂的过程，需要从整体的角度看待其构成要素和特点，所以要坚持系统性的构建原则。这就要求我们必须系统化地处理设定的各项评价评估指标，使其能够全面展示城市韧性发展规划的基本目标和相关要求，不能遗漏所有的重点，要突显出各评价指标之间的逻辑关联性，不仅要考虑城市韧性发展的现状，还要考虑城市未来的发展前景和方向。在设定实际指标之前，要综合考虑各指标之间的相关性，避免出现重复设定同一指标的情况。

(三) 关键性原则

在设定城市韧性规划评估评价指标时，要坚持关键性原则，遵循实际情况优先设定好关键性的评价指标。要确保设定的指标数量不宜过多，保持各指标之间的完整性和独立性，设置合理的指标数量，既能凸显出评价的重点，也便于操作简明扼要。

(四) 稳定与动态相结合的原则

城市韧性发展规划不可能是一成不变的，其本身在不断发展变化，想要完整地展示城市韧性发展规划的特点和发展趋势，在设定评价评估指标体系过程中，既要考虑各指标之间的相对稳定性，还要考虑各指标随着时间的变化所产生的动态变化，这样才能够为构建城市韧性规划指标体系提供合理的参考依据，才能为治理和管理城市发展风险做出更多的贡献。

(五) 简明性和可操作性相结合的原则

想要直观简明地利用城市韧性规划评估评价指标体系来体现城市韧性发展规划的特点和趋势，就要确保各项评价指标是简明扼要且便于操作的。在选择评估指标方面，要综合考虑人力物力和技术条件等方面的影响因素，确保各项指标可以直接在实际生活中获取。此外，还要确保各指标具有对比性和期望性等特点，以便于大众所接受和认可。

二、评估评价指标体系构建

城市韧性规划本身是一种综合性的概念，能够对一个城市整体的社会经济、生态环境和基础设施建设方面进行客观评估，能够判断城市抵御各种自然灾害和风险的能力和韧性。本书参考借鉴了国内外相关研究城市韧性规划的资料，以确保设定的评价指标具有一定的科学性和可行性。本书从五个韧性维度设定了 23 个评估指标，这五个韧性维度分别是社会、经济、生态、基础设施和组织。

(一) 社会韧性相关指标

城市是诞生社会文明的重要载体，是人类居住的重要场所，一个城市的社会韧性是其自我保护和自我发展能力的实际体现。城市社会韧性体现了社会群体抵御各种风险和灾害的能力和韧性。本书将城市社会韧性指标分为六大类：首先是每万名居民享有的医生和医疗床位的数量，其次是人口密度和人口增长速度，最后是在校学生数量和公共图书馆数量。其中每万名居民拥有的医生数量可以直接体现当地的医疗健康服务水平，随着医疗保健制度的不断完善，居民承受健康风险的能力随之增强，该社会韧性指标属于正向指标的范畴。公共图书馆的数量体现的是地区文化氛围，通常来看，在当地修建的公共图书馆数量越多，居民可以查阅和借阅的藏书就越多，该地区的社会文化氛围就越好，有助于增强社会文化凝聚力，所以该项指标也属于正向指标的范畴。每万名居民拥有的医疗床位数量体现的是当地医疗资源的分布情况，床位越多说明当地的医疗资源越完善，所以应该属于正向指标的范畴。在校学生数量体现的是当地文化教育和科技创新水平，在校学生数量越多说明其整体教育水平越高，因此同样属于正向指标的范畴。城市人口密度体现的是城市容纳的人口数量，在发生灾害和风险的时期，人口密度越小，说明灾害造成的后果越小，所以属于负向指标的范畴。

（二）经济韧性相关指标

经济韧性指标相当于地区经济的抗干扰能力，能够直观地展示当地经济系统抵御外部干扰的能力和自我恢复发展的能力。城市的发展离不开经济的发展，城市想要持续健康稳定地发展，首先就要构建出强大的经济体系。我们参考经济危机发生的概率和产业结构发展变化趋势，不同城市之间抵御经济风险和自我恢复经济发展的能力是完全不一样的，所以在选择经济韧性评价指标时一定要慎之又慎。城市经济韧性指标主要能够突显其经济体系的抗风险能力和异质性特点。本书一共设定四个指标：首先是城乡人均储蓄存量和第一产业在经济总量中的比例，其次是当年外资使用情况和年末金融机构存贷款存量。第一产业在经济总量中所占的比例体现了当地宏观经济的发展状况，所以属于正向指标的范畴，同时第一产业的占比决定了当地经济的繁荣程度。当地使用外资的实际情况代表着当地获得的外资投资情况，使用金额越多，说明当地的社会经济具有巨大的发展潜力，所以属于正向指标的范畴。城乡居民每年人均储蓄的存量代表当地居民的储蓄能力，余额越多说明居民抵御经济风险的能力越强，同样属于正向指标的范畴。

（三）生态韧性相关指标

城市系统的构建离不开对生态环境的依赖。城市环境的风险主要来自污染物的排放、城市绿化面积的减少、能源供应链的中断以及生态系统的超负荷运转。本书一共选择了五个生态韧性指标，首先是人均绿地面积和生活垃圾无公害处理率，其次是城市污水处理率，最后是城市人均耗电量和耗水量。城市居民享有的绿地面积越多，说明其生活环境越舒适，属于正向指标的范畴。城市生活垃圾无公害处理率体现的是地区回收和处理生活垃圾的能力，一个地区回收和处理城市垃圾的效率越高，城市污染的风险就越低，所以属于正向指标的范畴。城市污水处理效率的高低决定了工业和生活污染对城市环境造成的影响，同样属于正向指标的范畴。城市居民的平均耗电量和耗水量决定了地区社会经济发展的消耗和负荷，耗电量和耗水量越大，说明城市环境承受的压力越大，因此属于负向指标的范畴。

（四）基础设施韧性相关指标

城市系统的发展和运行离不开基础设施建设，城市人口的快速增长势必会对其基础设施承受能力造成巨大的冲击，具有明显的周期性特点。城市基础设施的韧性能力决定其抵御和应对冲击的能力。当城市人口过度增长时就会引发一系列城市问题，比如，基础设施建设不到位、产业结构不平衡等，都会对城市系统的运行造成极大的冲击。所以我们必须构建全方位的防御性质的城市基础设施建设框架，这样才能够增强城市抵御和应对危机的能力，城市才能够在灾后快速恢复和重建。本书一共选择了四个相关指标，首先是每年移动手机用户数量和互联网用户数量，其次是每年公共车辆运行数量和液化石油气供应家庭数量。每年移动手机和互联网用户数量决定了当地基础设施建设水平集中程度，人均享有的基础设施越多，城市抵御和应对风险的能力就越强，所以应该属于正向指标的范畴。城市公共交通车辆实际运行情况决定了城市公共交通的覆盖程度，体现了城市公共交通系统的服务水平和能力，居民出行可以乘坐的公共交通车辆越多，代表当地具有极强的公共交通能力，所以属于正向指标的范畴。液化石油气供应家庭数量决定了城市基本生存保障水平的高低，但对抵御和应对风险的依赖性比较强，所以属于负向指标的范畴。

（五）组织韧性相关指标

目前我国政府非常重视构建城市公共安全机制，增加了对公共安全资源的投入力度，确保了城市组织系统的可持续性发展，并建立了相对完善的城市应急规划和组织体系，从而实现了城市建设的数据同步共享，并建立了配套的保障措施。

三、我国韧性城市规划评估评价分析

从我国四大区域和整体的角度来科学评估和分析城市韧性发展规划情况来看，我国各地区城市韧性发展规划呈现出明显的差异性，这是由其主要影响因素所决定的，比如，城市财政规模、经济发展活力、产业结构水平、基础设施建设情况和生态环境等多方面因素。

(一)中国地级市城市韧性规划

根据评价得出的结果来看，我国东部地区的城市韧性规划发展水平明显高于其他地区，而且我国中西部和东北地区的城市韧性规划发展水平存在明显的差异性。各大省会城市整体的韧性规划发展水平排在前列，紧随其后的非省会城市主要来自我国江苏和广东等沿海省份。由此可见，我国不同地区的经济发展水平决定了城市韧性规划的发展水平，社会投资水平的高低决定了城市发展受经济发展带来的影响高低。社会消费水平体现了城市经济的发展活力，代表了城市居民的基本生活水平和质量，在城市韧性规划建设中发挥着积极的作用。城市基础设施建设情况和生态环境状况在城市韧性规划建设中同样发挥着积极的作用，但不同地区之间呈现出巨大的差异。城市产业结构水平对城市韧性规划发展起到一定的积极促进作用。

考虑到我国国土面积广大，不同地区的社会经济发展水平是不一样的，所以不同地区城市韧性规划能力具有明显的地域性差异。在建设城市规划韧性之前，要考虑不同地区的实际发展情况和发展特点以及发展规律，坚持因地制宜的原则制定建设策略。根据分析比对我国城市韧性规划水平，我国地级市城市韧性呈现出不平衡的情况，应采取有效措施缩小地级市城市韧性发展差异，这就需要根据当地实际发展情况制定规划策略，这样才能提高我国城市韧性规划发展的整体水平和质量。城市韧性较强的城市可以有效利用其资源和发展优势，增强城市抵御风险和灾难的能力；城市韧性一般的城市应学习和借鉴其他城市，实现资源的优化配置，实现稳中求进和自我提升发展；对于城市韧性规划能力偏弱的城市，应该与韧性较强的城市保持密切的合作和交流，同时国家和政府应给予适当的政策支持，提供充足的建设经费，引进先进的管理技术和手段，增强城市韧性规划和发展能力。

(二)东部地区地级市城市韧性规划

根据评价得出的结果来看，我国东部地区城市的韧性规划发展水平明显高于其他地区，东部城市的韧性水平处于中上游水平。抛开东部省会城市以及北京上海天津三个直辖市来看，东部地区的地级市韧性水平同样处于全国前列，比如，深圳、东莞、青岛等城市。但仍有一些城市的水平处于下游，由此可见，东部地区城市韧性规划发展能力同样存在很大的差异性，省会城市应加大对地级城市的扶持力度，统筹规划共同发展。基于影响因素，城市韧性规划发展水平在一定程度上受到城市经济发展水平的影响，社会消费和投资能力起到了一定的积极促进作用。我国东部地区整体的经济发展水平要领先于全国，而且基础设施建设完善，产业结构完成了升级和转型，在促进城市韧性规划建设方面发挥着积极的作用。生态环境水平对城市韧性规划建设造成的影响相对较小。

我国东部地区的城市经济发展水平和基础设施建设水平普遍高于全国其他地区，应该充分利用区域经济的发展优势构建"三核三中心"的发展模式，即以珠三角城市群为中心，以京津冀城市群为中心，以沪宁杭城市群为中心。长三角地区以上海、南京和杭州为中心，确保地区经济稳中求进，协同发展。此外，我国东部地区的地级市应积极主动地探索建设城市韧性规划的新途径，提高我国地级市整体的韧性规划发展水平。对于中低等韧性水平的城市而言，应加强区域沟通和学习合作，从自身实际情况出发，吸取和借鉴先进的城市韧性规划建设发展经验。

(三) 中部地区地级市城市韧性规划

从评估得出的结果来看，我国中部地区城市的韧性规划发展水平要高于西部地区，但与东部地区相比存在明显的差距。中部地区的省会城市其韧性规划发展水平处于前列，比如，武汉、合肥，其他地级城市的韧性水平处于中下游水平，这说明中部地区地级市的发展潜力是比较大的，需要加大建设韧性规划的投入力度。从影响因素的角度来看，社会消费能力和经济发展水平对其韧性规划发展起到一定积极促进作用。但社会投资、产业结构和基础设施水平起到的促进作用相对较小，甚至还起到了一定的抑制效果。与东部地区相比，中部地区城市的发展水平是相对落后的，尤其体现在基础设施建设水平和产业结构水平两个方面。生态环境水平对城市韧性规划建设产生的影响相对较小。

我们应该以安徽省为连接中东部地区的纽带，将武汉、长沙、郑州和太原等社会城市当作核心城市，充分发挥其资源和发展优势，带动周边地区的发展，形成辐射发展效应，打破中部地区随机发展的空间布局，实现社会经济的均衡可持续发展。

(四) 西部地区地级市城市韧性规划

从评价得出的结果来看，我国西部地区地级市韧性规划发展水平呈现出两个极端，乌鲁木齐市的韧性规划发展水平高于地区平均水平，大多数地级市处于下游水平。根据整理归纳的研究城市韧性规划发展的文献资料，其数量要超过中部和东北地区。从影响因素的角度来看，社会消费能力和基础设施建设水平对西部地区地级市的韧性发展规划产生巨大影响。生态环境水平对建设城市韧性规划的影响比较大，西部地区社会经济发展相对落后，虽然发展起步时间相对较晚，但经济建设规划更为合理，能够有效利用资源和发展优势，所以其生态环境建设水平更高一些，产生的地区效益高于其他地区。社会投资、产业结构和基础设施建设等方面对城市韧性发展规划产生的作用比较有限。

我国应该以西部地区省会城市为热点城市，构建多核心发展模式。充分发挥西部地区的空间集群效应，以热点城市为中心带动周边城市的发展，实现点对点的帮扶发展，利用空间集群效应带来不同城市协同发展与进步。

(五) 东北地区地级市城市韧性规划

基于评价得出的结果来看，我国东北地区地级市的韧性规划发展水平处于中部和西部地区之间，东北地区仅有三个省，地级市数量远不及其他地区，各地级市之间的韧性规划发展水平差距比较小，保持着稳步增长的发展趋势。其中三个省会城市的韧性水平处于中上游，其他地级城市的韧性水平处于中游，各城市之间的韧性发展水平差异并不大。从影响因素的角度来看，社会消费能力和经济发展水平对东北地区地级市韧性规划建设产生的积极促进作用有效，而且社会投资和生态环境水平还产生了一定的抑制作用。但产业结构对其造成的影响比较大，基础设施建设产生的促进作用并不明显。我国东三省作为老工业基地，产业结构相对比较固定，但基础设施建设保持较高水平，所以应该重视优化和升级产业结构，打破地区发展阻碍，探索出全新的经济和城市发展模式。

我们应该充分发挥东三省的地区优势，以三个省会城市为核心建立"三核"发展模式，以大庆双山等资源型工业城市为主力军，带动周边地区产业结构的升级和转型。此外，还要加强地区城市之间的交流与合作，营造良好的区域发展氛围和环境，为东北地区的可持续发展做出更多的贡献。

四、基于我国韧性城市规划评估评价的优化建议

在增强我国城市韧性规划发展能力上，应该做好以下几个方面的工作。

（1）探索区域经济发展新动力，鼓励当地企业提高自己的创新能力，带动当地社会经济的可持续发展。提高城市韧性规划能力的前提是城市经济发展充满活力，经济发展水平对基础设施建设、生态环境保护、城市投资环境、城市治理和管理以及社会保障等各方面都会产生不同程度的影响。因此，我们必须采取必要措施帮助城市产业结构实现转型和升级，提高地区科技创新能力，为城市经济发展注入新的动力。此外，还要采取有效措施缩小地区之间的经济发展差距，实现中东西部地区与东北地区的协调发展，充分发挥东部地区城市的经济发展优势，加大对中西部地区经济发展的政策支持，提高其应对自然灾害和风险的能力，使其在灾后能够快速恢复重建，恢复到正常的经济发展水平。

（2）加大对生态环境保护的投入力度，确保城市实现可持续发展。首先要做好生态环境宣传教育工作，给公民科普生态环境保护的相关知识。加强对生态环境污

染的监测和治理，严惩任何破坏生态环境的行为，全面提高城市生态环境的水平和质量。此外，在建设生态文明城市的过程中，要做到城市与生态环境协调发展。生态环境的可持续发展对城市的可持续发展造成深远的影响，尤其是在城市垃圾排放、大气污染、能源消耗等方面。城市应做好绿地建设和规划工作，建设更多的城市绿地、公园，使其与城市交通网络完美地融合，提高城市绿化覆盖率，因地制宜地制定生态环境保护政策，确保城市生态环境的可持续发展。

（3）加大对城市基础设施建设的投入力度。城市的发展对基础设施的依赖程度非常大，甚至还关系到城市应对和抵御灾害的能力。所以必须做好城市统筹规划建设工作，并对其进行有效的监督和管理，确保基础设施建设发挥应有的功能和作用。此外，还要加大对城市公共交通、通信和电力等基础服务设施的投入力度，实施价格机制，确保基础设施系统发挥应有的价值和功能。在城市灾后重建、人员疏散和运输物资等方面，城市基础设施系统发挥着至关重要的作用。此外，还要改善城市供水、卫生、医疗和公共交通等基础服务设施建设情况，提高城市应对和预防灾害的能力，使其能够在灾后快速恢复和重建，快速回归到正常的社会发展秩序。

从区域的角度提出以下几点建议。

（1）从全国的角度提出三点建议。第一，加大对城市基础设施建设的投入力度，针对现有的基础设施建设情况进行详细的排查，将其视为第一应急和防御系统，用来抵御不同灾害，避免城市因遭遇洪涝灾害造成巨大的经济损失。基础设施建设要实现智能化和数字化，将风险信息第一时间传播到每个人，并建立完善的应对和预防机制。第二，中央政府应加大对地区发展的政策支持，尤其是教育和财政支持，给四个地区的居民提供平衡的教育和就业机会，避免出现区域人才大量外流的情况，这样有助于提高我国不同地区城市整体的韧性规划发展水平。第三，积极拓展海外市场，确保地区城市发展拥有足够的资金，帮助地区的金融机构实现去库存化，确保城市金融体系的良性发展，增强其抵御和应对风险的能力。

（2）从东部地区的角度提出三点建议。第一，鼓励地区内高校培养创新型人才，加强对人才的专业技术培训和教育，将创新技术转化为实际生产力，增强区域内企业的核心竞争力，帮助其实现产业结构的升级和转型。第二，加大对金融机构的管控力度，尤其是上海作为我国金融中心，应该加强其风险管理能力，建立完善的风险预防和管控机制，使其为东部地区社会经济的发展做出应有的贡献。第三，东部地区充分发挥自身资金和发展优势，探索全新的市场和经济发展模式，确保市场经济持续健康稳定地运行。

（3）从中部地区的角度提出三点建议。第一，充分发挥地级市管理部门的作用，避免出现税收违法的情况，加大对财政支出的监管力度，确保地级市的经济发展拥有足够的资金支持，增强金融机构的抗风险意识和能力。第二，以武汉和长沙等省会城市为核心，发挥其资源和经济发展优势，带动周边地区城市经济的发展，统筹规划利用土地资源，加快城乡一体化发展进程。第三，减少财政体系的规模，比如，减少财政税收、控制地方政府的财政支出、改革财政政策等，减少政府的负债规模，提高地区经济发展的韧性和可持续性。

（4）从西部地区的角度提出两点建议。第一，根据我国制定的《国家西部大开发战略》，鼓励地级市积极响应国家号召，将发展的重点放在城市基础设施建设上，尤其是建设桥梁和道路。以引进外资投入的方式改善西部地区城市的交通、水利和能源等基础设施建设水平，为西部地区社会经济的发展创造有利的环境和条件，增强其韧性规划发展能力，尽可能地满足人们生存和发展的基本需求。第二，重视生态环境保护，确保当地社会经济的可持续发展。只要做好这一工作，就能彻底摆脱以往的以牺牲生态环境换取经济发展的模式，就能实现社会经济健康稳定的发展。此外，还要充分利用地区的自然资源大力发展生态旅游业，因地制宜地建立生态景观廊道，为西部地区社会经济的发展做出更多的贡献。

（5）从东北地区的角度提出3点建议。第一，实现产业集群效益，大力发展特色产业链，以大庆市为例，可以充分发展石油开采和石油化工产业；以哈尔滨为例，利用技术优势打造一个制造业产业基地，带动周边地区制造业的发展；以沈阳为例，要根据实际发展情况，引进先进的生产技术和设备，实现当地产业结构的转型和升级。第二，东北作为我国老工业基地，存在非常严重的工业污染排放问题，而解决这一问题的有效途径就是引进先进的技术和设备。此外，对于东北地区的自然资源如大兴安岭，要加强生态环境的保护和管理，城市经济的发展与绿化发展要保持同步，这样才能改善城市生态环境。第三，东北地区现有的基础设施已经无法满足当地社会经济的发展需求，所以应加大这方面的投资和投入，尤其是公共交通、医疗、卫生、教育等方面，此外在建设基础设施的过程中还要坚持保护生态环境的基本原则，实现生态环境和社会经济的和谐发展。

第三节　韧性城市规划融入国土空间规划研究

在整体性规划国土空间方面融入韧性理念，应该综合考虑时空资源的分布特点、治理对象、治理主体和治理任务等问题，这样才能抓住国土空间治理的核心问题，确保我国国土空间实现合理规划和开发利用。

一、在国土空间总体规划中融合韧性城市规划理念

我国中央和地方政府先后颁布了《市级国土空间总体规划编制指南（试行）》以及各县市编制的国土空间规划编制指南，可见我国各级地方政府高度重视城市安全韧性。笔者在整理相关政策性文件以后，总结出在整体规划国土空间中融入城市韧性规划理念必须做好以下几个方面。

(一) 做好国土空间总体规划中的双评价工作

想要做好国土空间规划工作，首先要对国土空间的资源环境承载力和开发适宜性进行综合评价。在评价资源环境承载力方面，要对生态环境和自然资源的底线做出客观的评价，确保国土空间的开发和利用在资源环境承载能力的范围之内，并设定不同的承载力等级。

基于资源环境承载力评价结果，对国土空间开发的适宜性进行客观评价，确保城镇建设和农业生产协调发展[①]。

(二) 做好风险评估工作

在评估风险方面，要坚持因地制宜的基本原则，对当地的地震、洪涝、台风等自然灾害发生的可能性和造成的危害进行风险评估，此外，还要对当地的生态环境、公共卫生安全和气候变化等风险因素进行客观评估及评级，并制定相应的应对和处理措施。在布局和规划国土空间的过程中，要尽量避免地质灾害易发区、地震断裂带等地区。

(三) 构建韧性可靠的城乡安全体系

想要构建出韧性强劲的城乡安全体系，就必须对城市国土空间的规划使用和基础设施建设的风险进行综合评估，对城市生态、生物、环境和安全等方面的保护措施进行科学评估。收集和整理地质灾害易发区、地震断裂带等准确的资料，为制定预防和应对各类自然灾害的措施提供一定的参考。重视对防灾基础设施、应急服务设施以及防灾减灾服务设施的建设和投入力度。坚持科学布局的基本原则，对大型危险品存储设施、易燃易爆设施和危化品生产运输设施进行布局，并加强对其的安全防护措施。同时，沿海城市要关注气候变化造成的海平面上升造成的影响。

与传统的城市规划方案相比，现行编制的规划指南对城市安全韧性的内容进行

---

① 自然资源部．资源环境承载能力和国土空间开发适应性评价指南（试行）[Z].2020.

了有效的拓展，但存在一定的缺陷和不足，比如，编制方式无法将所有灾害类型纳入其中，各种韧性方面的专项研究规划之间缺乏整体性，忽视了不同防灾系统之间的逻辑关系，在城市韧性规划方面尚未完美地融入社会、经济、生态环境和组织等各方面因素。所以，在笔者看来，想要从整体的角度做好国土空间规划工作，就必须融入城市韧性规划理念，将其当作一个重点的研究课题进行深入研究，实现与国土空间规划编制的同步进行，两者相互促进、相互发展。我们研究得出的城市韧性规划成果可以直接作用到国土空间整体规划上，确保国土空间规划策略落实执行到位。此外，研究城市韧性规划可以弥补国土空间规划存在的各种不足和缺陷，两者实现优劣势互补，能够为城市的可持续发展做出更多的贡献。

基于城市防灾减灾管理机制研究城市韧性规划，能够有效增强城市应对气候变化、自然灾害、突发事件和恐怖袭击等方面的能力，所以应该将城市治理与空间规划一致对待。

在研究城市韧性规划的过程中，应从城市各维度开展研究，这样可以有效弥补国土空间规划存在的缺陷和不足。比如，从环境角度来研究城市公共交通、居住和工作等方面的能力，防止自然灾害影响到城市的其他功能。在地段较好的废弃地修建住宅和工作地，有助于实现产城融合。针对不同阶层群体进行社区规划，有助于消除阶级矛盾，确保社会秩序的和谐与稳定。根据城市空间功能分布合理安排时空行为空间，提高城市通勤效率，改善城市公共交通水平和现状。此外，从经济层面的角度，鼓励地方发展多元化和创新型经济，优化和完善经济产业结构。从治理的角度来看，实现城市规划工程技术语言向政策管理语言的转变，充分发挥城市治理工作的功能和价值，以政府为主导，统筹规划布局、建立应急和处理预案，要求社会各界共同参与社会管理，增强城市抵御和应对风险灾难的能力，以尽可能地提高城市韧性。

二、在国土空间规划中融入应对多风险全周期治理特征的韧性思维

目前，我国在研究城市韧性方面的主要课题在于未知风险对城市韧性造成的影响，以及研究全灾城市韧性系统的演化过程。考虑到安全风险具有复杂性、叠加性、传导性和多发性等特点，在依靠国土空间规划预防和治理灾害风险方面，需要坚持多风险、全周期治理的基本原则，将韧性概念融入其中，以优化配置空间要素和基础设施的方式，增强城市抵御和应对各类安全风险的能力。

在预防灾害阶段，要做好各类灾害的预防和减灾工作，实现空间资源的优化配置。在应对灾害阶段，当安全风险尚未超于规划阈值之前，可根据实际情况决定是否启用预留物资和设施，一旦超出阈值，就要立即启动联防联控应急管理机制。在

恢复重建阶段，要根据灾害造成的损失情况，设计合理的重建转型规划方案，在重建过程中做好环境整治工作。

三、在国土空间规划中融入响应复杂治理任务的韧性要素多系统

基于韧性规划治理城市，应该综合考虑物质与非物质空间因素，根据风险场景构成要素之间的关系进行模拟和评估，确保建立的治理体系具有稳健性、冗余性、多样性和智谋性等特点，使其为治理国土空间发挥应有的作用和价值。

(一) 稳健性

稳健性的关键在于确保防灾设施与城市交通、水利和能源等服务设施系统保持协同。这些基础设施是为防灾减灾提供物质保障的重要渠道，应建立网络化和模块化的生命系统，确保防灾减灾工作顺利进行。

(二) 冗余性

冗余性的关键在于确保生命线系统配备必要的后备资源。将开阔的地带当作防灾避难的备用场地，可以随时启用，保障后续的防灾减灾工作顺利进行。

(三) 多样性

多样性的关键在于在防灾减灾的过程中能确保食品、医疗、水和能源的持续供应，选择合适的地址分布这些保障性资源。所以应建立模块化的分布格局，一旦某一地区受到冲击可以及时启用其他地区的资源供应，增强整体的防灾减灾能力。

(四) 智谋性

智谋性的关键在于在规划国土空间治理方面充分利用智能技术[1]，并将其完美地融入治理体系中。比如，利用智能技术对灾情进行监控和预警，增强防灾减灾的应变能力，提高空间治理的决策执行效率。

四、在国土空间规划中融入迈向协同治理体系转变的韧性主体多模式

在应对不确定性风险因素方面，应鼓励社会各界积极参与其中。在编制国土空间规划和执行方面，以政府为主导要求社会组织协同配合。充分利用物联网和智能技术，建立多元化多主体感知监测系统。比如，在社区和居民之间建立风险信息预

---

① 王伟，朱小川，刘谦，等．风险社会应对：国土空间规划治理范式转型与路径创新 [J]．城市发展研究，2021，28(3)：50-57.

警系统，将识别和评估的信息上报各级政府建立的应急管理部门，实现与规划建设管理部门的数据同步共享，有助于对各类安全风险及时、有效地进行预判和监测评估，并及时做出应对和反应。此外，基于社区组织建立居民风险预防机制，将居民的应急资源储备情况纳入其中，评估社区应对和抵御灾害的能力，构建城市韧性协同治理综合体。

五、在国土空间专项规划中统筹编制韧性城市专项规划

基于城市空间安全考虑，影响我国城市国土空间布局的主要灾害以台风、地震、洪涝和火灾等为主。在笔者看来，需要对城市韧性规划进行专项研究，即在现有的防灾减灾规划基础上，融入城市防疫等理念和措施，增强城市安全韧性规划能力，构建韧性强劲的城市专项规划机制。

在以往编制的综合防灾规划中，主要是将各类灾害的防灾措施和内容进行叠加，建立综合防灾系统，但没有考虑不同灾难之间的逻辑关系。在城市韧性专项规划中，不能将各类防灾内容进行机械式的叠加，而是要做到有机耦合。比如，在规划海绵城市中，要综合考虑城市绿地和公共海绵设施的统筹规划，将城市公园绿地当作防灾减灾的固定场所。但考虑到建设公共海绵设施和固定疏散地的建设标准是不一样的，如果进行独立编制就会出现交叉重复的情况，对规划的可行性和科学性造成一定的影响。就算是在某一规划编制中考虑到另一规划编制的基本需求，也无法有效实现公共资源的优化配置。针对这种情况，在编制城市韧性规划过程中，要综合考虑各类安全韧性规划，将两者有效结合在一起，弥补传统防灾规划的缺陷，将城市韧性规划与灾害等级结合起来进行排序，并根据响应条件对各类灾害进行综合评估和分析。此外，在构建防灾规划和防灾空间方面要坚持整体性的原则，防止出现过于零散的情况，确保各类韧性规划在国土空间规划布局中发挥更多的价值和作用。

六、在国土空间详细规划中落实各层次韧性规划要求

所谓详细规划指的是针对如何利用城市国土资源问题进行合理的安排，实现城市空间资源和设施的优化配置。所以必须在详细规划中融入城市韧性理念，以此来弥补专项规划在指导土地开发利用方面存在的缺陷和不足。

在城市韧性规划方面，详细规划需要做好两个方面。首先，确保国土空间整体规划和城市韧性专项规划内容之间具有一定的关联性，在规划布局中明确地质灾害易发区、地震断裂带和固定避难场所，确保防灾减灾设施可以随时启用，对于整体和专项规划中没有明确的空间设施问题进行详细规划研究，标注好固定的空间位置，比如，紧急避难所、避难建筑和人防工程等。其次，确保模块化土地城市韧性建设

控制指标，需借鉴和考虑社会韧性相关研究成果，不仅要从城市韧性的角度考虑是否增加控制指标，比如，人防工程规模、年径流总量控制率等，还要从详细规划的角度考虑是否增加基本的控制指标，比如，绿地面积、城市街道连通性等。

从详细规划的角度看待城市韧性建设，需要考虑三个方面，即空间、环境和设施的韧性。空间韧性指的是紧急避难和疏散场所等空间的兼容性。环境韧性指的是城市绿化面积、通风性和环境承载力等。设备韧性指的是防灾减灾措施、应急预警措施和应急服务措施等。

在建设城市韧性规划管理方面，要积极进行详细规划的探索。比如，将城市韧性规划的重要评价指标和管控标准纳入详细规划的范畴，确保相关设施建设布局能够落实到位，将城市韧性建设指标融入地块规划控制指标体系中，并在制定的相关政策文件，提出具体的管控要求和标准。

第五章　大地测量技术

第一节　大地测量学的学科体系和内容

一、大地测量学的定义、任务与作用

(一) 大地测量学的定义

大地测量学又叫测地学，是测绘学和地球科学的分支学科，它着重研究测量和描绘地球并监测其变化，为人类活动提供关于地球的空间信息。为此，可以给出大地测量学如下的定义：大地测量学是研究精确测定和描绘地面控制点空间位置，研究地球形状、大小和地球重力场的理论、技术与方法及其变化的学科。

大地测量学与普通测量学既有联系又有区别。测量学（又称为普通测量学或测量学基础）是研究地球表面较小区域内测绘工作的基本理论、技术、方法和应用的学科。其基本目的是：以测绘工作为手段，确定地面点的空间位置，并把它表示成数据形式或描绘在图面上，供经济建设和工程设计施工应用。大地测量学也为上述目的服务。

大地测量学与普通测量学的区别在于：

（1）大地测量学测量的精度等级更高。测量工作必须按照从整体到局部、由高级到低级的原则进行，大范围高等级的大地控制测量对局部的测量工作起到控制作用。因此，大地测量学要研究更加精密的测量仪器、测量方法与数据处理方法。

（2）大地测量学测量的范围更广。大地测量学测量的范围常常是数百千米乃至数千千米，甚至整个地球，此时就不能将地球表面作为平面来研究，地球形状接近于旋转椭球，其表面是一个不可展平的曲面，必须研究地球曲率等多种因素对测量成果的影响。大地控制测量既要保证高的测量精度，又要提供局部测图所需控制成果，故必须妥善解决地面观测成果到椭球面再到平面上的转化问题，即投影的方法和投影的计算问题。

（3）侧重研究的对象不同。普通测量学侧重于研究如何测绘地形图以及进行工程施工测量的理论和方法。大地测量学侧重于研究如何建立大地坐标系、建立科学化、规范化的大地控制网并精确测定控制网点坐标的理论和方法。

(二) 大地测量学的基本任务

(1) 在地球表面的陆地上建立高精度的大地测量控制网，并监测其数据随时间的变化；为测制地图、经济建设、国防建设和地球动力学等科研工作提供控制基础，也为人造卫星、导弹及各类航天器控制与通信提供精确的轨道坐标和地面控制站坐标。

(2) 确定地球重力场及其随时间的变化，测定和描述地球动力学现象；为大地控制网、地球科学及空间科学提供基准面和基本数据。

(3) 根据地球表面和外部空间的观测资料确定地球形状和大小。为大地控制网的归算、卫星的精密定轨、远程武器的精确打击和地球物理反演、地震预报等提供资料。

可以说，建立作为各种测量工作的基础的大地测量控制网是大地测量学的技术任务；研究地球重力场和地球形状与大小是大地测量的科学任务。两项任务密切相关，大地测量控制网的观测结果为研究地球形状和大小提供了主要资料；研究地球形状和大小又为大地测量控制网的计算提供了最适宜的根据面。

(三) 大地测量学的作用

大地测量学是地学领域中的基础性学科，即为人类的活动提供地球空间信息的学科。社会经济的迅速发展、人口的增长，使得人类可利用的地球空间受到严峻的约束。获取地球空间信息、合理利用空间资源，已成为当前社会经济发展战略的重要环节。大地测量学还与地球科学多个分支互相交叉渗透，并将为探索地球深层结构、动力学过程和力学机制服务。大地测量学的作用可概括为下列几个方面。

1. 大地测量在地形图测绘、工程建设和交通运输方面的作用

在地形图测绘和工程建设的工作中，大地测量的作用主要体现在以下三个方面。

(1) 统一坐标系统

国家基本地形图通常是不同部门在不同时期、不同地区分幅测绘的。由于大地控制网点的坐标系统是全国统一的，精度均匀，因此，不管在任何地区任何时间开展测图工作都不会出现漏测或重叠，从而保证了相邻图幅的良好拼接，形成统一整体。

(2) 解决椭球面和平面的矛盾

地图是平面的，但地球接近于旋转椭球体，其表面是不可展平的曲面，如强制展平将会出现皱褶或破裂。也就是说，不能直接把球面上的地形测绘在平面图上。但是，大地控制点在椭球面上的位置通过一定的数学方法可以换算为投影平面上的位置，根据这些平面点位就能在平面上测绘地图了。

（3）控制测图误差的积累

在测图工作中难免存在误差。例如，描绘一条方向线、量一段距离等都会存在误差，这些误差在小范围内是不明显的，但在大面积测图中将逐渐传递和积累起来，使地形、地物在图上或实地的位置产生较大偏差。如果以大地网作为测图控制基础，就能把误差限制在相邻控制点之间而不致积累传播，从而保证测图和施工的精度。因此，测绘地形图首先要布设一定密度的大地控制点。传统大地测量作业效率低、周期长、劳动强度大、投资高，随着我国经济的高速发展，对各类中、大比例尺地图的需求迅速增长，要求有快速精密定位和快速测图技术的保障。现在全球定位系统（GNSS）能以 5～10min 的时间（传统方法需要几小时到几天）和厘米级精度测定一个点位；GNSS 用于航空摄影和地面自动测图系统，可以解决快速大比例尺成图的问题。

在工程建设中，大地测量的重要作用主要体现在以下几个方面。

（1）建立测图控制网

在工程设计阶段建立用于测绘大比例尺地形图的测图控制网，为设计人员进行建筑物设计或区域规划提供大比例尺地形图。

（2）建立施工控制网

施工测量的主要任务是将图纸上设计的建筑物放样到实地，满足不同的工程测量的具体任务。例如，隧道施工测量的主要任务是保证对向开挖的隧道能按照规定的精度贯通。放样过程中，仪器所安置的方向、距离都是依据控制网计算出来的，因而在施工放样前，需建立具有必要精度的施工控制网。

（3）建立变形观测专用控制网

在工程施工过程中和竣工后的运营阶段建立以监测建筑物变形为目的的变形观测专用控制网。由于在工程施工阶段改变了地面的原有状态，加之建筑物本身的重量将会引起地基及其周围地层的不均匀变化（变形）。这种变形如果超过某一限度，就会影响建筑物的正常使用，严重的还会危及建筑物的安全。为保证建筑物在施工、使用和运营过程中的安全，必须进行变形监测。

2. 大地测量在空间技术和国防建设中的作用

航天器（卫星、导弹、航天飞机和行星际宇宙探测器等）的发射、制导、跟踪、遥控乃至返回都需要大地测量的保障：一是需要大地测量提供精密的大地坐标系以及地面点（如发射点和跟踪站）在该坐标系中的精确点位；二是需要大地测量提供精密的全球重力场模型和地面点的准确重力场参数（重力加速度、垂线偏差等）。

大地坐标系用于描述航天器相对于地球体的运动，由分布于地球表面一定数量的已知精确地心坐标的基准点实现，大地坐标系的建立包括确定其坐标轴的定向和一个由 4 个基本参数（a，j_2，ω，GM）定义的正常地球椭球。在航天工程中，通过由测控站（含测控船）组成的航天测控网来确定航天器的运动状态（轨道、姿态）和工作状态，对航天器运动状态进行控制、校正并建立航天器的正常状态，对航天器在运行状态下进行长期管理等。测控站在大地坐标系中的精密位置由大地测量方法精确测定，实施测控作业时，通过测定测控站至航天器的径向距离、距离变化率、位置角等，由已知站坐标解算航天器的位置。

重力场模型提供分析、描述和设计地球表面及其外空间一切运动物体力学行为的先验重力场约束。卫星的精密定轨依赖于在其定轨动力学方程中给定的扰动重力位展开系数的准确程度，低阶地球重力场模型可保证低轨卫星分米级的定轨精度。随着行星际探测技术的发展，产生了空间微重力学这门边缘学科，这也将为研究宇宙飞船上试验物的微重力效应，高精度的地球重力场模型提供主要依据。

军事大地测量还为中近程导弹阵地、巡航导弹阵地、炮兵阵地、雷达阵地、机场、港口、边防、海防、重要城市等重点军事地区和军事设施的联测建立基础控制网点，并为这些应用场合提供地球重力场数字模型和坐标转换模型。

当前，军事测绘在高技术战争中已直接参与指挥和决策，军事大地测量与卫星定位技术系统和成果在指挥、控制、通信和情报系统（C3I 系统）中，如单兵定位系统、GPS 制导系统、打击目标的精确三维坐标等都起到了特殊作用，该系统的指挥、控制和决策功能必须以实时定位信息为依托。例如，指挥官要在电子地图上选定打击目标，分配空中火力，制定参战飞机攻击系列来指挥空战行动，从统帅部指挥控制系统的大屏幕上到各指挥中心的荧光屏上都显示着真实、准确、生动的电子地图与叠加各种军事情况标号的作战要图，在数字地形信息数据库的支撑下建立起陆海空天电一体战的链路网络，保障指挥部与各参战部队之间指挥与控制信息畅通等。

信息化、多兵种与多种武器协作是现代化军事技术的发展方向。大地测量基准是现代信息作战平台和国家侦察防卫体系构建的基本条件，是实现国家军事体系从机械化向信息化转变的重要基础。现代军事高技术，都需要统一的大地测量基准及其信息和技术支持。

3. 大地测量在地球科学研究中的作用

大地测量是地球自转和极移的定量及其时变测定的主要手段。这些观测数据对研究全球性地球动力学问题具有重要作用。

大地测量学是地学领域中的基础性学科，即为人类的活动提供地球空间信息的学科。随着人类社会经济的迅速发展，人类可利用的地球空间受到严峻的约束。现代大地测量学的进展、空间大地测量手段的引入，以及其对推动地球科学发展的巨大作用正是由于大地测量已能广泛地获取地球活动的信息，从而使大地测量能在更深层次上加强在地球科学中的基础性地位，现代大地测量技术已成为支持"活动论"研究方向的强有力的工具，能为当代地球科学研究提供更丰富、更准确的信息，主要贡献表现为以下几个方面。

（1）提供更为精密的大地测量信息。甚长基线测量（VLBI）、卫星激光测距（SLR）和GPS能以大约1毫米/年的速度测定精度测定板块相对运动速度，从而实测数据直接计算板块相对运动的欧拉向量。在过去20年已由大地测量技术获得了板块运动的大量数据，检验了由地质数据导出的现代板块运动模型NUVEL-1的正确性，并建立了实测模型。目前大地测量正以前所未有的空间和时间分辨率测定全球、区域和局部地壳运动，据此可建立板块内部应力和应变的模型，以检验刚性板块假说的真实程度，推算板块内部变量，并为解释板块内的断裂作用、地震活动及其他构造过程提供依据。目前，有些地质和构造事实还不能用板块学说解释，这一学说还要发展完善，大地测量将有可能对此做出贡献。

（2）探索地球物理现象的力学机制，获取表征地球运动和形变的参数，如板块运动的速率、固体潮的洛夫数、地壳形变的速度和加速度等。

（3）通过一系列卫星重力测量计划和陆地、海洋的更大规模重力测量，将提供更精细的地球重力场。这一大地测量成果也将为解决地球构造和动力学问题提供重要的分析资料。

（4）应用空间大地测量技术（特别是卫星海洋测高）可以高精度监测海面变化并确定海面地形及其变化。这些信息可用于研究地球变暖问题、大气环流和海洋环流等气象学和海洋学问题。

地球作为一个动态系统，存在极其复杂的各类动力学过程，大地测量学以其本身独特的理论体系和测量手段，提供了有关动力学过程各种时空尺度上定量和定性的信息，为地学的研究提供了可贵的资料。

4. 大地测量在资源开发、环境监测与保护中的作用

资源开发，尤其是能源开发是当前经济高速发展的紧迫问题，无论是陆地还是海洋资源勘探，各种比例尺的地形图和精密的重力资料是必不可少的基础资料。例如，20世纪80年代初在我国西北地区柴达木盆地建立的多普勒卫星网以及该地区进行的重力测量为这一大油田的勘探、开发提供了精密的大地测量数据。对海底大陆架油气田的勘探和开发，大地测量显得更加重要。由卫星雷达测高资料结合近海船舶重力测量，联合沿海验潮站之间的水准测量可以给出近海海域具有较高精度和分辨率的海洋大地水准面和海面地形以及重力异常图；应用海面无线电定位，特别是GPS海洋定位，联合声呐海地定位可建立海洋三维大地测量控制网，测制大比例海底地形图。海洋大地测量资料结合海洋磁测、钻探岩石采样标本等海洋地球物理

探测资料可判明估测海底油气构造和储量；海洋大地测量资料还可以为准确确定钻井井位、海上和水下作业、钻井平台的定位（或复位）、海底管道敷设、水下探测器的安置或回收等提供设计施工依据。卫星定位技术实时、快速、精确的特点可以为资源勘探与开采中的动态信息管理、生产指挥决策和安全可靠运行提供必要保障。大地测量贯穿资源开发从探测到开采的全过程，先进的大地测量技术将为我国勘探开发矿产资源，特别是向海洋索取能源发挥重要作用。

科学界正密切关注海平面上升，关注平均气温的变化，关注对农、林业等带来的影响，其中监测海水面变化最有效的手段就是利用 GPS 技术将全球验潮站联测到 VLBI 及 SLR 站上，以便根据长期监测结果，分析海水面变化，进而分析由此带来的影响。近期实施的卫星重力梯度计划监测到了极地冰融产生重力变化，同样预计实施的空基卫星激光测距系统有可能直接观测到极地冰盖厚度的变化。另外，为监测森林面积缩小、草原退化、沙漠扩大、耕地面积减少等环境破坏，主要的措施是发展遥感卫星、建立动态地理信息系统（GIS）。这也必须由大地测量来支持，因为发射近地卫星需要精密的地球重力场模型，发射站及跟踪站需要有准确的地心坐标，发展地理信息系统也需要有足够的大地测量控制点做保证。

5. 大地测量在防灾、减灾和救灾中的作用

地震、洪水和强热带风暴等自然灾害给人类社会带来巨大灾难和损失。地震大多数发生在板块消减带及板块内活动断裂带，且具有周期性，是地球板块运动中能量积累和释放的有机过程。我国以及日本、美国等国家都在地震带区域内建立了密集的大地测量形变监测系统，利用 GPS 和固定及流动的甚长基线干涉（VLBI）、激光测卫（SLR）站等现代大地测量手段进行自动连续监测。随着监测数据的积累和完善，地震预报理论及技术可望有新的突破，为人类预防地震造福。大地测量还可在山体滑坡、泥石流及雪崩等灾害监测中发挥作用。世界每年都发生各种灾难事件，如空难、海难、陆上交通事故、恶劣环境的围困等，国际组织已建立了救援系统，其关键是利用 GPS 快速准确定位及卫星通信技术，将难事的地点及情况通报救援组织以便及时采取救援行动。为地震的预测提供监测信息，监测预报滑坡和泥石流，为预报厄尔尼诺现象提供信息。利用 GPS 定位技术结合卫星通信建立灾难事件救援系统。随着遥感、无人机观测、SLR、CPS 等技术的发展，大地测量在预防和救灾过程中发挥着越来越重要的作用。大地测量可以监测震前、同震、震后应变积累和释放的全过程，结合钻孔应变仪、台站伸缩仪和蠕变仪等地球物理监测结果，将有可能建立发震前兆模式。1975 年海城短期地震预测的成功，就是利用了明显的短期地震前兆。1985 年用大地测量方法准确地预测了长江新滩附近的严重滑坡，避免了居民的伤亡，减轻了可能的损失。2014 年 8 月在云南鲁甸地震中，国防科工局通过

对国内外 18 颗遥感卫星实时传回的地震灾区的影像进行分析，及时高效的地震救援，减小了地震造成的二次伤害。

大地测量在国民经济建设和现代科技的发展中都发挥着巨大的作用，有着广泛的应用。

6. 大地测量在经济建设方面的作用

大地测量广泛应用于大范围、跨地区工程的精密测量控制中，是确保工程规划放样到实地，确保按设计图实施的一种重要技术手段。因此，大地测量在国家基础设施建设、水利水电工程建设、能源枢纽工程建设、交通网络体系建设、国家工程规划和区域工程规划等国民经济建设领域中发挥着重要作用。

大地测量通过实现区域或全球一致的大地测量基准，促进国家宏观经济规划建设、陆海连接工程建设、部门或地方政府建设工程的协调发展，以及大规模、大范围的地球空间信息的规划、探测、海量信息融合与信息服务，为标定国界和领海线、维护国家主权提供一致的信息和技术支持，促进跨地区、跨国工程建设的发展。

7. 大地测量在资源与环境发展方面的作用

测定全球和局域重力场及其时变是大地测量的一个重要内容，是勘探地下资源的重要手段，对矿藏和地下水资源的调查具有重要意义。

大地测量形变监测是地壳运动监测不可缺少的技术手段，综合地壳形变和重力场测定的成果是地震、地质等灾害监测、分析和预报的一种基本技术手段。

以空间大地测量技术为基础，可以实时地、无地域制约地提供大气电离层总电子浓度、对流层可降水分和海平面变化的数据，这些信息对无线通信、气象、汛情、全球变化的预报预测都有重要作用。

8. 大地测量在空间技术与航天工程方面的作用

空间技术与航天工程是关系到国家经济建设与国家安全利益的一项高新技术。天基（星基）、地基一体化航天平台是卫星计划、航天工程、新军事体系以及其他空间技术赖以发展的基础。大地测量基准、各种导航定位卫星星座、恒星星座以及基于这些基础设施的信息和技术体系（包括低空或星载定轨定姿和定位导航技术、星地或星间测控系统、地球重力场探测等）是天地一体化航天平台的基础，是各种飞行器的跟踪定轨、导航定位、姿态测量、对接、编队飞行、遥控、返回以及国防信息化平台等共用的基础设施。

二、大地测量学的学科体系

从学科性质看，大地测量学既是一门应用性学科，又是一门基础性学科。一方面，大地测量学作为一门应用性学科，是测绘学（又称为地理空间信息学）的一个分支学科。测绘学的主要研究对象是地球及其表面的各种形态。为此，首先要研究和测定地球的形状、大小及其重力场，并在此基础上建立一个统一的坐标系统，用以表示地表任一点在地球上的准确几何位置，所以人们常把大地测量称为测制地图的"第一道工序"。其次，大地测量学作为一门基础性学科，又是地球物理学的一个分支。地球物理学的研究对象是地球的运动、状态、组成、作用力和各种物理过程。对此，大地测量提供的高精度、高分辨率、适时、动态和定量的空间信息，是研究地球自转、地壳运动、海平面变化、地质灾害预测等地球动力学现象的重要依据之一。

　　大地测量学科体系可有多种分类方法，而且相互交叉。大地测量学按所研究的地球空间的范围大小，可分为高等测量学（理论大地测量学）、大地控制测量学、海洋大地测量学和工程大地测量学。高等测量学是以整个地球形体为研究对象，整体地确定地球形状及其外部重力场、建立大地测量参考系。大地控制测量是在一个或几个国家范围内，在选定适当的参考坐标系中，测定一批足够数量的地面点的坐标和高程，建立国家统一的大地控制网，以满足地形图测绘和工程建设的需要。海洋大地测量是在海洋范围内布设大地控制网，实现海面和水下定位，测定海洋重力场、海面地形和海洋大地水准面等。工程大地测量是在一个局部小范围内测定地球表面的细部，通常以水平面作为参考面。高等测量学、大地控制测量学、海洋大地测量学和工程大地测量学之间存在密切的联系。国家大地控制测量和海洋大地测量需要全球大地测量所确定的大地测量常数和参考基准，以便对观测结果进行顾及地球曲率和重力场影响的归算。而国家大地控制测量和海洋大地测量的结果又为理论大地测量学提供了地球表面的几何和物理量度信息。平面测量必须与国家大地控制网相连接，以使其成果纳入国家统一的坐标系中。

　　大地测量学按其研究的地球的时空属性，可分为几何大地测量学、物理大地测量学、空间大地测量学。几何大地测量学是用几何方法研究地球的形状和大小，将地面大地控制网投影到规则的参考椭球面上，并以此为基础推算地面点的几何位置。物理大地测量学是研究全球或局部范围内的地球外部重力场。用物理方法建立地球形状理论，并用重力测量数据研究大地水准面相对于地球椭球的起伏。空间大地测量学主要是采用空间手段研究人造地球卫星及其他空间探测器为代表的空间大地测量的理论、技术与方法，最精确有效、贡献最大的空间测量技术主要有卫星激光测距、甚长基线干涉测量、卫星重力和卫星测高技术、全球卫星导航定位系统技术。

　　大地测量学按实现基本任务的技术手段，可分为地面大地测量学（常规大地测量学，又称为天文大地测量学）、空间大地测量学（卫星大地测量学）和惯性大地测量学。地面大地测量是应用光电仪器进行短距离（一般小于 50 km）地面几何测量（边角测量、水准测量、大地天文测量）和地面重力测量，以间接的方式确定地面点的水平位置和高程，并求解局部重力场参数。空间大地测量是通过观测地外目标（人造地球卫星、类星体射电源等）来实现地面点的定位，包括相对定位和相对地心的绝对定位，应用卫星重力技术获取全球覆盖的重力场信息。惯性大地测量是利用运动物体的惯性力学原理进行地面点的相对定位，并测定重力场参数。

三、大地测量学的研究内容

大地测量学是地球科学的一个分支学科，就其本质来说，它是一门地球信息学科，即为人类的活动提供地球空间信息的科学。测定地球形状大小，测定地面点空间坐标、点间距离和方向，测定和描述地球重力场、重力异常及空间分布，测定和描述地球重力等位面的起伏形状等是该学科的主要任务。具体内容包括以下方面。

（1）建立和保持陆地上的国家和全球三维大地控制网，并考虑这些网中点位随时间的变化。这些控制网是广义的，既包含以传统大地测量方法建立的、各点间有地面几何联系的网，也包含以空间技术建立的网。

（2）建立海底控制网和月球上的控制网。

（3）测定海面地形、大洋环流和海面动态。

（4）测定和描述各种地球动力现象，包含极移和日长变化、固体潮、全球板块运动以及区域和局部地壳运动。

（5）测定地球形状和全球重力场以及重力场随时间的变化；测定月球和太阳系各行星的形状和重力场。

四、大地测量学的发展

大地测量学是伴随人类对地球认识的不断深化而逐渐形成和发展起来的。

（一）萌芽阶段

在 17 世纪以前，为了兴修水利和研究地球形状大小，大地测量就已处于萌芽状态。我国在夏禹治水时就使用了测量高低和距离的器械准绳和规则。公元前 3 世纪，埃及亚历山大的埃拉托斯特尼（Eratosthenes）首先应用几何学中圆周上一段弧 AB 的长度 L、对应的中心角 θ 同圆半径 R 的关系，估计了地球的半径长度。由于圆弧的两端 A 和 B 大致位于同一子午圈上，以后在此基础上发展为子午弧度测量。公元 724 年，中国唐代的南宫说等人在张遂（一行）的指导下，首次在今河南省境内实测了一条长约 300 km 的子午弧。其他国家也相继进行过类似的工作，然而由于当时测量工具简陋、技术粗糙，所得结果精度不高，只能看作人类试图测定地球大小的初步尝试。

（二）大地测量学科的形成阶段

人类对于地球形状的认识在 17 世纪有了较大的突破。继牛顿（I.Newton）于 1687 年发表万有引力定律之后，荷兰的惠更斯（C.Huygens）于 1690 年在其著作《论重力起因》中，根据地球表面的重力值从赤道向两极增加的规律，得出地球外形为两极略扁的扁球体的论断。1743 年法国的克莱洛发表了《地球形状理论》，提出了克莱洛定律。惠更斯和克莱洛的研究为由物理学观点研究地球形状奠定了理论基础。

此外，17 世纪初荷兰的斯涅耳（W.Snell）首创了三角测量。这种方法可以测算地面上相距几百千米，甚至更远的两点间的距离，克服了在地面上直接测量弧长的困难。随后又有望远镜、测微器、水准器等的发明，使测量仪器精度大幅提高，为大地测量学的发展奠定了技术基础。因此可以说，大地测量学是在 17 世纪末形成的。

（三）大地测量学科的发展阶段

1. 弧度测量

1683—1718 年，法国的卡西尼父子（G.D.Cassini 和 J.Cassini）在通过巴黎的子午圈上用三角测量法测量了弧幅达 $8°20'$ 的弧长，由其中的两段弧长和在每段弧两端点上测定的天文纬度，推算出地球椭球的长半轴和扁率。由于天文纬度观测没有达到必要的精度，加之两个弧段相近，以致得出了负的扁率值，即地球形状是两极伸长的椭球，与惠更斯根据力学定律所做出的推断正好相反。为了解决这一疑问，法国科学院于 1735 年派遣两个测量队分别赴高纬度地区拉普兰（位于瑞典和芬兰的边界上）和近赤道地区秘鲁进行子午弧度测量，全部工作于 1744 年结束。两处的测量结果证实纬度越高，每度子午弧越长，即地球形状是两极略扁的椭球。至此，关于地球形状的物理学论断得到了弧度测量结果的有力支持。

另一个著名的弧度测量是德朗布尔（J.B.J.Delam-bre）于 1792—1798 年进行的弧幅达 $9°40'$ 的法国新子午弧的测量。由这个新子午弧和 1735—1744 年测量的秘鲁子午弧的数据，推算了子午圈一象限的弧长，取其千万分之一作为长度单位，命名为 1 米。这是米制的起源。

从 18 世纪起，为了满足精密测图的需要，继法国之后，一些欧洲国家也都先后开展了弧度测量工作，并把布设方式由沿子午线方向发展为纵横交叉的三角锁或三角网。这种工作不再称为弧度测量，而称为天文大地测量。

中国清代康熙年间（1662—1722）为编制《皇舆全图》，曾实施了大规模的天文大地测量。在这次测量中，也证实了高纬度的每度子午弧比低纬度的每度子午弧长。

另外，康熙还决定以每度子午弧长为200里来确定里的长度。

2. 几何大地测量学的发展

自19世纪起，许多国家都开展了天文大地测量工作，其目的不仅仅是为求定地球椭球的大小，更主要的是为测制全国地形图提供大量地面点的精确几何位置。为此，需要解决一系列理论和技术问题，这就推动了几何大地测量学的发展。首先，为了检校天文大地测量的大量观测数据，消除其间的矛盾，并由此求出最可靠的结果和评定观测精度，法国的勒让德于1806年首次发表了最小二乘法的理论。事实上，德国数学家和大地测量学家高斯早在1794年已经应用了这一理论推算小行星的轨道。此后，他又用最小二乘法处理天文大地测量成果，把它发展到了相当完善的程度，产生了测量平差法，至今仍广泛应用于大地测量。其次，三角形的解算和大地坐标的推算都要在椭球面上进行。1828年高斯在其著作《曲面通论》中，提出了椭球面三角形的解法。关于大地坐标的推算，许多学者提出了多种公式。高斯还于1822年发表了椭球面投影到平面上的正形投影法，这是大地坐标换算成平面坐标的最佳方法，至今仍在广泛应用。另外，为了利用天文大地测量成果推算地球椭球长半轴和扁率，德国的赫尔墨特（F.R.Helmeert）提出了在天文大地网中所有天文点的垂线偏差平方和为最小的条件下，解算与测区大地水准面最佳拟合的椭球参数及其在地球体中的定位方法，以后这一方法被称为面积法。

3. 物理大地测量学的发展

自从1743年克莱洛发表了《地球形状理论》之后，物理大地测量学最重要的发展是1849年英国的斯托克斯（G.G.Stokes）提出的斯托克斯定理。根据这一定理，可以利用地面重力测量结果研究大地水准面形状。但它要求首先将地面重力的测量结果归算到大地水准面上，这是难以严格办到的。尽管如此，斯托克斯定理还是推动了大地水准面形状的研究工作。大约100年后，苏联的莫洛坚斯基（M.C.Molodensky）于1945年提出莫洛坚斯基定理，它不需任何归算，便可以直接利用地面重力测量数据严格地求定地面点到参考椭球面的距离（大地高程）。这个定理的重要意义在于它避开了理论上无法严格求定的大地水准面，而直接严格地求定地面点的大地高程。利用这种高程，可把大地测量的地面观测值准确地归算到椭球面上，使天文大地测量的成果处理不致由于归算不正确而带来误差。伴随莫洛坚斯基定理产生的天文重力水准测量方法和正常高系统已被许多国家采用。

4. 卫星（空间）大地测量学的发展

随着生产力和科学技术的发展，到20世纪中叶以后，各个学科和不同领域都对大地测量学提出了新要求（如提出全球统一坐标系、更加精确的地心坐标、要求高精度高分辨率的地球重力场模型、精确的大地水准面差距），传统的大地测量具有明显的局限性，如天文大地测量工作只能在陆地上实施，无法跨越海洋；重力测量在海洋、高山和荒漠地区也仅有少量资料，地球形状和地球重力场的测定都未得到满意的结果。直到1957年第一颗人造地球卫星发射成功之后，产生了卫星大地测量学，才使大地测量学发展到一个崭新的阶段。人造卫星出现后的不长时间内，利用卫星法就精密地测定了地球椭球的扁率。此后经过了10多年时间，地球椭球长半轴的测定精度达到 ±5 m，地球重力场球谐展开式的系数可靠地推算到36阶，而且还由卫星跟踪站建立了一个全球大地坐标系。现在的导航卫星多普勒定位技术，根据精密测定的卫星轨道根数，能够以 ±1m 或更高的精度测定任一地面点在全球大地坐标系中的地心坐标；正在发展中的全球定位系统将达到更高的精度。新发展的卫星射电干涉测量技术可以测定地面上相距几十千米的两点间的基线向量在全球坐标系三轴方向上的基线分量，即两点间的三个坐标差。经过初步试验，精度至少是1/200000，目前正朝向高精度和长测程发展。这一技术将给地面点几何位置测定带来巨大变革。利用卫星雷达测高技术测定海洋大地水准面的起伏也取得了很好的成果。除此之外，利用发射至月球和行星的航天器，还成功地测定了月球和行星的简单几何参数和物理参数。

随着空间技术、计算机技术、电子技术和通信技术等现代科学技术的发展，卫星大地测量学的发展将更加迅速。

5. 动态大地测量学的发展

地壳不是固定不动的，由于日、月引力和构造运动等原因，它经历着微小而缓慢的运动。如果没有精密的测量手段，这样的运动是无法准确测出的。1967年甚长基线干涉测量技术问世。在长达几千千米的基线两端建立的射电接收天线，同步接收来自河外类星体射电源的信号，利用干涉测量技术，能够以厘米级的精度求得这条基线向量在一个惯性坐标系中的三个分量。类星体射电源距离地球极为遥远，它们相对于地球可以看作没有角运动。因此，由已知的一些类星体射电源的位置，可以建立一个极为稳定的，从而可以认为是惯性的空间参考坐标系。由长时期所做的许多短间隔的重复观测，可以求出基线向量三个分量的变化，并由此分解出极移、地球自转速度变化、板块运动和地壳垂直运动。因此，甚长基线干涉测量技术是研究地球动态的有效手段。结合卫星射电干涉测量技术、卫星激光测距技术和固体潮观测，便形成了动态大地测量学，给予地球动力学以有力的支持。

第二节 物理大地测量与卫星大地测量

一、物理大地测量

物理大地测量学也称为理论大地测量学，是大地测量学的主要分支之一。研究用物理方法测定地球形状及其外部重力场的学科，又称为大地重力学，是根据几何大地测量和重力测量结果研究地球形状的重力学的一个分支学科。

物理大地测量学同空间技术、地球物理学和地质学等学科有着密切的联系。它为计算人造地球卫星和远程弹道导弹等空间飞行器的运行轨道，提供精确的地球形状及其外部重力场的数据；还为地球物理学和地质学提供有关地球内部构造和局部特征的信息。

（一）物理大地测量学的任务和内容

物理大地测量学是研究应用物理方法（重力测量）确定地球形状及其外部重力场的学科，又称为大地重力学。

几何大地测量的观测都是在地球重力场内，以铅垂线为依据的站心地平坐标系中进行的。为了把这些观测数据归算到一个统一的大地坐标系中，必须知道地球的大小、形状及其外部重力场。高程测量最重要的参考面——大地水准面（静止的海水面向大陆内部延伸所形成的封闭曲面），是地球重力场的一个等位面。所以研究地球形状及其外部重力场，是大地测量学的主要科学任务。地球卫星轨道计算需要精密的重力场信息，地球重力场误差通过影响导航定位卫星的定轨星历，从而影响卫星的定位精度。另外，对地球外部重力场的分析，可以为地球物理学和地质学提供地球内部结构和状态的信息。

测定地球形状可以用重力测量方法，也可以用几何大地测量方法。但比较起来，用重力测量方法更为有利。因为重力测量差不多可以在地面上任意地点进行，而且重力点之间不需要像天文大地网各点之间那样互相联系着。

物理大地测量学的主要内容包括：重力测量的仪器与方法；中立位理论；地球形状及其外部重力场的基本理论；用重力测量方法归算大地测量数据的问题。

（二）地球重力场理论的基本概念

1. 重力和重力位

重力 G 是地球引力 F 和离心力 P 的合力，其单位为伽（gal）（为了纪念意大利科学家伽利略）：

$$G=F+P \tag{5-1}$$

$$1 伽 =1cm \cdot s^{-2}=1000 毫伽（mgal）=10^6 微伽（ugal）$$

G 的方向为铅垂线的方向，也是外业测量作业时仪器安置的基准方向。地球重力场通常是指地区重力作业的空间，在此空间中每一点所受的重力大小和方向只与该点的位置有关。

2. 大地水准面

地球外部重力场等位面俗称水准面，但它并非几何曲面，而是一个近似于椭球面的复杂的曲面。其中，与静止状态的平均海水面相重合的那个重力等位面称为大地水准面，是海拔高程的起算面，即地面点到大地水准面的垂直距离就是该点的高程。

大地水准面是大地测量中一个很重要的概念，它与地球椭球面之间的垂直距离被称为大地水准面差距，这个值是描述大地水准面形状（地球形状）的一个量。

（三）物理大地测量学和地球动力学的关系

与物理大地测量学密切相关的术语是地球动力学。地球动力学是地球科学与力学相结合的跨学科研究分支，它从地球整体运动、地球内部和表面的构造运动探讨其动力演化过程，进而寻求它们的驱动机制。地球动力学的名称是著名弹性力学家勒夫（Love）于 1911 年首次提出的，他对地壳的均衡、固体潮、地球内的压缩效应等进行了卓越的研究，在地震学和潮汐理论中的勒夫波和勒夫数就是以他的名字命名的。

地球动力学研究地球的整体运动、地球内部运动及其与地表结构的相互作用和地表大型构造变形和破裂的力学过程。地球动力学是一个复杂的跨学科课题：它依赖于地质学提供近地表的结构；大地测量学提供位移测量；地球化学、材料科学和岩石力学提供介质的性质；地球物理学提供深部结构以及可能的动力学驱动机制；地震学给出地震机制数据和地震勘探结果；古生物学和古地磁学决定过去的历史；等等。

地球动力学又有天文地球动力学和空间地球动力学之分。天文地球动力学是用天文手段测定和研究地球各种运动状态及其力学机制的一门学科，它所研究的主要内容是地球的整体自转运动和公转运动以及地球内部、地壳、水圈、大气圈的物质运动。因此，天文地球动力学是天文学与大地测量、气象、海洋、地质、地震、地球物理等多学科相互交叉、相互渗透而发展起来的一门新兴前沿学科。在这门学科领域中，天文学的重要作用是：精确地测定地球的各种运动状态，提供测量所需要的参考坐标系，研究地球各种运动的规律和机制。空间地球动力学则是用空间观测技术来研究人类赖以生存的地球系统中的各种运动状态及其力学机制的一门学科，属于天文、地质、空间大地测量和地球物理等学科的交叉前沿研究领域。空间地球动力学主要用空间技术精确测量地球的整体运动、地球各圈层（特别是岩石圈）的物质运动与形变，定量地给出地球随时间的变形过程，确定各种运动或变形过程的相互联系，探索它们的演化过程和动力学机制。

空间技术在地球动力学乃至地球科学的研究中起着关键作用。地球科学的研究，从静态研究发展为动态研究，从运动学扩展到动力学，从三维空态拓展到四维时空，从刚体领域转变为弹性体和流变体的研究，从地球表面伸向地球外部空间，深入地球内部，从孤立的地球整体和地球各圈层（大气圈、水圈、岩石圈、地幔、地核）运动的研究，转变为把地球整体和地球各圈层的运动看成一个完整体系，研究其相互激发、驱动和制约的动力学关系，从地球动态变化的一些定性假设到以高精度实测为基础建立精细的现代地球的定量模型，进而建立完整的动力学体系，从各学科封闭式的研究状态转向各学科交叉、综合的研究。此外，通过空间新技术可发现传统方法无法探测到的地壳运动非线性时变细节，进而能真正探索地震、火山喷发、海陆升降的成因过程与机制，为预测灾害、保护人类生存环境做出贡献。

地球动力现象的空间尺度是非常广阔的，从地球整体、全球范围直到一个小的局部。从时间尺度来看，地球动力现象有以亿年计的大陆漂流、海底扩张和造山运动过程，有以万年计的冰期和间冰期所引起的一些构造过程和海洋过程，也有周期为几十年、十年、一年、半年、一月、半月乃至一日的各种周期运动，直到为时短暂的地震发生和火山爆发。

透过这些复杂的地球动力现象，探索其力学机制，进而掌握其发生和变化的规律，预测其发展趋势，这属于地球动力学的任务，而物理大地测量学的基本原理和方法是研究地球动力学的基础。

(四) 物理大地测量学的发展趋势

物理大地测量学沿用传统的天文、大地和重力测量方法的观测手段和观测结果，已不能满足研究地球形状和外部重力场的全球结构的需要。采用新的卫星观测方法，例如，卫星雷达测高法、卫星—卫星跟踪技术、以及卫星重力梯度测量等，则可以提供更多的观测资料，弥补地面观测资料的不足。另外，由于地球并非刚体，而是带有一定黏滞性的弹性体，它在各种内力和外力的作用下处于运动状态，因此，只有研究和探测地球外部重力场随时间的变化，才能为研究地球的动力效应提供必要的观测数据。物理大地测量学的研究同卫星大地测量学、动态大地测量的关系日益密切。

二、卫星大地测量

(一) 卫星大地测量概述

卫星大地测量是指应用观测人造地球卫星的方法解决大地测量问题的测量技术。它是现代大地测量的重要组成部分,主要内容有:测定地面、水域、空间点的位置;测定地球形状、大小和地球重力场;测定地面点位置和地球重力场随时间的变化。

卫星大地测量技术包括:全球定位系统、卫星激光测距、卫星测高、卫星重力梯度测量、双向无线电卫星定位等。与传统大地测量比较,其优点是:全球、全天候连续地实时定位;操作方便、观测时间短;提供三维坐标,定位精度高;各测站间不需通视,节省建立觇标经费。

卫星大地测量技术根据观测目标的不同可分为如下 3 种类型:卫星地面跟踪观测、卫星对地观测、卫星对卫星观测。

(二) 卫星大地测量学的内容和技术特点

卫星大地测量学是研究利用人造地球卫星解决大地测量学问题,利用空间技术手段进行区域或全球大地测量的学科。其主要研究内容有:

(1) 建立和维持全球和区域性大地测量系统与大地测量框架。

(2) 快速、精确测定全球、区域或局部空间点的三维位置和相互位置关系。

(3) 利用地面站观测数据确定卫星轨道。

(4) 探测地球重力场及其时间变化,测定地球潮汐。

(5) 监测和研究地球动力学 (地球自转、极移、全球变化等),监测和研究电离层、对流层、海洋环流、海平面变化、冰川、冰原的时间变化。

卫星大地测量从原理上可分为几何法和动力法,将卫星作为高空目标,由几个地面站同步观测,即可按三维三角测量方法计算这些地面点之间的相对位置。这种方法不涉及卫星的运动,被称为卫星大地测量几何法。如果把卫星作为运动的天体,并利用卫星离地球较近的特点,将它作为地球引力场的敏感器进行轨道摄动观测,就可以推求地球形状和地球重力场参数,同时可以精确计算卫星轨道和确定地面观测站的地心坐标。这种方法被称为卫星大地测量动力法。

卫星大地测量学的发展十分迅速,它把大地测量学推到了一个崭新的阶段。随着空间技术的发展,以及天文学、大地测量学和空间科学的相互渗透,卫星大地测量学将成为大地测量学的前沿学科,它的飞速发展将使大地测量学和地球动力学中的许多重大科学技术问题得到解决。

（三）卫星大地测量的发展阶段

卫星大地测量的进展可以分为如下三个阶段。

1. 第一阶段：1958—1970 年

此阶段为卫星观测的基本方法、计算和卫星轨道的开发研究阶段。该阶段以用摄影机进行光学照相测定方位为其特征。其主要成果有：地球位的首项函系数的确定；发表了第一批地球模型——Smithsonian 天文物理观象台的标准地球模型（SAO SE Ⅰ 至 SAO SE Ⅲ）和 NASA 戈达德空间飞行中心的戈达德地球模型（GEM）；通过用 BC4 摄影机对 PAGEOS 卫星的观测资料，建立了一个纯几何的全球范围卫星观测网。

2. 第二阶段：1970—1980 年

该阶段属于科学规划的阶段。研制了新的技术并取得进展，尤其是激光测月及卫星测高；子午卫星系统（TRANSIT）用于大地测量中的多普勒定位；进一步完善了全球大地水准面和坐标的测定，得出改进的地球模型（如 GEM10、GRIM）；观测精度的提高使对地球动力学现象（地球自转、极移、地壳运动）的测量成为可能；多普勒测量用于全球范围的大地测量控制网的建立和运行（如 EDOC、D6DOC 和 ADOS）。

3. 第三阶段：1980 年以后

为在大地测量、地球动力学测量中卫星技术实际应用阶段。该阶段尤其是在两个方面特别显著。第一个方面是卫星方法越来越多地被测量界用来取代常规方法，该方面获得的重要成果是 NAVSTAR 全球定位系统（GPS），这一成果开辟了测量与制图全新的前景；第二方面是观测精度提高，成果之一是监测地球极移和地球自转的传统天文技术几乎完全被卫星方法取代，地壳运动测量计划正在全球范围内执行。

（四）卫星大地测量的作用

卫星大地测量是大地测量的新分支，就是利用卫星信息实现大地测量的目的。其作用分为如下几个方面。

（1）精确测定地面点地心（质心）坐标系内的坐标，从而能够将全球大地网联成整体，建成全球统一的大地测量坐标系统。

（2）精确测量地球的大小和形状、地球外部引力场、地极运动、大陆板块间的相对运动以及大地水准面的形状，为大地测量和其他科学技术服务。

（3）广泛地应用于空中和海上导航，地质矿产勘探及军事等方面。

卫星大地测量的成果对于全球、国家、区域及重大工程定位，监测包括全球板块运动及大构造运动在内的地壳运动、获取地震信息，监测地球自转位置和转速的变化、极地冰盖变化，精密测定低轨道卫星的轨道，精化重力场模型及大地水准面，研究大气和海洋的相互作用、海平面变化，研究测定电离层电子的浓度及变化，研究潮汐诱发地球、月亮、太阳和行星之间角动量交换等方面都产生了重要作用。

(五) 几种卫星测量技术

1. 甚长基线干涉测量 (VLBI)

甚长基线干涉测量是一种接收河外射电源发出的波，来进行射电干涉测量的技术。它产生于 20 世纪 60 年代，是随着干涉测量法和射电天文学的发展以及现代电子技术和高稳定度频率标准的诞生而形成的。VLBI 除在射电天文学和天体物理学有重要用途外，还被用于大地测量学且迄今已有 20 多年的历史。最近 10 年来，VLBI 观测结果的可靠性和重要性得到了广泛的承认，被认为是适用于测定极移、日长、全球板块运动和区域构造运动的空间大地测量技术。它的基本原理是在相距甚远 (数百千米至数千千米) 的两侧测站上，各安置一架射电望远镜，同时观测银河外同一射电源信号，分别记录射电微波噪声信号，通过对两个测站所记录的射电信号进行相关处理 (干涉)，求得同一射电信号波到两个测站的时间差，据此解算出的测站间的距离，称为基线长度。

VLBI 有一系列特点：

(1) 它是一种纯粹的几何方法，不涉及地球重力场；

(2) 它不受气候限制，有长期的稳定性；

(3) 它为大地测量、地球物理和星际航行提供了一个以河外射电源为参考的坐标系，这个坐标系与地球、太阳系和银河系的动态无关，是迄今最佳的准惯性参考系。

尽管 VLBI 有上述特点，但整个系统非常庞大，造价太高，只适用于固定台站。为了使 VLBI 发挥更大的作用，不得不向小型化和流动站发展。因此，美国于 1976 年开发了 9 m 天线的 VLBI 流动站，与大型天线的 VLBI 固定站配合使用。此后还出现了 4 m 天线的 VLBI 流动站。中国在上海和乌鲁木齐建立了 25 m 天线的 VLBI 固定站。

2. 全球定位系统 (GPS)

全球卫星定位系统是利用在空间飞行的卫星不断向地面广播发送某种频率并加载了某些特殊定位信息的无线电信号来实现定位测量的定位系统。

3. 卫星激光测距 (SLR)

它是目前精度最高的绝对定位技术。在定义全球地心参考框架、精确测定地球自转参数、确定全球重力场低阶模型、监测地球重力场长波时变，以及精密定轨、校正钟差等方面都有重要作用。最初把反射镜安置在卫星上，在地面点上安置激光测距仪，对卫星测距，此称为地基；如果反过来，可以把激光测距仪安置在卫星上，地面上安置反射镜，组成空基激光测地系统。显然空基系统比起地基系统更有优越性。更进一步，还可发展成为卫星对卫星的在轨卫星之间激光测距。

SLR 的测距原理是用安置在地面测站上的激光测距仪向配备了后向反射棱镜的激光卫星发射激光脉冲信号，该信号被棱镜反射后返回测站，精确测定信号往返传播的时间，进而求出观测瞬间从仪器中心至卫星质心间的距离的方法、技术，称为卫星激光测距或激光测卫。目前的测距精度可达1cm。

SLR 在以下方面有着重要应用。

精密测定地心绝对建立全球或区域地心参考框架；测定低频地球重力场参数；测定地球质心的变化；监测板块运动；监测地球自转参数及变化；测定海潮波参数（振幅和初相）；激光测月测定地心引力常数（fm）。

4. 卫星雷达测高（SKA）

通过 SLR、GPS 等手段精确确定测高卫星的运行轨道，同时利用安置在卫星上的雷达测高仪测定至瞬时海水面间的垂直距离来测定地球重力场，研究海洋学、地球物理学中各种物理现象的方法和技术被称为卫星测高。

卫星测高是从卫星上安装的测高仪垂直向地球表面发射电脉冲，这些脉冲被海面垂直反射至卫星，于是根据脉冲往返行程的时间，推求卫星对于瞬时海面的高度。

卫星测高技术是目前研究和监测海洋环流与中尺度海洋现象及其动力环境的重要手段之一，下面简要介绍其应用。

（1）利用卫星测高方法可以实际测定海洋区域的大地水准面。美国国家地球物理数据中心利用 Seasat 资料求得了在南纬72° 和北纬72° 间的 5′×5′格网点上的重力异常值。利用轨道摄动法只能求得 20 阶和 20 次的低阶地球重力场模型，而用海洋测高资料后则可求得 200 阶和 200 次的地球重力场模型。

（2）在海洋中大地水准面的形状与海底地形有关。因此依据大地水准面所提供的信号能探测出海底山脉、断裂带和地堑构造等大地构造，并给出地球物理解释。

（3）在精确测定大地水准面的形状时，海面地形是一种噪声，需精确地加以改正。但对于海洋学家来说，海面地形包含有关洋流和潮汐的大量信息。如果精确的大地水准面形状可由其他方法确定（如卫星跟踪卫星、卫星梯度测量等方法），那么用卫星测高资料即可求得精确的海面地形。据此可研究洋流、海潮的范围、幅度及其随时间的变化规律。同时能把分属于不同高程系统的验潮站相互联系起来以建立一个全球统一的高程基准。此外，利用卫星测高技术还能确定冰盖的形状大小及其变化情况。

第三节　大地测量技术的发展趋势

一、地球科学基础性研究领域深入发展

大地测量学是地球科学的一个分支学科，就其学科性质来说，其是一门地学基础性学科，又是一门应用地学学科。作为基础性学科，经典大地测量学的任务是在刚性均匀旋转地球的假设下研究地球的形状大小及其外部重力场，这是学科的科学任务，是大地测量学科分支之一的物理大地测量的研究范畴。作为应用学科，它的任务是建立一个地球参考坐标系并在这个坐标系中建立控制地形测图和工程测量的地面标准点位控制网，为人类社会活动提供地球表面及近地空间的几何信息，这是学科的工程技术任务，是大地测量学另一分支几何大地测量学的研究对象。大地测量学科取得的突破性进展和前景预测，表明了学科性质将从以工程应用为主转向以基础性地学研究为主导，这是因为，尽管现代大地测量的技术进步无疑将扩大其直接服务于社会经济活动的应用面，但推动大地测量学科发展的主动力将是它在相关地学领域的科学目的，总的趋势是向地球科学的深层次发展。

二、空间大地测量将主导着学科未来的发展

空间大地测量在大地测量学科未来发展中的主导地位已经为它本身所显示的广泛应用前景和巨大的潜力所确定。空间大地测量是实现大地测量学科各类目标最基本、最适合的技术手段，也是大地测量学科向地球科学深层次拓展的主通道和主推力，决定着学科的发展方向和科学地位。目前正在发展或将要发展的空间大地测量技术主要包括6类。

(1) 全球定位系统（GPS）；

(2) 卫星激光测距（SLR）；

(3) 卫星测高（SA）；

(4) 射电源甚长基线干涉测量（VLBI）；

(5) 双向无线电卫星定位；

(6) 卫星重力梯度测量。

从发展的潜力和应用的广度来看，在这些技术中，GPS类型的技术发展潜力最大、应用前景最为广阔，特别是GPS将成为大地测量最基本的常用技术。

三、GPS、SLR 和 VLBI 将是扩展学科应用面和实现其科学任务的主要技术

GPS 将作为大地测量的全能型技术向扩大应用面的方向发展：

（1）相对定位精度将接近 VLBI 的水平。

（2）SA 和 AS 政策的影响。

SA（Selective Availability）政策是美国政府为限制非特许用户获得高精度 GPS 实时定位采取的技术措施，即对不同用户有选择性地提供不同精度的定位信息。AS（Anti-Spoofing）是 P 码加密，以保护精密定位服务不受敌方欺骗。

（3）地球参考框架和精密 GPS 定轨系统的发展。

（4）接收机向高自动高适应性方向发展。

（5）GPS 动态定位日益受到重视。

（6）多种类型的全球定位系统正在形成。

（7）SLR 仍将是最精密的绝对定位技术并向空间系统发展。

（8）VLBI 仍将保持全球尺度相对定位和监测地球自转的技术优势。

从 20 世纪 50 年代到 70 年代初我国在全国范围内开展了大规模的大地测量工作，初步建成了经典大地测量的完整体系，这个体系包括为实现大地测量基本任务所需的各等级各类国家大地测量基本网和定义参考系统的原点和基准：大陆范围的天文大地网；精密水准网；重力基准网和一等重力网；天文经度基准网；1954 年北京坐标系统和 1956 年黄海高程基准。不仅满足了我国前 6 个五年计划经济建设和国防建设对大地测量控制基准的迫切需要，及时为各项测绘工作提供了起始数据，也奠定了我国大地测量学科发展的科学技术基础。

从 20 世纪 70 年代初开始，我国大地测量进入了一个新的发展阶段。用了近 10 年时间，完成了全国天文大地网的整体平差，采用了当时国际上推荐的椭球，椭球定位与我国大地水准面有最佳拟合，重新严格定义了大地基准，建立了 1980 年中国大地坐标系和我国历史上第一个独立的西安大地原点。

从 20 世纪 90 年代初起，我国相继建立了国家高精度 GPSA、B 级网，同时复测了国家一等水准。

大地测量学是一门古老的学科，自人类开始研究地球的形状和大小以来，它就一直存在。然而，随着科技的发展，大地测量学正在经历一场重大的转变，其研究方向和工具正在不断地发展和创新。目前，大地测量学主要在以下方面呈现出新的发展趋势。

大地测量学的新发展趋势包括向地球科学基础研究性领域深入发展、空间大地

测量主导着学科未来的发展、常规地面测量技术具有核心地位、地球重力场研究将致力于卫星和航空重力探测技术恢复高分辨率地球重力场，以及主要工作是建立一维和二维大地测量基准。

这些发展趋势反映了大地测量学在当前和未来科学研究和技术应用中的重要角色。具体来说，大地测量学不仅继续深化对地球科学的基础研究，而且空间大地测量的主导地位预示着该学科将更多地涉及对地球及其周边环境的全面监测和分析。常规地面测量技术的核心地位强调了这些技术在日常观测和数据收集中的基础作用，而地球重力场的研究则通过卫星和航空重力探测技术致力于恢复高分辨率地球重力场，这对于理解地球内部结构和动力学至关重要。此外，建立一维和二维大地测量基准是大地测量学的主要工作之一，这对于确保地理信息系统（GIS）和其他空间相关技术的准确性和可靠性至关重要。

此外，大地测量学科的发展还包括了地球重力场、地球自转、卫星重力测量、动力大地测量、海洋动力环境监测、大地测量地球物理反演、InSAR 等领域的调整和整合。这些调整不仅反映了学科内部的进步和整合，也体现了大地测量学如何适应和应对现代科学和技术的挑战。

（1）卫星定位系统的革新。近年来，随着卫星定位技术的进步，全球定位系统（GPS）和其他相关系统的应用范围日益扩大。卫星定位系统不仅能提供高精度的定位和时间同步，而且还可以进行实时、全天候的监测，为大地测量提供了前所未有的便利。利用卫星数据，我们可以进行全球范围的大地测量，大大提高了工作效率。

（2）高分辨率遥感技术的应用。高分辨率遥感技术，如雷达和激光雷达等，为大地测量提供了新的视角和方法。这些技术能够提供高精度的地形和地貌信息，使得大地测量不再局限于地面测量，而是可以扩展到空中和宇宙空间。此外，高分辨率遥感技术还可以用于监测环境变化，为环境保护和资源开发提供了新的手段。

（3）大数据和人工智能的应用。大数据和人工智能技术的引入，为大地测量带来了新的可能。大数据分析可以提供大量关于地球表面的信息，帮助我们更好地理解地球表面的变化。人工智能技术则可以帮助我们自动识别和处理这些数据，大大提高了工作效率。同时，人工智能技术还可以预测未来地形的变化，为环境保护和灾害预防提供了新的工具。

（4）数字孪生体的应用。数字孪生体是一种基于大数据和人工智能技术的虚拟模型，它可以模拟真实世界中的各种现象。通过数字孪生体，我们可以模拟地球表面的变化，预测未来的地形变化，为环境保护和资源开发提供了新的手段。

（5）地球科学研究的深入。大地测量学不仅仅是一门技术科学，也是地球科学的重要组成部分。随着大地测量技术的发展，我们能够获取更多的地球表面信息，深入了解地球的构造和变化。这不仅有助于我们更好地理解地球的物理特性，也为环境保护和资源开发提供了新的思路和方法。

总的来说，大地测量学正在经历一场从传统到现代的转变。新的科技手段和方法正在改变大地测量的方式，使其更加高效、精确和全面。同时，大地测量学也在不断深入地球科学的研究，为人类更好地理解和利用地球提供了新的工具和方法。在未来，我们期待大地测量学能够为人类社会的发展做出更大的贡献。

综上所述，我国的常规大地测量进入世界先进行列，空间大地测量技术的应用与世界先进水平的距离正在缩短。

第六章　不动产测绘

第一节　不动产

一、不动产的概念

土地指地球表面的陆地部分，包括内陆水域、滩涂和岛屿。地产是指法律上认可的土地资产和产权的总称，包括土地实物本身，又包括与之相关的各种权利。作为地产的土地并不仅指地面，还包括从地面向上扩展到一定高度的地上空间及由此向下延伸的地下空间。房产是指法律上认可的房屋及相关的各种权利。建筑物可分为两大类，即房屋和构筑物。房屋是指能供人们生活或生产的建筑物，一般由门窗、顶盖、墙体和承重物构成。构筑物则是除房屋之外的建筑，人们一般不能直接在内进行生产或生活，但又时刻离不开它们，如桥梁、道路、大坝、水塔等。房地产是房产和地产的总称。广义的房地产就是不动产，不动产不一定是实物形态的，如探矿权和采矿权、建筑物及土地上生长的植物，依自然性质或法律规定不可移动的土地、土地定着物、与土地尚未脱离的土地生成物、因自然或者人力添附于土地并且不能分离的其他物。不动产包括物质实体和依托于物质实体上的权益。综合来看，不动产是指依自然性质或者法律的规定在空间上占有固定位置，移动后会影响其经济价值的物，包括土地、海域以及建筑物、林木等定着物、与土地尚未脱离的土地生成物、因自然或者人力添附于土地并且不能分离的其他物。

二、不动产的特性

(一) 自然特性

(1) 不可移动性，又称为位置固定性，即地理位置固定。

(2) 个别性，也称为独特性、异质性、独一无二，包括位置差异、利用程度差异、权利差异。

(3) 耐久性，又称为寿命长久，土地不因使用或放置而损耗、毁灭，反而增值。我国土地有使用年限。

(4) 数量有限性，又称为供给有限，土地总量固定有限，经济供给有弹性。

(二) 社会经济特性

(1) 价值量大，与一般物品相比，不动产不仅单价高，而且总价大。

(2) 用途多样性，也称为用途的竞争、转化及并存的可能性，主要指空地所具有的特性。从经济角度来看，土地利用的优先顺序为商业、办公、居住、工业、耕地、牧场、放牧地、森林、不毛荒地。

(3) 涉及广泛性，又称为相互影响，不动产涉及社会多方面，容易对外界产生影响。在经济学中称为外部性，分为正的外部性、负的外部性。

(4) 权益受限性，由涉及广泛性引起。政府主要通过设置管制权、征收权、征税权和充公权四种特权进行管理。

(5) 难以变现性，也称为变现力弱、流动性差，主要由价值高、不可移动、易受限制性等造成。影响变现的因素主要有不动产的通用性、独立使用性、价值量、可分割性、开发程度、区位市场状况等。

(6) 保值、增值性。增值指不动产由于面积不断增加、交通等基础设施不断完善、人口增加等，其价值随着时间推移而增加；保值是指不动产能抵御通货膨胀。

第二节　不动产测绘的基础知识

一、不动产测绘的概念

不动产测绘是测定和调查土地及其定着物的权属、位置、质量 (等级)、数量 (面积) 和利用现状等基本状况的测绘工作。不动产测绘成果为不动产登记提供精确的界址点坐标，为不动产单元提供准确的地理位置、合法的产权面积，为不动产权证书提供相关图件等；不动产测绘的空间数据及测算面积是不动产落宗的客观依据，是不动产权籍数据库及不动产登记信息管理基础平台的重要内容。

不动产测绘是测绘学科的重要组成部分，其测绘成果具有法律效力，目前我国不动产测绘主要是针对山、水、林、田、湖、草、海进行测绘与调查，其中地籍测绘是测定和调查土地及其附着物的权属、位置、质量 (等级)、数量 (面积) 和利用现状等基本状况的测绘工作，其测绘的主要对象是地块。房产测绘是采集和表述房屋及房屋用地有关信息的一门技术，主要是测定和调查房屋及其用地状况，为房产产权、地籍管理、房地产开发利用、交易、征收税费以及城镇规划建设等提供数据和资料。

二、不动产测绘中的建筑识图基础知识

建筑识图是为了能够读懂图纸内容，应用图纸而必须掌握的一门知识。建筑图纸按专业分为规划图、建筑图、室内装修图、园林装修图等。规划图分为规划报建图、规划施工图、花园围栏定位图、道路图、管线图等。建筑图分为方案图、施工图、结构图、水施图、电施图等。在不动产测绘过程中我们主要会应用到建筑施工图、规划图等。本节主要介绍建筑识图的基础知识，以便于在不动产测绘过程中能够更好地使用基础资料，完成不动产测绘工作。例如，房屋的预测绘主要是根据审批的施工图进行测量。

(一) 建筑结构

建筑结构是指建筑物和构筑物中由若干基本构件 (如基础、墙、柱、梁、屋架、支撑、板等) 组成，用以承受直接作用 (如构件自重以及外部荷载，如屋面和楼面活荷载、风荷载、雪荷载等) 和间接作用 (如地震作用、温度变化、基础沉降、混凝土的收缩和徐变等) 的体系。它是建筑物的基本受力骨架，是建筑物赖以存在的物质基础，对建筑物的坚固、安全、适用和耐久起着决定性的作用。结构必须具有足够的强度、刚度、稳定性、耐久性和耐火性能，以满足其使用要求。建筑结构可以用一种材料构成，也可由两种或多种材料构成。房屋结构一般是指其建筑的承重结构和围护结构两个部分。建筑结构按采用材料的不同，可分为以下几类。

(1) 钢结构，是指承重的主要构件是用钢材料建造的，包括悬索结构。主要用于厂房、车间等建筑。

(2) 钢、钢筋混凝土结构，是指承重的主要构件是用钢、钢筋混凝土建造的。

(3) 钢筋混凝土结构，是指承重的主要构件是用钢筋混凝土建造的，包括薄壳结构、大模板现浇结构及使用滑模、升板等建造的钢筋混凝土结构的建筑物。

(4) 混合结构，是指承重的主要构件是用钢筋混凝土和砖木建造的。如一幢房屋的梁是用钢筋混凝土制成，以砖墙为承重墙，或者梁是用木材建造，柱是用钢筋混凝土建造的。

(5) 砖木结构，是指承重的主要构件是用砖、木材建造的。如一幢房屋是用木制房架、砖墙、木柱建造的。

(6) 其他结构，是指凡不属于上述结构的房屋都归此类，如竹结构、砖拱结构、窑洞等。

（二）建筑制图、识图

1. 平面图

平面图包括建筑平面图（底层平面图、楼层平面图、标准层平面图、屋顶平面图）、结构平面图（基础平面图、结构平面图）等的平面图。

2. 建筑平面图

建筑平面图简称平面图，是指按比例绘制的建筑物水平剖面图。即假想用一水平面把一栋房屋的窗台以上部分切掉，切面以下部分的水平投影图即平面图。它可反映出房屋的平面形状、大小和布置，墙和柱。

3. 建筑施工图的分类

根据专业内容或作用的不同，一套完整的建筑工程施工图一般包括建筑施工图、结构施工图和设备施工图等。

（1）建筑施工图

建筑施工图主要表明建筑物的总体布局、外部造型、内部布置、细部构造、内外装饰等情况。它包括首页（设计说明）、总平面图、平面图、立面图、剖面图和详图等。

（2）结构施工图

结构施工图主要表明建筑物各承重构件的布置、形状尺寸、所用材料及构造做法等内容。它包括首页（设计说明）、基础平面图、基础详图、结构平面布置图、钢筋混凝土构件详图、节点构造详图等。

（3）设备施工图

设备施工图是表明建筑工程的各专业设备、管道及埋线的布置和安装要求的图样。它包括给水排水施工图、采暖通风施工图、电气施工图等。它们一般都由首页、平面图、系统图、详图等组成。

一幢房屋全套施工图的编排顺序一般应为图纸目录、总平面图（施工总说明）、建筑施工图、结构施工图、给水排水施工图、采暖通风施工图、电气施工图等。

4. 房屋建筑施工图的特点

（1）施工图中的各图样，主要是根据正投影法绘制的，所绘图样都应符合正投影的投影规律。

（2）施工图应根据形体的大小，采用不同的比例绘制。

（3）由于房屋建筑工程的构配件和材料种类繁多，为作图简便起见，国家标准规定了一系列图例符号和代号来代表建筑构配件、卫生设备、建筑材料等。

（4）施工图中的尺寸，除标高和总平面图以 m 为单位外，一般以 mm 为单位，在尺寸数字后面不必标注单位。

5. 投影法在建筑学上的应用

物体在三个相互垂直的投影面上的投影称为三面投影，它的投影图就称为三面投影图。三面投影图从三个方向上反映了物体的形状，据此可以确定出形体的空间形状和大小。

由于每个投影图只能反映物体一个面的情况，因此看图的时候，必须将同一物体的每个投影图互相联系起来，才能确定物体的形状。

(三) 建筑施工图的组成

1. 建筑施工图的组成

各专业施工图的组成部分各不相同。其中，建筑施工图包含图纸目录及说明、建筑总平面图、建筑平面图、建筑立面图、建筑剖面图、门窗表和节点详图等。

2. 建筑总平面图的概念

建筑总平面图是在建筑基底的地形图上，把已有的、新建的和拟建的建筑物、构筑物以及道路、绿化用地等按与地形图同样的比例绘制出来的平面图，主要标明新建建筑物的平面形状、层数、室内外地面标高，新建道路、绿化、场地排水和管线的布置情况，出入口示意、附属房屋和地下工程位置及功能，与道路红线及城市道路的关系，耐火等级，并标明原有建筑、道路、绿化用地等和新建建筑物的相互关系以及环境保护方面的要求。对于较为复杂的建筑总平面图，还可分项绘出竖向布置图、管线综合布置图、绿化布置图等。根据工程规模，总平面图的比例一般为1∶500、1∶200。

(四) 建筑平面图

1. 建筑平面图的形成、作用及图例

用一个假想的水平面把一栋房屋的略高于窗台以上的部分切掉，将剩余部分正投影而得到的水平投影图称为建筑平面图。

建筑平面图实质上是房屋各层的水平剖面图。一般来说，房屋有几层，就应画出几个平面图，并在图形的下方注明相应的图名、比例等。沿房屋底层窗洞口剖切所得到的平面图称为底层平面图，最上面一层平面图称为顶层平面图。顶层平面图是屋面在水平面上的投影，不需剖切。中间各层如果平面布置相同，可只画一个平面图表示，该图称为标准层平面图。对于工业厂房类的建筑，层高较高，通常还有一层高窗，这时就需要用多张平面图来表达不同标高位置处的情况。

2. 建筑平面图的组成部分

（1）地下层平面图

地下层平面图是指在室外地坪以下的各层平面图。它表示房屋建筑地下各层的平面形状、各房间的平面布置及楼梯布置等情况，标高为负值。

（2）底层平面图

①底层平面图的定义

一般建筑工程上 ±0.000 标高处的平面图称为底层平面图。它表示房屋建筑底层的布置情况。在底层平面图上还应反映室外可见的台阶、散水、花台、花池等。此外，图上还应标注剖切符号及指北针。

②底层平面图的图面内容

第一，图名、比例，表示房屋朝向的指北针，门窗、其他构配件及固定设施的图例，有关尺寸的标注，并注明室外台阶、坡道、明沟和室内外的标高。

第二，底层若设车库，其外墙门洞口上方应设防火挑檐、楼梯间等公共出入口。

第三，住宅公共出入口位于开敞楼梯平台下部，应设雨罩等防止物体坠落伤人的安全设施。

（3）散水宽度宜为 600~1000 mm，当采用无组织排水时，散水的宽度可按檐口线放出 200~300 mm；坡度可为 3%~5%，一般取 5%，当散水采用混凝土时，按 20~30 mm 间距设置伸缩缝；散水与外墙之间宜设缝，缝宽可为 20~30 mm，缝内应填沥青类材料。

（4）明沟宽度一般在 200 mm 左右，图集取 200 mm 或 250 mm，套用省标图集应注明深度的值（单个工程深度为 300 mm），沟底有 0.5% 左右的纵坡。

（5）勒脚的高度一般为室内地坪与室外地坪的高差，也可以根据立面的需要提高勒脚的高度尺寸。外墙勒脚高度为从室外地坪至室内地坪的标高。

（6）室外台阶为 150 号混凝土台阶，12 mm 厚水磨石面层。

3. 标准层平面图

1）标准层平面图的定义

标准层平面图表示房屋建筑中间相同层的布置情况，楼层平面图还需画出本层的室外阳台和下一层的雨篷、遮阳板等。除一层和顶层外，其余中间各层的平面布置、房间分隔和大小完全相同时，可用一个平面图表示，图名表示为"X-X 层平面图"，也被称为标准层平面图或中间层平面图示。

2）标准层平面图的图示内容

①注有楼面标高，卫生间、阳台降低的标高。

②门代号如下：M 表示门，G 表示固定式，T 表示推拉式，P 表示平开式，C 表

示窗，S 表示上悬式，H 表示滑撑式，DM 表示弹簧门，a 表示左开，b 表示右开。

③七层及以下的厨房排风道楼板预留洞的尺寸：500 mm × 300 mm。七层及以下的卫生间排风道楼板预留洞尺寸：380 mm × 240 mm。

（五）立面图

在与房屋立面平行的投影面上所作房屋的正投影图，称为建筑立面图，简称立面图。其中反映主要出入口或比较显著地反映出房屋外貌特征的那一面的立面图，称为正立面图，其余立面图相应地称为背立面图或侧立面图。但通常也按房屋的朝向来命名，如南立面图、北立面图、东立面图和西立面图等。有时也按轴线编号来命名，如①~⑨立面图或 A~E 立面图等。

（六）剖面图

剖面图是建筑剖面图的简称，是指按比例绘制的建筑物竖直剖视图，假想用一个垂直于外墙轴线的平面把建筑物沿垂直方向切开，将所看到的构造情况按投影原理绘制出来的图。沿房屋横向切开的叫横剖面图，沿房屋纵向切开的叫纵剖面图。主要表示房屋内部的结构形式、分层情况、屋顶坡度、房间和门窗各部分的高度、楼板厚度、材料以及各部位的关系等。它表示室内的立面布置和基础、地面、墙身、楼板、屋顶等的位置和轮廓，还注有详细尺寸标高、材料及做法等。

为了更好地理解建筑图纸，下面介绍一些建筑设计中的常用术语。

1. 层高

层高指相邻楼层楼（地）板结构面之间的垂直距离。

2. 标准层

标准层指建筑物内主要使用功能与平面布置相同的各楼层。

3. 建筑物基底面积

建筑物基底面积指建筑物接触地面的自然层建筑外墙或结构外围水平投影面积。

4. 开间

住宅设计中，住宅的开间是指相邻两个横向定位墙体间的距离。因为是就一自然间的宽度而言，故又称为开间。

5. 进深

进深指建筑物纵深各间的长度，即位于同一直线上相邻两柱中心线间的水平距离。各间进深总和称为通进深。

6. 得房率

得房率是指可供住户支配的建筑面积与每户建筑面积之比。一般多层建筑物得房率为88%，高层建筑物得房率为72%，而办公楼为55%。

7. 建筑容积率

建筑容积率指在建设用地范围内，所有建筑物地面以上各层建筑面积之和与建设用地面积的比值。

8. 建筑覆盖率

建筑覆盖率指建设用地范围内所有建筑物基底面积之和与建设用地面积的比率（%）。

9. 建筑层数

建筑层数指层高等于或大于2.2 m的楼板结构分层层数，但不包括以下情况。

（1）屋顶突出物的高度在9 m以内，且其水平投影面积之和不超过该建筑物标准层建筑面积的1/8者。

（2）实心女儿墙高度自墙顶往下小于1.5m者。

（3）建筑物屋顶另加构架但不设围合外墙者。

三、不动产控制测量

不动产控制测量是根据界址点和不动产图的精度要求，视测区范围的大小、控制点的数量及等级情况，按测量的基本原则和精度要求进行技术设计、选点、埋石、野外观测、数据处理等测量工作。

不动产控制测量根据控制内容的不同，又分为不动产平面控制测量和不动产高程控制测量。目前，不动产控制测量主要以图根加密控制测量为主，常采用导线测量和GNSS定位测量的方法，对应的高程测量主要是三角高程测量和GNSS高程测量，这两种方法在测量基础中均有涉及，本章的内容主要以不动产平面控制测量为主。

（一）不动产控制测量的目的和作用

不动产控制测量是不动产测量整个工程的前期性基础工作，它的目的是建立一个高精度的、有一定密度的、能长期保存使用的、稳定的不动产平面控制网，为整个不动产测量工作提供一个准确的控制框架和定位基准，并控制误差的累积。不动产控制测量的主要作用包括：

（1）为不动产测绘提供控制和起算数据，无论采用哪种测量方法，都需要有一定密度和精度保证的不动产平面控制数据。在进行不动产要素测量时，为了防止在测定不动产要素的几何位置时测量误差的累积，必须建立相应等级和密度的控制点网，通过控制点提供和传递起算数据。

（2）为不动产测绘的变更与修测提供起算数据。不动产测绘中经常遇到不动产产权的变更、转移，加上城市建设发展的现状不断地变化，为了保持测绘成果的现势性，要及时进行变更与修测。这些都需要建立统一标准、长期稳定的控制点作为起算数据。

(二) 不动产平面控制网的布设原则与基本要求

为了充分利用国家和城市的已有控制成果，保证测绘成果的共享和质量，满足国家经济建设和不动产管理的要求，不动产平面控制点的布设原则和其他控制点一样，应遵循"从整体到局部、从高级到低级、分级布设"的原则，也可越级布网。

我国原有的国家平面控制网主要采取以三角网为主和以导线网为辅的方式建立，一直沿用至今。随着 GNSS 测量技术的普及应用，目前控制网的建立常采用 GNSS 控制网。为了很好地利用已有资源并且和国家控制网统一，从整体到局部就是要求这种局部性质的不动产控制测量变为全国整体控制测量的一部分。无论不动产控制测量是否是全市的，也无论覆盖多大的面积，它都是全国整个大地控制网的一部分，是国家财富和资产的一部分，测量时要和国家网联测，从点的密度、标志设置、精度等级要求都要和国家控制网接轨并保持一致。

"从高级到低级、分级布设，也可越级布网"是要求不动产平面控制网应按照规定的等级规格，从高级网到低级网，统一分级布网，但不是要求逐级布网，中间可以越级布网。例如，在二等平面控制网下，可以按照四等控制网的精度和规格，布设四等平面控制网。试验证明，越级布网在某些条件下是有利的，也不会降低控制网应有精度。

建立不动产平面控制网的基本要求如下。

（1）要求控制点间有较高的相对精度，即要求最末一级的不动产平面控制网中，相邻控制点间的相对点位中误差不超过 ± 0.025 m，最大误差不超过 ± 0.05 m，只有这样的控制网才能够保证所控制的不动产要素之间的相邻相对精度。否则满足不了不动产要素测量的要求，尤其是界址点和房角点的精度要求。

（2）要求不动产平面控制点有相当的分布密度，以满足不动产要素测量对起算控制点的需求，即要求建筑物密集区的控制点平均间距在 100 m 左右，建筑物稀疏区的控制点平均间距在 200 m 左右。也就是说，在市区必须布设一、二、三级平面控制网点；在某些建筑物密集区或隐蔽区，不仅要布设一、二、三级平面控制网点，可能还要增布辅助控制网点，甚至缩短控制网点之间的边长。在通视良好的建筑物稀疏区，可能布设一、二级平面控制网即可解决问题。

（3）要求能长期保存使用，不动产平面控制网点都应该埋设永久性固定标志。

这些固定标志可能是埋在地下的测量标石，也可把标志嵌埋在永久性的坚固的建筑物或构筑物上，还可利用已有的能长期保存的、牢固的独立地物。

（4）要求不动产平面控制网点的坐标能保持较长时间的稳定，不要经常变化。因为不动产测绘是一种提供官方证明的政府行为的测量，其成果用于进行产权登记，一经确定，即具法律效力；而坐标和面积是产权登记最主要的基本数据，一经登记发证，就应保持其严肃性和稳定性，而不能经常或任意改动，以免造成产权登记和档案材料的混乱。

（5）对土地及其房屋等定着物，控制测量的技术、方法和精度指标按照《地籍调查规程》（TD／T 1001）执行。对海域及其房屋等定着物，控制测量技术、方法和精度指标按照《海籍调查规范》（HY／T 124）执行。

四、不动产要素测量概述

不动产要素测量是不动产测量工作的重要组成部分，为不动产图的测绘提供外业观测数据。不动产要素测量应统筹考虑基础条件、工作需求、经济可行性和技术可能性，在确保不动产权益安全的前提下，依据不动产的类型、位置和不动产单元的构成方式，因地制宜，审慎科学地选择符合本地区实际的测量方法，确保不动产单元的界址清楚、面积准确。

（一）不动产要素测量的方法和要求

1. 不动产要素测量的方法

（1）野外解析法测量

野外解析法测量指利用极坐标法、正交法或交会法等方法，在野外对不动产要素进行采集，画好草图，内业通过计算机处理编辑成图。无论使用何种方法，必须保证所测各点精度达到相应的规范要求。但当测定一级界址点时，则应按本章第二节所讲的界址点坐标的测量有关要求进行，否则难以达到一级界址点所规定的精度。对一级界址点坐标的测量，一般应使用极坐标法或交会法，不要使用正交法。

（2）航空摄影测量

航空摄影测量法是一种利用被摄物体影像来重建物体空间位置和三维形状的技术，主要采用全数字摄影测量的方法求得界址点坐标。当界址点数目很多，地面通视不良的情形下，采用高精度的摄影测量方法是经济有效的，是我国当前城镇不动产要素测量的主要方法之一。

用航空摄影的方法进行城市不动产测量，存在许多不利因素，主要表现在：城市建筑物密集，高层建筑物越来越多，也越来越高，树木较多、较高。这些因素对航空摄影的质量造成了很大影响，也造成了很多阴影，使得补测工作量加大；同时房屋的房檐改正的精度，也影响着航空摄影测量成果的质量。由于城市的上述复杂条件，使得航摄高度，也就是航摄比例尺受到限制。因此，航测成果的精度和效率都受到了限制，难以再提高。

目前在农村地籍测绘要素测量中，视野开阔、界址点精度要求不高的情况下，可选择航空摄影测量方法。

2. 不动产要素测量的相关要求

（1）对城镇、村庄、独立工矿等区域的建设用地，宜采用解析法测量界址点坐标并计算土地面积，实地丈量房屋边长并采用几何要素法计算房屋面积。

（2）对于分散、独立的建设用地，可采用解析法测量界址点坐标并计算土地面积，也可采用图解法测量界址点坐标。此时，宜实地丈量界址边长和房屋边长并采用几何要素法计算土地面积和房屋面积。

（3）对于海域和耕地、林地、园地、草地、水域、滩涂等用地，既可选择解析法，也可选择图解法获取界址点坐标并计算土地（海域）的面积，如果其上存在房屋等定着物，则宜实地丈量其边长并采用几何要素法计算房屋面积。

（4）一级界址点宜单独进行测量，不宜和其他不动产要素同时进行测量。

（二）不动产要素测量的主要内容

不动产要素测量的主要内容包括以下几个方面。

1. 界址点、界址线以及其他重要的界标设施

（1）界址点坐标的测量

界址点坐标测量所用到的起算点，应是邻近的基本控制点或高级界址点。界址点的测量方法，可采用极坐标法、交会法、支导线法、正交法等野外解析法测定。使用支导线方法测定界址点坐标时，导线边的边数应不超过三条，导线转折角应测左、右角，各测一回。使用支导线法测量时，必须加强检测，以保证测量成果的准确性、可靠性。

界址点坐标可以单独进行测量，也可以在全野外数据采集时和其他房地产要素同时进行测定。

（2）权属界线测量

如需要权属界线的边长，则可直接用界址点的坐标反算求得。如没有界址点的坐标，可采用测距仪或钢尺进行丈量，将权属界线测量结果标示在宗地图上。对于不规则的弧形权属线，可按折线分段计算或分段丈量，并将其折线分段标注于宗地图上。

2.境界测量

对于行政境界的测量，主要包括国界线及各级行政区划界线、特殊地区界线和保护区界线的测绘。

对于境界线分为已定界和未定界两种情况，描绘时应按实际情况用不同的符号进行描述。

3.房屋及其附属设施测量

（1）房屋的测量

进行房屋的测量时，应逐幢测绘，对于不同类别、不同建筑结构、不同层数的房屋应分别测量和表示。房屋按外墙勒脚以上墙角为准，依水平投影进行测量。在测量房屋四面墙体外侧或测量房屋墙角点坐标时，应标明房屋墙体的归属。

（2）房屋附属设施的测量

①有柱走廊：应按柱子的外围为准进行测绘。

②无柱走廊：应按围护结构外围或外轮廓的投影进行测绘。

③架空通廊：应按围护结构的外围进行测绘。

④门廊：应以柱或围护物的外围进行测绘。

⑤挑廊和阳台：均以围护结构外围为准，围护结构不规则的或难以确定的，以底板投影为准进行测绘。

⑥独立柱和单排柱的门廊、雨棚、货棚、车棚、站台：此时均应以顶盖的投影为准，并测绘出柱子的位置。

⑦门墩、台阶：均以外围投影为准进行测绘。

⑧门顶：应以顶盖的投影为准进行测绘。

⑨室外楼梯：应以外围投影为准进行测绘。

（3）房角点测量

房角点的测量与界址点的测量相同，房角点的类别代码为4。房角点测量可在墙角设置标志，也可以不设标志，可以在房角外墙勒角以上（100±20）cm处的墙角为测点，测定其坐标。正规的矩形房屋，可直接测定房屋的三个房角点的坐标，另一个房角点的坐标可通过计算求出。

（4）独立地物测量

对于独立地物的测量，应根据地物的几何图形测定出定位点的位置。

①亭：应以柱子的外围为准进行测绘。

②塔、烟囱，罐：应以底部外围轮廓为准进行测绘。

③水井、消火栓：应以该地物的中心为准进行测绘。

4.陆地交通、水域测量

(1)铁路、道路、桥梁的测绘

①铁路：应以两铁轨外沿为准进行测绘。

②道路、公路：应以两边路沿为准进行测绘。

③桥梁：应以桥头和桥身的外围投影为准进行测绘。

(2)水域的测绘

①河流、湖泊、水库等水域：均应以岸边线为准进行测绘。

②沟渠、池塘：均应以坡顶为准进行测绘。

五、不动产图测绘

(一)不动产图测绘概述

不动产图包括地籍图、海籍图及不动产单元图等，其中不动产单元图主要包括宗地图、宗海图和房产分丘图、房产分层分户图(房产平面图)等。

不动产图的测绘是在不动产平面控制测量和不动产调查工作的基础上，对各不动产要素的信息进行采集和表述的一项不动产测绘工作。

地籍图是按照特定的投影方法比例关系和专用符号来反映地籍要素及相关地形要素的平面图，是地籍的基础资料之一。既要准确完整地表示基本的地籍要素，又要使图面简明清晰，便于用户根据图上表示的要素进行增补新的内容，加工成各用户所需的专用图。首先要反映包括行政界线、地籍区(子区)界线、界址点、界址线、地类、地籍号、面积、坐落、土地使用者或所有者及土地等级等地籍要素；其次要反映与地籍有密切关系的地物及文字注记，一般不反映地形要素。地籍图是制作宗地图的基础图件。

房产图是房产产权、产籍管理的基本资料，是一套与实地房屋相符的总平面图，通过它可以全面掌握房屋建筑状况和土地使用情况，可以依据图形逐块土地、逐幢房屋清理房地产产权，计算和统计面积，并以房屋和房屋用地调查表来辅助不动产图图面显示的不足之处。

(1)宗地图的测制。以已有各种地籍图为工作底图测绘宗地内部及其周围变化的不动产权籍空间要素和地物地貌要素，并编制宗地图。测绘方法按照《地籍调查规程》(TD/T1001-2012)执行。

(2)宗海图的测制。以已有海籍图为工作底图测绘宗海内部及其周围变化的不动产权籍空间要素和地物地貌要素，并编制宗海图。测绘方法和内容按照《海籍调查规范》(HY/T124-2009)执行。

（3）房产分层分户图的编制。以地籍图、宗地图、房产图等为工作底图绘制房产分户图。房产分户图的编制要求和内容参照《房产测量规范》（GB／T17986.1–2000）中7.3的规定。

（二）不动产图基础知识

在地籍图集合中，我国现在主要测绘制作的有城镇分幅地籍图、宗地图、土地利用现状图、土地权属界线图等。按房地产管理的需要，又可分为房地产分幅平面图（简称分幅图）、房地产分丘平面图（简称分丘图）和房地产分层分户平面图（简称分户图）。本节主要介绍不动产图的测绘基础、不动产图的比例尺、不动产图的精度指标。

1. 不动产图的测绘基础

根据《地籍调查规程》（TD／T1001–2012）和《房产测量规范》（GB／T17986.1–2000）的规定，采用2000国家大地坐标系统、地方坐标系统或者独立坐标系统。对于1：10000或者1：5000图件或数据应选择高斯–克吕格投影统一3°带的平面直角坐标系统；1：50000图件或数据应选择高斯–克吕格投影统一6°带的平面直接坐标系统；中央子午线按照地图投影分带的标准方法选定。

对于1：500、1：1000、1：2000的图件或数据，当长度变形值不大于2.5 cm/km时，选择高斯–克吕格投影统一3°带的平面直角坐标系统；当长度变形值大于2.5 cm／km时，应根据具体情况依次选择：

（1）有抵偿高程面的高斯–克吕格投影统一3°带平面直角坐标系统。

（2）高斯–克吕格投影任意带平面直角坐标系统。

（3）当高斯–克吕格投影任意带平面直角坐标系统不能满足要求时，应分带投影。

（4）有抵偿高程面的任意带平面直角坐标系统。

（5）高程系统采用1985国家高程基准。

2. 不动产图的比例尺

根据不动产图的不同分类，其采用的比例尺也不尽相同。

地籍图比例尺的选择应满足地籍管理的不同需要。地籍图需准确地表示土地权属界线和土地上附着物的细部位置，为地籍管理提供基础数据，特别是地籍测绘成果资料要提供给社会各行业、各部门使用，因此地籍图比例尺的选择有较大的灵活性。选取时主要依据测区的经济繁华程度、土地利用价值、测区建筑物的密度及其复杂程度、技术力量、设备、采用的测量方法及远近期需要。

目前，世界上各国地籍图的比例尺标准不一，选用的比例尺最大为1：250，最小为1∶50000。例如，日本规定城镇地区为1∶250～1∶5000，农村地区为1∶1000～1∶5000；德国规定城镇地区为1∶500～1∶1000，农村地区为1∶2000～1∶50000。

我国城镇地区城区地籍图比例尺一般可选用1∶500，农村居民点可选用1∶500或1∶1000；土地利用现状调查可选用1∶10000。

房产分幅图一般采用1∶500和1∶1000两种比例尺，主要视建筑物的密集稀疏程度而定。为了翔实地表示不动产要素，采用1∶500比例尺的多一些，城镇建成区的分幅图一般采用1∶500，远离城镇建成区的工矿企事业等单位及其相毗连的居民点也可采用1∶1000。

房产分丘图的比例尺是根据丘的大小选择，一般在1∶100到1∶1000。分户图比例尺一般为1∶200左右。

3. 不动产图的精度指标

(1) 地籍图的精度

地籍图的精度主要指界址点和地物点的精度。地籍图上坐标点的最大展点误差不超过图上 ±0.1 mm；其他地物点相对于邻近控制点的点位中误差不超过图上 ±0.5 mm，相邻地物点之间的间距中误差不超过图上 ±0.4 mm。

当采用全野外测量方法时，可以大大提高界址点和地物点的测量精度，同时可提高面积量算的精度。在外业中，如果使用全站仪、电磁波测距仪、GNSS接收机等测量仪器，则界址点和地物点的测量精度可达到厘米级，完全能满足地籍管理的需要。

(2) 不动产单元图的精度

不动产单元图的精度主要考虑两部分：一是不动产单元图上的界址点和房角点相对于邻近控制点的点位中误差；二是不动产要素点与地物点相对于邻近控制点的点位中误差。

①不动产界址点和房角点的精度要求

根据界址点等级，其相对于邻近控制点的点位中误差分别为 ±0.02 m（一级）、±0.05 m（二级）、±0.10 m（三级）。房角点坐标的精度等级和限差执行界址点的标准。

②不动产要素点与地物点相对于邻近控制点的点位中误差

第一，全野外采集数据或野外解析测量等方法所测的不动产要素点与地物点，相对于邻近控制点的点位中误差应不超过 ±0.05 m。

第二，模拟方法测绘的不动产分幅平面图上的地物点，相对于邻近控制点的点位中误差应不超过图上 ±0.5 mm。

第三，利用已有地籍图、地形图编绘不动产图时，地物点相对于邻近控制点的点位中误差应不超过图上 ±0.6 mm。

第四，采用已有坐标或有图件展绘成不动产分幅图时，展绘误差应不超过图上 ±0.1 mm。

（三）不动产图测绘内容

1. 地籍图测绘内容

（1）地籍图内容选取的基本要求

①地籍图应以地籍要素为基本内容，突出表示界址点、线。

②地籍图作为基础图件应有严格的数学精度，因此应有必需的数学要素。

③地籍图应表示基本的地理要素，特别是与地籍有关的地物要素。

④地籍图图面应主次分明、清晰易懂，并便于用户添加专题图要素。

（2）地籍图内容选取的基本要点

①具有宗地划分或对划分有参考意义的各类自然或人工地物和地貌，即这些地物或地貌本身就是权属界线或在界线的附近，如围墙、沟、路、坎等。

②具有土地利用现状分类划分或对划分有参考意义的各种地物或地貌，如田埂、地类界、沟、渠等。

③土地上的重要附着物，如水系、道路、建筑物等。

④在土地表面下的各种管线及构筑物，在图上不表示，如下水道、地窖、井盖等。

⑤地面上的管线只表示重要的，如万伏以上高压线、裸露的大型管道（工厂内部的根据需要考虑）等。

⑥控制点及界址点。

⑦注记部分，如房屋结构、层数、地理名称、植被等。

⑧标识符，包括地籍区号、地籍子区号、宗地号、界址点号、房产编号、门牌号等。

（3）地籍图的基本内容

①行政区划要素

第一，行政区划要素主要指行政区界线和行政区名称。

第二，不同等级的行政区界线相重合时应遵循高级覆盖低级的原则，只表示高级行政区界线，行政区界线在拐角处不得间断，应在转角处绘出点或线。行政级别从高到低依次为省级界线、市级界线、县级界线和乡级界线。

第三，当按照标准分幅编制地籍图时，在乡（镇、街道办事处）的驻地注记名称外，还应在内外图廓线之间、行政区界线与内图廓线的交会处的两边注记乡（镇、街道办事处）的名称。

第四，地籍图上不注记行政区代码和邮政编码。

②地籍要素

第一，地籍要素包括地籍区界线、地籍子区界线、土地权属界址线、界址点、图斑界线、地籍区号、地籍子区号、宗地号（含土地权属类型代码和宗地顺序号）、地类代码、土地权利人名称、坐落地址等。

第二，界址线与行政区界线相重合时，只表示行政区界线，同时在行政区界线上标注土地权属界址点，行政区界线在拐角处不得间断，应在转角处绘出点或线。

第三，地籍区、地籍子区界线叠置于省级界线、市级界线、县级界线、乡级界线和土地权属界线之下。叠置后其界线仍清晰可见。

第四，地籍图上，对于土地使用权宗地，宗地号及其地类代码用分式的形式标注在宗地内，分子注宗地号，分母注地类代码。对于集体土地所有权宗地，只注记宗地号。宗地面积太小注记不下时，允许移注在空白处并以指示线标明。宗地的坐落地址可选择性注记。

第五，按照标准分幅编制地籍图时，若地籍区、地籍子区、宗地被图幅分割，其相应的编号应分别在各图幅内按照规定注记。如分割的面积太小注记不下时，允许移注在空白处并以指示线标明。

第六，地籍图上应注记集体土地所有权人名称、单位名称和住宅小区名称。个人用地的土地使用权人名称一般不需要注记。

第七，可根据需要在地籍图上绘出土地级别界线，注记土地级别。

③地形要素

第一，作为界标物的地物，如围墙、道路、房屋边线及各类垣栅等应表示。

第二，房屋及其附属设施：房屋以外墙勒角以上外围轮廓为准，并注记房屋层数及结构。装饰性的柱、垛、墙等不表示；临时性或已破坏的房屋不表示；墙体凹凸小于图上 0.2 mm 不表示；落地阳台、有柱走廊及雨篷、与房屋相连的大面积的台阶和室外楼梯要表示；悬空建筑，如水上房屋、骑楼等，应按实地轮廓线测绘其水平投影位置；农村的窑洞要表示；门牌号在图上可跳号注记。

第三，工矿企业露天构筑物、固定粮仓、公共设施、广场、空地等绘出其用地范围界线，内置相应符号。

第四，铁路公路及主要附属设施如站台、桥梁、大的涵洞和地铁、隧道及人防工程的出入口应表示，铁路路轨密集时可适当取舍。对铁路、公路，除按地籍图图示规定表示外，还应测绘出其权属界线（征地界线）。

第五，建成区内街道两旁以宗地界址线为边线，道牙线可取舍。

第六，城镇街巷应表示。

第七，塔、亭、碑、像、楼等独立地物应择要表示，图上占地面积大于符号尺寸时应绘出用地范围界线，内置相应符号或注记。公园内一般的碑、亭、塔可不表示。

第八，电力线、通信线及一般架空管线不表示，但占地塔位的高压线及其塔位应表示。

第九，地下管线、地下室一般不表示，但面积较大的地下商场、地下停车场及与其他项权利有关的地下建筑应表示。

第十，大面积的绿地、街心公园、园地等应表示，零星植被、街旁行树、街心小绿地及单位内部小绿地等可不表示。

第十一，河流、水库等水系均应表示。对水系的测绘，无特殊要求时通常以岸边为准。当河流两岸不规则时，在保证精度的前提下，可对小的弯曲和岸边不明显的地段进行适当取舍。对于在图上只能以单线表示的沟渠，测定其中心位置。所有水系的宽度及流向均应在图上标注。对于宽度变化较大的，要分段量测并标注。

第十二，平坦地区不表示地貌，起伏变化较大地区应适当注记高程点。

第十三，地理名称注记。

④数学要素

数学要素包括内外图廓线、内图廓点坐标、坐标格网线、控制点、比例尺、坐标系统等。

⑤图廓要素

图廓要素包括分幅索引、密级、图名、图号、制作单位、测图时间、测图方法、图式版本、测量员、制图员、检查员等。

2.宗地图编制要求

（1）编制要求

①以地籍图为基础编绘宗地图。

②比例尺和幅面应根据宗地的大小和形状确定，比例尺分母以整百数为宜。

（2）主要内容

①宗地代码、所在图幅号、土地权利人、宗地面积。

②地类号、房屋的幢号。其中幢号用（1）（2）（3）……表示并标注在房屋轮廓线内的左下角。

③本宗地界址点、界址点号、界址线、界址边长、门牌号码。其中门牌号码标注在宗地的大门处。

④用加粗黑线表示建筑物区分所有权专有部分所在房屋的轮廓线。如果宗地内

的建筑物不存在区分所有权专有部分，则不表示。

⑤宗地内的地类界线、建筑物、构筑物及宗地外紧靠界址点线的定着物、邻宗地的宗地号及相邻宗地间的界址分隔线。

⑥相邻宗地权利人名称、道路、街巷名称。

⑦指北方向、比例尺、界址点测量方法、制图者、制图日期、审核者、审核日期、不动产登记机构等。

3. 房产分幅图测绘的内容和表示方法

房产分幅图是全面反映房屋及其用地的位置和权属等状况的基本图，是测制分丘图和分户图的基础资料。

分幅图应表示的内容包括控制点、行政境界、丘界、房屋及附属设施和房屋围护物、丘号、幢号、房产权号、门牌号、房屋产别、结构、层数、房屋用途和用地分类等，以及与不动产有关的地形要素和注记等。

（1）控制点

控制点主要是平面控制点，包括基本控制点（一、二、三、四等国家平面控制网点，二、三、四等城市平面控制网点，二、三、四等城镇地籍控制网点，以及一、二级小三角测量网点，一、二级小三边测量网点，一、二级导线测量网点）和房产平面一、二、三级控制点。这些点都是测图的测站点，应精确地将其展绘在图上。

（2）行政境界

行政境界一般只表示区、县和镇的境界线。街道办事处或乡的境界根据需要表示；两级境界线重合时，用高一级境界线表示；境界线与丘界线重合时，用境界线表示；境界线跨越图幅时，应在图廓间的界端注出行政区划名称。

（3）房产区界

房产区界包括房产区界和房产分区界，在房产分幅图和分丘图上都要表示。

（4）丘界线

房屋用地界线即房产用地权属界线，一般为丘界线。丘界线有硬界和软界之分，有固定界标的为硬界，无固定界标的为软界。

组合丘内还可划分支丘，支丘在房产图上应表示。丘内有不同的土地利用类别的，用地类界区分表示。

丘界包括界址点、丘界线和丘号，以及丘的用地用途分类代码。对于明确又无争议的丘界线用实线表示，有争议或无明显界线又提不出凭证的用未定丘界线表示；丘界线与单线地物重合时，单线地物符号不变，线画按丘界线加粗表示。

（5）房屋权界线

房屋权界线的核心是墙体的归属，应把共有墙、自墙和借墙分别进行表示。房屋权界线的产权归属以"权属指示线"表示。权属指示线为线粗0.15 mm、线长1.0 mm的一短直线。

直线由房屋权界线起，垂直于房屋权界线，指向产权所有人一方，在房屋权界线上每隔1~2 cm画一"权属指示线"。有的也用一条边居中平均画三条短线表示。权属以栅栏、栏杆、篱笆、铁丝网为界时，其产权归属亦在相应界线上用"权属指示线"表述。

（6）房屋

对房产图上的要素描述，最主要的房地产要素是房屋，描述时的规则是：地面的或与地面相交的地物，均以实线表示；悬空的一般用虚线表示。例如，悬空的阳台、门顶、架空房屋、架空通廊、挑楼、高架路等悬空地物，都用虚线表示；而柱、墙、路、地面房屋则以实线表示。

房屋包括幢号、房屋轮廓线、房屋性质的三个代码（产别、结构、层数）等。房屋包括一般房屋、架空房屋和窑洞等。房屋应分幢测绘，以外墙勒脚以上外围轮廓的水平投影为准，装饰性的柱和加固墙等一般不表示；临时性的过渡房屋及活动房屋不表示；同幢房屋层数不同的应测绘出分层线。

①一般房屋

一般房屋不分种类和特征，均以实线绘出，轮廓线内需注明产别、建筑结构、层数、幢号。

②架空房屋

架空房屋是指底层架空，以支撑物作承重的房屋。

其架空部位一般为通道、水域或斜坡，如廊房、骑楼、过街楼、吊脚楼、挑楼、水榭等。架空房屋以房屋外围轮廓投影为准，用虚线表示，虚线内四角加绘小圆圈表示支柱，轮廓线内注记与一般房屋注记规定的内容。

（7）房屋附属设施

房屋附属设施包括柱廊、檐廊、架空通廊、底层阳台、门廊、门顶、门、门墩和室外楼梯，以及和房屋相连的台阶等均应实测。其阳台一层封闭的和不封闭的要分别用不同的符号表示。

①柱廊以柱的外围为准，图上只表示四角或转折处的支柱。

②底层阳台以底板投影为准。

③门廊以柱或围护物外围为准，独立柱的门廊以顶盖投影为准。

④门顶以顶盖投影为准。

⑤门墩以墩的外围为准。

⑥室外楼梯以水平投影为准，宽度小于图上1mm的不表示。

⑦与房屋相连的台阶按水平投影表示，不足五阶的不表示。

（8）房屋围护物

房屋围护物包括围墙、栅栏、栏杆、篱笆和铁丝网等均应实测，其符号的中心线是实地物体的中心位置。其他围护物根据需要表示，临时性或残缺不齐的和单位内部的围护物不表示。

（9）房产要素和编号

房产要素和房产编号包括房产区号和房产分区号、丘号、丘支号、幢号、房产权号、门牌号（门牌号注在房屋轮廓外实际开门处）、房屋产别、结构、层数、房屋用途和用地分类，根据调查资料以相应的数字、文字和符号表示。当注记过密容纳不下时，除丘号、丘支号、幢号和房产权号必须注记，门牌号可在首末两端注记或中间跳号注记，其他注记按上述顺序从后往前省略。

（10）地形要素

与房产管理有关的地形要素包括铁路、道路、桥梁、水系、独立地物、公共设施和绿化地等。亭、塔、烟囱、罐以及水井、停车场、球场、花圃、草地等根据需要表示，并加绘相应符号或加简注。

①铁路以两轨外缘为准；道路以路缘为准；桥梁以外围投影为准；沟、渠、水塘、游泳池以坡顶为准，其中水塘、游泳池等应加简注。

②亭以柱的外围为准；塔、烟囱和罐以底部外围轮廓为准；水井以井的中心为准；停车场、球场、花圃、草地等以地类界表示，并加注相应符号或加简注。

（11）地理名称注记

地理名称注记包括自然名称，镇以上人民政府各级行政机构名称，工矿、企事业单位名称，主要街道的名称。地名的总名和分名应用不同的字级分别注记；同一地名被分割或面积较大、延伸较长的地域、地物，需分别标注。

（12）图廓整饰

图廓整饰包括图名、图幅编号、测图日期、比例尺、起至丘号、施测单位等。

六、不动产数据库建设

（一）数据库概述

1. 数据库的概念

数据库是20多年来发展最迅速的一种计算机数据管理技术。数据库的应用领域相当广泛，从一般事务处理，到各种专门化数据的存储与管理，都可以建立不同类型的数据库。

地理信息系统中的数据库就是一种专门化的数据库。建立数据库不仅仅是为了保存数据、扩展人的记忆，更是为了帮助人们去管理和控制与这些数据相关联的事物。

目前，数据库还没有统一公认的定义，不同的定义是由于从不同的角度看待数据库而产生的。有两种比较普遍的定义：一种是从应用的角度定义数据库为被存储起来的数据集合，这些数据被特定的组织（如公司、银行、大学、政府机关等）所利用。另一种定义是根据数据库内外特点描述数据库是存储在一起的相关数据的集合，它以最优的方式为一个或多个应用服务；数据的存储独立于使用它的程序；对数据库插入新的数据、检索和修改原有数据均能按一种公用的和可控制的方法进行；数据被结构化，为今后的应用研究提供基础。简言之，数据库就是为一定目的服务，以特定的结构存储的相关联的数据集合。

数据库是数据管理的高级阶段，是从文件管理系统发展而来的。数据库与传统的文件系统有许多明显的差别，其中主要的有两点：一是数据独立于应用程序而集中管理，实现了数据共享、减少了数据冗余、提高了数据的利用效益；二是在数据间建立了联系，从而使数据库能反映出现实世界中信息的联系，这也是数据库与文件系统的根本区别。

2. 数据库的主要特征

数据库方法与文件管理方法相比，前者具有更强的数据管理能力。数据库具有以下主要特征。

(1) 数据集中控制

在文件管理方法中，文件是分散的，每个用户或每种处理都有各自的文件，不同的用户或处理的文件一般是没有联系的，因而不能为多用户共享，也不能按照统一的方法来控制、维护和管理。数据库很好地克服了这一缺点，数据库集中控制和管理有关数据，以保证不同用户和应用可以共享数据。数据集中并不是把若干文件"拼凑"在一起，而是要把数据"集成"。因此，数据库的内容、结构必须合理，才能满足众多用户的要求。

(2) 数据冗余度小

冗余是指数据的重复存储。在文件方式中，数据冗余大。冗余数据的存在有两个缺点：一是增加了存储空间，二是容易出现数据不一致。设计数据库的主要任务之一是识别冗余数据，并确定是否能够消除。在目前情况下，即使数据库方法也不能完全消除冗余数据。有时，为了提高数据处理效率，也应该有一定程度的数据冗余。但是，在数据库中应该严格控制数据的冗余度。在有冗余的情况下，数据更新、修改时，必须保证数据库内容的一致性。

（3）数据独立性

数据独立是数据库的关键性要求。数据独立是指数据库中的数据与应用程序相互独立，即应用程序不因数据性质的改变而改变，数据的性质也不因应用程序的改变而改变。数据独立分为两级：物理级和逻辑级。物理独立是指数据的物理结构变化不影响数据的逻辑结构，逻辑独立意味着数据库的逻辑结构的改变不影响应用程序。但是，逻辑结构的改变必然影响数据的物理结构。目前，数据逻辑独立还没能完全实现。

（4）复杂的数据模型

数据模型能够表示现实世界中各种各样的数据组织以及数据间的联系。复杂的数据模型是实现数据集中控制、减少数据冗余的前提和保证。采用数据模型是数据库方法与文件方式的一个本质差别。

数据库常用的数据模型有四种：层次模型、网络模型、关系模型和面向对象模型。因此，根据使用的模型，可以把数据库分成层次型数据库、网络型数据库、关系型数据库和面向对象型数据库。

（5）数据的安全保护性

数据保护对数据库来说是至关重要的，一旦数据库中的数据遭到破坏，就会影响数据的功能，甚至使整个数据库失去作用。对数据保护包含以下四个方面的内容。

①安全性控制。就是要防止数据丢失、错误更新和越权使用。数据库的用户通常只能使用和更新某些数据，只有数据库管理员才能对整个数据库进行操作。

②完整性控制。即保证数据正确、有效和相容。

③并发控制。就是既要做到同一时间周期内允许对数据的多路存取，又要防止用户之间不正常的交互作用。

④故障的发现和恢复。数据库管理系统提供了一套措施，警惕和发现故障，并在发生故障时，尽快自动恢复数据库的内容和运行。

（二）不动产数据库概述

不动产数据库是用来存储和管理不动产数据的空间数据库。不动产数据主要是不动产调查得到的基础不动产数据、日常不动产管理所产生的变更不动产数据、不动产测量的成果数据及与不动产管理密切相关的数据、规划与道路数据等。这些数据可分为空间数据与非空间数据两类，其中的用地数据与各种背景地理信息在空间上都以统一的地理坐标为基础，用地数据伴有大量的相关属性信息。本节将介绍不动产数据库数据结构、数据分层和数据字典的相关知识。

1. 不动产数据库的空间数据结构

不动产数据库的空间数据结构是组成空间数据结构的一部分，空间数据结构是指适合于计算机系统存储、管理和处理的地学图形的逻辑结构，是地理实体的空间排列方式和相互关系的抽象描述。它是对数据的一种理解和解释，不说明数据结构的数据是毫无用处的，不仅用户无法理解，而且计算机程序也不能正确地处理。对同样的一组数据，按不同的数据结构去处理，得到的可能是截然不同的内容。

空间数据结构基本上可分为两大类：矢量结构和栅格结构（也可以称为矢量模型和栅格模型）。两类结构都可用来描述地理实体的点、线、面三种基本类型。

空间数据编码是空间数据结构的实现，即将根据地理信息系统的目的和任务所收集的、经过审核了的地形图、专题图和遥感影像等资料按特定的数据结构转换为适合于计算机存储和处理的数据的过程。由于地理信息系统数据量极大，一般采用压缩数据的编码方式以减少数据冗余。

在地理信息系统的空间数据结构中，栅格结构的编码方式主要有直接栅格编码、链码、游程长度编码、块码、四叉树码等；矢量结构主要有坐标序列编码、树状索引编码和二元拓扑编码等编码方法。

2. 不动产数据库的属性数据结构

属性数据是用来描述空间数据特征性质的。不动产数据库中的属性数据主要用来描述不动产单元及其上附着物实体的，它们描述不动产单元的数量（面积）、质量、权属和利用状况及其上附着物的相关信息。例如，一不动产单元除需要记录它及其上附着物的位置坐标等空间数据外，还要存储它及其上附着物的属性信息，如权利人、权利人性质、权属来源、自然幢、层、户等。因此，这种非空间的属性数据也可称为空间实体的特征编码。很显然，属性数据是与空间实体相关的。通常可以采用公共识别符的办法建立属性数据与空间数据的有效联系，从而有效地存储和处理这些数据。

3. 不动产数据库的数据层

不动产数据库的数据层与大多数空间数据库一样，都是按照逻辑类型分成不同的数据层进行组织数据。分层的概念是将空间数据按属性内容进行划分，不同内容的数据属于不同的层。分层将不同性质的数据分开存储管理，有助于更有效地组织和管理空间数据。不同层次数据的组合，则为我们提供了不同类型的空间信息。

数据层的划分一般按照数据的类型进行，它是数据分层的主要依据，同时要考虑数据之间的关系，如考虑两类地物共享边界（道路和行政边界重合）等，数据之间的关系在数据分层时应体现出来。在进行数据分层时应考虑以下因素。

（1）具有同样的特性，即数据有相同的属性信息。

（2）比例尺的一致性。

（3）该层数据会有同样的使用目的和方式。

（4）不同部门的数据通常应该放入不同的层，便于维护。

（5）数据库中需要不同级别安全处理的数据。

（6）数据库中各类数据的更新可能使用各种不同的数据源，在分层中，使用不同数据源更新的数据也应分层进行存储，以便于更新。

（7）即使是同一类型的数据，有时其属性特征也不相同，所以也应该分层存储。

（三）不动产数据库更新

1. 数据库更新目的与依据

为保证不动产数据库的现势性和准确性，依据不动产变更登记要求，对于宗地的合并、分割、继承、赠予，不动产权利人的更名、更址以及不动产用途的变更等多种情况，应在不动产变更登记的基础上进行数据库更新。

2. 数据更新方法及要求

（1）应按照变更登记流程进行不动产变更资料的录入。

（2）由于变更数据源来源类型和精度的差异，原则是精度低的数据服从精度高的数据。

（3）在进行数据变更时须保证图形和属性同步变更，保持图属对应关系一致性。

（4）变更前数据作为历史数据存放，现状数据和历史数据间必须建立关系。

（5）变更数据与未变更数据间应保证严格的拓扑关系。

（四）不动产数据库管理功能

1. 数据采集与处理功能

（1）图像处理功能要求。能对图像进行配准处理，能对各种图像格式进行输入和输出转换，主要包括 TIFF、GeoTIFF、JPG、IMG 等图像格式的输入和输出。

（2）空间参考系转换功能要求。能进行坐标变换，主要包括 1954 北京坐标系、1980 西安坐标系转换成 2000 国家大地坐标系，CGCS2000 坐标系、地方坐标系等不同坐标系的相互转换；能进行投影变换，主要包括高斯－克吕格投影、墨卡托投影、彭纳投影等不同投影的相互转换。

（3）图层编辑功能要求。能进行图层编辑，主要包括增删图层、修改图层名称、图层状态编辑、修改图层次序等功能。

（4）矢量化采集功能要求。能进行图形数据的矢量化采集，主要包括点、线、面的增、删、改等，对点、线、面等多种对象的延伸、连接、旋转、合并、分解等编辑功能和对编辑对象的多种捕捉功能。

（5）电子数据采集功能要求。能进行电子数据采集，主要包括键盘输入坐标点和批量导入 GPS、全站仪等测量仪器的电子数据等功能。

（6）属性数据采集功能要求。能进行属性数据的采集，主要包括数据结构的编辑与修改、属性值的编辑与修改、属性值批量分析计算录入、批量属性数据的导入等。

（7）检查与处理功能要求。能对数据进行检查并具有一定的错误处理功能，主要包括拓扑检查与处理、一致性检查与处理、完整性检查与处理等。

（8）数据格式转换功能要求。能按照《不动产登记数据库标准（试行）》中规定的交换格式进行数据交换，主要包括能够导入《不动产登记数据库标准（试行）》中规定的数据交换格式，能够按《不动产登记数据库标准（试行）》交换格式导出数据。

2. 数据管理与应用功能

（1）数据库维护与管理功能要求。应具有对数据库各种数据的管理与维护功能，主要包括各图层、数据结构、数据字典、元数据等的管理及维护。

（2）数据库安全管理功能要求。应满足不动产数据安全管理的需要，主要包括用户权限设置、密码设置、备份与恢复、出错处理等。

（3）信息查询功能要求。系统应提供多种查询功能，包括图形查属性、属性查图形、不动产登记信息查询、历史回溯查询等功能。

（4）专题图制作功能要求。具有不同专题图的制作功能，主要包括宗地图、不动产权籍图等各种专题图的制作。

（5）统计分析功能要求。具备不动产管理中常见报表统计分析功能，主要包括界址点成果表、宗地面积计算表、土地分类面积统计表等统计汇总，对全市或一个区（或街道、街坊）范围按权属性质、建筑容积率、建筑密度等的统计，并生成统计图和表等。

（6）不动产管理相关卡表生成功能要求。具有表、卡、证、册制作与输出功能，主要包括打印宗地的相关表卡证册、生成登记区域内的归户卡等。

（7）变更登记功能要求。具有变更登记功能，包括具有完整的变更流程、对流程进行调整与自定义、审查条件设定、能自动检查以前抵押登记资料、能完成各类图形变更等功能。

（8）历史数据管理功能要求。具有历史信息的存储、查询和追溯功能，主要包括图形与属性历史信息的保存、能对历史信息进行追溯查询等。

第三节　倾斜三维技术在城市更新不动产测绘中的应用

城市更新调查是按照国家、省、市有关部门制定的统一数据标准和技术规范，对特定的城市更新区域包括土地、房屋、文化遗存、古树名木、人口、经济、产业、公建配套及市政设施等现状基础数据展开的基础性调查工作，可为城市功能布局规划、产业空间布局调整、城市土地盘活和人居环境改善等提供强有力的数据参考[①]。城市更新调查内容繁多、结构复杂，尤其是在涉及与地理位置、空间分布密切相关的不动产调查方面，面临着测区环境复杂、统计工作量大、工作效率低、项目周期长和调查统计结果不精准等问题，单纯依靠传统的测绘或入户调查的方法，往往容易导致项目延期、成本高、效率低且成果问题频发等工作难题。

一、倾斜三维技术概述

倾斜三维技术作为一种新型的测绘技术手段，在实现城市科学化、精细化、智能化、数字化治理中发挥着巨大作用，在实际的城市基础调查中，通过构建统一的地理空间框架和结构化的表达，对城市更新区域的不动产对象实现全域、全空间和多维度、可视化和数字化的管理，为城市更新不动产测绘工作提供完整的高效率的解决方案，对城市更新不动产测绘工作具有实际的指导和借鉴意义。

鉴于以上背景，本节将结合城市更新不动产测绘业务流程和技术标准，充分发挥倾斜三维新型测绘数据获取手段技术优势，从数据获取内容与指标、数据获取方法、数据处理方法和数据成果精度等方面，详细阐述倾斜摄影技术在城市更新不动产测绘中的应用方法和技术流程。

二、城市更新不动产测绘数据获取内容

根据城市更新调查内容要求，涉及城市更新不动产测绘数据采集内容主要包括城市更新区域基础地理信息数据和房屋权籍调查数据，不同数据项的数据采集内容如表6-1所示。

---

① 潘敏青. 无人机倾斜摄影测量技术在广州城市更新改造中的应用研究 [J]. 技术与市场，2020，27（8）：62-63.

表 6-1　城市更新不动产测绘数据采集内容

序号	城市更新不动产测绘数据项	城市更新不动产测绘数据采集内容	数据采集指标要求
1	基础地理信息数据	城市更新调查区域控制测量和地形图测量的成果数据，主要对其地形图的平面高程基准、比例尺，以及控制测量及碎部测量的精度等进行测量	按照 1∶500 地形图测量精度进行数据采集
2	房屋权籍调查数据	城市更新调查区域房屋数量、房屋界址点的精度、房屋边长的精度、房角点的精度、房屋面积的精度	按照 1∶500 房产测绘要求开展不动产测绘

三、城市更新不动产测绘数据处理技术流程

城市更新不动产测绘主要依托三维模型动态单体化技术，经过数据质量检查、数据清洗与标准化处理、三维不动产空间数据库构建、三维数据融合等步骤，有效地对区域内的所有宗地进行落宗，并通过在三维模型属性中挂接相应的不动产权籍调查信息。同时，输出相关的宗地图、房产分幅图等数据资料，建设三维不动产信息数据库，形成标准化的三维不动产登记信息数据的工作流程[①]。

四、三维模型与不动产数据融合

（一）融合技术流程

三维模型与不动产数据的集成需要进行三维场景与不动产数据的整合。其中，不动产三维场景整合指的是大规模城市三维场景模型与不动产数据、三维楼盘模型之间的匹配套合，通过对三维模型几何、语义等进行相似性度量[②]，识别出不动产空间数据中所对应的三维模型中的地物，建立三维模型与不动产空间数据之间的联系，通过几何变换等算法进行数据整合，实现三维模型与不动产空间数据的匹配与套合。

基于三维不动产登记成果构建三维数据模型的方法及步骤如下。

（1）将不动产登记成果中的分层分户图转换成 shp 格式；

（2）对转换后 shp 格式的分层分户图数据进行拓扑处理；

（3）创建建筑物多个楼层要素按序从基底层开始叠加形成的二维矢量数据集；

（4）根据层号信息对三维矢量数据集中的几何对象依次套合并自动匹配控制点，

① 李绮，张姣.基于 GIS 的"三旧"改造项目动态监控和管理 [J].北京测绘，2021，35(6)：722-726.
② 宿勇军，李艳.新型城市更新基础数据调查及应用 [J].城市勘测，2021(3)：14-17+22.

进行空间数据的位置转换；

（5）将建筑物三维模型与不动产登记成果中的业务属性数据关联。

（二）三维不动产实体构建

为了实现不动产数据、三维数据的图形、属性的一体化，通过以产权空间作为房地不动产管理的核心对象和基本单元，在构建三维实体模型单体化基础上，对各三维实体分别落宗，分别从私有产权空间和共有产权空间2个部分，按照"宗地—自然幢—逻辑幢—层—户—室"的层次结构进行组织，各层级作为单独的空间对象，在空间上具有一定的范围且有明确的边界，实现不动产数据产权空间与权属信息关联[①]。其中，建筑物构件等地理实体以不动产单元为核心进行聚合，按照"宗地—自然幢—逻辑幢—层—户—室"的层次结构关联和组织，从而实现产权空间和地理实体之间的复杂关系的有效连接。

（三）不动产三维数据空间套合

不动产空间数据与三维模型数据套合的关键是将二者的几何位置进行配准与纠正，根据空间数据的几何畸变特点，采用几何变换的方法将空间数据转换到城市三维场景模型的坐标系中。对于不动产空间数据库中的宗地数据、地籍数据等具有明确的地理坐标[②]，统一的空间基准和数学基础转换就可以实现其与三维模型的套合。房屋图形等数据没有明确的地理坐标，需要建立其与三维模型之间的关联关系，原理是借助所提取的建筑物轮廓面，建立房屋图形与三维模型数据空间之间的对应关系，选择合适的几何配准与纠正模型，将房屋图形变换至三维模型数据空间中，最终生成符合标准的新数据，实现不动产空间数据与三维数据模型的套合。

（四）不动产三维数据属性关联

三维场景模型单体化是实现不动产单元属性查询的基础，将三维场景模型和三维楼盘模型与不动产单元信息进行关联与融合，实现三维模型与不动产数据的属性关联。根据单体化图层中的关联字段，与不动产数据进行关联。在不动产权籍库中按宗地、地籍区、地籍子区等图层编制隶属宗地和房屋不动产单元号等信息，更新

---

① 李芳，刘洋洋，李孙桂.城市更新基础数据调查项目的质量控制措施探讨 [J].建筑标准化，2019(14)：49-50.

② 武卫卫.无人机倾斜摄影测量技术在农村房地一体化调查项目中的应用 [J].华北自然资源，2021(4)：74-75.

至单体化图层中①。对于不动产登记数据中的户室信息、权利人、不动产单元等信息，将不动产单元号作为关键字段，与不动产权籍库中房屋不动产单元号相关联，建立登记数据与三维模型的关联。同时，根据户室信息中不动产单元号、房间号、房屋户室主键等关键字段，将户室信息更新至三维楼盘模型中，达到三维楼盘模型与不动产数据的关联融合。

单体化后的三维数据模型已经分解成一个个单独的、可以被选中分离的地理实体对象，所选择单体化的地理实体为建筑物，且每个建筑物具有独有房屋 ID。将房屋 ID 设置为连接三维数据模型与不动产权籍数据的关联字段，使得三维数据模型与不动产权籍数据之间互相关联，实现在城市三维场景模型中对不动产权籍数据的查询功能。

针对单实体构成的不动产单元，可以通过三维宗地体或者三维数据模型进行登记数据的关联。三维宗地体和三维数据模型已实现与权籍数据的关联，通过权籍数据可将其与不动产登记数据关联，实现三维层面的不动产登记信息管理。

五、城市更新不动产测绘成果精度检查

为确定三维倾斜摄影技术开展城市更新不动产测绘的成果精度，本文通过传统实地测量方法，利用随机抽取一定数量样本数据，利用传统仪器包括 RTK、全站仪、皮尺等，采集建筑物拐点坐标、栓距、地面高程等作为精度检查的依据，结合不动产测绘的精度指标要求，对城市更新不动产测绘三维模型进行精度检查，检查不动产测绘成果与实际的符合性。

六、城市更新不动产测绘三维模型精度评价

城市更新不动产测绘成果数据质量贯穿于城市更新调查的全过程，其数据的可靠性、有效性和成果精度关系到最终的成果可用性。考虑到城市更新不动产测绘采用 1∶500 比例尺的成图精度，本节针对其三维模型可视化表达的成果质量进行评价，通过三维模型的平面精度、高度精度、地形精度、DOM 精度等指标，对城市更新不动产测绘三维模型进行全面评价。其中，地形精度主要根据成图比例尺、格网间距以及高程中误差三者的综合情况表达地形（DEM）格网点相对于附近野外控制点的高程中误差；三维模型的 DOM 精度主要按照成图比例尺和 DOM 地名分辨率来表达三维模型量测坐标与实际地理坐标之间的差异。

作为新型的测绘技术，倾斜三维摄影测量技术灵活、高精度和高效率等技术优

---

① 何湘平，梁运强，黎志坚，等.无人机倾斜摄影测量技术在农村房地一体化测量中的应用 [J].南宁师范大学学报（自然科学版），2021，38（3）：129-134.

势，为城市更新调查基础数据获取提供了新途径，通过高精度三维模型的获取，可以实现在内业直接进行图上量测，在保证成果精度的同时，可以大大减少外业实地量测的工作量并显著提高工作效率，经济效益明显，为城市更新调查工作提供强有力的数据和技术支撑。

第七章　地理信息系统工程

第一节　地理信息系统的概念与基础

地理信息系统是信息化的核心技术。地理信息系统的概念和技术发展证明它是以需求为驱动、以技术为导引的。地理信息系统技术的应用也不是孤立的，需要与其他相关技术进行集成和协同运行。本章将从地理信息系统的概念出发，介绍并讨论其内涵和技术演进历程，地理信息系统组成，建立地理信息系统的目的和作用，与相关学科的关系，地理信息系统产生和发展的科学基础以及对这些学科发展的作用；简要介绍与地理信息系统应用密切相关的一些技术，如数据采集技术、计算机网络工程技术、通信技术、软件工程技术、信息传输、信息安全技术、虚拟现实与仿真技术等。

一、地理信息系统的定义与特点

地理信息系统的含义和组成内容不断发生变化，作为信息应用科学，证明了其与需求和技术发展的密切关系。

(一) 地理信息系统的定义

1. 地理信息系统定义概述

地理信息系统（Geo-spatial Information System，GIS）是对地理空间实体和地理现象的特征要素进行获取、处理、表达、管理、分析、显示和应用的计算机空间或时空信息系统。

2. 地理信息系统定义涉及的概念

（1）地理空间实体

地理空间实体是指具有地理空间参考位置的地理实体特征要素，具有相对固定的空间位置和空间相关关系、相对不变的属性变化、离散属性取值或连续属性取值的特性。在一定时间内，在空间信息系统中仅将其视为静态空间对象进行处理表达，即进行空间建模表达。只有在考虑分析其随时间变化的特性时，即在时空信息系统中，才将其视为动态空间对象进行处理表达，即时空变化建模表达。就属性取值而言，地理实体特征要素可以分为离散特征要素和连续特征要素两类。离散特征要素如城市的各类井、电力和通信线的杆塔、山峰的最高点、道路、河流、边界、市政管线、建筑物、土地利用和地表覆盖类型等，连续特征要素如温度、湿度、地形高程变化、NDVI 指数、污染浓度等。

（2）地理现象

地理现象是指发生在地理空间中的地理事件特征要素，具有空间位置、空间关系和属性随时间变化的特性。需要在时空信息系统中将其视为动态空间对象进行处理表达，即记录位置、空间关系、属性之间的变化信息，进行时空变化建模表达。这类特征要素如台风、洪水过程、天气过程、地震过程、空气污染等。

①空间对象

空间对象是地理空间实体和地理现象在空间或时空信息系统中的数字化表达形式，具有随着表达尺度而变化的特性。空间对象可以采用离散对象方式进行表达，每个对象对应于现实世界的一个实体对象元素，具有独立的实体意义，称为离散对象。空间对象也可以采用连续对象方式进行表达，每个对象对应于一定取值范围的值域，称为连续对象，或空间场。

②离散对象

离散对象在空间或时空信息系统中一般采用点、线、面和体等几何要素表达。根据表达的尺度不同，离散对象对应的几何元素会发生变化，如一个城市，在大尺度上表现为面状要素，在小尺度上表现为点状要素；河流在大尺度上表现为面状要素，在小尺度上表现为线状要素等。这里尺度的概念是指制图学的比例尺，而地理学的尺度概念与之相反。

③离散对象

离散对象在空间或时空信息系统中一般采用栅格要素进行表达。根据表达的尺度不同，表达的精度会随栅格要素的尺寸大小变化。这里，栅格要素也称为栅格单元，在图像学中称为像素或像元。数据文件中栅格单元对应于地理空间中的一个空间区域，形状一般采用矩形。矩形的一个边长的大小称为空间分辨率。分辨率越高，表示矩形的边长越短，代表的面积越小，表达的精度越高；分辨率越低，表示矩形的边长越长，代表的面积越大，表达的精度越低。

（3）获取

地理空间实体和地理现象特征要素需要经过一定的技术手段，对其进行测量，以获取其位置、空间关系和属性信息，如采用野外数字测绘、摄影测量、遥感、GPS 以及其他测量或地理调查方法，经过必要的数据处理，形成地形图、专题地图、影像图等纸质图件或调查表格，或数字化的数据文件。这些图件、表格和数据文件需要经过数字化或数据格式转换，形成某个 GIS 软件所支持的数据文件格式。目前，测绘地理信息部门所提倡的内外业一体化测绘模式，就是直接提供 GIS 软件所支持的数据文件格式的产品。

（4）处理和表达

对于获取的数据文件产品，虽然在格式上支持 GIS 的要求，但它们仍然是地图数据，不是 GIS 地理数据。将地图数据转化为 GIS 地理数据，还需要利用 GIS 软件，对其进行处理和表达。不同的商业 GIS 软件，对地图数据转化为 GIS 地理数据的处理和表达方法也存在差别。GIS 地理数据是根据特定的空间数据模型或时空数据模型，即对地理空间对象进行概念定义、关系描述、规则描述或时态描述的数据逻辑模型，按照特定的数据组织结构，即数据结构，生成的地理空间数据文件。对于一个 GIS 应用来讲，会有一组数据文件，称为地理数据集。

（5）管理

一般来讲，地理数据集在 GIS 中多数采用数据库系统进行管理，但少数也采用文件系统管理。这里，数据管理包含数据组织、存储、更新、查询、访问控制等含义。就数据组织而言，数据文件组织是其内容之一。地理数据集是地理信息在 GIS 中的数据表达形式。为了地理数据分析的需要，还需要构造一些描述数据文件之间关系的文件，如拓扑关系文件、索引文件等，这些文件之间也需要进行必要的概念、关系和规则定义，就形成了数据库模型，其物理结构称为数据库结构。数据模型和数据结构是文件级的，数据库模型和数据库结构是数据集水平的，理解上应加以区别。但在 GIS 中，由于它们之间存在密切关系，一些教科书往往会将其一起讨论，不做明显区分。针对一个特定的 GIS 应用，数据组织还应包含对单个数据库中的数据分层、分类、编码、分区组织以及多个数据库的组织内容。

（6）分析

空间分析是 GIS 的重要内容。地理空间信息是首先对地理空间数据进行必要的处理和计算，其次对其加以解释产生的一种知识产品。一些对地理空间数据处理的方法形成了 GIS 的空间分析功能。

（7）显示

显示是对地理空间数据的可视化处理。一些地理信息需要通过计算机可视化方式展现出来，以帮助人们更好地理解其含义。

（8）应用

应用指的是地理信息如何服务于人们的需要。只有将地理信息适当应用于人们的认识行为、决策行为和管理行为，才能满足人们对客观现实世界的认识、实践、再认识、再实践的循环过程，这正是人们建立 GIS 的根本目的。

（二）地理信息系统的特点

从上述概念的解释我们可以看出，地理信息系统具有以下五个基本特点。

1. 地理信息系统是以计算机系统为支撑的

地理信息系统是建立在计算机系统架构之上的信息系统，是以信息应用为目的的。地理信息系统由若干相互关联的子系统构成，如数据采集子系统、数据管理子系统、数据处理和分析子系统、图像处理子系统、数据产品输出子系统等。这些子系统功能的强弱，直接影响到实际应用中对地理信息系统软件和开发方法的选型。由于计算机网络技术的发展和信息共享的需求，地理信息系统发展为网络地理信息系统是必然的。

2. 地理信息系统操作的对象是地理空间数据

地理空间数据是地理信息系统的主要数据来源，具有空间分布特点。就地理信息系统的操作能力来讲，完全适用于操作具有空间位置，但不是地理空间数据的其他空间数据。空间数据的最根本特点是，每一个数据都按统一的地理坐标进行编码，实现对其定位、定性和定量描述。只有在地理信息系统中，才能实现空间数据的空间位置、属性和时态三种基本特征的统一。

3. 地理信息系统具有对地理空间数据进行空间分析、评价、可视化和模拟的综合利用优势

由于地理信息系统采用的数据管理模式和方法具备对多源、多类型、多格式等空间数据进行整合、融合和标准化管理能力，为数据的综合分析利用提供了技术基础，可以通过综合数据分析，获得常规方法或普通信息系统难以得到的重要空间信息，实现对地理空间对象和过程的演化、预测、决策和管理能力。

4. 地理信息系统具有分布特性

地理信息系统的分布特性是由其计算机系统的分布性和地理信息自身的分布特性共同决定的。地理信息的分布特性决定了地理数据的获取、存储和管理、地理分析应用具有地域上的针对性，计算机系统的分布性决定了地理信息系统的框架是分布式的。

5. 地理信息系统的成功应用更强调组织体系和人的因素的作用

地理信息系统的成功应用更强调组织体系和人的因素的作用，这是由地理信息系统的复杂性和多学科交叉性所要求的。地理信息系统工程是一项复杂的信息工程项目，兼有软件工程和数字工程两重性质。在工程项目的设计和开发时，需要考虑二者之间的联系。地理信息系统工程涉及多个学科的知识和技术的交叉应用，需要配置具有相关知识和技术能力的人员队伍。因此，在建立实施该项工程的组织体系和人员知识结构方面，需要充分认识其工程活动的这些特殊性要求。

二、地理信息系统的科学基础

在人类认识自然、改造自然的过程中，人与自然的协调发展是人类社会可持续发展的最基本条件。从历史发展的角度看，人类活动对地球生态的影响总体是向着变坏的方向发展，人口、资源、环境和灾害是当今人类社会可持续发展所面临的四大问题。人类活动产生的这种变化和问题，日益成为人们关注的焦点。地球科学的研究为人类监测全球变化和区域可持续发展提供了科学依据和手段。地球系统科学、地球信息科学、地理信息科学、地球空间信息科学是地球科学体系中的重要组成部分，它们是地理信息系统发展的科学基础、根源。地理信息系统是这些大学科的交叉学科、边缘学科，反过来，又促进和影响了这些学科的发展。

(一) 地球系统科学

地球系统科学（Earth System Science）是研究地球系统的科学。

1. 地球系统的构成

地球系统，是指由大气圈、水圈、土壤岩石圈和生物圈（包括人类自身）四大圈层组成的作为整体的地球。

地球系统包括自地心到地球的外层空间的十分广阔的范围，是一个复杂的非线性系统。在它们之间存在地球系统各组成部分之间的相互作用，物理、化学和生物三大基本过程之间的相互作用，以及人与地球系统之间的相互作用。地球系统科学作为一门新的综合性学科，将构成地球整体的四大圈层，作为一个相互作用的系统，研究其构成、运动、变化、过程、规律等，并与人类生活和活动结合起来，借以了解现在和过去，预测未来。地球科学作为一个完整的、综合性的学科，它的产生和发展是人类为解决所面临的全球性变化和可持续发展问题的需要，也是科学技术向深度和广度发展的必然结果。就解决人类当前面临的人与自然的问题而言，如气候变暖、臭氧洞的形成和扩大、沙漠化、水资源短缺、植被破坏和物种大量消失等，已不再是局部或区域性问题；就学科内容而言，它已远远超出了单一学科的范畴，而涉及大气、海洋、土壤、生物等各类环境因子，又与物理、化学和生物过程密切相关。因此，只有从地球系统的整体着手，才有可能弄清这些问题产生的原因，并寻找到解决这些问题的办法。从科学技术的发展来看，对地观测技术的发展，特别是由全球定位系统（Globe Positioning System, GPS）、遥感（Remote Sensing, RS）、地理信息系统（Geographic Information System, GIS）组成的对地观测与分析系统，提供了对整个地球进行长期的立体监测能力，为收集、处理和分析地球系统变化提供海量数据，建立复杂的地球系统的虚拟模型或数字模型提供了科学工具。

2. 地球系统科学思维方法

由于地球系统科学面对的是综合性问题，应该采用多种科学思维方法，这就是大科学思维方法，包括系统方法、分析与综合方法、模型方法。

（1）系统方法

系统方法，是地球系统科学的主要科学思维方法。这是因为地球系统科学本身就是将地球作为整体系统来研究的。这一方法体现了在系统观点指导下的系统分析和在系统分析基础上的系统综合的科学认识的过程。

（2）分析与综合方法

分析与综合方法，是从地球系统科学的概念和所要解决的问题来看的，是地球系统科学的科学思维方法。它包括从分析到综合的思维方法和从综合到分析的思维方法，实质上是系统方法的扩展和具体化。

（3）模型方法

模型方法，是针对地球系统科学所要解决的问题及其特点，建立正确的数学模型，或地球的虚拟模型、数字模型，是地球系统科学的主要科学思维方法之一。其对研究地球系统的构成内容的描述、过程推演、变化预测等是至关重要的。

关于地球系统科学的研究内容，目前得到国际公认的主要包括气象和水系、生物化学过程、生态系统、地球系统的历史、人类活动、固体地球、太阳影响等。

综上所述，地球系统科学是研究组成地球系统各个圈层之间的相互关系、相互作用机制，地球系统变化规律和控制变化的机理，从而为预测全球变化、解决人类面临的问题建立科学基础，并为地球系统科学管理提供依据。

（二）地球信息科学

地球信息科学（Geo-Informatics，或 Geo Information Science，GISci）是地球系统科学的组成部分，是研究地球表层信息流的科学，或研究地球表层资源与环境、经济与社会的综合信息流的科学。就地球信息科学的技术特征而言，它是记录、测量、处理、分析和表达地球参考数据或地球空间数据学科领域的科学。

在对地观测系统中，遥感技术为地球空间信息的快速获取、更新提供了先进的手段，并通过遥感图像处理软件、数字摄影测量软件等提供了影像的解译信息和地学编码信息。地理信息系统则对这些信息加以存储、处理、分析和应用，而全球定位系统则在瞬间提供对应的三维定位信息，作为遥感数据处理和形成具有定位定向功能的数据采集系统、具有导航功能的地理信息系统的依据。

(三) 地理信息科学

地理信息科学（Geographic Information Science）是信息时代的地理学，是地理学信息革命和范式演变的结果。它是关于地理信息的本质特征与运动规律的一门科学，研究的对象是地理信息，是地球信息科学的重要组成成分。

地理信息科学的提出和理论创建，来自两个方面，一是技术与应用的驱动，这是一条从实践到认识，从感性到理论的思想路线；二是科学融合与地理综合思潮的逻辑扩展，这是一条理论演绎的思想路线。在地理信息科学的发展过程中，两者相互交织、相互促动，共同推进地理学思想发展、范式演变和地理科学的产生和发展。地理信息科学本质上是在两者的推动下地理学思想演变的结果，是新的技术平台、观察视点和认识模式下地理学的新范式，是信息时代的地理学。人类认识地球表层系统，经历了从经典地理学、计量地理学和地理信息科学的漫长历史时期。不同的历史阶段，人们以不同的技术平台、从不同的科学视角出发，得到关于地球表层不同的认知模型。

地理信息科学主要研究在应用计算机技术对地理信息进行处理、存储、提取以及管理和分析过程中所提出的一系列基本理论和技术问题，如数据的获取和集成、分布式计算、地理信息的认知和表达、空间分析、地理信息基础设施建设、地理数据的不确定性及其对于地理信息系统操作的影响、地理信息系统的社会实践等，并在理论、技术和应用三个层次上，构成了地理信息科学的内容体系。

(四) 地球空间信息科学

地球空间信息科学（Geo-Spatial Information Science，Geomatics）是以全球定位系统（GPS）、地理信息系统（GIS）、遥感（RS）为主要内容，并以计算机和通信技术为主要技术支撑，用于采集、量测、分析、存储、管理、显示、传播和应用与地球和空间分布有关数据的一门综合和集成的信息科学和技术。地球空间信息科学是地球科学的一个前沿领域，是地球信息科学的一个重要组成部分，是以 3S 技术为其代表，包括通信技术、计算机技术的新兴学科。其理论与方法还处于初步发展阶段，完整的地球空间信息科学理论体系有待建立，一系列基于 3S 技术及其集成的地球空间信息采集、存储、处理、表示、传播的技术方法有待发展。

地球空间信息科学作为一个现代的科学术语，是 20 世纪 80 年代末 90 年代初才出现的。而作为一门新兴的交叉学科，由于人们对它的认识又各不相同，出现了许多相互类似，但又不完全一致的科学名词，如地球信息机理（Geo-Ilnformatics）、图像测量学（Iconicmetry）、图像信息学（Iconic Informatics）、地理信息科学（Geographic

Information Science）、地球信息科学（Geo-information Science）等。这些新的科学名词的出现，无一不与现代信息技术，如遥感、数字通信、互联网络、地理信息系统的发展密切相关。

地球空间信息科学与地理空间信息科学在学科定义和内涵上存在重叠，甚至人们认为是对同一个学科内容，从不同角度给出的科学名词。从测绘的角度理解，地球空间信息科学是地球科学与测绘科学、信息科学的交叉学科。从地理科学的角度理解，地球空间信息科学是地理科学与信息科学的交叉学科，即地理空间信息科学。但地球空间信息科学的概念要比地理信息科学广，它不仅包含现代测绘科学的全部内容，还包含地理空间信息科学的主要内容，而且体现了多学科、技术和应用领域知识的交叉与渗透，如测绘学、地图学、地理学、管理科学、系统科学、图形图像学、互联网技术、通信技术、数据库技术、计算机技术、虚拟现实与仿真技术，以及规划、土地、资源、环境、军事等领域。研究的重点与地球信息科学接近，但它更侧重于技术、技术集成与应用，更强调"空间"的概念。

三、地理信息系统的技术基础

地理信息系统是一项多种技术集成的技术系统。数据采集技术 [包括遥感技术（RS）、全球定位系统（GPS）、三维激光扫描技术、数字测图技术等]、现代通信技术、计算机网络技术、软件工程技术、虚拟现实与仿真技术、信息安全技术、网络空间信息传输技术等构成了 GIS 技术体系的主要技术。这些技术在这里进行简要介绍，而地理信息系统技术则是本书详细介绍的内容。

(一) 地理空间数据采集技术

地理空间信息的获取与更新是 GIS 的关键，也是"瓶颈"。以现代遥感技术（RS）、全球定位系统（GPS）、三维激光扫描技术、数字测图技术等构成的空间数据采集技术体系构成了 GIS 数据采集与更新技术体系的主要内容。

星、机、地一体化的遥感立体观测和应用体系集成了"高分辨率、多时相遥感影像的快速获取和处理技术"，这里"高分辨"可理解为高空间分辨率和高辐射分辨率 (高光谱分辨率)，GPS 技术、三维激光扫描技术等多项技术。它们构成了不同的采集平台和数据处理系统。

(二) 计算机网络工程技术

计算机网络工程技术是 GIS 网络化的基础。现代网络技术的发展为构建企业内部网 GIS、互联网 GIS、移动 GIS 和无线 GIS 提供了多种网络互联方式。

(三) 现代通信技术

通信技术是传递信息的技术。通信系统是传递信息所需的一切技术、设备的总称，泛指通过传输系统和交换系统将大量用户终端 (如电话、传真、电传、电视机、计算机等) 连接起来的数据传递网络。通信系统是建立网络 GIS 必不可少的信息基础设施，宽带高速的通信网络俗称"信息高速公路"。

在地理信息系统的建设工程中，通信网络有专用网络和公用网络。前者由企业或机构建设，并服务于专门目的的信息通信；后者一般由国家或地区建立，提供公共的数据传输服务。通信技术经历了模拟通信到数字通信，从早年架空明线的摇把电话，到电缆纵横交换网、光纤程控交换网、卫星通信网、微波通信网、蜂窝方式移动电话网、数据分组交换网，乃至综合业务网，为网络 GIS 的数据通信方式提供了多种选择。

(四) 软件工程技术

软件工程是一门指导计算机软件开发和维护的工程学科。采用工程的概念、原理、技术和方法来开发和维护软件，把经过时间考验，证明正确的管理技术和当前最好的开发技术结合起来，就是软件工程。把软件工程的概念、原理、技术和方法与 GIS 软件设计开发和维护的工程活动结合起来，便产生了 GIS 软件工程。与一般意义上的软件工程不同，GIS 软件工程虽是一项软件工程，但又具有特别关乎数据组织与管理的信息工程双重工程活动交互的复杂特点。数据组织和管理方式与软件设计开发密切相关。软件工程可由 D.Hill 提出的三维结构描述。

(五) 信息安全技术

人们在享受信息化带来的众多好处的同时，也面临着日益突出的信息安全问题。信息安全产品和信息系统固有的敏感性和特殊性，直接影响到国家的安全利益和经济利益。在大力推进我国国民经济和信息化建设的进程中，最不能忽视的就是信息安全技术。

地理信息是一种重要和特殊的信息资源，在网络信息时代，地理信息的传输安全是 GIS 工程设计和建设中应当高度关注的问题。对地理信息的安全性要求，应当满足：信息 (数据) 的保密性、信息 (数据) 的认证、信息 (数据) 的不可否认性以及信息 (数据) 的完整性。

当前，可利用的信息安全技术包括公钥基础设施 (Public Key Infrastructure, PKI)、防火墙技术、信息伪装技术等。

第二节　地理信息系统基础理论

一、与地理系统相关的理论

(一) 地理系统协同论

按照协同论的观点，地理系统的各要素或各子系统之间，既存在相互联系、相互依存、相互协调的一面，又存在相互制约、相互排斥、相互竞争的一面；既有协同性，又有制约性，这是普遍规律。例如，如果地形发生了变化，则气候与植物随之发生变化；如果气候改变了，则植物随着改变。地理系统协同论的一个重要思想是，地理系统的各要素或子系统功能相加，具有非线性特征，整体功能，即效果，可能大于各部分功能之和，也可能小于各部分功能之和，这要由系统的结构或系统的有序程度来决定，其中序参量对整个系统起着控制作用。如气候与地形是农、林、牧系统的有序参量，可耕地资源和淡水资源是西北地区农业系统的有序参量。序参量与系统配合得好，效果就好；反之亦然。

(二) 人与自然相互作用理论 / 人地系统理论

在历史上曾有过环境决定论、人定胜天论、人与环境协调理论等，但最完备、最科学的还是现在的可持续发展理论。可持续发展理论的核心是资源、环境、社会和经济的协调发展。地球的资源和环境的容量是有限的。人们对地球或自然界的索取，不能超过地球的承载力；人们对资源和环境的利用，必须遵循客观规律。经济和社会的发展，既要满足当代人的需要，又要不影响后代人的需求，也就是不能以对资源和环境的破坏为代价来换取社会经济的增长。

(三) 地理系统的整体性与分异理论 / 地带性规律

这是地理系统宏观的、普遍的规律。地理系统就是整体性与分异性的统一。地理空间的整体性（Geo-spatial Entirety），是指任何地理系统或区域系统都是"人类—自然环境综合体"，都是资源、环境、经济和社会的综合体；地理空间的分异性（Geo-spatial Differentitaion）或地带性，是指由于地球表层物质和能量分布的不均匀性所造成的地理空间的分异性特征，如海陆分布的差异、地形高低的差异、岩石组成的差异、温度和降水的差异，以及人口、社会和经济的差异等。这种差异表现为明显的地带性规律，如地理空间气温、降水的纬度地带性和经度地带性，植被的垂直地带性等。

（四）地理空间结构与空间功能 / 区位理论

地理空间结构与空间功能具有区位特征。地理空间结构（Geo-spatial Structure），是指在一个特定的空间范围或区域内，资源、环境、经济和社会诸要素的组合关系或耦合关系，及同一空间范围内的资源、环境、经济和社会等的配套关系。地理空间结构功能（Geo-spatial Structure Function），是指区域所具有的经济和社会发展潜力的大小或可持续发展的能力的大小。具有最佳地理空间结构的地区，一定具有最强的空间结构功能。地理空间区位（Geo-spatial Location），是指一特定的空间范围内，对社会经济发展的有利部位。即使某个空间范围的地理空间结构有好有坏、功能有强有弱，也不能说局部情况不能有差别。这完全取决于局部条件，这就是区位。

地理系统的平衡状态是相对的，是变化中的平衡。地理系统变化的主要方式是渐变与突变，渐变到一定程度就会发生突变。这时，地理系统的自组织功能已不能发挥作用，所以地理系统的突变是自组织的终点。地理系统的突变（Catastrophe）理论，是研究系统状态随外界控制参数改变而发生的不连续变化的理论。这种理论认为，在条件的转折点（临界点）附近，控制参数的任何微小变化都会引起系统发生突变，而且突变都发生在系统结构不稳定的地方。地理系统的突变现象，最典型的是地震、火山爆发、生物种群的突变等。

二、地理（地球）空间认知理论

美国地理信息与分析中心（National Center for Geographic Information and Analysis，NCGIA）在1995年发表的《高级地理信息科学》（Advancing Geographic Information Science）报告中，提出的地理信息科学的战略领域有三个，其中之一为"地理空间的认知模型"（Cognitive Model of Geographic Space）。美国地理信息科学大学研究会（University Consortium for Geographic Information Science，UCGIS）于1996年发表的《地理信息科学的优先研究领域》（Research Priorities for Geographic Information Science）报告中，也把地理信息的认知列为第二个问题。可见，地理（地球）空间认知理论已成为地球空间信息科学的公认基础理论，也是地理信息系统的公认的基础理论。

认知是一个人认知和感知他生活于其中的世界时所经历的各个过程的总称，包括感受、发现、识别、想象、判断、记忆和学习等。奈瑟尔（Neisser）把认知定义为"感觉输入被转换、简化、加工、存储、发现和利用的过程"。所以，可以说，认知就是"信息获取、存储转换、分析和利用的过程"，简言之，就是"信息处理的过程"。

地理（地球）空间认知，是研究人们怎样认识自己赖以生存的环境，包括其中诸事物、现象的相互位置、空间分布、依存关系，以及它们的变化规律。这里之所以强调"空间"这一概念，是因为认知的对象是多维的、多时相的，它们存在于地球空间之中。地理（地球）空间认知通常是通过描述地理环境的地图或图像来进行的，这就是所谓的"地图空间认知"。地图空间认知中有两个重要概念：一是认知地图（Cognitive Mapping），二是心象地图（Mental Map）。认知地图，可以发生在地图的空间行为过程中，也可以发生在地图使用过程中。所谓空间行为，是指人们把原先已知的长期记忆和新近获取的信息结合起来后的决策过程的结果。地图的空间行为如利用地图进行定向（导航）、环境觉察和环境记忆等行为。地理信息系统的功能表明，人的认知地图能力是能够利用计算机模拟的，当然这只是一种功能模拟，模拟结果的正确程度完全取决于模拟模型和输入数据是否客观地、正确地反映现实系统。心象地图，是不呈现在眼前的地理空间环境的一种心理表征，是在过去对同一地理环境多次感知的基础上形成的，所以，它是间接的和概括的，具有不完整性、变形性、差异性（当然也有相似性）和动态交互性。心象地图可以通过实地考察、阅读文字资料、使用地图等方式建立。

地理（地球）空间认知包括感知过程、表象过程、记忆过程和思维过程等基本过程。地理空间认知的感知过程，是研究地理实体或地图图形作用于人的视觉器官产生对地理空间的感觉和知觉的过程。地理空间认知的表象过程，是研究在知觉基础上产生的表象的过程，它是通过回忆、联想使在知觉基础上产生的印象再现出来的。地理空间认知的记忆过程，是人的大脑对过去经验中发生过的地理空间环境的反映，分为感觉记忆、短时记忆、长时记忆、动态记忆和联想记忆。地理空间认知的思维过程，是地理空间认知的高级阶段，它提供关于现实世界客观事物的本质特性和空间关系的认识，在地理空间认知过程中实现着"从现象到本质的转化"，具有概括性和间接性。

第三节 地理空间数据的表达方法

地理空间数据在不同的应用场合具有不同的表达方法，它们之间既具有联系，也存在区别。

一、地图表达地理实体要素的方法

地图对地理实体特征要素的描述方法分为线划地图和影像地图两种。

GIS 的一些基本概念与地图及其内容密切相关。事实上，地图的一些概念形成了更全面理解 GIS 概念的基础。地图是在一个页面上对地图要素布局和组织的集合。地图元素通常包括用于显示图层内容的地图框架、比例尺、指北针、图名、描述文字和符号图例。地图框架是地图的主要元素，提供地理信息的主要显示内容。在地图框架内，地理实体要素被表示为覆盖给定地图范围的一系列图层，如河流层、道路层、地名层、建筑物层、行政边界层、地形表面层和影像层等。地图符号和文字注记用于描述独立的地理要素。

(一) 线划地图表达方法

线划地图是按照一定的比例、一定的投影原则，有选择地将复杂的三维地理实体的某些内容投影绘制在二维平面媒体上，并用符号将这些内容要素表现出来。地图上各种要素之间的关系，是按照地图投影建立的数学规则，使地表各点和地图平面上的相应各点保持一定的函数关系，从而在地图上准确表达空间各要素的关系和分布规律，反映它们之间的方向、距离、面积、空间联系等几何特征和关系特征。

在地图学上，把地理空间实体分为点、线、面三种要素，分别用点状、线状、面状符号来表示。

点状要素是指那些占据面积较小，不能按比例尺表示，但又要定位的实体。因此，面状地物和点状地物的界限并不严格，如居民点，在大比例尺图上被表示为面状地物，在小比例尺图上则被表示为点状地物。

线状要素是指地面上呈线状或带状的地理实体，如河流、道路等。在地图上用线状符号来表示。当然，线状地物和面状地物之间的界限同样是不严格的，它们也受地图比例尺的影响。通常用线型和颜色表示实体的质量差别，线的尺寸变化 (线宽) 表示数量特征。面状要素指在空间上占有一定面积的地理实体，一般用面状填充符号表示。地形高程信息通过高程点或等高线表示。

在地图上，一切实体要素的属性信息都要通过注记、颜色或地图符号表达。

(二) 影像地图表达方法

影像记录地理实体的真实程度受摄影比例尺的影响，或空间分辨率的影响。遥感影像对地理空间信息的描述主要是通过记录地物光谱的辐射或反射进行的。由于地物的结构、成分和分布的不同，其反射和辐射光谱的特性也各不相同，传感器记录的影像的颜色亮度或灰度会不同。通过对光谱进行分析和解译，或对几何信息进行提取，可以得到地理实体要素特征信息，其地高程信息需要通过立体影像测量的方法获得，遥感影像地图有正射影像图 (DOM) 和真正射影像图 (TDOM)。前者由数字高程模型 (DEM) 纠正获得，后者由数字地形表面模型 (DSM) 纠正获得。

二、GIS 表达地理实体要素的方法

在 GIS 中，地理实体要素是以数字化的数据形式存在的。GIS 表达、操作、管理和共享地理数据具有一些基本的原则。这些原则源自 Goodchild 提出的两个地理信息原型和 GIS 对地理数据操作、管理和共享的一些基本要求。

(一) 地理信息原型

在 GIS 中，对地理实体或现象的数字化表达时，首先要解决的问题是如何对其进行测量和属性取值。它们在二维或三维空间中是以地理空间数据场的形式表现出来的。地理空间数据场定义为在二维或三维空间上任何关于位置的单一函数。

地理信息原型认为，根据对地理实体要素在地理空间数据场中的测量方法和属性取值类型分为：连续地理空间数据场，用于获取和表达连续实体信息；离散地理空间数据场，用于获取和表达离散实体信息。

在连续地理空间数据场中，地理空间被设想为一组空间连续的函数，每个函数在空间的任何地方都有独一无二的值，形成一个地理空间数据场。其独立变量按区间尺度或比例尺度进行量测。地理实体要素表现为连续实体要素。连续实体要素是指观测值连续变化的要素，不能形成分离的实体，也不能单个识别，如温度、湿度、高程等。在数据表达方面，需要对其进行离散化，采用栅格数据形式对其进行表达。

在离散地理空间数据场中，地理空间被设想为一组空间非连续函数，每个函数在空间的任何地方都被无序的空间几何对象占据，并被赋予属性。这样空间上的任意一点可以存在无数的离散实体要素。离散实体要素具有名义上的独立变量，是指观测值不连续的要素，形式上是分离的实体，并可单独识别，如道路、河流、房屋和土地利用类型，都是离散实体要素的例子。任何地理实体和现象都基本上可以表示为一个数字空间对象的集合。在数据表达方面，需要对其独立测量，采用矢量数据形式对其进行表达。

(二) GIS 数据表达的基本要求和原则

GIS 数据表达必须能满足在一个空间范围内对空间查询、统计、分析和显示的基本要求，同时应满足对不同系统之间数据的互操作要求和共享服务的要求。因此，对地理空间数据表达、组织、管理、分发等方面，应满足以下要求和处理原则。

1.定义表达空间数据的表达类型

由地理信息原型出发，结合特定的 GIS 软件，确定 GIS 软件支持的数据类型。

2. 对不同的数据表达类型进行空间建模的原则

空间数据模型是定义空间数据结构、产生空间数据文件的基础。空间数据模型对空间对象进行逻辑定义和描述，空间数据结构对空间对象进行物理描述。不同的 GIS 软件定义的数据模型和实现的数据结构是不同的，这造成了不同的数据格式。数据格式之间的转换，称为数据的互操作。历史上，空间数据模型有基于特征要素的和基于空间对象的。

3. 同一空间参考系原则

定义一致的空间对象的空间参考系统。空间数据的位置和空间关系是基于空间参考系统进行表达和描述的。一般来讲，对于一个 GIS 工程应用，所有的空间数据应该具有唯一的空间参考系统；如果不是，则应该进行参考系统之间的转换，使它们的参考系统一致。

4. 数据分层组织和无缝图层原则

地理空间数据按照专题图层进行分层组织。专题图层是具有共同几何要素类型、共同属性特征，并覆盖研究区域的连续数据图层，或称为无缝图层。由于地图的测绘和制图是按照分幅形式的，如果简单地把这些分层的分幅地图数据文件合并在一起，则会造成图幅接边处空间对象被分割的现象，是有缝的、不连续的。因此必须对空间对象进行合并处理，得到无缝图层。数据图层内的空间对象和数据层之间的空间对象逻辑关系必须正确。图层文件是 GIS 操作数据的基本单位，用于输入、制图、可视化、数据处理、分析和共享服务。

5. 数据分类编码原则

对空间数据进行必要的分类编码和标识编码。分类编码是建立在某种分类体系标准上的代码系统，一般应根据国家、行业或地方机构制定的分类和编码标准进行处理，如国家或行业制定的地形图系列分类编码标准、土地利用分类编码标准等。标识编码是地理空间对象的唯一代码，具有身份识别的作用。是否给定标识编码，可以根据需要确定，标识代码的格式一般由具体的 GIS 应用工程确定，但一些应用也制定了通用的编码标准，如国家行政区代码、邮政编码等。分类编码和标识编码是 GIS 数据处理和数据更新的依据，具有重要的作用。

6. 数据库存储和管理原则

数据库比文件系统和目录系统更具优越性。GIS 中的空间数据一般是用空间数据库存储和管理的。不同的数据库管理软件（DBMS）定义的数据库管理模型和实现的数据库结构是不同的。将一个空间数据库中的数据转移到另一个空间数据库，称为数据库的迁移。对一个 GIS 软件来讲，应该允许访问不同数据库管理软件管理的数据库，但这需要 CIS 软件提供访问数据库的空间数据引擎（数据访问接口），如

ArcGIS 软件的 ArcSDE。

7. 数据集组织原则

为了管理和维护的需要，一个数据库应该存储关系密切的一组数据文件。数据库中存储的数据文件是一个研究区域内若干具有联系的图层数据文件形成的数据集，如矢量数据集和栅格数据集。关系密切程度不同的数据集应该分别建立数据库，如不同比例尺或不同类型的矢量地图数据的数据库、不同影像分辨率或不同影像类型的数据库。

为了管理和使用方便，还可以进行分组组织，形成子数据集，如 ArcGIS 软件，数据库中的文件可以是独立的数据文件，也可以产生一个数据集，将关系更为密切的数据文件放入这个数据集中，实际上类似于在数据库中建立一个"目录"。当然，是否需要这种处理，不是技术意义的，而是数据管理意义的。

8. 空间索引要求

对空间数据库中的数据进行查询和检索，是通过空间索引进行的。不同的 GIS 软件或数据库软件支持特定的空间索引方法。但在特定需求时，需要数据库建库者或应用者建立自己的空间索引。如对数据文件的索引一般会使用数据库软件提供的缺省索引方法，但研究区域很大时，会对研究区域采用逻辑分区的方法存储，这时就需要建立比数据文件索引更粗一级的分区索引。

9. 建立空间拓扑关系原则

为了支持空间分析和检查空间数据表达的质量，需要建立空间对象之间的拓扑关系。拓扑关系是空间数据对象之间的一种重要关系，可以提高空间数据分析计算的效率，并用于检查空间对象的关系逻辑表达是否正确。

10. 建立空间元数据库要求

为了对空间数据进行维护、更新和共享服务，需要对空间数据的定义、内容、格式、参考系统、质量标准、状态、日期等信息进行描述，这类数据信息称为元数据。元数据使用元数据库进行管理，提供对空间数据的字典式应用，所以有时也称为数据字典。

为了达到上述数据表达要求，需要对空间数据进行输入、整合和编辑，这一系列的工作称为空间数据库的建库。

(三) GIS 数据表达类型

GIS 需要表达的数据类型分为空间数据和非空间数据两类。与地图和影像的表达类似，都是基于某种共性按照数据分层进行组织的独立空间数据文件和属性表数据文件，这些数据文件形成描述和表达一个研究区域的数据集。空间数据文件描述和表达地理空间对象的位置、形状、关系等空间特征信息，属性表数据文件则描述和表达地理空间对象的非空间描述性信息。

在 GIS 中，地理空间对象的基本表达类型有 5 种，即矢量数据、栅格数据、连续表面数据、属性数据和元数据。

(四) 矢量数据

矢量数据用于描述和表达离散地理空间实体要素。离散地理实体要素是指位于或贴近地球表面的地理特征要素，即地物要素。这些要素可能是自然地理特征要素，如山峰、河流、植被、地表覆盖等；也可能是人文地理特征要素，如道路、管线、井、建筑物、土地利用分类等；抑或自然或人文区域的边界，如自然地理边界、行政分区边界、生态保护区边界、经济和技术开发区边界等。虽然还存在一些其他类型，但离散的地理特征要素通常表示为点、线和多边形。

点定义为因太小不能描述为线状或面状的地理特征要素的离散位置，如井的位置、电线杆、河流或道路的交叉点等。点可以用于表达地址的位置、GPS 坐标、山峰的位置等，也可以用于表达注记点的位置。

线定义为因太细小不能描述为面状的地理特征要素的形状和位置，如道路中心线、溪流等。线也可以用于表达具有长度而没有面积的地理特征要素，如等高线、行政边界等。

多边形定义为封闭的区域面，多边图形用于描述均匀特征的位置和形状，如省、县、地块、土壤类型、土地利用分区等。

矢量数据是用坐标对、坐标串和封闭的坐标串来表示点、线、多边形的位置及其空间关系的一种数据格式。

在 GIS 中，线状数据还可以用于表达网络数据，如路网、河流网络、市政管线网络等。

(五) 属性数据

地图描述地理信息的属性是通过地图符号、颜色和地图注记，例如：

(1) 道路显示是按照它们的等级，如线符号分为公路、主要街道、住宅区街道、未铺面的道路、小路等；

(2) 河流和水体用蓝色表示是水；

(3) 城市街道用它们的名称注记；

(4) 用不同的点符号和线符号表示铁路、机场、学校、医院或特定的设施等。

在 GIS 中，属性按照一系列简单的、基本的关系数据库概念的数据表来组织。

关系数据库提供了简单的、通用的数据模型用于存储和操作属性信息。数据库管理系统（DBMS）具有固有的开放性，因为它们简单而灵活的特性能够保证支持宽泛的应用。重要的关系概念包括：

描述性属性数据被组织成数据表；表包含若干行，或记录，对应一个空间特征或空间对象；表中所有的行具有相同的列，即字段；每个字段对应一个数据类型，如整型、浮点型、字符型或日期型等；一系列关系函数和操作算子（SQL）对数据表及它们的数据元素是有效的。

属性字段的数值类型可以是名义值、序数值、区间值、比率值和循环值的一种。

（1）属性值是名义值。如果属性能成功区分位置，则属性值是名义值，但不意味着任何排序或算术含义，如电话号码可以用于位置的属性，但它本身是没有任何算术上的数据含义，对电话号码进行加减算法没有任何意义，对其进行大小的比较也没有任何意义。把土地的分类用数字代替，是最常见的将名称变换为数字的做法，这里数字没有任何算术含义。这些数字是名义数字。

（2）属性值是序数值。如果属性隐含排序含义，则属性值是序数值。在这个意义上，类别1可能比类别2好，但作为名义属性，没有算术操作的意义，不能根据数值的大小比较哪个更好、哪个更糟。

（3）属性是区间值。这是一个定量描述的属性值，用于描述两个值之间的差别，如温差、高差等。

（4）属性值是比率值。这是定量描述的属性值，用于描述两个量的比值，如一个人的重量是另一个人的2倍。比率没有负值。

（5）属性值是循环值。这在表达的属性是定向或循环现象时并不少见，是定量描述的属性值。对其进行算术操作，会遇到一些尴尬的问题，如会遇到0度和360度是相等的；会遇到2000年的问题，需要用一些技术来克服这些问题。在属性方面，还有两个术语是重要的，也需要进行区分，即空间紧凑型和空间粗放型。空间粗放型属性包括总人口、区域的面积和周长，或总收入等，它们仅作为一个位置上的整体值；空间紧凑型属性包括人口密度、平均收入、失业率等，如果位置是均质的，则它们表示位置或整体的一部分。在很多目的的应用中，区分紧凑型和粗放型是必要的，因为当位置被合并或分割时，它们的表现是非常不同的。

属性数据存储于属性表中，在这个属性表中，属性数据与空间数据，如点、线、面对象之间建立了联系，或建立了属性之间的联系。

（六）栅格数据

栅格数据表达中，栅格由一系列栅格坐标或像元所处栅格矩阵的行列号（I，J）

定义其位置，每个像元独立编码，并载有属性。栅格单元的大小代表空间分辨率，表示表达的精度。在 GIS 中，影像按照栅格数据组织，影像像素的灰度值是栅格单元唯一的属性值。

但需要说明的是，目前 GIS 软件普遍支持影像格式的栅格数据存储格式，这样可以使用影像处理的方法来处理栅格数据，而不必为它编写专门的功能程序。另外，影像数据文件的坐标参考系统是左上角的，坐标是像素坐标。如果按照影像地图使用，则需要对影像进行地理坐标的参考化操作，即将影像坐标转换为左下角为原点的地图坐标。

影像数据或栅格数据可以按照波段组织分层。分层组织的栅格数据按影像格式存储。分层的影像数据按照波段存储，如多光谱卫星影像数据。栅格数据具有 4 种用途：作为底图使用，如正射影像地图或扫描地图；作为表面数据使用，如浓度或坡度；作为专题数据使用，如土地利用分类；作为属性数据使用，如相片。

栅格单元的值可能是代表栅格中心的取值，也可能是代表整个单元的取值。栅格单元的数值类型可以是数或负数，整数或浮点数。

第四节　测绘地理信息新技术应用

近年来，伴随我国信息技术的快速发展，全新技术已被普遍运用到国防、物流、运输以及地产等领域，全面发挥着极为关键的作用，可以说，地理信息系统技术的科学运用，对我国各个领域的良好发展具有一定促进作用，尤其是在工程测绘中的运用，通过该技术展开工程测绘工作，通过它对数据信息的快速反应，把信息合理运用到测绘领域，进而实现信息技术和工程建设的有机结合，在显著提高工程测绘精确性的同时，促进了建设任务的有序开展。

一、新型地理信息系统技术的概念

就新型地理信息系统技术来说，它是一个对空间数据系统进行分析和治理的方法，这种技术属于当下较为前沿的技术手段，并具备较强的实践性、技术性。通常情况下，新型地理信息系统技术就是根据地表和接近地表的自然、社会等多种情况的空间位置资料数据，进行了全面研究，并经过分析和讨论后确定了相应的资料内容，这样就能更全面地认识地表及接近地表地区的具体状况[1]。由于此项技术包含诸

---

[1] 殷瀚超 .GIS 测绘技术在土地测量工程中的应用研究 [J]. 华北自然资源，2021(1)：69.

多项技术，其中主要包括卫星定位等有关内容，工作人员借助对这些方法的正确运用，就能够对空间内部的资料讯息进行完整、全面的收集及研究，随后再根据研究的成果来对系统作出进一步的研究和发展。除此之外，该领域还是一个带有很强综合性的领域，一方面对空间信息的理论、方法等进行深入的研究和学习；另一方面针对空间信息的基础理论、技术方法展开深层次的探究与学习。现阶段，跟随我国现代科技的持续发展，此项技术已在我国各个行业，尤其是工程测绘中取得了十分普遍的运用，相信在将来的不断发展过程中，此项技术会为各行各业的发展与进步，提供更为有力的数据作为支持。

二、新型地理信息系统技术的特征

(一) 性能较为强大

新型地理信息系统技术最为简单的运用，就是在日常生活当中所遇到的各个不同数据，利用各种技术进行分类总合，从而形成比较强大的信息数据库，对各个信息采集、运算以及分析，能够全面完成的较为复杂的过程，这些已经被加工过后的数据信息，对其进行分析与处理，从而解决一些相对复杂的规划问题和决策问题，该工程测绘的过程当中，其作用主要有以下几个方面，首先就是储存功能，其次就是完善优化功能，在工程测绘过程当中所得到的各种数据能够以最优质的方式保存在信息系统当中，而测绘所得到的信息能够以最快的方式在信息库中匹配出与其相互关联的地理信息数据，让测绘的数据能够更加完善，并且在这个基础之上通过计算更加强大的信息处理系统来对其进行分析与优化，从而使误差尽量减少，进而得到最为精确的地理数据信息。

(二) 数据来源可靠

地理数据系统当中的遥感技术和 GIS 的使用，对人工测绘以及机械测绘来说都是非常先进的，其中的局限性有所突破，避免因为一些较小事物而导致无法挽回的偏差。新型的地理信息系统技术所使用的相关工艺，能够让测绘内容摆脱较复杂的软环境，或者其他不可控因素的妨碍。并且在计算和分析的过程当中，测绘到的数据能够快速地评估出最终答案，使其能够高效地达成测绘的结果。

(三) 稳定性较高

地理数据信息系统的稳定性是比较高的，不会受到一些外部信息的干扰，主要是因为其在进行数据采集和地理测绘的过程当中，是利用卫星来进行工作的，而大气层的外部环境是不会受到坏天气以及地形地貌等各种无法控制因素的影响，因此在一定程度上，这种方式更优于人工测绘的方式，是一项比较先进的技术。

三、新型地理信息系统技术对工程测绘产生的影响

（一）全面提升工作效率

通过 GIS 技术的科学应用，能够进一步提升工程测绘工作开展的整体质量与效率[①]。通常情况下，GIS 技术主要是利用计算机平台，来对所有的地理信息展开高效、系统的收集与处理，能够充分确保信息获取的精确度，将其和过去的测量技术相比，可具有相应的质量保障，究其根源，主要是因为过去的测量工作大多需要人力来展开测量，这样一来，不但会对各种信息数据的收集投入较大精力，而且无法充分确保所获数据信息的精确度，但若是运用新型地理信息系统技术来展开工程测绘，可以有效缩减工程量，进而实现节省时间资源、人力资源的根本目的。另外，测量人员通过大数据分析信息库可以对已有的数据信息进行科学整理，在进行有效的数据信息分析后，便可以在最短的时间内展开地图测量分析，这则可以有效缩短以往复杂、烦琐的作业流程，从而更好地提升工程测绘的整体效率。

（二）时效性较强

运用新型地理信息系统技术进行工程测绘工作，能够全面实现多项工作，在工程测量工作实际开展阶段，测量工作人员可以运用数据库进行信息的归总，同时能够对被测量的数据进行全面核实，在数据库中直接查询所需要的信息的相关资料，依据信息数据出现的变化进行调整与修改，如此一来，便可显著提升信息数据的精确程度，使测试信息时刻保证更高的准确性、精确度。

（三）提升测量结果的精确性

将 GIS 技术合理运用到测绘工作之中，不但可以通过实际地貌而获取到所需的地理数据信息，能够对数据库当中的地理数据信息展开合理、科学的管理[②]。当测量人员在运用新型地理信息系统技术来辅助工程测量工作时，会因为测绘地点及地形特征的不同，而出现存在差异的测绘结果，但是测绘所得出的数据信息间却是互相联系的，因此通过信息管理系统的构建，应用高效、科学、恰当的计算方法，可让新型地理信息系统技术的精确度得以显著提升。与此同时，通过此种测绘技术的运

① 林琳. 新型地理信息系统技术在工程测绘中的应用分析 [J]. 大学，2020（14）：83-84.
② 孙永玉. 测绘技术与地理信息系统在工程测量中的应用研究 [J]. 交通科技与管理，2021（18）：1-2.

用，也可为日后工程测绘工作的顺利开展，提供良好环境，在一定程度上进一步提升测量结果的精确性。

四、新型地理信息系统技术在工程测量中的应用

(一) 智能城市建设中的运用

新型地理信息系统技术可以依据不同的抽象及离散操作，来对数据对象及根源进行读取，收集各种所需数据并将其集成有用的信息，此项技术在智能城市施工建设中得到了大量运用，通过该技术的合理运用，可以促进智能城市的顺利、高效建设，推动城市的迅猛发展。另外，通过所获取的信息数据，可以对城市的基础规划及建设进行相应指导，收集各种数据信息并在第一时间内对其进行相应处理，确保数据信息的科学性、可靠性，从而为智能化城市设计建设，提供精确的数据信息作为参考。同时，智能城市建设需多方支持，在此环节，可利用调整来形成多个专用的数据库，针对智能城市在建设施工过程中存在的问题，来随机存取所需的信息数据，之后再借助三维数字模型的搭建，来为智能城市建设提供有利参考。

(二) 地形地貌测绘中的应用

地形地貌测量技术是我国地理测量的重要构成部分，通过新型地理信息系统技术能够充分确保数据信息的可靠性，在各种工程测量中也得到极为关键的运用，对基础服务项目的开展极为有利[①]。但是受到地球地壳运动的直接作用，在我国某些地区常常出现水文灾害、山洪灾害等，给人们的日常生活带来严重干扰，甚至带来巨大灾难。若是想要彻底避免灾害情况的出现，则需在工程实际施工之前，对施工区域展开全面测量，充分掌握与明确工程施工现场的地形地貌特点，并采用相应的保护措施，以更好地维护工程施工的安全性，因此，地形地貌图具有十分重要的作用。针对部分建设项目，如果必须建设在地形较为复杂的地区，那么相关单位及工作人员便须明确掌握当地地貌的特点，这时通过新型地理信息系统技术的运用，便可显著提升测量工作的精确度，同时充分确保测量的可靠性、安全性。另外，工作人员借助新型地理信息系统技术的运用，不但能够直接反映出某一个区域的实际情况，而且可利用对某点的集中测量，着重表现出地方特征，以俯瞰角度观看到某区域的地形地貌全貌，如此便可进一步提升数据信息的精细化程度。

---

① 熊志平. 新型地理信息系统技术在工程测绘中的应用研究 [J]. 城市建设理论研究 (电子版), 2019(30): 38.

(三) 信息数据表达

在进行工程测绘环节，信息的准确表达是非常关键的控制要点，在传统地图数据的应用过程中，通常难以精准地对地面建设信息状态进行表达，而通过新型地理信息系统技术的科学应用，则能够有效将地理信息与表面数据进行密切结合，通过模型进行具体化分析，来得出地面的具体状况，在虚实之间有效转换利用，从而真正达到内外业的信息同步效果。另外，相关测绘人员还可以通过对地理信息系统的有效应用，来系统地、全面地汇总数据信息，进而最大限度地降低人力成本，如此便可有利于显著提升测绘工作的整体效率[①]。

(四) 工程监测的应用

工程测绘也会涉及对工程进度和风险的实时监督管理，促进整体施工作业得以顺利进行，加强施工质量和安全。在实际操作环节，通过新型的地理信息系统技术及其他相关技术的相互协作，能够有效发挥出几项技术的作用，达到对工作数据实时收集整理的目的，从而让测绘工作更加高效、精准地完成。工作人员在利用新型地理信息系统技术过程中，还能够有效将周边环境的变动信息因素进行监控分析，达到监测工程的实际目的，例如，在某些在建工程中，对工程的全方位环境进行实时监测，若在检测环节出现了不利环境因素，就能够提前采集到不利信息，将信息收集至应用系统，根据系统提示的预警变化，对环境因素的数据进行分析，在此阶段，相关工作人员就可以接收到信息数据的预警内容，根据风险的提示数值，来确认工程环境出现的问题原因，从而快速制定出解决方案。因此，既能够及时对风险问题进行解决处理，也能够显著提高建设的安全性，为项目整体管理带来良性帮助。

(五) 道路工程测绘

在对道路工程进行具体测绘过程中，新型地理信息系统技术也有着较为广泛的应用，由于道路工程施工，大多处于环境较为复杂的区域，有着较多的不定性因素，极易对工程施工产生客观影响，而常规的工程测绘过程中，应用 GPS 技术进行测绘操作，会出现各种形式的测绘困难，往往不利于工程的有效开展[②]。但通过新型的理信息系统技术的融入应用，则能显著改善道路工程测绘施作难题，提升整体测绘精

---

① 张铁锋，赵瑞庭. 测绘新技术在测绘工程测量中的应用研究 [J]. 华东科技 (综合)，2021 (4)：1.

② 张茗淞. 地理信息系统在测绘工程中的重要性及应用实践 [J]. 测绘与勘探，2022，3 (4)：84-86.

确性，同时对外环境与内环境进行检测，有效发现工程环境的具体变动，通过技术软件来第一时间传输数据，对各种道路边坡、路基等难以监测的部位形成有效控制，进而达到维护工程安全的目的。不仅如此，通过技术的不断应用和发展，还能够有效节约工程整体成本，对工程质量也有着显著提升。

(六) 无人机和遥感技术的运用

通过应用无人机遥感技术，也能够在地势较低的区域发挥出新型地理信息系统技术的应用效果，由于具体应用环境常常会遇到较低的云层及较高的山脉，这则难以充分发挥出航拍技术的作用，因此，无人机遥感技术就发挥出了非常显著的作用，通过遥感技术的实施，不但能够对测绘工作的整体效率起到显著的提升，还能够对图片采集的清晰度有效加强。在当前的多数城市环境中，需要应用到较为清晰的图像采集技术，测绘项目对信息采集也有着较高的要求，而无人机、遥感技术在信息采集的过程中，有着极为有利的近距离拍摄功能，对数据的采集有着绝对的保障，尤其是环境较差的测绘区域，能够较快地完成采集任务，对数据采集过程还能够进行加密处理，提高数据的采集整理安全系数，而融入了智能化的处理软件，还能够处理部分无效的采集参数，从而最大化地发挥出无人机应用的优势，成为新型地理信息系统技术应用推广的有效支持。

(七) 测绘工作中 PTK 技术的应用

GPS-PTK 是一种新型的地理信息测量技术，在工程测绘中利用该技术能提高测量结果的精确性，也能对相关数据进行整理和分析。传统的测量技术所占用的时间较长，而且测量结果也不够精准，还需要对信息数据进行复杂的处理，消耗了大量的时间，影响了工作效率和工作质量。而 PTK 技术能对测量位置的数据进行准确的监测，利用数字化技术对数据进行具体的分析和处理，提高了工作效率和工作质量。在工程测绘工作进行时，难免会遇到坐标转换的问题，影响到工作的进度，而利用PTK 技术，能随时进行坐标转换，也可以利用多个观测点进行数据的测量，使整体的工作效率得到有效的提高。

利用 PTK 技术进行测绘时，需要选择不同的观测基准点，在选择时需要注意以下几点内容。

第一，基准点的位置并不固定。应当选择多个基准点进行观测，若有已知点，先进行已知点的数据测量。

第二，基准点信息数据收集要依靠至少 5 颗卫星数量进行收集，并且要根据实际情况进行具体的分析。要保证设备所处的位置地势高、视控效果好，这样能有效地提高数据的精确度。

第三，需要设置 GPS 信号的反射设备并对数据进行及时的存储，避免数据丢失的情况发生。最后，还要对卫星的位置进行考虑，避免存在卫星盲区影响到整体工作，保证整体工程的顺利进行。

在工程测绘过程中，利用 PTK 技术进行建筑物的放样，需要对测量点的位置以及测量的精确度进行严格的监督和控制，这样才能发挥出该技术的作用，提高建筑物放样工作的质量。在利用该技术时，如果对测量的精确度没有过高的要求，可能所测出的点会存在一定的误差；如果有较高的要求，需要利用该技术手段对测量位置进行规划和方向工作，以保证测量的精确度。

总而言之，将新型地理信息系统技术合理运用到工程测绘工作之中，可显著提升测量数据的精确度，优化整个操作流程，从而大幅降低作业难度。现阶段，此项技术在城市建设、地形地貌勘探等一系列测量工作中得以大量运用，相信将来伴随科技的快速发展，此项系统的技术水平也会得到相应提升，从而更好地为我国工程施工，提供更为有力的数据作为支持。

五、提升新型地理信息系统技术应用效率的措施

(一) 提升针对性

在实践应用过程中，需要全面提升新型地理信息系统技术应用效率，要根据不同的使用范围，全面调整适应性、针对性。工程测绘应用范围广泛，分类多、内容杂。要想保证工程建设的稳定性，就需要针对性做好调整，建筑工程测绘对地质、水文条件要求高，矿区工程测绘对矿产分布、建设难度要求高，所以说，只有全面推动新型地理信息系统技术科学化发展，开发差异化、针对性技术分支，才能保证应用效果，提高工作的整体效率。

(二) 推进复合型人才培养

要想全面实现技术创新，就需要在人才建设上下功夫，出台相应的配套机制，不断推动人才培养建设。要建立起长效的学习机制，通过科学的人才培养，全面创新技术形态，这是技术发展的关键。在各种工程测绘工作中，既需要丰富的经验，更需要知识的积累，只有把知识转化成应用，才能保证工作效率与质量，在实践过程中，虽然大部分工程测绘人员有丰富的地质地理知识，但是在应用中，还没有形成成果的转化，发挥不出知识的重要作用，特别是新型地理信息系统技术的应用，相关人员并不能全面地掌握和应用，实践过程中还有所不足，这也就导致工程测绘

质量上不去，效率大大下降。所以说，要建设一支理论与实践相结合的人才队伍，全面做好人才的引进与培养，才能推动技术创新应用，同时要大力发展新型地理信息系统技术人才，在高校进行专业设置，培养高等人才，不断强化地质考察相关专业信息技术学习能力，为一线提供良好的人才，以全面发挥技术的应用价值，不断推进工程测绘质量快速发展。

工程测绘是工程建设的前期工作，需要全面保证测绘的精准性，才能为设计提供参考。新型地理信息系统技术在工程测绘中得到了广泛的应用，全面提高了传统工作效率，保证了测绘的质量，在未来发展中有着良好的前景。技术在不断创新，新型地理信息系统技术在未来还有很长的路要走，只有全面强化科研投入，推动产业化发展，实现技术实验室成果转化，才能有效实现技术创新，有力地带动工程测绘质量提升。

第八章　测绘地理信息与土地资源利用管理

第一节　基于测绘地理信息更新的土地利用变化动态发现

土地是人类赖以生存的基础，也是人类赖以生存的重要载体。从土地产量的角度看，一个具有稳定、可持续输出的土地生产力，既可以推动经济的健康发展，也可以带来相应的生态和环境利益。从土地使用的结构上看，土地利用的合理均衡，要符合当前和今后的土地资源需求。尽管人们对可持续发展的认识各不相同，但其终极目标都是实现可持续发展。在经济发展与国土空间发展的大背景下，如何在社会、经济与生态环境之间实现平衡及可持续发展，是亟待解决的重要问题。影响可持续发展的因素很多，各地区的具体情况也不尽相同，因此，要根据具体的地理环境和社会经济条件，制定相应的对策。从国家空间功能区的角度上来看，明确土地利用可持续发展的原则，找到生态、社会、经济发展的平衡点，为优化可持续的土地利用模式提出对策。

一、基于测绘地理信息更新提取信息

(一) 图像的处理

1. 卫星影像的几何纠正

卫星影像的几何纠正分为空间坐标转换和再取样两个步骤。由于卫星图像的空间姿态、地面起伏的大气折射、相机镜头的畸变等原因，导致图像的各个像点发生了不同的几何形变，从而造成图像的畸变。对此，纠正变形可获取地理编码数字正射影像。

2. 图像加强

图像加强是为了提高图像可视化程度及增加目标地类的特征差别，主要的强化手段是对颜色进行增强。色彩强化有两种方式，一种是伪彩色增强。伪彩色增强是一种对单一频段图像进行色彩强化的方法，分类图像中经常使用此方法来表现出不同的色彩。另一种为伪彩色增强技术，将经过空间配准的不同频带分别输出不同的色彩，从而区别出不同频谱特征的地物，便于肉眼辨识。增强后的图像更接近于天然色彩，具有丰富的信息和良好的视觉效果，可以用于图像的绘制。

3.影像镶嵌

影像镶嵌是根据工作区域的特点，采用先镶嵌后校正或先校正后镶嵌的方式。ERDAS IMAGINE 是一款功能强大的图形处理软件，该软件支持多种投影方式的输入，可以在没有投影转换的情况下，将不同影像进行自动投影然后拼接。

(二) 变化信息的发现

我国社会经济在不断地发展，而土地利用作为动态变化的格局，其利用的程度以及应用水平都有所上升，但它的利用方式也发生了一定的转变。再扩展城镇用地已经成为当前以至未来最为主要的土地使用特性，也是未来不断研究城市发展的重要课题。

变化信息的自动发现是指通过对两个时期的遥感图像进行数据融合等处理，从而将已改变的地块与复杂的环境信息区分开来，区分的基础是：改变后的图像灰度、亮度和色彩与周围环境存在显著差异。频谱特性变异法是利用多源资料进行融合，通过对不同类型的遥感资料进行融合从而使变化区域具有特定的图像特性。当多源数据的信息不一致时，图像的频谱就会和普通图像不同，即地理频谱特性变化。这部分影像在整个影像范围内是不正常和不协调的，可用肉眼进行筛选。该方法的特征是：物理意义明确、结构简单。

(三) 变化信息的提取

由于无序地把城市进行利用扩张最终会导致很多问题，因此必须对土地的主要分布，在其数量上进行不断的有效监测，这一点是非常重要的。在利用动态监测时主要是为了可以确保更为合理地应用土地资源方面，起到了非常重要的作用。通过变化的数据也可以看出它的实际问题，所以也就可以确保对土地的使用情况进行及时的掌握，从而为国民经济发展提供了更为有效的依据。

对影像进行强化和显示的情况下，利用一定方法可以确定变化发生的位置、大小和范围，使之与遥感影像相分离。人机交互翻译是最有效的一种，其最大优势在于具有灵活性，而且它能更好地理解译者的思想和判断，因此能够很好地获取信息。在当前的计算机自动分类准确率还达不到要求的情况下，人机交互方式翻译仍然是一个很有意义的工作。将区域变化信息的提取分为下列几种类型。

(1) 分类系统划分。本节以××市为例，按1984全国农业分区委员会颁布的土地使用分级制度，分级方式为监督分级，按使用区域的土地使用类型和植被状况，分为乔木林、灌木林、旱田、水田、水库、河流、坚硬地表、城市绿地和非直线建设用地等十大类。

（2）建立解译标志。识别标记的正确与否，将直接影响到每个标记的可信度，良好的标记可以改善图像的识别效果。识别标记的构建是相对关键的重要步骤。图像识别标志能够直观地反映出图像的形状、尺寸、阴影、色调、颜色、纹理、图案、位置、布局等。人们可以利用这些标记直接从图像上辨认出物体的性质、类型和状态；又可以根据已知地形对其进行推理和分析，从而找出难以用遥感图像直接解读的对象，如表8-1所示。

表8-1 遥感解译标志

土地类型	影像特征	样本
建设用地	蓝灰色，集中分布于平坦地区	
林地	暗绿色，分布于山区	
草地	浅绿色，分布于山前地带和水源旁	
耕地	绿色，形状为规则块状，分布于平原地区	
水域	黄色或淡蓝色，纹理均匀	
其他土地	亮白色，形状不规则	

二、基于测绘地理信息更新的土地利用变化动态分析

（一）土地利用面积变化动态分析

根据测绘地理信息更新数据获取信息，将甘肃省某某市作为研究区，利用2020年、2021年、2022年土地利用类型面积统计得出研究区土地利用类型面积、结构及土地利用面积比百分比，具体如表8-2所示。

表8-2 某某市土地利用类型面积（单位：km²）

类型	2020年	2021年	2022年
建设用地	2755.3	2845.42	3022.13
林地	1125.15	894.12	640.14
草地	1073.86	674.35	1121.71
耕地	15461.15	14608.14	15102.45
水域	528.47	576.45	394.68
其他土地	430.89	456.34	399.13

从表8-2中数据可以看出，当前研究区土地利用类型面积主要以耕地、建设用地、草地、林地、水域及其他土地为主，平均面积占比依次为73.28%、11.97%、7.12%、5.14%、1.97%、0.58%。从上述数据分析可以发现，研究区主要以耕地为

主，占比较大；其次为建设用地，占比 11.97%。同时，综合近 20 年研究区土地利用变化平均值，结合表 8-2 数据可计算得出研究区土地类型面积的年际变化趋势及百分比占比情况，具体如表 8-3、表 8-4 所示。

表 8-3　研究区土地利用变化幅度（单位：km^2）

类型	2020 年	2021 年	2022 年
建设用地	107.14	158.49	666.67
林地	-332.69	231.04	-303.49
草地	432.26	210.30	-240.75
耕地	397.69	-498.19	297.89
水域	123.81	124.55	-181.37
其他土地	113.97	112.84	-97.69

表 8-4　研究区土地利用变化幅度占比（单位：%）

类型	2020 年	2021 年	2022 年
建设用地	1.85	8.84	1.57
林地	-9.30	4.67	-1.61
草地	7.97	6.84	-0.85
耕地	-0.12	-1.79	-0.10
水域	2.32	-10.94	2.82
其他土地	-10.07	15.57	1.43

从表 8-3、表 8-4 可以看出，研究区建设用地保持持续增长趋势；林地面积总体出现大幅降低趋势；而草地面积以增加—减少—减少的趋势发展；耕地面积向增加—减少—增加的趋势发展；水域面积及其他土地面积于 2020 年、2021 年无明显变化趋势，2022 年出现减少现象，其整体无明显变化规律。

（二）土地利用速度变化动态分析

土地利用速度变化的分析是研究土地在某一时空范畴内利用类型及数量的变化情况，变化表达公式如下：

$$K = \frac{U_2 - U_1}{U_1} \times \frac{1}{T} \times 100\% \qquad （式 8-1）$$

式中：K 为某一时空范畴内的土地利用动态度；U_1 为土地类型利用变化对比值即早期面积；U_2 为土地类型利用变化自变量即当前面积；T 为前后时间。其中，如以 T 为年际变化时，K 代表年际利用变化率，动态度绝对值越大，土地利用年际变化增加或减少频率越快；动态度绝对值越小，土地利用年际变化增加或减少频率越慢。结合上述公式可计算得出某某市土地利用年际变化率，具体如表 8-5 所示。

表 8-5　某某市土地利用年际变化率 (单位: %)

类型	2020 年	2021 年	2022 年
建设用地	1.85	8.84	1.57
林地	−9.30	4.67	−1.61
草地	7.97	6.84	−0.85
耕地	−0.12	−1.79	−0.10
水域	2.32	−10.94	2.82
其他土地	−10.07	15.57	1.43

从表 8-5 可以看出，研究区建设用地面积变化率大于零，说明研究区建设用地增长频率较快，其中 2020 年际变化率为 1.85%，而在 2021 年研究区年际变化率增长至 8.84%，2022 年际变化率为 1.57%，虽在增长，但有了明显放缓趋势；研究区林地面积变化率在 2020 年、2022 年出现小于零现象，说明研究区林地用地变化速度在 2020 年、2022 年出现增长缓慢的现象。

研究区草地面积变化率在 2020 年、2021 年为大于零的增长趋势，2022 年小于零的缓慢趋势，说明研究区草地用地变化速度在 2020 年、2021 年为增长趋势，2022 年整体年际变化率降低。研究区林地面积变化率在 2021 年为大于零的增长趋势，2020 年、2022 年出现小于零的缓慢趋势，说明研究区林地用地变化速度在 2021 年为增长趋势，2020 年、2022 年整体年际变化率降低。研究区水域面积变化率在 2020 年、2022 年为大于零的增长趋势，2021 年出现小于零的缓慢趋势，说明研究区水域用地变化速度在 2020 年、2022 为增长趋势，2021 年际变化率降低。研究区其他土地面积变化率在 2020 年出现小于零的缓慢趋势，2021 年、2022 年为大于零的增长趋势，2020 年出现小于零的缓慢趋势，说明研究区其他土地用地变化速度在 2020 年际变化率降低，2021 年、2022 年为增长趋势。

综合上述分析可以看出，改革开放以来，研究区总体经济有了长足增长，建设用地面积及建设速度显著提升，耕地、林地及草地面积相对减少，这与某某市城乡一体化及城镇化建设政策密不可分。但从变化现象来看，其他土地虽有所增长，但总体仍存在生态环境恶化问题。

(三) 土地利用转移变化动态分析

对土地利用转移变化分析可得出研究区某一区域或时间段内各类土地面积之间

相互转化的动态信息，并非涵盖静态一定区域时空内的土地面积利用数据，而是更为丰富的期初各类土地面积转出及期末各类土地面积的转入信息。为全面分析研究区土地利用空间变化及变迁规律，本节再结合近20年研究区土地利用转移数据及2002—2022年数据。本节将2002—2022年研究区土地利用变化动态数据进行分段研究，如表8-6所示。

表8-6　研究区2002—2022年土地利用转移及变化数据

2022		2002					
		建设用地	林地	草地	耕地	水域	其他土地
建设用地	面积 /km²	939.33	23.19	156.84	1311.45	30.27	25.45
	占比 /%	43.81	3.10	8.17	8.75	10.14	7.68
林地	面积 /km²	2.97	447.65	300.84	40.11	0.85	0.01
	占比 /%	0.15	43.54	19.14	0.17	0.21	0
草地	面积 /km²	37.14	167.48	500.01	399.18	5.43	0.45
	占比 /%	1.57	16.24	29.87	3.15	1.72	0.14
耕地	面积 /km²	1137.47	347.15	702.11	13014.45	64.57	101.25
	占比 /%	49.67	33.14	44.75	79.48	22.97	31.67
水域	面积 /km²	67.85	9.97	1.21	201.45	163.47	18.16
	占比 /%	2.48	0.97	0.07	1.54	59.34	5.67
其他土地	面积 /km²	147.24	0.54	1.57	141.53	14.85	177.11
	占比 /%	6.47	0.06	0.97	0.93	5.63	55.97

从转出角度看，建设用地以转出土地以耕地为主，占转出总量的49.67%；林地流转方式以耕地为主，占33.14%；草地的转出方式以耕地为主，占全部转出总量的44.75%；耕地的转出方式以建设用地为主，占全部转出总量的8.75%；水域转出方式以耕地为主，占全部转出总量的22.97%；其他土地以耕地为主，占全部转出总量的31.67%。本表中主要以耕地为主，转移面积1281.35km²。转入耕地的主要为建设用地、林地和草地，转移面积分别为1137.47km²、347.15km²和702.11km²。本表从侧面反映了本研究区在加速城市化、保障耕地等方面的实施措施。

总体来看，研究区建设用地规模仍呈上升态势，但森林、草原、农田等区域的变动呈起伏的态势，没有明显的变化。从土地利用方式的变迁来看，研究区的地物类型转移特点是：从水域到农田、建设；从林地到农田，到耕地，再到建设。

三、土地利用优化建议

(一) 统筹规划城市建设用地

根据城镇建设用地的界定，包括城镇建设用地、农村居民点、独立工矿用地、交通用地、水利用地等基本建设用地要强化引导，优化城镇建设用地布局，严格控制用地范围，防止建设用地过度扩张。在调控范围内，要坚持适度规模的原则，积极鼓励、引导、盘活存量、推进集约使用，采取的具体措施有：严格控制用地使用，与已批准的城市、建制镇、村庄、城镇规划相结合，进一步健全建设用地限制机制，合理安排主体功能区的位置，将居住区和工业生产等功能区域进行细化，不能荒废土地，也不能过分分散发展。实施城乡一体化发展战略，以乡村振兴规划为理论依据，加强农村基础设施的建设，因为乡镇居民点分布比较分散，不宜集中治理，所以必须推进范围内的乡镇道路建设，统一村庄居住用地，实行区域协调发展，形成城乡一体化发展格局。

(二) 注重空间的生态保护

生态空间是生态环境建设与保护的重点，包括自然保护区、水源保护区、生态治理区以及其他生态系统，对保护动植物、维持生物多样性、保障城乡居民用水安全、加强水土保持重要作用。从上述预测来看，某某市的生态基础较好，但基于对未来土地利用的预测，如果不进行有效的调控，对环境的影响会呈现出负向的趋势，因此，在经济发展中必须进一步重视生态环境保护，在生态文明建设的指导下，保护和管控好市域的自然资源和生态环境，促进生态保护屏障的形成，具体措施可以从以下方面进行：加强对重点生态保护区的管控，彻底禁止天然林和其他生态公益林的商业化采伐，并按照立地条件采取保护措施，持续提高森林覆盖率，大力培育乡土树种，从景观格局上构建生态廊道，保证各生态源点相互不干涉，恢复被破坏的林地景观，成为都市"绿心"。加强对水体水质的监测，促进周边工业企业的绿色发展，严禁大面积养殖、捕捞等大规模的农业扩张，以实现对大气和城市环境的协调统一。可在河流设立缓冲区，1公里以内加大 N、P 污染的产业治理，对新建污染较重的化工、医药、农药、染料中间体等重点项目，保护好周边的生态平衡。重点加强对经济开发区等工业企业的环境保护，确保城市上风上水地区的生态环境质量得到有效控制。加强对生态环境的宣传和法律建设，划定保护区范围内的管制条例，抑制人为因素对自然生态造成的干扰和破坏，禁止一切违反规定的项目发展，制定相应的防治措施，从而有效地保护生态环境。构建城市范围内的生态网络，以满足区域资源和环境承载能力的要求，并根据高生态价值集中位置，对其进行生态分区。

(三) 保证农业发展的空间

从上述分析来看，尽管某某市的总耕地总量很大，但如果按照这种趋势发展下去，将会对土地的可持续发展造成极大的障碍，因此，必须严格控制耕地的数量。农业发展空间包括耕地、园地、设施农用地等，要保护好农业发展空间，主要包括以下几个方面：严格划定、特殊保护永久基本农田，主要集中在市中部地区，那里靠近城市，既能解决粮食问题，又能限制建设用地，城市东南地区的耕地面积较小、坡度较低、土壤厚度较厚，适合耕种。为了保证今后的耕地比例均衡，禁止在保护区范围内进行任何改变，同时不得在农田旁进行采矿、堆放固体废弃物等破坏耕地的行为，对中低产田进行改造，在田地旁可以鼓励相关人员种植绿化树种，以期从根本上提高生态服务价值，不仅从量上进行维护，而且要确保耕地的质量。建立土地节约制度，从法律层面上看，保证农业发展的空间，并采取建立补偿机制等措施，强化耕地的保护。此外，随着遥感技术的迅速发展，还可应用"3S"技术和其他相关技术来监测土地利用结构。要进一步加大对这方面的研究力度，大力培养相关人才，建设长期的土地利用变动数据库，构建专家系统、决策支持模型等，以达到智能化决策系统（IDSS）的目的，从而达到决策智能化、高效化的决策水平。

综上所述，本节以基于测绘地理信息更新的土地利用变化动态发现为研究方向，通过分析与研究某某市土地变迁规律，分析了土地保护措施，总体如下。

①从土地利用的角度来看，某某市的土地利用指数属于中等偏上的发展阶段，存在较大的发展空间。

②从耕地的演变轨迹来看，耕地化轨道和城镇化轨道数量排在最前面，说明某某市以耕地为主。

③在土地利用的空间转移上，某某市城市化的特点：耕地不断下降，高品质的农作物种植区域被占用；森林、河流等生态用地没有得到有效的保护，一些水体已经消失。

在综合考虑自然因素、政策因素等因素的基础上，提出生态优化方案，建立基本农田保护区、河流生态廊道、林地保护区，以增加对林地、水域等资源的保护，从而降低耕地、林地、水域等生态用地的枯缩率，防止生态环境的恶化。

第二节 评价测绘地理信息技术在土地规划管理领域的应用

当前，随着我国社会经济的不断向前发展，对土地资源的需求量越来越大，如何有效保证土地规划管理工作的高质量开展，是相关土地规划工作单位所需要考虑的重点问题。现阶段在我国土地规划管理工作当中，对各种先进的社会技术应用程度越来越高，需要进一步提高土地规划工作的科学性与准确度，从而为土地资源的合理分配和使用打下了良好的基础。尽管我国土地资源总量比较丰富，但是可以运用的土地资源相对较少，要想将有限的土地资源发挥出最大的价值，必须对其进行科学合理的规划。相关土地规划管理单位通过测绘地理信息技术的有效应用，提高了土地规划管理工作的效率和质量，为实现土地资源的科学化分配和使用打下良好的基础。

一、土地规划与管理工作的基本内容分析

（一）土地规划工作的基本内容

土地规划工作主要指的是在特定的区域范围内，根据国家所颁布的相关政策以及根据我国社会经济的整体发展态势，对土地资源进行合理开发和使用，同时对土地资源存在的各种问题进行有效治理，做好科学严谨的土地资源安排和布局工作，全面推动城乡土地资源的规划工作，保证和社会经济发展趋势相适应，充分发挥出土地资源的最高价值。

（二）土地管理工作的基本内容

土地管理工作当中所涉及的内容，主要包含土地资源的所有权以及使用权等，其中还涉及土地资源保护和科学规划等相关内容。在具体管理工作当中需要和政府单位之间进行有效衔接，充分落实政府工作单位的相关工作政策，对所需要开发的土地资源进行合理整合与管理，有效发挥出土地管理工作的最大效能，为后续的土地资源使用工作打下良好的基础①。

二、测绘地理信息技术在土地规划管理中应用的重要作用

在土地资源的开发和利用过程中，相关规划管理工作单位起到了至关重要的作用。在针对土地资源的开发和使用工作中，需要对土地资源的拥有量以及土地开发数量进行全面统计和分析。在城市化的建设发展过程中，必须充分明确土地资源的

① 梁飞. 土地测绘技术信息化和土地开发管理相关性 [J]. 农村实用技术，2019(2)：88-90.

地理环境状况，要求在土地规划和管理工作中，必须充分明确规划区域土地的基本地理信息情况，因此需要使用到更加先进的地理测绘技术来加以保障。通过测绘地理信息技术的有效应用，不仅可以全面提高土地规划工作的科学性与合理性，还可以为土地规划管理工作人员提供精确度更高的土地测绘信息，同时在整个地理信息的收集工作上更加精确与全面，从而为后续的土地规划和管理工作打下了良好的基础，以此来充分保证土地资源的合理开发和应用[①]。

三、地理信息技术在土地规划和管理中的应用策略

(一) 科学规划

在土地资源的规划管理工作中，人和土地之间存在的矛盾问题一直没有充分解决，如何有效解决人和地之间的矛盾问题，对推动整个社会经济的长远稳定发展有着重要的意义。由于土地资源的规划和管理工作相对比较复杂，并且始终处于一种动态化的发展模式，如果使用传统的测绘工作方法，则无法达到良好的测绘工作效果，但是通过地理信息测绘技术的有效应用，则可以有效解决传统测绘工作中存在的各种问题。比如，在土地资源规划和管理工作过程中，对先进的 GPS、GIS、RS 技术等有效应用，可以全面提高土地资源测绘工作的科学性与准确度，也使得相关工作单位在土地调查、规划以及勘查等多项工作方面提供出了诸多便利。通过测绘地理信息技术的有效应用，可以为土地资源规划与管理工作提供出必要的检测工作基础，同时还可以全面保证土地基础信息的准确性，建立起土地规划和评价工作模型，充分做好土地资源的规划处理工作，以此为基础全面提高土地资源的使用效率，实现土地资源的最大化应用。

(二) 遥感技术的运用

遥感技术是测绘地理信息技术当中的重要构成之一，遥感技术在使用过程中可以实现对远距离目标或者不与目标直接接触的状态下，完成土地资源的准确测绘和数据搜集工作。通常情况下，遥感技术的应用具备探测范围更广、成像速率更快等多方面优势。通过使用精确度实时性的高精度遥感图像，可以为土地的规划和管理工作提供必要的参考以及信息基础。遥感技术在使用工作中以收集航天图片、卫星图片等方法，有效结合数据处理技术确定 4D 产品的使用性能，从而保证所收集到的底图信息和专题图片制作的颗粒性以及高效化。除此之外，在使用多元数据过程

---

① 荆杨阳.测绘地理信息技术在土地规划管理领域的应用研究 [J].城市建设理论研究 (电子版)，2018(31)：83.

中，可以有效分析待测土地资源的具体状态和相关信息，充分明确土地空间的变化特点以及发展规律，为水质、土壤以及环境污染等多方面监测工作，提供必要的参数基础以及影像资料。

(三)"3S"技术的集成应用

"3S"技术在土地规划管理工作中应用非常普遍，通过"3S"技术的应用可以对土地所有权、土地使用权以及土地规划建设等多方面工作进行有效保护，可以直接用于建设用地的管理工作当中。在土地所有权和使用权的划分工作中，通过"3S"技术的集成化使用，可以有效发挥不同测绘技术的功能与优势，保证土地测绘工作的高质量开展，有效结合航测技术可以直接获取数据底图信息，有效保证所获取的土地测绘信息的精确度与合理性。在土地规划设计工作当中，通过遥感技术与全球定位技术的有效应用，可以最大限度地降低野外作业的工作量，同时全面提高数据收集的科学性与准确性。除此之外，地理信息系统可以有效运用空间分析工具，实现不同坡度和坡向的调整和控制，实现对土地空间的精确测量与分析，为后续的土地资源规划管理工作提供必要的决策性数据。

(四)地理信息系统的实践应用

地理信息系统具备信息的综合输入、信息收集、储存信息、查询计算等多方面功能，是空间信息表达的重要途径。在针对土地规划和管理工作过程中，需要对各项土地资源信息进行实时性和动态化的管理，以此来全面保证各项数据信息分析内容的精确性以及高效性。通过 GIS 空间分析功能和土地规划模型之间有效衔接，不仅可以为土地测绘工作人员以及土地规划管理工作人员提供更加精确和专业化的数据分析模型，还可以为后续的规划工作提供决策性数据基础，全面提高土地规划和管理工作的科学性与有效性[1]。

综上所述，在土地规划管理过程中，对地理信息技术的应用非常关键，相关土地规划管理工作人员必须对地理信息技术加以充分重视，并且在实践工作当中对该项技术应用存在的不足进行完善。通过采取多样化测绘技术的应用，有效保证测绘地理信息的精确度和可靠性，为土地规划管理工作打下良好的基础，同时推动着我国社会经济不断朝着更高目标发展。

---

① 张章强. 测绘新技术在土地规划与管理中的应用 [J]. 企业技术开发，2016，35 (20)：65-66.

第三节　测绘地理信息技术在城市土地资源管理中的应用

城市土地资源管理涉及城市发展资源的探索、分析以及城市整体规划与城市战略调整等多个领域的内容，也是城市可持续健康发展的管理要素。通过科学管理，不但能够准确地预测城市发展方向，也有助于实现城市管理精细化，推动城乡一体化进程。随着我国社会主义市场经济的快速发展，各个部门都开始关注土地资源的合理利用问题，以此来提升城市管理的效果，解决城市发展中的特殊问题，确保城市稳定发展。

一、测绘地理信息技术在城市土地资源管理中的作用

测绘地理信息技术在现代城市土地管理中具有突出的作用，主要体现在如下几个方面。

(一) 精准排查

随着城市发展速度不断加快，建筑多样性成为城市发展的基本特征。但是，随着建筑物的数量越来越多，城市规划管理的难度也在相应地增加。过去，土地管理部门主要采取人工分析排查的方式对土地资源进行确认和管理，导致土地资源的统筹规划不足，经常会出现计划外的事件，影响城市的规划效果。

过分依靠人力资源进行土地调查，不但无法保证调查的可靠性与精准性，也容易出现成本过高、耗时较长的问题，不利于提升管理的整体质量。选择"3S"为代表的测绘信息技术，可以在最短的时间内提供高质量的地理信息数据，也能够以此来确保动态监管的效果，这对于城市管理工作的顺利开展具有重要的意义和价值。

(二) 科学规划

作为一个人口基数较大的国家，我国存在土地资源多、人均不足的问题。近些年来各地都在推进城市化进程，出现了城市土地集约化管理不足的问题，导致严重的土地资源浪费。在土地资源规划管理不到位的情况下，很容易导致土地资源流失、土地问题持续恶化，不仅影响城乡一体化建设，同样也阻碍国家经济的进步与发展。在城市土地资源管理过程中，只有借助于测绘地理信息技术来进行精准测量，才能够确保整体的规划，利用地理信息来实施科学监管，有助于提升城市管理的能力，进一步促进城市资源的综合应用，促进城市向着绿色、高端的方向转变。

(三)合理界定

测绘地理信息技术在城市土地资源管理中还具有辅助界定的功能。这是由于测绘地理信息技术的应用能够提升土地测量的精度,通过获取高精度大比例尺地形图,能够提升土地使用范围的管理效果,精准测算出相应的成本,帮助解决拆迁基础工程补偿矛盾,有助于各项工程项目的推进与发展。除此之外,借助 GPS 定位系统,可以在施工过程中确保不同类型的设施范围与路线的确认,有效降低施工成本,对于降低工程进程中的风险与费用都具有很好的促进效果。

二、测绘地理信息技术在城市土地资源管理中的应用策略

测绘地理信息技术在城市土地资源科学管理中应用广泛,为了提升其技术应用水平,需要特别解决好以下几个方面的问题。

(一)科学应用先进测绘地理信息技术

结合现阶段城市发展的现状来看,尽管城市发展规模不断扩大,但是内部的矛盾依然没有得到妥善的解决。测绘地理信息技术在土地资源管理中具有不少优势,为了体现这些优势,就应该主动选择那些更为先进的测绘地理信息技术,满足社会发展的市场要求。结合城市管理的能力标准来看,则需要做好数据的收集、统计,在信息技术应用过程中提供良好的发展机遇,只有合理利用管理信息技术,才能够提升数据的精准性,满足土地基础信息的标准要求,促进土地量化管理,从而真正意义上解决城市发展过程中出现的各种矛盾问题。

(二)持续投入确保测绘地理信息技术的应用

就现阶段我国的整体测绘地理信息技术应用现状来看,各个省市对于测绘地理信息技术的重视程度、应用水平存在不小的差异。其中,东部沿海地区对于测绘地理信息技术的重视程度较高,经费投入水平也相对比较高,所以在城市建设与规划方面取得了不少优势。相对而言,因为西部城市在这个领域的投入相对较少,所以测绘地理信息技术在实际应用中就出现了偏差。为了进一步提升测绘地理信息技术的应用效果,还是需要不断提升技术应用的效率与效果,加大资金、技术与管理等方面的投入,积极进行技术引导与技术推广,为相关行业的发展带来更大的帮助。

(三)进一步推进管理数据资源共享战略

进一步推进管理数据资源共享战略,一方面,需要各管理部门解决好信息孤岛

的问题，通过解决信息不对称等情况来逐步形成科学的管理体系，提升数据资源的共享水平。另一方面，为了提升测绘地理信息技术应用效果，需要积极构建管理数据资源共享平台，借助遥感技术等先进测绘地理信息技术来解决平台信息收集问题，并且借助 GIS 技术、GPS 技术解决平台构建、信息位置等问题，为推动管理数据资源共享平台的构建奠定良好的基础。

(四) 提升人员队伍构建水平

提升人员队伍的构建水平也是确保测绘地理信息技术合理应用的关键。随着国家政府对于测绘地理信息专业重视程度不断提升，各大综合性院校都陆续开设了相关专业课程，但是对于复合类型人才的培养还存在不足，社会需求与供应量存在明显的矛盾。对于企业自身而言，需要不断加强内部培训，通过校企合作等方式来提升人员素质水平，积极引入优秀人才，促进测绘地理信息技术的合理应用。

综上所述，测绘地理信息技术在现代土地资源管理中具有不可替代的作用，通过科学应用先进测绘地理信息技术，能够有效提升资源整合规划效率，实现城市可持续发展与科学统筹。为了确保测绘地理信息技术的应用效果，需要做好资金与技术的持续投入，同时推进数据资源共享战略，满足现代土地资源的管理要求，不断提升队伍构建质量，确保土地资源管理的实际效果，进一步提升土地资源管理水平，满足其合理利用、有序开发的要求。

第九章 国土调查与监测

第一节 地理国情监测在第三次国土调查中的应用

一、地理国情监测概述

(一) 相关概念

国情是指一个国家的社会经济发展状况、自然地理环境、文化历史传统以及国际关系等各个方面情况的总和，也是指某一个国家某个时期的基本情况，是国家制定发展战略和发展政策的依据，也是执行发展战略和发展政策的客观基础。

地理国情是空间化可视化的国情信息。地理国情是从地理的角度分析、研究和描述国情，即以地球表层自然、生物和人文现象的空间变化和它们之间的相互关系、特征等为基本内容，对构成国家物质基础的各种条件因素做出宏观性、整体性、综合性的调查、分析和描述。例如，对国土疆域概况、地理区域特征、地形地貌特征、道路交通网络、江河湖海分布、土地利用与土地覆盖、城市布局和城镇化扩张、火灾环境与灾害分布、环境与生态状况、生产力空间布局等基本状况的调查、分析和描述等。地理国情综合反映了一个国家或区域人地关系的协调程度，是国家和地区科学发展、可持续发展、和谐发展的重要决策依据。

地理国情监测，就是综合利用全球导航卫星系统（GNSS）、航空航天遥感技术（3S）、地理信息系统技术（GIS）等现代测绘地理信息技术，利用各时期测绘成果档案，对自然、人文等地理要素进行动态和定量化、空间化的监测，并统计分析其变化量、变化频率、分布特征、地域差异、变化趋势等，形成反映各类资源、环境、生态、经济要素的空间分布及其发展变化规律的监测数据、图件和研究报告等，从地理空间的角度客观、综合展示国情国力。

地理国情普查是一项重大的国情国力调查，是全面获取地理国情信息的重要手段，也是掌握地表自然、生态以及人类活动基本情况的基础性工作。普查的目的是查清我国自然和人文地理要素的现状和空间分布情况，为开展常态化地理国情监测奠定基础，满足经济社会发展和生态文明建设的需要，提高地理国情信息对政府、企业和公众的服务能力。

开展全国地理国情普查，系统掌握权威、客观、准确的地理国情信息，是制定和实施国家发展战略与规划、优化国土空间开发格局和各类资源配置的重要依据，是推进生态环境保护、建设资源节约型和环境友好型社会的重要支撑，是做好防灾减灾工作和应急保障服务的重要保障，也是相关行业开展调查统计工作的重要数据基础。

地理国情普查的内容，一是自然地理要素的基本情况，包括地形地貌、植被覆盖、水域、荒漠与裸露地等的类别、位置、范围、面积等，掌握其空间分布状况；二是人文地理要素的基本情况，包括与人类活动密切相关的交通网络、居民地域设施、地理单元等的类别、位置、范围等，掌握其空间分布现状。

地理国情监测总体目标是整合并充分利用各级、各类基础地理信息资源，开展重要地理国情信息普查，构建国家级地理国情动态监测信息系统，持续对全国范围的自然、生态等地理环境要素进行空间化、定量化、常态化监测，构建地理国情信息网格，形成定期报告和监督机制，反映国家重大战略、重要工程实施状况和效果，充分揭示经济社会发展和自然资源环境的空间分布规律，实现地理国情信息对政府、企业和公众的服务，为国家战略规划制定、空间规划管理、区域政策制定、灾害预警、科学研究和为社会公众服务等提供有力保障。

(二) 地理国情监测技术应用

地理国情监测作为一个重要的国家项目，也是测绘地理信息由被动获取数据到主动应用信息的转型关键点，其技术方法和传统测绘技术如何衔接和应用的研究尚处于研究阶段。

1. 重要地理信息监测技术分析

（1）信息提取技术，如利用基础地理信息中的等高线、高程点数据和 DEM 数据获取各县的最高、最低高程。采用地形要素数据库、省级勘界数据等作为基础数据源，提取每个行政区的多边形节点，取最大、最小值获取行政区的最东、最南、最西、最北经纬度；取行政区域的外接矩形，得到行政区域东西、南北方向长度；从 DEM 数据中获取每条河流的最高、最低高程，计算河流高差。

（2）内外业一体化调查技术，如全省最高、最低高程均进行实地测量。

（3）信息统计与分析技术，如按行政区域划分 DEM，并逐格网遍历，用高程累积值除以有效格网总数，获取各行政区域的平均高程；将行政区矢量数据集栅格化，再与坡度分级栅格图叠加，统计行政区域内的分级值和栅格数，计算出行政区域内各坡度段的面积；利用省级勘界数据、省级地形要素数据库数据成果，采用 Albers 投影，分县计算面积，并根据县级行政区域的面积逐级累加，获取地市、省级行政区域的面积；采用省级道路专题数据和基础地理信息数据，将各类道路数据和各级行政区划数据进行叠加分析，统计行政区划中各类道路的长度；根据行政区域的面积，计算区域内的路网密度；结合行政区域的人口专题信息，计算人均道路长度；采用水文分析方法，对 DEM 数据进行洼地填充，计算区域内每一格网单元的水流方向，进一步生成全省汇流累计量数据。

2. 地表覆盖与土地利用监测技术分析

目前对于土地覆盖分类和监测的方法主要有以下三种。

（1）遥感影像自动解译和人工目视解译技术，如"陕西省地表覆盖变化监测""西咸新区综合地理国情信息提取""三星工业园区建设进展监测"和"陕西省明长城及唐帝陵文物保护区域监测"项目中对农地、林地、草地、园地、水域、多年积雪或冰川、荒漠与裸露地、居民地与设施、交通网络等进行一级、二级地表覆盖类型的自动解译或人工目视解译。

（2）统计分析方法，如"西咸新区综合地理国情信息提取""三星工业园区建设进展监测"和"陕西省明长城及唐帝陵文物保护区域监测"等监测项目中对影像进行解译和信息提取之后都采用了统计分析方法对分类结果进行处理。

（3）内外业一体化调查技术，如在"陕西省明长城及唐帝陵文物保护区域监测"中对明长城主体两边各 1 公里范围内地表覆盖变化状况进行了野外核查。

3. 农林水利监测技术分析

在农林水利监测中使用到的技术主要有以下三类。

（1）信息变化监测技术，如"陕北地表覆盖变化监测""渭河干流综合治理监测"和"陕西省水资源保护和综合治理监测"。监测项目中都对红碱淖水域、植被覆盖度、省界河流分布、河流区域以及湿地范围变化进行了监测，在对其相邻两期遥感影像信息提取的基础上，将两期的提取结果进行叠加及减法运算，得到相邻两期数据的动态变化信息。

（2）遥感影像自动解译和人工目视解译技术，如在"陕北地表覆盖变化监测""渭河干流综合治理监测""陕西省水资源保护和综合治理监测""陕西省地表覆盖变化监测"中都使用了遥感影像自动解译或人工目视解译技术。

（3）内外业一体化调查技术，如在"渭河干流综合治理监测"中对地表覆盖进行影像判读后进行了野外定性核查。

4. 地表形变监测技术分析

对于地表形变的监测，陕西省地理国情监测试点中主要是采用合成孔径雷达干涉测量（InSAR）技术。如利用 InSAR 技术分别对陕北煤矿开采典型区域和西安市域范围进行了地面沉降的监测。

5. 资源生态环境变化监测技术分析

生态环境变化监测的方面主要有矿区、水资源、植被等方面的位置、面积、分布及变化信息。对于资源生态环境变化监测，监测的技术方法有以下三类。

(1) 采用"内外业一体化调查技术"。在内业高精度遥感影像判读的基础上，采用野外调绘的方法。如陕西省开展的露天采掘场分布、尾矿库分布等监测项目。

(2) 采用遥感影像自动解译技术，如在"秦岭地区生态环境监测"项目中，获取秦岭地区的露天采掘场空间分布和范围信息时采用了对多源遥感数据进行影像自动解译的技术。

(3) 采用遥感影像人工目视解译技术，如在获取秦岭地区的露天采掘场空间分布和范围信息时在自动识别的同时进行了人工目视解译的监督和修正。在"陕西省尾矿库监测"确定尾矿库位置信息时采用了对多源遥感数据进行影像人工目视解译技术。

6. 城镇化进程监测技术分析

对于城市扩张监测，大部分是采用对监测区域的历史图、航空相片和 Landsat 卫星数据等资料进行专题信息提取分析，通过对城市土地利用等信息变化进行动态分析和比较。所监测内容包括城市发展布局 (城市范围)、城市交通路网、市政设施、公共服务设施、居住房屋建设、人口以及与地理信息相关指标进行变化分析。

其所使用到的技术主要有以下五种。

(1) 遥感影像解译技术，包括人工目视解译和自动解译方法。在"重点示范镇建设监测"项目中使用了人工目视解译的方法对遥感数据进行处理。在"西安市部分区域基础设施配置空间差异性分析"项目中采用了人机交互解译方法。

(2) 统计分析技术，在"重点示范镇建设监测"和"西安市部分区域基础设施配置空间差异性分析"项目中，针对不同时期所获取的监测数据信息进行了统计分析，以获取变化监测成果。

(3) 内外业一体化调查技术，在"重点示范镇建设监测"项目中根据已有影像成果，结合人工目视解译和外业调绘方法进行不同时期重点示范镇监测数据生产，包括市政设施 (道路交通、公共停车场、汽车客运站、广场、地名标志、邮政电信、公园、园林绿化)、公共服务设施 (教育机构、文体科技、医疗保健、商业金融、社会福利、集贸市场)、居住房屋建设等内容。在"陕西省省级扶贫点监测"项目中采用航摄数据或高分辨率遥感数据，通过外业调查获取当地的村界、路名、河流名称、地理名称、基础设施位置和名称、主要建筑位置及名称等信息。

(4) 信息变化检测技术，如在"城镇化建设进程监测"和"陕西省省级扶贫点监测"项目中都对多期监测信息进行了信息变化检测。

（5）信息提取技术，如在"城镇化建设进程监测"和"西安市部分区域基础设施配置空间差异性分析"项目中使用了信息提取的技术获取了陕西省地级、县级、乡镇级的城市主城区空间分布状况，道路数据、境界数据分别形成本底数据和监测成果。

二、地理国情监测工作的内容与要求

（一）地理国情监测工作内容

地理国情监测工作是指对一个国家或地区的地理情况进行全面、系统的调查和研究，以了解其自然资源、人口分布、经济发展、社会环境等方面的情况。这是一个重要的工作，可以为国家的发展规划、资源管理、环境保护等提供科学依据。以下是地理国情监测工作的一些主要内容。

1. 自然资源调查

自然资源是一个国家的重要财富，包括土地、水资源、矿产资源、森林资源等。地理国情监测工作需要对这些资源进行调查和评估，了解其分布、质量和可利用性，为国家的资源开发和保护提供依据。

2. 人口分布研究

人口是一个国家的基本建设和发展的重要因素。地理国情监测工作需要对人口数量、分布、流动等情况进行研究，了解人口的空间分布特征、人口密度和城市化进程等，为人口规划、城市规划和社会发展提供参考。

3. 经济发展分析

经济发展是一个国家的重要指标，也是地理国情监测的重要内容之一。通过对经济指标的调查和分析，可以了解一个国家的经济结构、产业布局、经济增长速度等情况，为制定经济政策和发展战略提供科学依据。

4. 社会环境评估

社会环境是一个国家或地区人民生活的重要基础，也是地理国情监测工作的重要内容之一。通过对社会环境的调查和评估，可以了解一个国家或地区的社会治安、教育水平、医疗卫生等情况，为社会发展和民生改善提供参考。

5. 生态环境监测

生态环境是一个国家的重要资源，也是人类赖以生存的基础。地理国情监测工作需要对生态环境进行监测和评估，了解生态系统的状况、生物多样性、土地利用、水质等情况，为生态保护和可持续发展提供科学依据。

6. 地理信息系统建设

地理信息系统是地理国情监测工作的重要工具。通过收集、整理和分析地理数据，可以为构建一个完整的地理信息系统，用于存储、管理和分析地理数据，提供决策支持和空间分析的功能。

7. 地理国情报告编制

地理国情报告是地理国情监测工作的重要成果之一。通过对地理国情的调查和研究，可以编制出详细的地理国情报告，对国家或地区的地理状况进行全面、系统的描述，从而为国家的发展和决策提供参考。

(二) 地理国情监测工作新要求

《关于开展 2019 年全国地理国情监测工作的通知》针对全国地理国情监测工作，提出了总体要求，同时明确了实施原则。要求利用罪符合 2019 年监测要求的具有高分辨率航空航天遥感影像，并且进行数据整合，形成最新且全面反映地理国情的信息数据、专题数据，以 6 月 30 日为标准时点，全面掌握本地区自然要素以及人文地理要素的当前情况以及变化情况，构建本年度的全国地理国情信息数据库，为自然资源管理各项工作的开展提供支撑，推动生态文明建设工作的开展。

三、地理国情监测的应用实例分析

(一) 案例概述

以君山区第三次国土调查工作为例，其总体任务是全面查清君山区土地的土地利用状况和土地权属状况，并在此基础上开展国家和湖南省、岳阳市规定的专项用地调查，建设全市土地调查数据库，并实现调查成果的信息化管理和互联共享。根据招标文件要求，结合《第三次全国国土调查实施方案》(国土调查办发〔2018〕18号) 和《湖南省第三次国土调查工作方案》，测绘的工作效率得到大幅度提升，测绘数据精准度也得到提高。

(二) 监测效率高

GIS 测量利用卫星技术实现地理测绘，摆脱了传统人工测量的操作模式的限制，只要在地面设置接收设备就能够实现测量，这样不但对自然环境适应范围越来越大，而且提高了测绘工作效率。

(三)测量精度高

利用卫星在地理测绘方面的功能，能够对目标位置进行平面扫描，从而获得地理信息系统相关数据和图像，在整个测绘过程中，工作人员只需对设备正确操作就能实现精准测绘结果，其降低了测试工作对人力资源的占用，而且降低了测绘成本，也使测试工作效率和测绘精度大幅度提升。

四、工程测绘地理信息系统的实施

(一)工程测绘中地理信息系统的数据采集

工程测绘通常包括建设规划设计阶段、工程兴建阶段和竣工运营阶段。

1. 工程建设规划设计阶段测绘

在工程建设设计规划阶段中，主要针对目标地域地形进行勘察，这是对工程建设目标区域地标建筑以及地形水平面投影位置和高程展开的测量，通过 GIS 进行数据输入和分析，根据数据比例缩放和标注等方法绘制成工程建设目标区域的地形图。工程建设规划设计阶段地形测绘主要采用航空摄影测绘技术完成。

2. 工程兴建阶段测绘

工程兴建阶段测绘主要结合设计对工程施工现场情况掌握需求，对工程所在区域地上物和建筑设施等进行准确定位，测量出平面位置和高程，这些数据将会作为设计的数据支持，以便于形成设计方案为工程现场施工提供依据。在工程兴建阶段测绘中，往往需要建立起施工控制网，结合工程的实际要求展开测绘工作。通过地理信息系统，不仅能够有助于测绘数据的处理和分析工作，还能形成有效数据和图形为工程设计提供有价值信息。

3. 工程竣工后的测绘

工程竣工后进入营运阶段，通过测绘工作能够起到对工程的监视效果。通过平面测量和高程测量能够发现工程变形情况，及时获取安全状况变化数据，以便能够及时采取相应补救方案或维修措施。

(二)工程测绘中地理信息系统的数据处理

工程测绘中，通过卫星或航空设备形成的数据将输入地理信息系统中，进行数据编辑、分析和处理，从而将各种形式的数据转换成数字信息，实现多来源数据的兼容。利用地理信息系统，能够将大量工程测绘数据在短时间内进行转换，提高工程测绘数据信息处理效率和数据准确性。

（三）工程测绘中地理信息系统的数据输出

工程测绘数据处理和数据输出需要完成大量数据处理和复核，需要借助于地理信息系统良好的数据输出性能完成测绘图的自动绘制，其不仅能够在计算机系统中得到显示，还能实现三维立体效果，让工程测绘数据变得更加直观，并更加便于工程设计工作人员对工程所在地区地形、地貌和海拔进行分析判断，从而加快工程设计规划和施工阶段设计步伐。

地理信息系统以计算机和网络科技作为基础，充分发挥系统的功能优势，将航拍测绘数据和卫星测绘数据进行有效采集、处理和分析，形成数字化信息在工程测绘中加以应用，能够有效提高工程勘察效率，推进工程建设发展进程。

第二节　面向第三次国土调查的"3S"技术应用研究

第三次全国土地调查（以下简称"三调"）是在"二调"的基础上进行全面的细化和完善土地利用基础数据，掌握翔实准确的土地利用现状及土地资源变化，进一步实现调查成果进行管理与共享，满足土地管理、生态文明建设、自然资源管理、宏观调控等各项工作的需要。"三调"的主要任务包括开展土地利用现状调查、开展土地权属调查、开展专项用地调查与评价、建设各级土地利用数据库，与"二调"相比"细化"是"三调"很重要的特征，这就要求在"三调"过程中采用先进的调查技术与方法，实现三调精准化调查。

一、"3S"技术概述

早期"3S"是遥感（Remote Sensing）、全球定位系统GPS（Global Position System）和地理信息系统（Geographic Information System）的简称，广义的说法则是遥感（Remote Sensing）、地理信息系统（Geographic Information System）和全球导航卫星系统（Global Navigation Satellite System），其中GNSS泛指所有卫星定位系统，包括GPS。"3S"是空间技术、传感器技术、卫星定位与导航技术和计算机技术、通信技术相结合，多学科高度集成的对空间信息进行采集、处理、管理、分析、表达、传播和应用的现代信息技术的总称。

（一）遥感（Remote Sensing）

1.定义

"遥感"，顾名思义，就是遥远的感知。地球上的每一个物体都在不停地吸收、发射和反射信息和能量。其中的一种形式——电磁波，早已经被人们所认识和利用。人们发现不同物体的电磁波特性是不同的。遥感就是根据这个原理来探测地表物体对电磁波的反射和其发射的电磁波，从而提取这些物体的信息，远距离识别物体。

遥感是以航空摄影技术为基础，在 20 世纪 60 年代初发展起来的一门新兴技术。开始为航空遥感，自 1972 年美国发射了第一颗陆地卫星后，便标志着航天遥感时代的开始。经过几十年的发展，目前遥感技术已广泛应用于资源环境、水文、气象，地质地理等领域，成为一门实用的、先进的空间探测技术。

遥感是利用遥感器从空中来探测地面物体性质的，它根据不同物体对波谱产生不同响应的原理，识别地面上各类地物，具有遥远感知事物的意思。也就是利用地面上空的飞机、飞船、卫星等飞行物上的遥感器收集地面数据资料，并从中获取信息，经记录、传送、分析和判读来识别地物。

各种卫星通过不同的遥感技术实现不同的用途，如气象卫星是用于气象的观测预报；海洋水色卫星用于海洋观测；陆地资源卫星用于陆地上所有土地、森林、河流、矿产、环境资源等的调查；雷达卫星是以全天候（不管阴天、云雾）、全天时（不管黑天、白天）以及能穿透一些地物（如水体、植被及土地等）为特点的对地观测遥感卫星。

遥感技术使用的负载工具，不仅是卫星，还可以是航天飞机、飞机、气球、航模飞机、汽车、照相机的三脚架等，从而实现了在不同高度上应用遥感技术，使之为我们不同的工作目的服务。我们最常用的是卫星遥感技术和航空遥感技术。

2.特点

（1）可获取大范围数据资料。遥感用航摄飞机飞行高度为 10km 左右，陆地卫星的卫星轨道高度达 910km 左右，从而可及时获取大范围的信息。

（2）获取信息的速度快、周期短。由于卫星围绕地球运转，从而能及时获取所经地区的各种自然现象的最新资料，以便更新原有资料，或根据新旧资料变化进行动态监测，这是人工实地测量和航空摄影测量无法比拟的。

（3）获取信息受条件限制少。在地球上有很多地方，自然条件极为恶劣，人类难以到达，如沙漠、沼泽、崇山峻岭等。采用不受地面条件限制的遥感技术，特别是航天遥感技术可方便及时地获取各种宝贵资料。

（4）获取信息的手段多、信息量大。根据不同的任务，遥感技术可选用不同波段和遥感仪器来获取信息。例如，可采用可见光探测物体，也可采用紫外线、红外线和微波探测物体。利用不同波段对物体不同的穿透性，还可获取地物内部信息。例如，地面深层、水的下层、冰层下的水体、沙漠下面的地物特性等，微波波段还可以全天候地工作。

(二) 全球定位系统 GPS

1. 定义

全球定位系统 GPS，由处于 2 万公里高度的 6 个轨道平面中的 24 颗卫星组成。此系统用于在任何时间，向地球上任何地方的用户提供高精度的位置、速度、时间信息，或给用户提供其邻近者的这种信息。

我们知道，一张相片是没有坐标的，而相片上的信息，特别是遥感图像上的信息，是需要定出位置的，只有"有位置的信息"，才能成为地理信息。那么怎样来给遥感相片确定位置呢？有一种方便、快捷的手段，就是"全球卫星"定位系统。该系统是通过太空中的 24 颗 GPS 卫星来完成的。只需其中 4 颗卫星，就能迅速确定您在地球上的位置。您在确定位置时，仅需要一台像手机大小的"卫星定位仪"就可以了。这可比传统的测量定位、罗盘定位等先进多了。

全球定位系统（GPS，Global Positioning System）是利用人造地球卫星进行点位测量导航技术的一种。

全球定位系统主要有六大特点：

第一，全天候，不受任何天气的影响；

第二，全球覆盖（覆盖率高达 98%）；

第三，七维定点定速定时高精度；

第四，快速、省时、高效率；

第五，应用广泛、多功能；

第六，可移动定位。

由于 GPS 技术所具有的全天候、高精度和自动的测量特点，其作为先进的测量手段和新的生产力，已经融入了国民经济建设、国防建设和社会发展的各个应用领域。

2. 主要用途

（1）陆地应用，主要包括车辆导航、应急反应、大气物理观测、地球物理资源勘探、工程测量、变形监测、地壳运动监测、市政规划控制等。

（2）海洋应用，包括远洋船最佳航程航线测定、船只实时调度与导航、海洋救援、海洋探宝、水文地质测量以及海洋平台定位、海平面升降监测等。

（3）航空航天应用，包括飞机导航、航空遥感姿态控制、低轨卫星定轨、导弹制导、航空救援和载人航天器防护探测等。

3.构成

GPS全球卫星定位系统由三部分组成：空间部分——GPS星座（GPS星座是由24颗卫星组成的星座，其中21颗是工作卫星，3颗是备份卫星）；地面控制部分——地面监控系统；用户设备部分——GPS信号接收机。

（1）空间部分

GPS的空间部分是由24颗工作卫星组成，它位于距地表20200km的上空，均匀分布在6个轨道面上（每个轨道面4颗），轨道倾角为55°。此外，还有4颗有源备份卫星在轨运行。卫星的分布使得在全球任何地方、任何时间都可观测到4颗以上的卫星，并能保持良好定位解算精度的几何图像。这就提供了在时间上连续的全球导航能力。GPS卫星产生两组电码，一组称为C/A码（Coarse/ Acquisition Code11023MHz）；一组称为P码（Procise Code10123MHz），P码因频率较高，不易受干扰，定位精度高，因此受美国军方管制，并设有密码，一般民间无法解读，主要为美国军方服务。C/A码通过人为采取措施而刻意降低精度后，主要开放给民间使用。

（2）地面控制部分

地面控制部分由一个主控站、5个全球监测站和3个地面控制站组成。监测站均配装有精密的铯钟和能够连续测量到所有可见卫星的接收机。监测站将取得的卫星观测数据，包括电离层和气象数据，经过初步处理后，传送到主控站。主控站从各监测站收集跟踪数据，计算出卫星的轨道和铯钟参数，然后将结果送到3个地面控制站。地面控制站在每颗卫星运行至上空时，把这些导航数据及主控站指令注入卫星。这种注入对每颗GPS卫星每天一次，并在卫星离开注入站作用范围之前进行最后的注入。如果某地面站发生故障，那么在卫星中预存的导航信息还可用一段时间，但导航精度会逐渐降低。对于导航定位来说，GPS卫星是一个动态已知点。卫星的位置是依据卫星发射的星历——描述卫星运动及其轨道的参数算得的。每颗GPS卫星所播发的星历，是由地面监控系统提供的。卫星上的各种设备是否正常工作，以及卫星是否一直沿着预定轨道运行，都要由地面设备进行监测和控制。地面监控系统另一重要作用是保持各颗卫星处于同一时间标准——GPS时间系统。这就需要地面站监测各颗卫星的时间，求出钟差。然后由地面注入站发给卫星，卫星再由导航电文发给用户设备。GPS工作卫星的地面监控系统包括一个主控站、三个注入站和五个监测站。

（3）用户设备部分

用户设备部分即 GPS 信号接收机。其主要功能是能够捕获到按一定卫星截止角所选择的待测卫星，并跟踪这些卫星的运行。当接收机捕获到跟踪的卫星信号后，即可测量出接收天线至卫星的伪距离和距离的变化率，解调出卫星轨道参数等数据。根据这些数据，接收机中的微处理计算机就可按定位解算方法进行定位计算，计算出用户所在地理位置的经纬度、高度、速度、时间等信息。接收机硬件和机内软件以及 GPS 数据的后处理软件包构成完整的 GPS 用户设备。GPS 接收机的结构分为天线单元和接收单元两部分。接收机一般采用机内和机外两种直流电源。设置机内电源的目的在于更换外电源时不中断连续观测，在用机外电源时机内电池自动充电。关机后，机内电池为 RAM 存储器供电，以防止数据丢失。目前各种类型的接收机体积越来越小，重量越来越轻，十分便于野外观测使用。

(三) 地理信息系统 (Geographic Information System)

1.定义

地理信息系统（Geographic Information System 或 Geo-Information system，GIS）有时又称为"地学信息系统"或"资源与环境信息系统"。

地理信息系统是一种特定的十分重要的空间信息系统。它是在计算机硬、软件系统支持下，对整个或部分地球表层（包括大气层）空间中的有关地理分布数据进行采集、储存、管理、运算、分析、显示和描述的技术系统。地理信息系统处理、管理的对象是多种地理空间实体数据及其关系，包括空间定位数据、图形数据、遥感图像数据、属性数据等，用于分析和处理在一定地理区域内分布的各种现象和过程，解决复杂的规划、决策和管理问题。

地理信息系统是一个决策支持系统，具有信息系统的各种特点。地理信息系统与其他信息系统的主要区别在于其存储和处理的信息是经过地理编码的，地理位置及与该位置有关的地物属性信息成为信息检索的重要部分。在地理信息系统中，现实世界被表达成一系列地理要素和地理现象，这些地理特征至少由空间位置参考信息和非位置信息两个部分组成。

地理信息系统首先是一种计算机系统，该系统通常又由若干个相互关联的子系统构成，如地理数据采集子系统、地理数据管理子系统、地理数据处理和分析子系统、地理数据可视化表达与输出子系统等。其次，这些子系统的构成影响着地理信息系统硬件的配置，功能与效率、数据处理的方式和产品输出的类型等。

2.特点

通过上述分析与定义可提出 GIS 的如下基本概念。

（1）GIS 的物理外壳是计算机化的技术系统，它又由若干个相互关联的子系统构成，如数据采集子系统、数据管理子系统、数据处理和分析子系统、图像处理子系统、数据产品输出子系统等，这些子系统的优劣、结构直接影响着 GIS 的硬件平台、功能、效率、数据处理的方式和产品输出的类型。

（2）GIS 的操作对象是空间数据，即点、线、面、体这类有三维要素的地理实体。空间数据的最根本特点是每一个数据都按统一的地理坐标进行编码，实现对其定位、定性和定量的描述，这是 GIS 区别于其他类型信息系统的根本标志，也是其技术难点之所在。

（3）GIS 的技术优势在于它的数据综合、模拟与分析评价能力，可以得到常规方法或普通信息系统难以得到的重要信息，实现地理空间过程演化的模拟和预测。

（4）GIS 与测绘学和地理学有着密切的关系。大地测量、工程测量、矿山测量、地籍测量、航空摄影测量和遥感技术为 GIS 中的空间实体提供各种不同比例尺和精度的定位数；电子速测仪、GPS 全球定位技术、解析或数字摄影测量工作站、遥感图像处理系统等现代测绘技术的使用，可直接、快速和自动地获取空间目标的数字信息产品，为 GIS 提供丰富和更为实时的信息源，并促使 GIS 向更高层次发展。地理学是 GIS 的理论依托。有的学者断言，"地理信息系统和信息地理学是地理科学第二次革命的主要工具和手段。如果说 GIS 的兴起和发展是地理科学信息革命的一把钥匙，那么，信息地理学的兴起和发展将是打开地理科学信息革命的一扇大门，必将为地理科学的发展和提高开辟一个崭新的天地"。GIS 被誉为地理学的第三代语言——用数字形式来描述空间实体。

3. 地理信息系统的组成

地理信息系统可分为四个部分：计算机系统、GIS 软件、智囊（Brainware）、设施。计算机系统包括运行 GIS 的计算机和操作系统；GIS 软件包括用于驱动硬件的程序和用户界面；智囊指的是目的和目标，并为使用 GIS 提供动机和理由；设施指的是 GIS 操作必要的物质、组织、管理和文化环境。

二、"3S"技术在土地调查的应用

随着"3S"的发展，卫星遥感及无人机遥感影像在国土资源管理方面的应用越来越频繁，涉及面也越来越广泛；GNSS 具有高精度、全天候、高灵活性等特点，广泛应用于地籍测量、矿山测量、土地勘测定界、土地动态监测等测绘工作中；CORS 系统的推广应用，在国土资源测量管理中具有重要的应用价值，大大促进了 GNSS 在国土资源管理中的高效率、高精度测量工作；GIS 技术的发展为征地迁建数据库的建立提供了便利条件。因此，为提高三次调查质量，实现细化调查，建立以"3S"

技术为支撑的三调精准化调查技术体系具有一定的现实意义。

(一) 三调技术框架

在某工作区，农村部分采用亚米级高分辨率影像，城镇部分采用的是 0.2m 无人机航拍影像，根据实地调查图斑地类，采用 CORS 技术，精确定位，调绘图斑边界，修正内业提取的图斑界限，并对影像未发现的图斑，采用测量仪器进行补测，确保每个图斑的准确性。此外，在用 GIS 建库时发现重新建库要比在原来的基础上修改更能节省时间，并且能有效地减少时间。

(二) 基于 "3S" 技术的三调精准化调查

1. 数据源的获取及图斑的制作

(1) 高分辨率卫星影像 DOM 制作与获取

三调总体要求为农村土地利用现状调查部分要采用优于 1m 分辨率的遥感影像资料，城镇内部土地利用现状调查要采用优于 0.2m 的航空遥感影像资料。在第二次土地调查中，卫星遥感影像多采用 2.5m 分辨率的国外卫星遥感数据，如 SPOT (2.5m)、P5 (2.5m)、QuickBird (0.61m) 等，以及国产卫星北京一号 (4m)，影像分辨率较低，三调一般采用分辨率大于 0.5m 的遥感影像作为底图。

(2) 无人机遥感数据的获取

城镇土地利用现状调查采用无人机进行航空测量，要求精度优于 0.2m。无人机航拍具有机动灵活性、响应快、时效性强等特点，所获取的影像数据空间分辨率高，能精确获取城镇土地利用变化情况，并以城镇内部土地利用调查底图为基础，按照工作分类，参照城镇规划功能分区，结合影像特征，综合判断土地利用类型，例如，从影像上判断为临街门面，将会归并为城镇道路外的相邻街道。无人机航拍及数据处理主要步骤为：飞行路径的规划，根据飞行航行获取原始影像数据，使用 ENVIOneButton 进行影像处理，最终生产正射影像图，将无人机应用于补充卫星遥感影像监测空白区域，形成多元数据合成镶嵌影像。

(3) GNSS 获取数据信息

GNSS 具有高精度、全天候、高灵活性等特点，广泛应用于地籍测量、矿山测量、土地勘测定界、土地动态监测等测绘工作中。CORS 系统的推广应用，在国土资源测量管理中具有重要的应用价值，大大促进了 GNSS 在国土资源管理中的高效率、高精度测量工作。一方面，GNSS 控制测量为卫星遥感影像及无人机航拍影像提供像控点，对遥感影像及航拍 DOM 数据成果进行检核，后期 DOM 纠正采用有控纠正方式，采集的像控点同时可为 DOM 制作提供高精度控制资料参考；另一方面，利用 CORS 系统，现场核实监测图斑的范围，取证测量坐标，测量硬化地面面积、建筑物高度，弥补了卫星遥感及航拍影像精度较低的不足。

2. GIS 系统与"互联网+"开展内外业精准调查

在以往的土地调查工作组中，由于地方举证材料可信度问题，导致出现地方多次举证、上级反复核实现象，使得社会资源严重浪费、程序反复、工作周期长。因此三调将全面采用"互联网+举证"的方法进行调查，根据要求搭建三调调查平台。

三调平台的搭建主要分为两个方面：一是 Web 端的审核分发系统；二是移动端调查 APP。Web 端系统主要实现影像查看和调查成果的核查。将图斑从网页端以任务的形式下发到相应的调查部门，层层分级，并严格控制权限，形成调查可追溯到人的工作机制，并且将"互联网+"应用到实际工作中，实现零距离审核，能够进一步增强管理控制力，提高调查工作效率，提升调查成果质量，降低调查工作成本。

在调查过程中，由管理人员通过 Web 系统将图斑分发给外业调查人员，调查人员使用带卫星定位功能和方向传感器的手机，利用移动端软件，根据图斑显示位置对图斑信息进行采集，拍摄包含图斑实地 GPS 坐标、拍摄方位角、拍摄时间、实地照片及举证说明等综合信息的加密举证数据包，并上传至 Web 端，审核人通过 Web 对外业调查信息进行审核。

第三次土地调查对于核定我国耕地实际保有量、新增建设用地及建设用地审批、土地利用总体规划修编以及土地整治工作具有重要的意义。三调的成果数据将成为土地各项管理工作的依据，掌握翔实精准的土地资源利用情况，能够进一步提升国土管理的精准化水平，促进经济社会的可持续发展。

全面细化的第三次土地调查离不开精准化的调查手段，基于"3S"技术的高分辨率遥感影像及高精度数据信息采集方法为三调的精准化调查提供了技术保障。"3S"集成技术具有精准、高效、迅速的数据采集及处理能力以及强大的空间分析管理能力，通过工作区域的"3S"技术综合应用，建立了三调技术体系，进而为三调精准化调查提供经验与保障。

第三节　自然资源背景下国土调查和国情监测实践方法优化

2020 年 1 月，自然资源部发布了《自然资源调查监测体系构建总体方案》，方案中明确自然资源调查监测由基础调查、专项调查、常规监测、专题监测和应急监测组成①。当前，已经由测绘地理信息队伍作为技术力量完成了基础调查，即第三次全国国土调查，并稳步开展着常规监测，即年度变更调查，以监测自然资源中各类土地利用情况的年度变化。同时，作为专题监测之一的地理国情监测，作为测绘地理信息队伍的主要任务之一，已经多年常态化开展，以监测地表覆盖的年度变化情况。

由此可见，自然资源调查监测体系中最重要的基础调查、常规监测以及重要的专题监测均由测绘地理信息队伍承担并完成，测绘地理信息队伍担负着越来越重要的职责，这就要求我们必须尽快对各项工作间的关系进行梳理研究，以便各项工作协调有序开展。尤其对于北京市这种特大型城市而言，基于自然资源调查监测中的既有成果，梳理统筹各项任务之间的关系、统筹各项工作的技术脉络以及研究各项数据的服务模式，从管理层面、业务和技术层面开展针对性研究，对十四五时期自然资源背景下的测绘地理信息发展尤为重要②。

一、实践分析梳理

以 B 市为例，目前测绘地理信息服务自然资源调查监测领域中的两大重点工作主要包括两个方面，一是第三次全国国土调查与"三调"以后的年度变更调查；二是年度地理国情监测任务③。

B 市测绘设计研究院"十四五"测绘地理信息发展规划中提出，要以国土调查和地理国情监测为基础，构建操作性强的调查监测体系，主要任务是按照国家和地方统一部署，立足地方工作基础，协助主管部门制定自然资源调查监测体系建设方案，系统梳理各类调查监测之间的逻辑关联，协调优化调查监测分类标准，推进体系构建。其目标之一便是摸清自然资源现状家底，探索"测—调—监—用"融合发展的新路径，达到调查监测专项数据库与国家三维立体时空数据库的有效衔接④。当前各项工作取得明显的成效，但从具体作业实践视角来看，仍有很多需要改进之处。

首先从宏观角度上看，通过对近几年完成的自然资源调查与监测项目的开展过程进行总结梳理，当前还存在一些不足。就第三次全国国土调查和年度变更调查来说，一是在资源投入上，存在对项目全周期所需的资源配置评估、对所需投入的人力物力评估、对各个环节的分析、对上级需求的对接等还需要进一步加强，减少每到关键时间节点，临时赶工期、做质检的临时突击情况；二是在质量控制上，如第

① 于雪丽. 自然资源分类体系的现状与问题探讨 [J]. 国土与自然资源研究，2020(6)：18−20.
② 陈国光，张晓东，张洁等. 自然资源分类体系探讨 [J]. 华东地质，2020，41(3)：209−214.
③ 杨宏山，邓国庆. 自然资源管理中测绘地理信息工作的若干思考 [J]. 测绘科学，2020，45(12)：181−190.
④ 穆增光，刘慧慧. 基于自然资源管理的新型基础测绘研究 [J]. 北京测绘，2020，34(2)：151−154.

三次全国国土调查工作中，要求对数据成果完成自检、互检、专检，同时加入监理环节，并通过县级核查和省级核查，国家层面还要进行督查，即便如此，也不可避免地会存在一些疏漏的问题，需要进一步将质量把控的主线进行优化①。

其次从生产角度上看，在任务研究上，常规监测统一时点为每年 12 月 31 日，专项监测为每年 6 月 30 日，两项工作主体都是针对地表覆盖进行图斑提取和地类认定，其区别在于统一时点和地类分类标准，但对于当前作业而言，每轮作业都仅是为了完成单一的任务，却在不同阶段都投入海量人力、物力，在实践过程中，其原因归纳起来一是技术要求不一，致使作业中的作业流程不变通；二是技术人员知识结构掌握程度有差别，以致作业之间不融合。

最后，在数据层面，国土调查和国情监测同为自然资源调查体系内的重要项目，但两者的数据统计结果在一定程度上却表现出了差异。通俗地讲，同一区域、同一地块、同一部门所做的测绘调查，却表现出不同的地类或数据体现。虽然从宏观数字表面上来看存在差异，但是其实是一定程度上由于各类数据具有不同特点所致，因此为消除使用者的疑虑，提升数据利用价值与交叉引用的效果，需要快速响应，将数据高效地计算出结果，将各类数据的优势更清晰简单地体现出来，将各类数据的特点快速且直观地表现出来。因此，需要在数据计算统计的效率上、在数据表达的直观性上加以研究和突破，形成一套方法与流程，为相关使用者提供方便，充分体现出数据的应用特色，为城市的规划建设、国土资源管理、政府发展决策提供更加有效的数据支持。

二、优化路径探究

(一) 任务管理体系优化

笔者认为，管理体系优化将是核心工作，作业队伍优化、成果质量把控及数据安全保障方面是重点。与此同时，业务层面作为管理的最直接抓手，将各项自然资源调查监测之间的关系有效梳理和分解尤为重要。

在队伍优化方面，完善作业队伍结构、明确相关职责将是需要解决的当务之急，以有效消除在服务自然资源调查工作中技术人员潮汐作业的现象，将成果质量每一步都夯实。2020 年度变更调查和常态化地理国情监测工作中，我们采取了明确县级工程主持人、分别配备相应数量的作业员、强化各环节培训等措施，虽有不足，但管理效率得到明显改善。在质量管理方面，进一步把握质量因素的主要矛盾点，梳理提高质量的关键点，优化加强质量管理，可系统性地对地方政府、组织单位、作

---

① 黄灵海. 自然资源统一调查评价监测体系的构建 [J]. 中国土地，2020(5)：40-41.

业单位提出质量管理要求，针对性地出台相应质量管理细则，进而直接消除影响质量的因素，使保证质量主线的脉络清晰。

(二) 业务模式统筹优化

业务模式统筹优化是指充分利用常规监测与专项监测的互补功能，透彻分析常规监测与专项监测之间的关系。充分利用两者的互补，将两者有效对接，降低工作量、提高利用率。

进行业务脉络分析，从业务技术特点来看，国土调查和地理国情监测两者都是依据国家土地利用现状分类标准而细化出的不同指标进行作业，都是围绕山水林田湖草进行数据上图，其认定的如耕地、园地、林地等均存在共性。那么可以将每一次上半年的监测数据作为基础性成果，在下一次无论哪种监测更新作业中，通过借助遥感影像和调查照片，辨别半年内图斑是否发生地类变化，基于上半年数据库从内业手段先进行变化分析和地类认定，做到一套变化发现、一个数据基准、形成两套不同指标的作业成果，以 B 市个别区县为例，通过对作业人员的技术培训和实践提升，在国土调查和地理国情监测中充分分析已有成果数据，从而使作业效率和质量得到一定程度的提升。

此外，还需要进一步强化数据计算分析能力，以消除使用者对同一区域、同一地块表现出不同的地类或数据的疑虑，提升数据利用价值与交叉引用效果。这就需要我们快速响应，进行高效的统计分析，将各类数据的特点快速直观地体现出来，便于使用者与决策者在宏观上有较为清晰和直观的认知，因此，要加强科技创新，针对重点环节优化计算方法，为快速计算统计提供技术支撑，并基于不同类别数据特点，进行地图空间可视化展现，达到直观辅助效果。

(三) 数据计算统计手段优化

1. 主要方向

在自然资源统一调查与监测的背景下，对于生产者和使用者而言，成果的核心内容在于数据的数值，那么数据的计算便是重中之重。两者均属于重要国情国力调查，但其成果数据在数字表面上却均存在一些差异性，因此，成果使用者会对此产生疑惑甚至质疑，需要以直观的表现形式体现出两者的差异与特点，以便数据使用者对此有清晰的认识，进一步使数据起到对决策者与使用者的重要支撑作用。因数据量十分庞大，日常作业中在快速响应方面也表现出了一定的不足，包括数据统计的效率不高、经常投入较多人力，以及数据表现得不直观。因此，为了能够更好地促进自然资源调查数据，为城市的规划建设、国土资源管理、政府发展决策提供更加高效的服务，就要在实践过程中要进行总结和改进，对数据快速统计计算及成果可视化进行研究，形成技术性总结。

以国土变更调查为例，项目的最终目的是数据统计分析和用地管理信息更新入库，全面掌握区域年度的地类、面积、属性和相关单独图层信息的变化情况，各部门希望了解本区内地类变化、现有总量或用地分布等各类信息，以辅助决策。

2. 计算优化内容

成果数据包含几十种地类，是一个十分庞大的数据量，以往计算汇总都要花费大量人力、物力，梳理数据计算统计中各类数据的计算统计流程、方法、模式与重要环节，形成清晰的技术路线。国土调查成果数据结构复杂，其中包含多种逻辑关系，提前将规则进行设置，例如，推土区图斑应按原地类调查、临时用地图斑应按建设用地调查、拆除未尽图斑原地类为设施农用地应按设施农用地调查或原地类为建设用地未按建设用地调查、新增耕地种植属性应标注为 WG（未耕种）、推堆土区耕地种植属性未标注 WG（未耕种）属性等。

创新计算方式，加入辅助程序作为辅助工具，以便加快统计计算速度，降低机械式的计算量，提升人员利用效率，解决数据统计得"慢"的问题，进而以最直观的形式，将数据转化成图形，形成各类资源配置分布的图件成果，提升直观可视化效果。

计算优化主要包含以下四个方面。

（1）土地利用分类统计

按照县级行政区、街道（乡镇）、各一级类，统计计算图斑数量及面积，包括按属性信息筛选计算统计、空间拾取计算统计等，计算结果采用表格与地图呼应的形式，直观便捷掌握不同粒度的土地利用情况。

（2）历史和现状土地利用情况对比

按照时间、空间两个维度，统计计算区与区之间、街道乡镇之间、历史与现状之间各类用地情况，辅助用户全方位把握土地利用整体变化情况和趋势，并以空间可视化形式展示。

（3）土地利用变化流向分析

量化统计各地类逐年流入、流出情况，突出变化重点区域及重点地类，可辅助有关部门进行统筹及制订下一步工作计划。

（4）规划实施情况分析

引入规划相关数据，与现状进行叠加融合，综合统计规划实施进展，并添加各类管控口径及指标，筛选出不满足要求的区域，辅助领导决策。

3. 优化成果表达

基于上述优化成果，可将数据进行一定程度上的自动化计算及图表展示，达到计算快速、数值人工误差小的效果。因相关图表内容可能相对敏感，不便展示，本节仅选取部分计算样例。

（1）全区总体情况统计

根据变更调查数据中地类代码字段整理变更一级类统计各地类面积。

（2）各街道（乡镇）统计

利用乡镇字段分别提取各乡镇图斑，根据变更调查数据中地类代码字段整理变更一级类，统计各地类面积。

（3）其他相关统计

如新增建设用地统计、基本农田范围内变更调查地类情况统计以及各部门关注的重点地类和区域等，可根据相应属性字段分别统计相应面积并分析原因（此处因篇幅有限不再——列举）。

自然资源调查监测任务作为测绘地理信息日常工作的一项重要内容，应通过从具体作业实践角度进行分析和总结发现，及早在任务管理体系和业务模式统筹上加强优化和完善，在具体优化中将各项自然资源调查监测任务有效统筹，从目标确定、任务分配、质量把控、安全管控、技术支撑、综合保障等层面进行深入研究，找对切入点落到实处，从已经开展的任务中总结经验、深入分析、提前谋划，将对今后的工作实践起到引导作用。

与此同时，如何生产好、利用好、响应快、计算准、表达清这些自然资源调查数据，不仅对今后一段时间的生产作业具有指导意义，还是为城市规划建设、国土资源管理、政府发展决策提供更加有效的数据保障的关键所在。研究辅助计算工具，优化数据集、报表的形成流程，相比之下，一是在计算环节可节省大量人力、物力，提升计算效率、降低成本，如在2020年度的调查监测项目中，利用该模式，3个月内完成了3个县级行政区的计算和编辑工作，很大程度上提高了工作效率。二是有助于提升整体计算质量，保质提速；三是，基于计算结果，定量与定性分析相结合，基于自然、人文、社会经济等维度，将各类数据指标绘制成专题图，突出各类特点与作用，形成各类要素在时间、空间、数量上三位一体的变化信息网，从而有助于提升数据挖掘的利用价值和自然资源调查数据的综合使用效果。

第十章 土地利用测绘

第一节 "3S"测绘技术在土地整治中的应用

一、土地整治概述

(一) 定义

土地整治亦称"土地调整"或"土地重划"。它是将零碎高低不平和不规整的土地或被破坏的土地加以整治，使人类在土地利用中不断建设土地和重新配置土地的过程。其是土地管理的重要内容，也是实施土地利用规划的重要手段。主要内容包括。

（1）农村建设用地的整治。包括村庄改造、乡村工矿企业破坏土地和废弃农业建设用地的整治垦复、平坟复田等。

（2）城镇建设用地的整治。包括旧城改造、城镇产业用地置换以及闲置、低效用地的开发与再开发。

（3）大型建设项目用地整治。包括工矿、交通、水利等建设直接破坏土地的复垦、线状工程两侧奇零土地的调整利用以及水库下游河道土地的整治开发等。

（4）农田的整治。包括地块合并、农田平整、明渠改暗渠、坡地改梯田以及水冲砂压农田的复垦等。

(二) 分类

1. 按照实施区域

（1）农地整治

所谓农地整治，是在农村区域内实行田、水、路、林、村等综合开发整治，提高土地质量，改善农业生产条件和生态环境的过程，是我国土地整治的主要形式之一。

农地整治通常是土地整治的主要内容，一般在人多地少的国家，其农地多是要经过整治后，方能达到土地利用科学化和农业现代化的目标。我们大家所称的土地整治大多指农地整治。从我国已开展的农地整治的实践来看，农地整治包括以下几项。

①农用地（主要是耕地）的整合。

②居民点的归并集中。

③道路、灌排、防护林等农田基础设施系统的规整。

④土地的改良等。

农地整治是以土地利用的平面布局调整为主的。从我国现阶段土地利用变革过程所要解决的问题来看，农地整治大体可分为农田整治和村庄整治两个方面的内容。

农田整治主要包括农田利用结构的调整、农田的整治和改造以及宜农荒地的开发等；村庄整治主要包括村庄改造、归并和再利用，使农村建设逐步集中、集约，以减少对耕地浪费性的占用。

（2）城市土地整治

城市土地整治是指在城镇规划区内，对经过长期历史变迁形成的城镇土地利用布局，按城镇发展的规律和新时期城市发展的要求进行调整和改造。城市土地整治主要是对城市建成区和城乡接合部（或城市边缘区），通过该区域公共和基础设施建设，改善整治区的土地生态环境，使每一宗地块都能得到高效合理的利用，并重新划定其边界，土地产权以原位或交换方式进行再分配，达到改善生产、生活条件，提高土地资产价值和维护生态环境的整体性、综合性的土地利用调整和整治过程。

城市土地整治不仅要调整土地利用的平面布局，而且要科学调整其三维利用空间。我们已开展的旧城改造、开发区建设、存量土地的盘活等都属于城市土地整治的范畴。

2. 按照整治对象

（1）农用地整治

农用地整治主要是指耕地整治、园地整治、林地整治、牧草地整治和养殖水面的整治，广义的农用地整治还包括未利用地开发。

（2）建设用地整治

建设用地整治主要是指村镇建设用地整治（或村庄整治）、城镇建设用地整治、独立工矿建设用地整治、交通水利设施用地整治等，广义的建设用地整治还包括工矿废弃地复垦。

3. 按照整治目的

（1）资源性整治

资源性整治即为进行合理的资源利用而进行的一种土地整治，它是以实物资源的再配置为主的。

（2）资产性整治

资产性整治主要是为确保土地资产的保值增值而进行的一种土地整治，它是以土地价值的重组和实现为启动、实物土地为载体的一种再配置过程。狭义地说，我们开展的农地整治可以归为资源性整治，土地整治主要是资产性整治。虽然资源性整治和资产性整治有不同的目的和运行方式，但从国外的实践来看，在市场经济的发展过程中，这两者是不可分割的，如德国现今的土地整治工作基本上是以资产性整治为先导或启动机制，以资源性整治作为载体装置进行的。这样一种土地整治的机制也将是我国土地整治的发展方向。

(三) 土地整治类型

我国土地整治主要包括以下几种类型。

(1) 以实现"三个集中"为主要内容的土地整治。即通过迁村并点，使农民住宅逐步向中心村和小集镇集中；通过搬迁改造，使乡镇企业逐步向工业园区集中；通过归并零散地块，使农田逐步向规模经营集中。

(2) 结合基本农田建设，对田、水、路、林、村等综合整治的土地整治。

(3) 以对小流域统一规划，综合整治，提高农业综合生产能力，改善生态环境为主要内容的山区土地整治。

(4) 结合农民住宅建设，迁村并点、退宅还耕，通过实施村镇规划增加耕地面积的村庄土地整治。

(5) 控制城市外延，挖掘城市存量土地潜力，解决城市建设用地，实施城市规划的城市土地整治和盘活闲置土地的闲置土地整治。

(6) 通过对工矿生产建设形成的废弃土地进行复垦整治，增加农用地或建设用地，改善生态环境的矿区土地整治。

(7) 结合灾后重建对灾毁农田抢整、兴修水利和移民建镇对移民后旧宅基地还耕，进行灾区土地整治。

二、"3S"测绘技术在土地整治中的重要作用

"3S"测绘技术在当前土地整治工作中通常负责前期勘测定界、具体地物定位、施工规划设计、竣工验收以及权属划分等一系列技术测绘工作，其在土地整治工作中展现着基础数据支持的重要作用，是确保土地整治工作正常开展的有效保障。

首先，"3S"测绘技术能为土地整治工作决策合理化提供足够的数据支持。将3S测绘技术合理地运用于勘测定界环节，将项目区地形地貌、主要建筑物、道路以及水质环境等一系列信息整合成一个完善的数据库，以此为土地整治工作的各个阶段提供充分的数据支持，从而确保决策的合理性。

其次，为了确保土地整治的工作效果与质量，在实践操作中必须严格按照施工

规划设计展开各项操作，精准的设计图纸以测绘数据为依据，而测绘结果是确保工程正常开展与施工质量的基础。

再次，"3S"测绘技术能为土地整治工作投资预算环节提供支持。土地整治工作属于一项综合性较强的工程项目，立足于项目成立之初就要做好整体规划、严格预算、降低成本，必须有一个完善的预算设计方案作为支持。如果想让这些计划得以落实，就需要具备一套完善的测绘成果，同时测绘成果还需要具有一定的精准性，可以展现出土地整治工作的所有现状信息，保证以测绘成果作为基础所展开的投资预算计算更具准确性。

最后，是土地整治工作耕地数量与质量的保障。在土地整治工作竣工验收的过程中，土地测绘属于其中最为重要的一环，测绘成果主要涉及项目范围、具体工程位置与数量、新增耕地面积与质量等，属于上级部门展开进一步检验的主要依据。并且对工作成果展开测绘同样是加强土地整治工作质量的一种有效的检验措施。

三、影响"3S"测绘技术在土地整治中应用效果的主要原因

首先，测量方式的选择。土地测绘所应用的方式方法相对较多，同时土地整治工作的每个阶段对土地测绘技术所提出的要求也存在差异。所有完整的测绘工作都涉及多个工序，各个工序都极易对测量成果产生直接影响，因此，选取适宜的土地测绘技术对土地测量工作而言十分关键，只有借助行之有效的技术方法，才可以对土地测绘工作予以优化，以此取得符合质量标准的成果。

其次，人为因素。一直以来，人不仅是土地测绘工作的主导者，同样是土地测绘工作的落实人员，因此其操作水平、专业技术水平以及工作经验与土地测绘结果之间具有极为紧密的关联。

最后，地形地貌与气候环境。由于土地测绘工作主要涉及外业测量与内业绘制两个层面，加之外业测量结果的精准性以及时效性会对内业结果产生直接影响，所以外业测量属于土地测绘工作顺利开展的基础；然而外业测量同样会受到地形地貌以及气候环境的影响，若是地形复杂或气候环境恶劣，不仅会对外业测量设备的精准性产生一定的影响，而且还会提高人为失误的可能性。

四、"3S"测绘技术在土地治理中的实践应用

(一)"3S"测绘技术在土地整理中的实践应用

在进行土地整理工作时，3S 测绘技术具有不可或缺的作用，主要涉及数字地籍测量以及摄影测量成图等多种形式，所以，针对土地整理工作中所适用的测绘形式

与技术都必须更具规范性与合理性。

要将土地整理工作当作基础，加强测绘形式的规范性与管理合理性的有效措为以下几点。

首先，将测绘工作流程当作基础，对测绘技术设计等多方面内容予以强化。

其次，严格根据我国相关要求，对测绘工作所涉及的内容予以合理的选择。

再次，建设土地整理的管控体系，主要涉及平面坐标和高程系统等多方面内容。

最后，将相关工作要求当作依据，借助合理的措施，对测量工作的所有细节予以严格的管控。

（二）"3S" 测绘技术在土地利用规划中的实践应用

在现如今的土地利用及其规划中，GIS 技术运用得十分普遍，借助这一技术可以构建一个功能性强大的信息系统，这一信息系统可以对采集到的所有信息数据予以进一步分析与整合，以此为土地资源的科学规划配置提供支持，进而让土地资源规划与相关工作流程都可以和现代前沿技术有机结合，不断加强土地利用规划编制、改善其自动化管理水平，如此以来就不需要借助以往人工的方式完成数据信息采集及分析工作，从而减小了测绘人员的工作压力，并提升了其工作水平。科学技术属于第一生产力，而将 "3S" 测绘技术合理地运用于土地资源管理能够全面展现现代科技推动社会建设的事实。

（三）"3S" 测绘技术在土地利用实时检测中的实践应用

土地利用变更与实时检测属于土地管理的核心工作内容。以往所应用的监测方式主要具有更新滞后、成图周期长、偏差大的弊端，无法及时、精准、主动地找出土地利用存在变化的位置。而借助 RS 技术所提供的各个阶段遥感影像，能够精准、及时地取得各个阶段的土地利用信息，再借助 GPS 技术进行准确定位，同时 GIS 技术则能够被运用于土地利用变化区域的数据信息、属性数据以及空间分析，对各个阶段的遥感图像数据予以叠加初拉力。借助对土地利用种类的分析，能够精准、迅速、客观以及大范围地获得土地利用变化数据，以此为土地利用的规范化管理提供助力。

（四）"3S" 测绘技术在土地资源评价中的实践应用

当前主要是利用 GIS 技术对空间数据进行管理与分析，按照土地评价的相关理论与措施，对土地资源的实际情况予以客观评价，主要涉及地价、潜力以及适宜性等多个层面，同时分等定级，展现其空间变化规律与数量特性，以此为土地利用整体规划，尤其是为土地资源的高效利用及其保护工作提供支持。除此之外，建设土地资源评价体系，不但能够提高固有土地评价材料运用的合理性，还能够降低土地评价的作业压力，并展现出积累材料、加强评价质量与效果的效用。以遥感图像为例，其可清晰反映土地资源的具体用途。

（五）GPS 技术在土地整理外业测量中的实践应用

因为土地规划设计环节对面积、高程以及长度都提出了一定的要求，往往要求必须将实测比例尺寸超过 1∶5000 的全要素地形图当作设计底图，并将 1∶2000 的地形图当作工作底图。所以便能够借助 GPS 技术进行布设控制，然后借助全站仪展开野外数据信息采集。对于首级高程控制点而言，需要借助四等水准展开联测。包括核心测量内容的实际地物位置、边界信息以及形状等，例如，河流、植被、道路、居民地、桥涵、大口井以及输电线等。按照工程项目的主要特性，对仪器设备进行合理的选择。GPS 技术主要是对项目区边界的信息进行采集，如果项目区若是处于复杂程度较高或是全站仪不便展开观测的位置，便能够借助 GPS 技术展开数据信息的采集工作，例如，河道沟渠水底高程以及等级公路等。

五、"3S"测绘技术在土地整治中运用的意见

在我国土地管理机制不断完善、信息化水平迅速提升的情况下，土地整治工作对于 3S 测绘技术的实践应用也提出了许多新的要求。笔者根据自身工作经验，对 3S 测绘技术在土地整治中的运用提出几点意见，希望能够降低对土地测绘结果及其质量产生的不利影响，提高土地测绘水平。

首先，建设统一性与完善性并存的数据信息化平台，实现资源共享。在我国土地整治工作内涵不断完善的情况下，因为目前土地整治工作正不断朝着村庄综合整治和农村确权登记的趋势发展，对于土地整治工作的测绘结果提出了许多新的要求。所以就需要提高信息数据整合与共享效率，落实"一张图"建设，这样不但能够完善土地测绘成果，还能够扩大成果应用范围，减少土地测绘成本。

其次，"3S"测绘技术必须根据实际需求，合理选择。土地整治工作的各个阶段对"3S"测绘技术与测绘成果所提出的要求都有所差异，加之其要求与侧重点也存在许多差异，因此，为了提升工作效率、降低成本，就必须按照土地整治工作规划、预算以及施工放样等一系列内容的实际需求，对 3S 测绘技术予以合理选择。

最后，加强土地测绘的规范性。在进行土地测绘工作时，其精准性对土地整治工作各个环节的开展都具有指导意义，但是从目前实际情况来看，土地测绘技术在我国土地整治工作中的实践应用发展较为缓慢、准确性不高，甚至还有许多内容亟待完善

与优化，例如土地整治工作测绘技术的应用要求与规范，笔者通过长期探究，积累了许多经验，所以建议加强土地测绘的规范性与合理性，甚至是促进其行业化发展，由此不仅能够促进土地整治工作的不断发展，还能够加强土地测绘技术的实践应用效果。

综上所述，在我国现代科学技术不断发展的过程中，测绘工作早已成为土地整治工作中最必不可少的一项内容，全面贯穿于土地整治工作的各个环节，结合"3S"测绘技术的合理应用，能够让土地整治工作的数据信息收集效率与精准性有所提升，然而由于我国测绘工作和其他国家相比发展较慢，因此"3S"测绘技术依旧有待完善，所以必须对相关问题展开更深层次的研究，让"3S"测绘技术能够更好地运用于土地整治工作，以此加强土地整治质量与效果。

第二节　基于激光雷达测绘的土地利用变动实时监测方法

一、激光雷达测绘概述

激光雷达技术应用领域逐渐广泛，包括地表水运动模拟、描述植被特征结构、提供城市三维场景、监测山体滑坡灾害、监测土地资源利用等领域。激光雷达属于主动光学遥感范畴，发射的激光脉冲主要为可见光、近红外激光。地基、空基、天基是激光雷达的3种类型，其根据搭载的平台划分得到。激光雷达测绘原理为：记录激光器发射脉冲至被目标反射回激光器所需时间，依据时间求取目标和激光脉冲间测距离完成测绘。激光雷达技术可对目标进行三维测量，过程中要使用全球定位系统、发射激光指向的惯导系统，定位与测量平台位置。由于激光器的循环率、计算能力、扫描能力逐渐优化更新，可以以更高的效率完成三维图像制作，从而为激光雷达监测提供强大的三维图像技术支持。激光雷达技术的三维制图功能具有自动化程度与分辨率双高的优势，基于激光雷达数据自动生成三维图像。

为此，要从构建土地三维图像角度监测土地利用变动情况，基于激光雷达测绘获取土地信息数据，进一步重建土地三维图像表面，对比基础图像与监测图像得到土地变动监测结果。采用激光雷达技术测量土地利用变动情况，可大量节省人力与物力开支，其在城市规划、城乡发展以及土地实时监测方面发挥不可替代的作用，是测绘科研领域的一大进步。

二、土地利用变动实时监测

(一) 激光扫描原理

激光扫描仪测量激光雷达发射位置同激光脚点间的距离，本质上是进行地面高密度采样，发射激光束方式为固定模式。激光雷达技术测绘土地变动的关键是激光扫描测距技术、激光测距模块、光机扫描镜、控制与处理模块是经典激光扫描测距仪的组成部分。激光测距模块包括激光发射器、光电子接收器。

脉冲测量与基于相位差测量是使用频率较高的两种激光测距方式，基于相位差测量原理为：获取发射信号与目标反射信号之间的相位差值，求取两者间的距离，完成测绘。

(二) 土地三维图像表面重建

依据激光雷达测绘技术实时采集土地目标点的三维坐标，采用三角剖分方法重建三维图像表面，对比不同时刻内土地三维图像，实时掌握土地利用变动情况。基于三角形的顶点始终位于相同平面的原理，三角面片逼近物体表面的方法在计算机图像设计中的使用频率日益提升。定义二维实数域存在有限点集 M，将点集中的点作为端点组成封闭线段，定义为 C，C 组成的集合为 D。点集 M 中的一个三角剖分以平面的形式存在，用 (M，D) 表示，三角平面满足以下条件：第一，平面中只包含集合的端点；第二，不存在相交边；第三，平面中的全部面以三角面的形式存在，集合 M 的凸包即全部三角面组成的集合。此为三角剖分方法的原理，Delaunay 三角剖分方法基于激光雷达数据重建土地三维表面的精确度较高，因为 Delaunay 三角剖分方法具备最小角最大化与空切外接圆的特性，有效防止形成狭长三角形，提升重建物体表面的精度。

层次性是激光雷达数据的特点，为此采用三角网生成方法构建网格，详细过程为：第一步，随机选取一点作为起始点；第二步，寻找距离起始点最小距离的点进行连接获取 Delaunay 三角网，作为一边基线，寻找同基线构成 Delaunay 的第 3 个点可通过三角网判别法则实现；第三步，新基线由原本基线的 2 个端点和第 3 个点组成；第四步，循环操作第二步骤与第三步骤，直到全部基线处理完成后终止。网格构建过程中，选取合适的拓扑结构是缩短重构用时的关键途径，因为激光雷达测绘采集的数据为点云数据。

(三)土地利用变动实时监测模块

基于上述方法构建土地表面三维重建的网格图,采用 OpenGL 与 Visual C++ 渲染三维网格,最后在土地利用变动实时监测模块中显示土地三维重建图像。

模块实时监测土地变动方式为对比基础年份与监测年份的土地三维图像,结合激光雷达测绘技术提供的相关数据分析土地监测指标变化情况[①]。激光雷达测绘得到的土地各项评估指标存储在土地利用变动实时监测模块的数据库中,选取土地利用变动的某项指标时,模块自动显示与该项指标相关的基础年份、监测年份的土地三维图像和数据。土地利用变动实时监测模块包括模型库,模型库主要构成是层次分析模型、灰色关联模型等,用以计算规律变化趋势显著的土地变动指标[②]。

综上可知,依托土地利用变动实时监测模块显示重建的土地利用变动三维图像与激光雷达测绘数据,对比不同年份土地指标变换情况即可完成土地利用变动实时监测。

激光雷达测绘技术在世界范围内得到广泛应用,各国积极研发激光雷达在土地测绘、自然灾害监测等方面的功能。目前,将激光雷达测绘技术应用在土地变动监测中的应用较多,基于激光雷达测绘技术开拓一种新的土地变动实时监测方法,从三维图像角度获取土地变动情况。利用采集的激光雷达数据重建土地三维图像,对比基础年与监测年土地图像得到土地变动监测结果;激光雷达测绘数据保存在土地利用变动实时监测模块数据库中,显示土地三维图像的同时还显示土地相关指标数据。

第三节 无人机航拍测绘技术在土地利用规划中的应用

一、无人机航拍测绘概述

(一)无人机

无人机是通过无线电遥控设备或机载计算机程控系统进行操控的多旋翼或者无人直升机飞行器。无人机结构简单、使用成本低,不仅仅能完成有人驾驶飞机执行的任务,更适用于有人驾驶飞机不宜执行的任务。在突发事件应急、预警番方面有

---

① 吕阳,李正强,谢剑锋,等. 基于激光雷达技术的粉尘污染源监测 [J]. 中国环境监测,2018,34(2):130-136.

② 宋挺,刘军志,胡婷婷,等. MODIS 气溶胶光学厚度产品和激光雷达数据在大气颗粒物监测中的应用 [J]. 遥感技术与应用,2016,31(2):397-404.

很大的作用。

1. 紧急情况响应

（1）灾害监测与评估：无人机能够在灾害现场进行实时监测，对灾害的程度和范围进行准确评估。无人机能以更高的效率和更大的灵活性完成地形复杂区域的勘察任务，从而为决策者提供数据支持。

（2）搜寻与救援：在灾害现场，无人机能够迅速搜寻失踪人员，同时对受损的建筑、基础设施等进行检查，协助救援人员快速定位受灾地点。

（3）物资运输与配送：无人机可以快速运输和分发急需的物资，如食品、药品等，大大提高了救援效率。

2. 预警系统

（1）实时监控：无人机可以全天候在空中巡逻，对潜在的危险源进行实时监控，一旦发现异常情况，可以立即发出警报。

（2）预警信息传播：无人机可以携带广播设备，将预警信息迅速传播到需要的人群中，提高公众的防范意识。

（3）灾害预防：通过无人机收集的数据，可以对潜在的自然灾害风险进行评估，提出预防措施，降低灾害发生的可能性。

随着技术的进步，无人机在应急管理和预警方面的应用将更加广泛。未来，我们可能会看到更多智能化、自主化的无人机系统出现，它们能够更准确地识别风险、更快速地传递预警信息、更有效地执行救援任务。同时，无人机的续航能力、载荷能力等关键技术也将得到进一步提升，使得无人机在应急管理和预警方面的作用更加突出。

无人机在突发事情应急和预警中发挥着不可替代的作用。它们能够快速、准确地收集信息，为决策者提供数据支持；能够高效地执行救援任务，提高救援效率；能够实时传递预警信息，提高公众的防范意识。未来，随着技术的进步，无人机的应用将更加广泛和深入。我们期待着无人机在应急管理和预警领域中发挥更大的作用，为我们的生活带来更多的安全和便利。

（二）无人机航拍测绘

无人机航拍是以无人驾驶飞机作为空中平台，以机载遥感设备，如高分辨率CCD数码相机、轻型光学相机、红外扫描仪、激光扫描仪、磁测仪等获取信息，用计算机对图像信息进行处理，并按照一定精度要求制作成图像。

为适应城镇发展的总体需求，提供综合地理、资源信息正确且完整的信息资料是科学决策的基础。各地区、各部门在综合规划、田野考古、国土整治监控、农田水利建设、基础设施建设、厂矿建设、居民小区建设、环保和生态建设等方面，无不需要最新、最完整的地形地物资料，这已成为各级政府部门和新建开发区亟待解决的问题。

我们可以用遥感航拍技术准确地反映出地区新发现的古迹、新建的街道、大桥、机场、车站以及土地、资源利用情况的综合信息。遥感航拍技术是各种先进手段优化组合的新型应用技术。无人机航拍技术以低速无人驾驶飞机为空中遥感平台，用彩色、黑白、红外、摄像技术拍摄空中影像数据，并用计算机对图像信息加工处理。全系统在设计和最优化组合方面具有突出的特点，是集成遥感、遥控、遥测技术与计算机技术的新型应用技术。

(三) 无人机航拍测绘的特点

无人机航拍测绘具有高清晰、大比例尺、小面积、高现势性的优点，特别适合获取带状地区航拍影像 (公路、铁路、河流、水库、海岸线等)。且无人驾驶飞机为航拍摄影提供了操作方便、易于转场的遥感平台，起飞降落受场地限制较小，在操场、公路或其他较开阔的地面均可起降，其稳定性、安全性好，转场等非常容易。

小型轻便、低噪节能、高效机动、影像清晰、轻型化、小型化、智能化更是无人机航拍的突出特点。

(四) 无人机航测系统组成

对于无人机 (UAV) 摄影测量系统来讲无人机是将软硬件如数据处理软件、通信链路软件、控制站、无人驾驶飞行器基于一种科学规则连接在一起，基于测量标准和测量理论，完成对地理信息基础数据获取的任务。无人机摄影测量系统在科学技术快速进步过程中发展逐渐成熟，将此研发的系统视为载人航空摄影遥感和卫星遥感有效补充的一种方式，其已经发展成为获取高分辨率遥感影像的关键技术。

1. 航摄系统简介

航摄系统分别由无人机摄影测量系统、自身程序控制飞行器、无线电遥控部分共同组成。

2. 飞行平台及控制系统

无人机按其应用领域划分，可分为军用型无人机与民用型无人机。无人机加行业应用才是无人机真正的刚需。目前无人机在农业植被、线路巡检、灾情监测与救援、野生动物保护、影视拍摄、新闻报道等领域已有广泛的应用。无人机在数字测图方面的应用，对于测绘地形图的制作也有着极其重要的意义。

无人机按类型又可分为固定翼无人机和旋翼无人机，前一种特点是较高的载重量、较长的续航时间，因此在远距离任务中得以适用。比如，航拍、测绘、民用的电力巡线、无人侦察机等都在应用这种无人机。后一种特点是可空中悬停，适中的载重量，较短续航时间，在电力跨线作业、灾情监测、影视航拍中比较适用于这种类型的无人机。

（1）飞行平台

在无人机系统中，飞行平台作为其中的主体部分，该平台含有供电系统、导航装置系统、飞行控制系统、动力装置系统、机体等。该飞行器能够采用艇囊式、旋转翼式、固定翼式。在飞行器安装数据终端，以上部分作为机载部分，归类于通信数据链路。将任务载荷归类于一种独立的子系统，在类型不同的飞行器中可以对部分型号的任务载荷起支持作用。

（2）飞行控制系统

飞行控制系统一般是由通信设备、地面站、机载飞控设备组成。其作为核心单元对于飞行安全起到保证作用，该单元是由气压传感器设备、转速传感器设备、飞控板、惯性导航系统设备、GPS 接收机设备等组成。飞控系统用于在无人机航空摄影、定位、导航、无人机飞行时的姿态以及轨迹控制、在危险情况时控制无人机安全降落等方面。

3. 传感器的选择与检校

结合成图精度标准和成图比例尺大小来确定传感器类型，确定的传感器必须满足《CHZ3005—2010 低空数字航空摄影规范》的相关标准，且无限远对焦和具有定焦镜头；快门最高速度需要超过 1/1000s；镜头像素要高于 2000W；稳固连接成像探测器、机身及镜头。检校单位必须具有相应资质才能检校传感器，在航拍之前必须完成检校非量测相机，其他类型则需要不定期检校和定期检校。如果出现下面几种情形必须进行检校：在运输过程或使用中出现了非常剧烈的抖动；更换过主要部件或者进行大修后；大于 2000 次快门曝光次数；超过两年未检校。

4. 地面保障与发回系统

对无人机飞行姿态进行随时监控和无人机飞手远程操控的平台就是无人机地面保障系统，该系统分别由软硬件如监控软件数传电台设备、地面供电系统设备、监控计算机系统设备、无线电遥控器设备组成。其自动追踪功能是由视频接收天线和地面站遥控系统天线共同完成的，这一系统对于飞控系统的信息可予以实时接收，还能对飞行详细参数及拍摄的视频图像进行显示，此外，还要读取分析机载飞行数据记录仪数据。借助控制软件和反馈信息，由地面监控人员对无人机飞行路径和航迹规划完成随时调整，这样就能控制好无人机的飞行姿态，一旦有突发情况，一键自动降落与返航、绕点飞行都能实现。

关于无人机很关键的功能系统还有回收装置和发射装置，被视为一种关键技术保障。实现重复利用无人机，一项重要任务就是将能量提供给无人机，使得无人机顺利起飞得以充分保证，最终实现飞行认为顺利完成；完成任务之后，旨在确保能够安全降落，需要对其做功以消耗掉它的能量，现在回收和发射无人机的方法非常多样，以下是重要组成方面。

（1）发射装置

①火箭助推发射

火箭助推发射为无人机短时间内提供足量加速度，一般其能量是由火箭助推器提供的。

②弹射起飞

无人机的机械动能是分别由弹性势能、气压能、液压能转换过来的，将其加速之后要保证能够使无人机起飞安全。

③地面滑跑起飞

地面滑跑起飞是借助发动机产生的助推力，在跑道上将无人机驱动起飞。

④空中发射

空中发射是利用载机携带无人机至高空，待其载机加速到一定速度后实现无人机分离，其中需要利用飞机惯性实现分离和自主飞行。

⑤手抛式

手抛式是由搭档及其飞手一起配合，给无人机的加速是由助跑提供的，以实现无人机的顺利起飞。

⑥垂直起飞

垂直起飞是将飞行器空气阻力和自身重力借助多个旋翼产生的提升力来予以抵消，以此达到起飞速度实现起飞。

（2）回收装置

①伞降回收

伞降回收是将缓冲装置与降落伞相互组合，这种方式往往具有很高的安全性，但是常常会受到风的影响发生降落位置的漂移。

②着陆滑跑回收

着陆滑跑回收是在无人机上面安装滑橇或者起落架，让其在降落时先在平地上滑行，由于自身阻力的存在使其逐渐减速至停止。

③撞网回收

撞网回收是利用阻拦网将无人机准确回收，将无人机飞行过程中的能量利用阻拦网吸收，使其最后达到回收目的，这一回收方法尤其适合狭窄场地。

④垂直降落

垂直降落是降低旋翼的提升力，使提升力和无人机的重力和空气阻力达到一定平衡，使其缓缓地降落到指定位置。

5. 无人机数据处理系统

分别由全数字立体量测系统、空中三角测量系统、影像处理系统共同组成无人机数据处理系统，该系统主要完成信息采集工作，并在地图制图中通过应用这些信息，提供数据支撑使其快速准确地更新基础地理信息。现在，在我国已经有很多类似的数据处理系统，在此次研究工作中处理影像采用了软件 Pix4DmApper，并将 Pix4DmApper 计算出来的相机参数、去畸变后的影像、精化后的 POS 信息、像控点导入 Inpho 中进行空三数据处理，对于外方位元素和其内方位元素进行计算求解，在立体测图系统 Mapmatrix 中导入空三成果，最后完成采集 DLG。

(五) 无人机航摄作业要点

无人机在航摄之前，需要对测区的各项概况进行详细的资料收集，在设置好航线、航高、像控点之后才能进行航摄作业。在作业过程中，要充分考虑无人机自身的飞行条件，按照不同型号无人机的要求进行操作。

1. 飞行平台的择取要求

无人机飞行质量的优劣是由选择的飞行平台决定的，在选择相适应的飞行平台时，要结合实际条件进行选择，针对实地测试情况来做出飞行平台的选择，一般要从下面几个方面展开考虑。

(1) 相对航高

设定的相对航高数值要高于 300m，但是 500m 高度是上限。

(2) 续航能力

需要结合航线规划长短设计无人机的续航能力，此时需要选择的飞行平台具有足够的续航时间。

(3) 抗风能力

风力四级状况下依然能确保安全飞行，这是飞行器的设计标准。

(4) 飞行速度

无人机在飞行时需要保持平稳的飞行姿态，速度要按照设计好的速度匀速地进行飞行。

(5) 起降性能

无人机在地形复杂航测困难的地区也能进行起降。

2. 航摄基础及质量保证

(1) 航摄比例尺与地面分辨率

需要对航摄分区内的地形条件以及测图比例尺进行相互结合。还要分析影像的用途、基高比数值和高距数值等，确保成图精度满足测量的标准，还要提升效率、降低成本、控制耗费时间等。

(2) 航摄分区与航线敷设

从理论上分析，航线敷设和航摄分区界线是基本一致的，测量得到的高差要比 1/6 摄影航高低一些，整个摄区需要被分区跨度覆盖：遵循东西向的敷设原则来设计航线，在调整过程中要将实际情况充分进行分析，和图廓线呈平行关系，当然在航线设置时也可以参照用户的实际需求完成。

(3) 重叠度

基于一定的设计标准，通常此时的航向重叠度设计波动范围是 60%～80%，其中要确保有 53% 的重叠部分；此时需要设计的旁向重叠度波动范围是 15%～60%，确定的下限数值是 8%。

(4) 航摄覆盖范围

分析基准面和地形之间存在的区别，成图范围要符合标准要求，在这样的背景下，超出摄区边界线部分需要比相幅的 50% 大，而设计的数据下限是 30%，需要至少两条基线超出摄区边界。

(5) 相片倾斜角

相片倾斜角是指无人机处于下降或爬升姿态时，和水平位置之间的夹角数值不能低于 5°，但是角度数值上限是 12°；在困难地区数值不应低于 8°，而角度数值要低于 15°。

(6) 航线弯曲度

航线弯曲度是指当出现左右摇摆状况时，水平方向和飞行器中心机翼之间的夹角，此数值应不能超过 15°，如果有关重叠数值符合要求此时这一角度数值不应高于 30°，三张相片不能连续出现在同一航线中，他们的旋偏角数值高于 20°，旨在其拍摄质量得以提升，在现实测量过程中，旋转角和倾斜角两数值不可以一起出现最大值。

(7) 航线弯曲度

航线弯曲度是指一条航线内各张相片主点至首末两张相片主点连线最大偏离度一般不大于 3%。

(8) 行高

行高是指上两张相邻相片在一条航线上的航高差需要低于 30m，最低处航高和最高处航高之间的差要低于 50m，实际飞行航高和设计航高两个数据差值要低于50m。

(9) ISO 的设定及像移、影像质量

ISO 的设定，根据航摄当时的光照强度适当设定 ISO 值，其经验值为晴朗天气条件下，ISO 值设定为 200，阴天 ISO 值设定为 400；为了保证影像的清晰度，在曝光瞬间造成的像移最大不能超过 0.08mm。影像质量要求：彩色色调柔和鲜艳、均匀、反差适中、层次丰富、影像清晰，在一个测量区域的物体色彩要保持一致。此时的太阳高度角在确定时要低于阴影的 2 倍。

(10) 漏洞补摄原则

应及时补摄航摄过程中出现的绝对漏洞和相对漏洞。相对漏洞如果对于内业加密模型不存在影响，在漏洞处可直接完成补摄操作，航线的长度在补摄过程中需要比漏洞之外一条基线长；假设绝对漏洞对内业加密模型不存在任何影响，漏洞位置可以直接完成补摄过程，航线的长度在补摄过程中需要比漏洞之外一条基线长。

(六) 无人机航摄的优点

低空无人机摄影测量系统确定的飞行平台基本是轻小型无人驾驶飞机，该平台的传感器需要搭载高分辨率并和 3S 集成技术相互结合，这样就能够将影像数据实现快速地获取，旨在为更新和建设基础性的地理数据提供直观、可靠、便捷的应用数据。总而言之，在低空测量过程中，借助低空无人机摄影测量技术完成测试任务具有十分明显的优点，可以从下面几点总结。

1. 机动灵活、安全可靠

无人机具有可操作性强、重量较低、体积较小等特点，对于起降的场地标准很低，对于悬崖峭壁等非常困难的场地也可以完成测量任务，这是传统测量所不能实现的。

2. 超低空飞行，影像数据质量高

超低空飞行这种无人机也能够做到，假设要求测量的图像具有较高分辨率，但是此时云量较厚，依然不会产生太大影响，所获取的影像特点有层次丰富、色彩饱满、影像清晰等特征，图像的分辨率能够在 0.05m。

3. 测图精度高

高质量影像数据借助无人机拍摄并完成获取，这些具有高精度的影像匹配于空中三角测量，立体测图模型可以在高精度标准中得以建立，此时无人机的测图精度能够实现厘米级，对于国家测绘标准可以予以满足。

4.效率高、周期短、成本低

对于大比例尺测量目标，假设用全野外传统人工测量，则需要极大的作业量，如果遇到恶劣天气，则会顺延工期，无疑会增加工程成本。假设此时借助传统的航空摄影测量办法，由于受到空域管制也会增加测量成本。但是因为天气对于低空无人机测量影响很小，借助其灵活机动的测量过程，能够完成影像采集工作，接着业内测图将外业数据采集替换掉，可以使项目周期有效缩短，并实现成图效率有更好的提升，达到成本降低的目的。

（七）无人机航摄试验前期准备

无人机在航摄试验之前，需要进行一系列前期准备，准备过后方可进行无人机的航摄试验。

1.试验测区概述

在正式开始空三测量之前，需要对测区的具体地理位置、测区的四至、测区的环境、海拔、气温以及降水量进行整理，在综合考核后选择晴天、无降水的天气进行空三测量。

2.飞测前期准备

（1）航摄及数据采集系统

针对项目要求和区域特点，从设备原理、技术流程、技术指标、实际应用等方面综合考量，拟采用 AF1000 型固定翼无人机对平地测区进行航飞，包括航测系统、任务载荷分系统、GNSS RTK 布控系统。该设备具有集成度高、安全稳定、携带方便等优势，使用和维护成本低、长航时、多航点、多任务组合等特点。无人机平台可自主执行并完成航片采集工作，其科技化的工作方式，高度集成化设备，将会大大提高工作效率。

完善的功能调试和性能测试是在装箱运输前对飞机必须做的环节，旨在确保相机、电台、舵机、飞控、数据链、机身都处于正常作业参数标准内，这样才能对飞机进行装箱。主要的准备环节有作业准备、设备发运、设备协调等，设备运输过程中要严格按照运输箱上的包装标识执行。

为方便任务的开展以及确保成果精度的可靠性，在作业前要收集与作业相关的数据资料，主要为天气状况、风力状况等；需要勘查周边的现场，主要对居民分布、交通、地形、环境进行勘察，并对起降场地要预先设计选择好，还要对航线进行提前规划设计。

（2）航摄仪

获取影像不是摄影机在测量中的唯一目的，同时还具有对仪器进行测量的功能。

所以，航摄仪通常在测量过程中有着非常高的标准。

①对于其中的物镜来讲需要很高的分解力，校正好相机的像差，需要严格地控制畸变差，因为这一数值会很大影响成图精度。

②透光力对于其中的物镜来讲要表现很强，要求分布均匀的焦面照度，反差的能力在这种光学影像中表现要大。

③减震良好，且结实耐用，避免出现拍摄的影像出现模糊。

④像点移位是不能存在的，所以像移补偿装置必须在这种相机中安装，曝光时间变更范围需要设置较宽的数值。

⑤航摄软片在这种压平系统中需要与贴附框平面相吻合。

⑥抗温差、抗过载。

(3) 航摄时间

根据对摄区气候特点的分析，以及工作内容的要求，通过全国各气象台联网的数据可提供摄区每天的天气 (如水平能见度、垂直能见度、云底高、云量等) 精确预报，为有效地组织飞行提供依据；根据地形条件的不同，严格按照规范规定的太阳高度角的要求对航摄时间进行选择。

在进行航摄过程中，光照度要确保充足，阴影不能过大。

(八) 无人机成图流程

本章的主要内容是无人机摄影测量内业处理的关键技术，同时阐述了无人机整个成图过程中所需要注意的问题和理论基础。

1. 无人机影像预处理

(1) 畸变差改正

无人机摄影测量系统所搭载的相机为非量测数码相机，该相机内方位元素未知且安装过程中存在误差，导致镜头畸变，最终航摄影像存在光学畸变误差，相片中枕形、桶形和切向变形等都是由于畸变误差导致。当误差过大时会影响空三加密计算结果，导致精度降低，同时还会使物方点被破坏，投影中心和相应的像点之间的共线关系不存在，最终使像点坐标发生位移，导致影像匹配精度降低。而当相机焦距固定时，镜头的畸变误差为固定值，属于系统误差，可以通过某种几何变化或者校正公式进行畸变差改正。

影像畸变校正分为直接法和间接法，直接法是由畸变影像的像点坐标计算出相应校正影像对应点的坐标，在像素灰度值不变的情况下，实现影像校正；间接法的原理是结合灰度插值方法，从校正后的影像坐标反算出畸变影像的坐标，最终实现影像的校正。

（2）Wallis 滤波变换

将畸变改正后的彩色影像转换成灰度影像，采用 Wallis 滤波变换对灰度影像做滤波增强处理。Wallis 滤波变化的基本原理是将影像的灰度均值和方差映射到给定的值中，可以使影像不同位置处的灰度方差与均值具有近似相等的数值，使影像中灰度的微小变化信息得到增强。由于滤波器在计算时引入平滑算子，因此在增强影像的信息时同时抑制噪声，使影像中较为模糊的纹理模式得到增强，改善图像质量。

（3）金字塔影像

要想得到可靠性好、精度高的同名像点，应采用自顶向下、由粗到精，不断细化的金字塔影像分级匹配策略，简称影像金字塔。因为低通滤波器常利用高斯滤波器、小波函数及平均平滑滤波器等，由此可以判断常用的金字塔有高斯金字塔、小波金字塔等。一般情况下，金字塔的上一层都可以由所相邻的下一层经过滤波及亚采样形成。

2. 解析空中三角测量

空三加密是无人机成图流程中最重要的一步，主要任务是利用影像匹配提取的点和控制点，将所测区域的影像归统一的物方坐标系，从而获得每张相片的外方位元素和加密点的物方坐标。其精度直接影响着 DOM、DLG、DSM 的数字产品的最终精度。

3. 数字产品生产

（1）数字高程模型

数字高程模型（DEM）是某一个投影平面上规格网点的平面及高程数据的集合。利用一定的算法，可以将其转化成其他数字产品，如坡度图、数字正射影像图等。在自动空三加密后可以获取每张照片的外方位元素，采用 SIFT 算法对特征点进行密集匹配。利用前方交会的方法计算出同名像点的地面坐标值，获取离散的三维密集点云，最后利用 DEM 内插方法，建立矩形格网 DEM。

（2）数字正射影像

数字正射影像（DOM）是将中心投影转换为正射投影，利用数字高程模型（DEM）对经过处理的航摄相片，经逐像元进行投影差改正，最后计算得出数字正射影像数据集。改正射影像的生产可以确切地反映出某一平面投影下的坐标数据，是测绘工作的基本底图。

（3）数字线划图

数字线划图（DLG）是表示地形要素的地理信息矢量数据集，以立体模型为基准进行立体测量，同时将所在测区的所有立体模型的数字线划图进行拼接，最终按照地形图的制作规范制作相应比例尺的地形图。

二、无人机航拍测绘技术应用于土地利用规划的实践

目前随着我国城市化进程的不断加快，城市建设用地的红线在步步逼近，城市建设用地无法满足城市人口承载力的需求，农村剩余劳动力的转移已经形成了巨大的压力，因此农村土地的集约节约利用形成了一个新的缓解城市建设用地紧张的突破口，针对农村开展的中心村和自然村的规划在我国农村大面积铺开，而对农村进行规划的前提就是要对农村的地物现状进行准确的测绘，过往的全站仪、RTK 等测量技术已经无法满足高效率的新农村规划对测绘任务的需求，新的航拍测绘技术就被提上日程，无人机航拍测绘技术不仅能够满足对基础地形测绘小范围 1∶1000 的比例尺精度的要求，而且大大提高了测绘的效率。目前学者们关于无人机航拍测绘技术在农村土地利用规划中应用的研究较少，本节探讨了该技术在农村土地规划中的应用，对后续全国铺开的新农村规划有一定的借鉴和参考价值。

(一) 研究区域和数据来源

本节选取的新农村规划点是 A 村，A 村山势逶迤、重峦叠嶂、自然资源丰富、交通发达。村东面小山连绵，村西面丘陵起伏，B 河由南向北从中贯穿，将整个村子分为东西两边。全村辖 11 个村民小组，总户数为 368 户，总人口 1350 人，耕地面积 77.87 hm^2。

(二) 航拍测绘的技术、方法过程及数据处理

1. 航拍图片的拼接及特征地物采集

无人机航拍的分辨率是 2600 万像素，A 村整个地域范围的形状类似一个勺子，整个 A 村无人机航拍的图片一共约 1300 张，重复率高达 80%，按照 A 村的实际地形，采取条带状碾压的飞行方式，保证垂直正射的飞行要求，微单保持 1s 拍摄 1 次，使范围覆盖非常齐全，没有空缺和遗漏的地方，而且注意了拐角处的衔接，一个条带碾压过去之后，和另一个平行的条带之间的重叠度超过 80%，这对飞机的性能、航拍飞手的飞行技术有一定的要求。

将无人机航拍采集的多张图片采用 PS5.0 专业拼接软件进行影像的拼接，PS5.0 软件的优点是有自动识别功能，会根据像素的特征，把特征要素较多的图像拼接在一起，这就解释了航飞时为什么要保证一定的飞行重叠度，但是自动拼接只能是完成那些在像素特征上极其相近的图片，更多的工作还需要人工拼接来完成，对于影像上信息特征较弱的图片，需要专业的拼接技术人员去肉眼识别图片之间的重复地物，并使用自动扭曲和调整功能将图片融合在一起，在融合之后需要使用自动抹除

功能将拼接条痕抹除掉，并保证色调和主体图像保持一致。PS5.0还增加了许多图片增强和弱化的功能，根据具体的图片信息适当做一些完善和处理才更有利于后期影像的矢量化。

在完成图像拼接之后，进一步对影像进行校正和坐标转换，把WGS-84坐标体系下的坐标转换成目标要求的"北京54坐标系"。在测绘时采用的是中海达S760手持GPS，这种GPS简易、方便，可以满足野外采集坐标数据的要求，S760只需要插1张内置储值卡，连接江西省赣州市石城县CROSS站，就能准确定位每个目标点的准确坐标和高程，误差能保持在0.05m范围以内。特征地物的选取也具有一定的规范和要求，方便后期在做图像校正和坐标转化时能够确切地在图上找到该地物点，寻找越准确，校正精度就越高，成图就越能更准确地纳入全国统一的"北京54坐标"系统。

2.影像校正与坐标转换

（1）用ArcGIS打开影像图：点击菜单栏中的"添加数据按钮"，在弹出的对话框中点击"连接文件夹"，选择TIFF所在文件夹，点击"确定"，然后在"查找范围"中选择需要添加的TIFF文件，点击"添加"。

（2）点击"视图"—"数据框属性"—在"常规"下"显示"中选择为"度分秒"—"应用"—"确定"。在影像上选择特征点(特征点不少于4个)，记录下特征点的经纬度。打开"HDS2003"数据处理软件包，选择"工具"—"坐标转换"—"设置"—"地图投影"—"中央子午线"输入"117"，在右边的"椭球"选择"国家北京54"，输入经纬度，点击"转换坐标"，记录下该点坐标，这样把所有特征点都转换并记录好。

（3）在ArcGIS中打开"地理配准"工具栏，点击"添加控制点"，在影像上刚刚选择的特征点上单击，然后右击，选择"输入X、Y"，输入相应的X、Y坐标。这样把所有特征点的坐标都输入。坐标输入完成之后，在"地理配准"下拉选项中，选择"更新地理配准"，完成坐标转换。

（4）转换完成后，在左边的"内容列表"中右击影像名，选择"数据"—"导出数据"，在弹出的对话框中选择导出的文件夹，并命名，格式选择"TIFF"，点击"保存"，之后会弹出2个对话框，都选择"否"。这样便会生成与影像相对应的TFW(TIFF的坐标定位文件)文件。注意TFW文件与TIFF文件名称要一致并放在同一个文件夹下。

3.矢量化图高程融合

（1）打开谷歌地图，找到需要获取高程信息的村庄，并添加地标，在高程获取软件左侧点击刷新，此时会显示"投影带中央子午线"，江西为117°E，点击"确定"。

（2）点击"数据采集"—"手工采集"，然后选择1个特征点，点号为K1，要记住该点的位置，方便后续的校正（因为研究采用的影像与谷歌地球的经纬度有偏差，所以导出的高程点需要校正）。点击"底图窗取点"，然后在地图上选取特征点，点击之后，就会出现该点的坐标与高程，选择"采用"，该点就提取完毕。

（3）点采集完成之后，选择"文件"—导出数据，弹出的对话框中，将"选择框"中的"描述"去掉，然后点击"确定"。选择存储位置，输入文件名，数据导出就完成了。

（4）数据导出后，找到刚刚导出的数据，导出的数据是"DAT"文件，但是格式有点不对，需要将文件后缀改为"csv"格式，用Excel打开文件，在第1列与第2列之间插入1列，并将坐标的3列单元格格式设置为"数值"，小数位3位，保存好，再将文件名后缀改为"dat"。

（5）打开矢量化后的CASS图，导入高程点，会发现导入的点与图有偏差，在CASS中右击，选择"快速选择"，在弹出的对话框中进行设置：此时高程点就全部选中了，然后用"M"命令进行偏移，根据之前选择的特征点，将高程点偏移到正确位置，到此，高程完毕。整个CASS软件成图就全部完成。

(三) 无人机航拍测绘技术在土地规划中的绩效评价

1.因子对规划要求的拟合度评价及分析

其主要选取以下几个因子：正射影像的分辨率、航拍图片的重叠度、地物影像判别的清晰度、影像比例尺的精度情况、对规划图中的特征地物和发展用地的指引作用进行评价，而在评价因子的选择上主要选取了权重、实际完成效果、客户满意度、无人机配置和工作要求四个方面。

2.基于SWOT分析法的无人机航测在规划中的识别和分析

根据研究过程的相关资料和数据，对农村土地利用规划产生影响的因素包括无人机影像的分辨率、无人机影像的清晰度、比例尺精确度、精度、时效性、操作机动性、工序烦琐程度、天气影响情况、环境适宜度、风险程度、成本状况、耗费状况、新设备的和谐度、新技术的应用潜力、业务量多少、安全事故和隐患、价格成本的可控性、国家法律法规的迎合度等。

因素全部罗列出来之后，通过专家判断法，即个别、分散地征求专家意见，将这些因素归纳成为影响无人机航拍测绘在农村土地利用规划中的外部因素与内部因素两组；然后设计问卷，使用特尔菲法，请专家们对所罗列的影响因素的影响程度进行打分，问卷中内部因素中的正值可判断为优势因素，负值为劣势因素，外部因素中的正值为机遇因素，负值为威胁因素。由此可识别土地利用规划中的SWOT各个方面因素，即通过专家打分平均值的正负，来判断所调查的各个因素是属于优势、劣势、机遇还是威胁。影响因素识别以后，根据所掌握的材料，对各个因素加以分析。

评分标准：评分的取值（−a，a），a＞0；分数的绝对值代表该因素的影响程度；分数的正负代表该因素为机遇或威胁。由此可识别土地利用是积极影响还是不利影响。

选取和邀请测绘行业、土地规划行业以及无人机专业的 12 位专家来参与对这些内部因素和外部因素进行打分分析，对各个因素分别进行影响强度评分。

评分说明：强度代表该因素对农村土地利用规划的影响程度。

(1) 如果该因素是正面影响，根据强度打出相应的正分，取值为 (0，5]①。

(2) 如果该因素是负面影响，根据强度打出相应的负分，取值为 [−5，0)。

(3) 可以出现小数点。

无人机航拍测绘影像可以广泛应用到农村土地利用的规划中，它以其高分辨率、高清晰度、高时效、高机动性迎合了土地规划这一业务的需要，随着新技术和新设备的引进，其工作效率和工作精度将大大提高，但因受天气和环境的影响也会存在局限性，因此操作过程中的风险威胁必须引起足够的重视。

综上所述，在当前农村基础地形测绘和规划实践中，无人机航拍测绘技术在测绘效率、精准度和图片处理技术上有很多优势，但并不意味着这种方法是毫无瑕疵的，有很多需要学者们继续努力和深入研究的方面，从而使这门技术更加完善和成熟，更加符合规划技术要求。总之，无人机航拍测绘在农村土地规划中的前景非常可观，但等待学者们继续深入探讨和需要解决的问题也会越来越多。在未来的几十年里，应完善无人机上 GPS 的高精度设备，以便于航飞的图片可以直接自带坐标；同时加强相位点的布控，更加准确地提高制图的精度；针对目前混乱的无人机航测市场，有关部门必须加以管控和规范，避免因为业务不熟造成不必要的伤残和损失，期待这一技术在农村土地利用规划中能越来越成熟和完善。

---

① 申彧 .SWOT 分析在区域可持续发展定位中的应用 [D]. 厦门：厦门大学，2009.

第十一章　土地开发整理

第一节　土地开发整理的概念与内涵

一、土地开发整理的概念

土地的概念从不同的角度有不同的理解。从土地管理的角度，比较公认的理解是：土地是地球表面某一地段包括地貌、岩石、气候、水文、土壤、植被等多种自然因素在内的自然综合体，还包括过去和现在人类活动对自然环境的作用。

土地开发整理的含义有广义和狭义之分。广义的土地开发整理分农地整理和市地整理两个方面的内容；狭义的土地开发整理则仅指农地开发整理。我国目前已开展的土地开发整理活动基本上都属于狭义的土地开发整理。本书中的土地开发整理也是指狭义的土地开发整理。土地开发整理是指根据社会经济发展的需要，采取一定的手段，对土地利用方式、土地利用结构和土地利用关系进行重新规划与调整，以提高土地利用率，实现土地集约利用目标的一种措施。土地开发整理按内容可分为三种类型：土地整理、土地复垦和土地开发。

现阶段，我国土地开发整理的实践内容主要是：第一，调整农地结构，归并零散地块，增加有效耕地面积；第二，平整土地，改良土壤，通过加深农田土壤耕层，改良土壤物理和化学性状，提高农业土地的综合生产能力；第三，通过道路、沟渠等综合建设，改善农业生产条件，为机械化生产提供便利；第四，归并农村居民点和乡镇企业，将项目结合农村村容村貌建设，合理规划废弃建设用地复垦，在实施迁村并点、治理"空心村"的同时，通过退宅还田等整理措施，改变农村面貌，提高农民居住水平和生活质量；第五，复垦废弃土地，提高土地利用率；第六，划定地界，确定权属；第七，改善环境、维护生态平衡，通过项目的实施，使区域内物质流、能量流、信息流更加畅通。

二、土地开发整理的内涵

"开发"一词最早源于英国，本意是把不能或难以利用的荒山、荒地、矿山、森林、水利等未利用资源，通过人类的劳动、改造，使之成为可以为人类利用的一种活动。后来人们对这一概念的内涵有所拓展，即所有开拓性的工作均属开发的内涵范畴，如人才开发、智力开发、市场开发等。本文所讲"开发"指其原始本意。土地开发的核心在于人类的活动所带来的土地增量供给。例如，把不能利用的盐碱地、荒草地、红壤地经过开发使之成为可利用的粮田。

"整理"一词的内涵是指"杂乱无序的事物经过梳理，使之有条理、有秩序"。从字面理解的"土地整理"的含义就是使无序、混乱的土地有条理、有秩序。其核心在于提高存量土地的利用效率。例如，把分散、不规则、不便于作业的地块进行归并，以提高作业效率；把贫瘠的土地进行土壤改良，以提高土地产出；等等。

结合"开发"和"整理"的基本含义，土地开发整理的内涵就应包括存量土地和增量土地两个方面的内容。现阶段，我国土地开发整理一般指农用地的开发整理，是在一定地域范围内，对农村未利用或现有条件下难以利用的荒山、荒地、盐碱地、闲置地等宜农后备耕地资源，通过工程、生物和技术措施进行开垦，使其成为可利用地；对利用效率低的存量耕地进行改良、归并、调整、重划，改善用地结构和用地条件，以增加有效耕地面积、提高耕地质量的过程。其本质是对田、水、路、林、村的综合整治。

本书主要涉及土地开发和土地整理的相关内容。土地开发整理要处理好开发与整理的关系，基本原则是以整理为主，适度开发，合理确定开发规模；要处理好土地开发整理与环境的关系，保证经济效益、社会效益和生态效益同步提高。

土地开发整理是在人地矛盾日益尖锐、生产发展带来的环境压力越来越凸显的情况下产生的。其基本目标在于合理组织土地利用，提高土地的供给能力，确保土地开发整理区域土地利用的经济效益、社会效益、环境效益的协调、统一。

第二节　土地开发整理的基本理论

一、人地关系论

(一) 人地关系论概述

人地关系泛指人类活动与地理环境的相互关系，是自人类起源就存在的客观关系。人类社会发展到现代社会，经济工业化和社会城市化的发展使得人类对自然的开发利用和改造的规模、范围、深度与速度不断增加。先进技术手段的运用不断改变着各地区的自然结构和社会经济结构。与此同时，地理环境对人类社会经济发展的影响和反作用也越来越强烈。人口、资源、环境、生态、国土、经济社会关系等出现全球性的严重失调危机，人地关系处于剧烈的对抗之中。如何协调人地关系并促使人类社会不断和谐发展，是现今人地关系研究的核心。

19 世纪后期的德国学者洪堡、李特尔是研究人地关系的先驱，他们把自然现象研究与人文现象研究结合在一起。拉采尔是人地关系论中"地理环境决定论"的主要提出者。他认为：社会经济的发展主要取决于地理位置、气候、河川及地形等，人是环境的产物，环境制约着人的一切方面，从人类社会发展到个人性格都受环境的制约。在"地理环境决定论"产生广泛影响的同时，20 世纪初的法国学者白兰士提出了"可能论"。他认为地理环境为人类社会的发展提供了多种可能性，而人类又根据不同的生活方式做出选择，并能改变和调节自然现象。他的学生白吕纳进一步发展了人地相关思想并提出心理因素，为以后出现的行为地理和感应地理提供了认识来源。1952 年，英国地理学家斯帕特将"地理环境决定论"和"可能论"进行折中，提出了"或然论"的观点。20 世纪上半叶，欧美地理学界还出现了适应论、生态调节论、文化景观论等观点，从不同的角度研究人地之间的相互关系。20 世纪60 年代后，随着地理学数量化的发展、方法手段的革新，使人地关系论又有了新的发展。

人地关系研究涉及地理学、环境学、资源学、人口学、生态学、系统学、经济学、社会学、管理学、行为学、计算技术、信息工程等一系列学科和技术。它以人类环境、人类活动、人类发展为中心，研究自然条件、自然资源、自然演替的合理组合、开发和调控，是自然科学与社会科学的交叉。它的研究内容主要有：第一，人地关系的地域结构与地域体系的形成和发展的特点与规律；第二，人地关系的调控机制与调控手段；第三，制定不同类型地区的人地关系优化模式，以实现经济效益、社会效益与生态效益的最佳结合；第四，建立人地系统的网络和数据库、模式库、决策库及咨询中心等。

（二）与土地开发整理的相互关系

人地关系论告诉我们，要想实现人类社会的长期稳定发展，必须遵守人类与自然的和谐共生的法则。通过自然系统和社会系统的有机耦合，创造出自然、空间、人类高度协调统一的复合人地系统。土地资源的可持续利用同样也要遵守这一法则。作为土地利用的有效途径，土地开发整理是实现土地资源可持续利用的根本途径。因此，人地关系论是指导土地开发整理的一个重要基础理论。

例如，在土地开发整理之前要进行生态适宜性评价，并按照评价结果确定合理的土地开发整理方式。这样做既可保护土地的生态环境，又为人类生产和生活创造了经济价值，真正将人地合为一体。

二、土地产权办理

(一) 土地产权概述

产权在《现代实用民法辞典》中的解释是"具有物质财富内容，直接和经济利益相联系的民事权利"。

土地产权理论中最著名的是马克思土地产权理论。其虽然没有明确提出"土地产权"这一概念，但在《资本论》《剩余价值理论》等经典著作中，马克思对土地产权的内涵与外延进行了许多精辟的论述，这些论述构成了马克思的土地产权理论。土地产权是指以土地所有权为核心的土地财产权利的总和，包括土地所有权及与其相联系的和相对独立的各种权利，如所有权、使用权等。其中，土地所有权是土地所有制的法律表现，是土地所有权人在法律规定的范围内占有、使用、收益和处分土地的权利。土地所有权的性质和内容是由土地所有制决定的。土地使用权是依法对土地加以利用以取得收益的权利，是土地使用制的法律体现。狭义的土地使用权仅指对土地的实际使用，与对土地的占有权、收益权、处分权并列；广义的土地使用权则独立于土地所有权之外，是土地占有权、狭义的土地使用权、部分收益权和不完全处分权的集合。目前，我国所称的土地使用权是一种广义的土地使用权。

(二) 与土地开发整理的相互关系

土地开发整理不仅是采用各项工程技术措施对田、水、路、林、村进行综合整治，从某种意义上讲，也是对农村土地产权的调整和理顺。土地开发整理涉及国家、集体和个人三方利益主体间权利义务关系的调整，因此必须保证开发整理前土地产权登记的客观、公正和开发整理后土地产权调整的科学、合理。保持土地产权的明晰、权能的完整、权能构成的合理以及产权足够的流动性无疑是土地开发整理成功的关键。针对我国农村土地产权制度中存在的问题，应着重做好以下工作。

1. 加强农村土地产权确认与登记发证工作

具体措施包括：一是通过依法实地调查，确定农村集体土地与国有土地的权属界限、数量及分布等；二是确定各集体土地，如乡（镇）间、村集体间和村民小组间的土地权属界限、数量及分布等；三是确定各农村集体组织内部耕地、园地、林地等各类用地的面积、位置、质量等；四是确定各集体内部农户承包经营土地的数量、质量、位置、界限等；五是对确认的权属结果依法进行登记，核发证书，形成文字、图、表、簿、册等相结合的完整地籍资料，为土地开发整理后土地权属的合理调整提供法律依据。

2.尽快建立农村土地使用权的合理流转机制

具体措施包括：一是加快培育农村土地使用权流转市场，加强政府对农地使用权流转市场的合理引导与规范管理；二是允许农户在土地流转过程中获得相应合理的流转收益；三是建立和完善社会保障制度，加快户籍制度改革步伐；四是在土地家庭联产承包责任制的基础上，按照"自愿、有偿、合法"的原则进行土地的返租倒包、土地使用权出租、股份制经营等改革，促进土地的适度规模经营。

三、土地肥力原理

(一) 土地肥力概述

土地肥力是土地(农业土地)的本质属性和质量标志，土地肥力包括自然肥力和人工肥力。自然肥力是人工肥力形成的基础，人工肥力是对自然肥力的"加工"，二者结合在一起，综合形成经济肥力。

土地肥力状况主要受社会生产力发展水平和生产关系的影响。土地肥力状况是与社会生产力发展水平相适应的，并随着它的发展而不断得到改善。这是因为：其一，随着社会生产力的提高、科学技术的进步及其在农业上的应用，人们能更大规模地将劳力、资本投入土地，不断提高人工肥力；其二，随着社会生产力的发展和科学技术的进步，人们有可能将土壤中的营养元素不断地变为植物能够直接吸收利用的形态，从而使土壤的有效肥力和作物产量得到提高。土地肥力状况，除了受社会生产力发展水平的影响，还受生产关系和上层建筑变革的影响。

(二) 与土地开发整理的相互关系

在土地开发整理过程中，土地平整工程、农田水利工程、道路工程和其他工程等的实施，使得田、水、路、林、村得到综合治理，整个生态系统得到改善，从而提高土壤肥力，促进土地生产力的提高，增强农业的综合生产能力。特别是在丘陵山区，通过治理土壤退化，引导农户对坡度在25°以上的地区有计划地进行退耕还林、还草，实现小流域治理，可以有效防治土壤侵蚀和水土流失，提高土壤的保水、保肥能力。

四、土地供给理论

(一) 土地供给概述

土地是地球的一部分，但是地球上的土地并非全部可以利用。土地能否利用在很大程度上是由土地自身的使用价值决定的。土地的使用价值又取决于土地的地理位置、形成母质、地形、地貌、土壤质地、水文特性、海拔高度、植被、交通条件等。所谓土地供给，是指地球能够提供给人类社会利用的各类生产与生活用地的数量，包括在一定的技术、经济与环境条件下对人类有用的土地资源数量和在未来一段时间内预知可供利用的土地数量。通常可将土地供给分为自然供给和经济供给。

土地的自然供给是指土地以其固有的自然特性供给人类使用的数量，包括已利用的土地资源和未利用的土地资源，即后备土地资源。影响土地自然供给的主要因素包括：适宜人类生产生活的气候条件，适宜植物生长的土壤与气候条件，可供人类生活的物品和生产必需的资源条件，交通运输条件，等等。土地的自然供给是相对稳定的，不受任何人为因素或社会经济因素的影响，因此土地的自然供给基本上是无弹性的。

土地的经济供给是指在土地自然供给的基础上，在一定时间与区域范围内，投入劳动进行开发整理后可供人类直接用于生产、生活等各种用途的土地数量。由于土地具有用途多样性的特点，土地的经济供给会随着土地需求与经济效益的变化而变化，因而土地经济供给是有弹性的。影响土地经济供给的主要因素包括：各类土地的自然供给量，人类利用土地的知识和技能，交通运输事业的发展状况，土地利用的集约度，社会需求的变化，等等。土地开发整理、土地利用结构调整等活动都将影响土地的经济供给，因此土地的经济供给是变量、有弹性的。

土地的自然供给与经济供给既有联系，又有区别。土地的自然供给是土地经济供给的基础，土地的经济供给只能在自然供给的范围内变动。人类虽然难以或无法增加土地的自然供给，但可以在自然供给的基础上增加经济供给。

(二) 与土地开发整理的相互关系

1. 农用地经济供给的直接增加

土地开发整理不仅包括对已利用土地进行深度开发，增加有效耕地面积，也包括对荒滩、荒坡、荒山、荒沙地等未利用地的广度开发，扩大可利用土地的面积。通过土地开发整理，可以直接增加农用地经济供给总量，推动耕地总量动态平衡目标的实现，保护国家粮食安全。

2. 农用地经济供给的间接增加

按照土地供给的价值趋向，建设用地带来的经济效益往往高出农用地几倍甚至几十倍。相比较而言，农用地缺乏供给弹性。对于同一地块，由于农用地较建设用地的经济效益低，故农用地缺乏竞争力，往往易被建设用地取代。这一点在城乡交错地带表现得尤为突出。

土地开发整理通过建设完善的农业生产基础设施，可以提高土地质量和土地产出率。从土地利用的效果来讲，土地产出率的提高相当于扩大了土地面积，也就是农用地经济供给的间接增加。农用地利用效益的提高有助于从经济上形成对农用地的保护机制，减少建设用地对农用地的占用量。

3. 提高农用地经济供给的稳定性

保护和改善农业生态环境是土地开发整理的重要内容之一。在土地开发整理过程中，采取各种措施消除影响土地生态系统稳定性的消极因素，提高系统的自我调节能力与环境容纳能力，可有效防止因生态脆弱与生态失衡造成的土地毁损或质量下降问题，保障农用地生产能力的持续发展，从而确保农用地经济供给的稳定。

五、成本—收益论

(一) 成本—收益论概述

1. 成本—收益论的含义

成本—收益理论的产生和发展与福利经济学、效用理论、资源分配理论、工程经济学、系统分析等理论和学科的发展是相联系的。从实践上看，与西方国家政府公共投资的增加、公共事业的发展也是分不开的。水利项目经济上的可行性是指"各种可能产生的收益应当超过估计的成本"，并要求在水利建设中进行成本—收益分析。

成本—收益分析的基本原理是将项目或方案所需要的社会成本（直接的和间接的）与可获得的收益（直接的和间接的）尽可能用同一计量单位——货币分别进行计量，以便从量上进行分析对比，权衡得失。为此，必须把项目或方案的指标体系划分为两大类：一类是消耗成本，另一类是收益价值。消耗成本是投入的全部资源，是指社会付出的代价，即机会成本。由于市场机制的存在，几乎绝大部分投入资源可以转化为货币单位。收益价值则往往有相当部分不能转换为货币单位，所以收益指标通常分为可计量和不可计量两种。

一个项目的成本一般包括直接成本、社会成本、时间成本和替代成本四部分，收益包括直接收益、派生收益和无形收益三部分。

2. 成本—收益分析的评价方法

在进行项目或多方案比较时，一般采用三种方法：在成本相同的情况下，比较收益的大小；在收益相同的情况下，比较成本的大小；在成本与收益都不相同的情况下，以成本与收益的比率和变化关系来确定。

(1) 净现值和内部收益率

净现值指投资方案所产生的现金净流量以资金成本为贴现率折现之后与原投资

额现值的差额。时间因素对经济效益的影响很大，项目耗费的成本必须尽快取得经济收益，要对项目使用期间不同年度的成本和收益进行比较，就必须把它们按一定的贴现率折算成现值。目前，比较流行的做法是计算项目或方案的净收益现值，以及计算收益和成本现值的比率。

贴现率又称折现率，指今后收到或支付的款项折算为现值的利率。贴现率是成本—收益分析中的重要参数。所选择的贴现率的高低对项目分析的结果有重大影响。在方案选择中，一般以收益与成本比率最大的方案为最佳，而且要保持所选方案的净收益现值大于0，或收益与成本的比率大于1。

在常用的评价方法中，通常还要计算内部收益率，即计算使项目净现值等于0时的内部贴现率。只有内部收益率大于给定的社会贴现率时，方案才为可取。内部收益率越高，方案的经济效益越好。其他评价方法还有返本期、年平均值、终止值等。

（2）影子价格

影子价格又称影子利率，是用线性规则方法计算出来的反映资源最优使用效果的价格。价格是成本—收益分析中的核心问题。在现实生活中，由于存在税收、补贴、限额、垄断等种种因素，致使市场价格或多或少地偏离社会价值，即存在价格"失真"的问题。直接使用市场价格往往不能正确反映甚至会歪曲成本—收益计量中的各项投入和产出的真正经济价值，因此必须通过建立数学模型，计算出一定的调整率，把市场价格合理地调整为影子价格或会计价格，其中还包括影子工资率、影子利息率、影子外汇率等。

影子价格被认为是为了使一定的社会目标最优化所应该采取的价格，是计算、估价的手段。影子价格的作用在于进行计算时，保证稀缺资源的正确分配和过剩资源的有效利用，把经济比较置于同一核算水平上，以更好地反映机会成本。有些没有市场价格而又需要评估的收益或成本也需要模拟出影子价格。

（3）不确定性和风险

对项目进行经济评价的数据大部分是建立在预测基础上的，在估算中不可避免地会存在误差，再加上政治、经济、技术等外部条件在项目实施过程中又会发生难以预料的变化，这就存在一定的不确定性和风险。项目实施的时间越长，不确定性和风险就越大。风险大的项目应当有较大的潜在收益。为了估计不确定性对项目经济收益的影响，就需要进行敏感性分析，即分析和研究成本与收益方面发生某种变化对项目的可盈利率或现值所带来的影响。同时，还可进行收支平衡点分析，用数理统计方法进行概率分析和期望值分析。对待不确定性和风险，常用的简便方法是对不确定的收益在社会贴现率上加一个风险系数，或者是有意对项目的使用年限进行低估，以尽快地回收投资，避免远期的不确定性。

（4）外部效果

成本—收益分析图把一般财务分析中不考虑的外部效果也包括进去。外部效果是指与方案、措施本身并不直接关联而带来的收益和耗费。外部效果的范围很广。计算外部效果的一个重要原则是必须区别是技术性（实质性）的外部效果，还是货币性（分配转移性）的外部效果。在计算外部效果时，后者一般不予以计算。

成本—收益分析中的评价准则和方法是随时代的变化而变化的。在成本—收益分析中，还要考虑物质、政治、法律等各种相关的限制条件。成本—收益分析的基本程序是先明确项目或方案所要达到的目标和任务，提出能够实现目标的若干可供选择的方案，通过计量模型分析各种替换方案的收益与成本，然后根据评价准则进行综合评估，最后确定各个替换方案的优劣顺序。

成本—收益分析作为研究公共项目的工具有很大的适用性，是具有广阔发展前景的经济分析方法，但它又有很大的局限性。除它所涉及的问题纷繁复杂这个客观因素，它的局限性还在于：缺乏坚实的理论基础，且方法至今还很不完善，评价标准易受评估人偏好的影响，评估中一般不考虑收入再分配的社会效果。此外，这种分析方法只能对已经提出的项目或方案进行评估，它本身并不能提供最佳的方案，因而往往只能做到"于次好中选优"。

（二）土地开发整理的成本与效益

1. 土地开发整理的成本

土地开发整理过程中的成本主要包括直接成本、社会成本、时间成本与替代成本。

（1）土地开发整理的直接成本

所有土地利用活动都需要投入一定的人力、物力、资金、技术等要素，土地开发整理也不例外。土地开发整理的直接成本可理解为：为了达到一定的土地开发整理目的而投入使用的资金、劳力、技术、设备等生产要素的总称。从土地开发整理直接成本的构成来看，既包括人工、材料、机械等直接支出，又包括前期研究、规划设计、项目管理、竣工验收、后期评价等间接支出。从项目运作的实际成本分析，项目预算资金并不是项目的全部成本。

（2）土地开发整理的社会成本

社会成本是相对于私人成本而言的。私人成本是个人或企业在开发整理土地过程中本身承担的成本；社会成本则是从社会整体来看待的成本。社会成本也是一种机会成本，即把社会资源用于某种用途就放弃了其他获利的机会。如果私人经济活动不产生外部性，即不对他人或社会产生影响，则私人活动的成本等于社会成本；如果私人经济活动对他人或社会产生影响，则私人成本与社会成本将不一致。当私人经济活动产生外部经济效益时，私人成本大于社会成本；当私人经济活动产生外部负经济效益时，私人成本小于社会成本。

例如：在土地开发整理过程中将坡度较大、不宜耕作的土地开发为耕地，就开发整理项目本身或局部范围的短期分析而言，项目是有效益的；但从整个社会角度看，付出的代价可能是巨大的，社会成本将远远大于私人成本。再如：同样的投入，在 A 地比在 B 地产生的开发整理效益会更高些，但由于项目区的选择不当，有限的投入被放在了 B 地。就整个社会而言，这必然会带来一定的成本损失。

（3）土地开发整理的时间成本

土地开发整理从决策到实施完成，在能够用于生产或消费、产生效益之前，需要一定的时间。在这种情况下，由于资金被束缚在土地开发整理项目上，因而随时间的流逝而带来的成本可被看作时间成本。

由于土地开发整理效应会有一个滞后期，因而土地开发整理资金在经过相当长的时间后才能获得补偿。可以说，土地开发整理的时间成本是较高的。因此，在进行土地开发整理决策时，时间成本应是一个重要的考虑因素。

（4）土地开发整理的替代成本

因改变土地利用类型或进行土地再开发整理时注销当前已投入在土地上的资产效用而产生的成本叫作替代成本。替代成本的产生往往是由于预期能够获得更高的土地收入而改变当前土地利用类型、方式造成的。

2. 土地开发整理的效益

土地开发整理的效益可分为经济效益、社会效益和生态效益。

（1）土地开发整理的经济效益

土地开发整理的经济效益是指在土地开发整理过程中对土地的投入与开发整理后所取得的有效产品（或服务）之间的比较。对农地开发整理而言，土地开发整理后取得的经济收益主要体现在：一是土地利用率的提高，直接增加了可利用的土地面积而带来的收益；二是土地质量的提高，因土地产出率提高而增加的收益；三是由于农业生产条件的改善而导致生产成本下降所产生的间接收益。

（2）土地开发整理的社会效益

评价土地开发整理效益时，不但要考虑经济效果，还必须结合社会效果进行综合评价。土地开发整理的社会效益是指土地开发整理对社会需求的满足程度及其相应产生的政治与社会影响。

（3）土地开发整理的生态效益

土地开发整理的生态效益是指土地开发整理的活动过程与结果应符合生态平衡规律。也就是说，人类通过土地开发整理建立起来的新的土地生态系统应做到不仅不会损害原来的生态系统，而且会增强整个生态系统的功能，为人类生产和生活提供更好的生态环境和更多的生物产品。就长期而言，生态效益与经济效益是相统一的，其能够通过经济效益的增加而得到体现。

(三) 与土地开发整理的相互关系

成本—收益分析现已被广泛应用于项目或方案的社会经济及生态效益评估中，为科学决策提供有效建议。成本—收益分析方法在土地开发整理中的作用主要体现在项目评估 (不同项目之间的成本—收益比较) 和项目规划方案择优 (同一项目不同方案之间的成本—收益比较) 两个方面。

1. 项目评估

项目评估是选择项目的关键。如何选择土地开发整理项目实际上是一个成本—收益分析、比较的过程。只有通过成本—收益的综合分析、比较，才能体现土地开发整理的客观、公正和科学性，才能按照先易后难的原则开展土地开发整理。因此，项目评估本身已经体现了成本—收益的比较原理。

2. 项目规划方案择优

在项目规划过程中经常会遇到不同规划方案的取舍问题。如何选择最优规划方案，往往需要进行成本—收益分析。一般情况下，评价经济效益比较容易，而社会与生态效益的评价则存在评价指标统一与量化上的困难，所以目前对规划方案的综合评价一般采取定量与定性相结合的方法。

六、土地报酬递减原理

(一) 土地报酬递减原理概述

1. 土地报酬递减的产生

在科学技术水平相对稳定条件下的土地利用中，当对土地连续追加劳动和资金时，起初追加部分所得的报酬逐渐增多；当投入的劳动和资金超过一定的界限时，追加部分所得的报酬则逐渐减少，从而使土地总报酬的增加也呈递减趋势。这就是人们通常所说的"土地报酬递减现象"。产生这种现象的主要原因是：在一定的经济状况和生产技术条件下，土地在客观上存在受容力的界限。追加投资超过土地受容力时便不起作用，从而出现土地报酬起初递增而后递减的现象。

2. 土地报酬递减原理的内容

自人类利用土地从事生产劳动时起，土地报酬递减规律就客观存在了。虽然国内外科学家对土地报酬递减现象表述不尽一致，但是到目前为止，国内外大量的实验都证明了土地报酬递减规律的客观存在。

(二) 与土地开发整理的相互关系

研究土地报酬变化规律的意义在于：揭示土地的质量状况，确定土地集约利用的合理界限，提高土地投资的经济效果。在进行土地开发整理时，应按照报酬递减规律的思想对土地开发整理的投入与开发整理后的效益进行科学预测，以求得这些投入的最适量。如果所需投入在最适量以内，报酬处于递增阶段，则该项土地开发整理活动在经济上是可行的；如果所需投入超过最适量，则该项土地开发整理活动在经济上是不可行的。

另外，在一定土地规模上，劳动力和资金投入规模的大小最终取决于土地的受容能力，即在一定的经济技术条件下，土地对人类给予的各种投入的承受能力和产出能力。一般来说，土地利用规模的扩大与规模报酬之间的相互关系存在三种情况：递增土地规模报酬、固定土地规模报酬和递减土地规模报酬。因此，在进行土地开发整理时还要考虑土地规模利用因素，以使土地利用处于报酬递增阶段，至少也是处于报酬不变阶段，而不是处于报酬递减阶段。

七、区位论

(一) 区位论概述

1. 区位和区位论的概念

传统意义上的区位有放置和为特定目的而标定的地区两重意思。所以，区位与位置不同，它既有位，也有区，还有被设计的内涵。具体而言，区位就是指人类行为活动的空间，它除解释为地球上某一事物的空间几何位置，还强调自然界的各种地理要素和人类经济社会活动之间的相互联系及相互作用在空间位置上的反映。

由于土地位置是固定的，各地段都将处在距离经济中心不同的位置上。而人类从事生产，需要将资本和劳力带到土地上，并将产品运至市场。为了方便生产和流通、降低产品成本、增加利润，需要按一定的标准选择适宜的空间位置使比较利益最大化，于是就产生了区位理论。区位理论是关于人类活动的空间分布及其空间中的相互关系的学说。具体来讲，区位理论是研究人类经济行为的空间区位选择及空间区内经济活动优化组合的理论。

2. 区位论的发展

区位理论产生于 19 世纪 20—30 年代，其产生的标志是 1826 年德国农业经济与农业地理学家冯·杜能发表的著作《孤立国同农业和国民经济的关系》。他根据资本主义农业与市场的关系，探索因地价不同而引起的农业分带现象，创立了农业区位理论。到了 20 世纪初，出现了以研究成本和运输费用为内涵的工业区位论，其先驱者是龙哈德，集大成者是德国经济学者韦伯。韦伯发表了《论工业的区位》一书，创造性地提出了区位因子体系，从而创立了工业区位论。后来，胡佛等人对此进行了完善和改进。

20 世纪中期以来，世界社会经济发生了较大变化，改变了原有的社会经济结构。这种变化给经济学家提出了较过去更加复杂的问题，如区位决策和区域经济的合理发展、区域经济发展与社会环境变化、人口—资源—环境关系如何处理等。为了研究这些问题，学者们改变了以往观察和分析问题的方法，从对单个社会经济客体的区位决策发展到对总体经济及其模型的研究，与实践中的区域发展问题联系得更为密切；从抽象的纯理论的模型推导，变为力求以贴近现实问题的区域分析和可实用的模型来提供实际的决策标准；从静态的空间区位选择到利用各发展客体的区域分析和可实用的模式来提供实际的决策标准；从静态的空间区位选择到对各发展客体的空间分布和结构变化及其过程的研究。这些研究不仅为预测提供了依据，也扩大了数学方法在区位布局中的应用研究。

区位决策除在工业、农业、市场、城市方面的应用，还包括内容更为广泛的第三产业区位决策。它不仅要满足经济因素的要求，还要考虑社会公平、居住环境、旅游等条件。

3. 区位主体和区位因子

(1) 区位主体

区位主体是指与人类相关的经济和社会活动，如企业经营活动、公共团体活动、个人活动等。区位主体在空间区位中的相互运行关系称为区位关联度。区位关联度决定投资者和使用者的区位选择。一般来说，投资者或使用者都力图选择总成本最小的区位，即地租和累计运输成本总和最小的地方。

(2) 区位因子

在论述区位时，会遇到一系列影响区位的因素。通常在区位论里将这些因子统称为区位因子。区位因子可概括为以下六个方面。

第一，自然因子。自然因子包括自然条件和自然资源，主要有气候、地形和土壤。

①在气候方面，热量、光照、降水、季风等是影响农作物分布与农业发展的最

重要气候因素。动植物生长发育气候条件各异，气候条件分布地域差异明显。所以，地区农业的选择要充分考虑当地的气候因素（年降水量小于250毫米的干旱地区，除有灌溉水源外，一般不能发展农业）。

②在地形方面，由于地形区不同，农业类型也不同。平原地区地势平坦、土层深厚，有利于实现农业的水利化和机械化，适宜发展耕作业；山地地区耕作不便，且不易于水土保持，适宜发展畜牧业。山地自然条件的垂直分异，使农作物分布垂直化、多样化。

③在土壤方面，土壤是农作物生长的物质基础，土壤不同，作物各异。例如，我国东南丘陵广泛分布着酸性的红壤，适宜种植茶树等。土壤的肥沃程度对农业的影响也较大。例如，我国东北平原（黑土）、华北平原（钙质土）等地土壤肥沃，大豆单位面积产量较高。

第二，运输因子。作为生产过程在流通中的延续，运费的高低同产业区位关系最为密切。早期的工业区位论便是主要以原料和产品的运费来讨论的，使运输因素在区位论中居突出地位。随着交通新技术的发展和生产率的提高，运费虽然相对减少，但仍为考虑区位问题的重要变量。

第三，劳动力因子。一定劳动力资源是社会生产发展的保证。劳动力的数量和质量（熟练程度）的空间分布是确定产业区位的重要考虑因素。资本有机构成低的部门，其劳动力（工资）在成本中所占比例反而高。许多西方国家工业中心的变化与新地区劳动力价格便宜有关。

第四，市场因子。区位论中的市场泛指产品销售场所。这一因素对区位的影响有两个方面：市场与企业的相对位置、市场的规模和市场的结构。后者往往构成市场和城市的等级序列。

第五，集聚因子。集中和分散是产业空间布置的两个方面，区位论中简称集聚因子。

第六，社会因子。社会因子包括政治、国防、文化等的要求，它们是超经济的。其中主要包括：一是政府的干预。其包括不同制度的政府机构实行的政策。例如，资本主义下的保护关税、国有化，以军工生产刺激经济发展的政策。二是经济发展中决策者的行为。它既可能符合客观规律、促进地区经济活动的良性循环，也可能造成相反的效应。

总之，区位因子是多方面的。由于不同的历史阶段有不同的社会要求，加上研究者的角度不同，形成了各有侧重的区位理论体系。

(二) 区位论的三大派别

区位论可分为农业区位理论、工业区位理论和中心地理论 (城市区位理论) 三大派。

1. 农业区位理论

农业区位理论的创始人是德国经济学家冯·杜能，该理论也被称为"孤立国"理论。该理论从农业土地利用角度阐明了对农业生产的区位选择问题，为阐明农产品生产地到农产品消费地的距离对土地利用所产生的影响，杜能提出了著名的"孤立国"模式。该模式的结论是：市场 (城市) 周围土地的利用类型以及农业集约化程度都是随着距离带的远近发生变化的。例如，以城市为中心，画出若干不同半径的圆周，从而形成不同半径的若干个距离带 (同心圈)。在不同的同心圈里，根据产品性质、运输成本等因素生产不同的农产品，这种同心圈被称作"杜能圈"。杜能的"孤立国模式是要遵循一些假设前提的。例如：在一大片区域中只有一个国家——孤立国"；国土呈圆形范围；该区域内只有一个消费中心 (城市)，城市向周围农业地区提供工业品，农业区向城市提供农产品，排除外来竞争的可能；城郊之间只有陆路交通；各地土质气候特点完全相同；等等。杜能就是依据这些条件推导出上述结论的。

这些理论为农业布局提供了一定的指导作用。在进行农业布局时，在考虑自然条件的基础上，需要考虑市场需求、交通运输条件、劳动力等因素，但是也应该看到，在经济社会的发展中，一些理论所假定的前提条件已经发生改变，在实践中需要辩证应用。例如，随着运输条件的改善，"杜能圈"圈层的距离和范围会有所改变。近年来，环境和土地因素在农业布局中的作用日益突出。由于考虑环境污染、土地等因素，一些圈层正在外移。例如，迫于环境压力，生猪养殖由平原向山地转移，一些草食畜牧业由牧区向农区转移，等等。

2. 工业区位理论

韦伯是工业区位理论的奠基人。他运用杜能的研究方法，结合德国工业实际，对德国 1861 年以来的工业区位、人口集聚和其他工业区位问题进行了综合分析，于1909 年出版了著名的《工业区位论》。韦伯使用区位因子来决定生产区位。区位是工业区位论的核心，包括运费、劳动费、聚集因素。

韦伯理论的中心思想，就是区位因子决定生产场所，将企业吸引到生产费用最小、节约费用最大的地点。韦伯将区位因子分成适用于所有工业部门的一般区位因子和只适用于某些特定工业的特殊区位因子，如湿度对纺织工业、易腐性对食品工业。经过反复推导，确定 4 个一般区位因子：运费、劳动费、集聚和分散。他将这一过程分为三个阶段：第一阶段，假定工业生产引向最有利的运费地点，就是由运费的第一个地方区位因子勾画出各地区基础工业的区位网络(基本格局)。第二阶段，第二地方区位因子劳动费对这一网络首先产生修改作用，使工业有可能由运费最低点引向劳动费最低点。第三阶段，单一的力(凝聚力或分散力)形成的集聚或分散因子修改基本网络，有可能使工业从运费最低点趋向集中或(分散)于其他地点。

3. 中心地理论(城市区位理论)

"中心地理论"又称为城市区位理论，是由德国地理学家克里斯塔勒在1933年出版的《德国南部的中心地》一书中首先提出的，后由廖什改进。该理论主要用于研究区域中城市的数量和规模，是市场区分析方法的一个简单扩展。

继韦伯之后，克里斯塔勒从地图上的城市和居民点聚落分布入手，开始调查研究，确立了"中心地理论"的一系列原理，主要包括三角形聚落分布、六边形市场区域、等级序列、门槛人口等。他提出了城市中心地理论，认为城市具有等级序列，是一种蜂窝状的经济结构；城市的辐射范围是一个正六边形，而每一个顶点又是次一级的中心。

克里斯塔勒的区位理论是从城市或中心居民点的供应、行政、管理、交通等主要职能角度来论述城镇居民点和地域体系的，后人称之为"中心地理论"。所谓"中心地"，是指相对于一个区域而言的中心点，不是一般泛指的城镇或居民点。更确切地说，是指区域内向其周围地域的居民点居民提供各种货物和服务的中心城市或中心居民点。

克里斯塔勒"中心地理论"的概念建立分三个步骤：一是根据已有的区位理论，确定个别经贸活动的市场半径；二是引进空间组合概念，形成一个多中心商业网络；三是将各种经贸活动(工业区位、城市、交通线等)的集聚纳入一套多中心网络的等级序列中去。

克里斯塔勒的"中心地理论"是以古典区位论的静态局部均衡理论为基础，进而探讨静态一般均衡的一种区位理论，为以后动态一般均衡理论开辟了道路。近年来，克里斯塔勒的区位理论在规划实践中得到了较为广泛的应用，理论本身也获得了进一步发展。由于不能解释"中心地"格局的内在形成机理，理论本身仍然具有一定的缺陷，但这并不妨碍该理论的独到光芒。

(三) 与土地开发整理的相互关系

土地开发整理实践应当以区位理论为指导，合理地确定土地利用的方向和结构。根据区域发展的需要，将一定数量的土地资源科学地分配给农业、工业、交通运输业等部门，以谋求在一定量投入的情况下获得尽可能高的产出。在具体组织时，不仅要依据地段的地形、气候、土壤、水利、交通等条件状况来确定宜作农业、工业、交通、建筑、水利等用地，而且要从分析土地利用的经济关系入手，探讨土地利用的最佳空间结构。

例如，在进行土地开发整理项目区选址时，不同区位会引起土地级差收益的相应变化。决策者必须充分考虑区位因素对土地利用布局和土地开发整理方面经济、社会、生态效益的影响，在选择时应该尽量发挥项目区的区位优势。例如，在城乡交错带与农村腹地进行土地开发整理，就存在明显的区位差异。城乡交错带是联系城市与农村的重要通道，具有明显的区位优势。它不仅交通便利，各项服务配套设施齐全，而且具有农村土地空间开阔、土地肥沃、环境适宜等优点，在这里进行土地开发整理，就应该多布置一些需求量大、不易保鲜的蔬菜类产品生产基地。在农村腹地，距离城市中心较远，受到各项经济条件的限制，在这里进行土地开发整理时，则主要以种植传统粮食作物为主，发展粮食生产基地。

总之，依据区位理论可有效地解决如何确定土地资源在各用途、各部门之间的分配，优化土地利用结构，制定合理用地的政策和规划，确定土地的质量等级以及确定不同位置地段的差额税率等问题。

八、系统工程论

(一) 系统工程论概述

1. 系统工程论的出现

所谓系统就是由相互作用和相互依赖的若干元素组合起来的具有某种特定功能的有机整体，而且它本身又是它所从属的一个更大系统的组成部分。

系统思想虽然源远流长，但作为一门科学的系统论，人们公认其是美籍奥地利人、理论生物学家 L.V. 贝塔朗菲创立的。他于 1952 年提出了系统论的思想。1973年，他提出了一般系统论原理，奠定了这门科学的理论基础。确立这门科学学术地位的是 1968 年贝塔朗菲发表的专著《一般系统理论——基础、发展和应用》。该书被公认是系统科学的代表作。

系统工程论是根据总体协调的需要，综合应用自然科学和社会科学中有关的思想、理论和方法，利用电子计算机作为工具，对系统的结构、要素、信息和反馈等进行分析，以达到最优规划、最优设计、最优管理和最优控制的目的。其研究对象不限定于特定的工程物质对象，任何一种物质系统或概念系统都可以作为它的研究对象。

如今，系统工程论已开始渗透到社会、经济、自然等各个方面，如能源、军事、交通、经济、环境等领域，成为研究复杂系统的一种行之有效的技术手段。

2. 系统工程论的基本特点

系统工程论的基本特点包括以下内容。

第一，研究方法上的整体化。不仅要把研究对象看作一个系统整体，而且要把研究过程看作一个整体，从整体协调的需要上研究局部问题，并选择优化方案，综合评价系统的效果。

第二，综合应用各种科学技术。复杂系统都是一个技术综合体，要从系统的总体目标出发，综合运用各种科学技术，并使它们协调配合，以达到系统整体的优化。

第三，管理的科学化。只有通过科学的管理，才能充分发挥生产技术的效能。

3. 霍尔三维结构

1969年，美国通信工程师和系统工程专家霍尔提出了一种至今仍影响巨大的霍尔三维结构理论。它以时间维、逻辑维、知识维组成的立体空间结构来概括地表示了系统工程的各阶段、各步骤以及所涉及的知识范围。也就是说，它将系统工程活动分为前后紧密相连的七个阶段和七个步骤，并时时考虑到为完成各阶段、各步骤所需的各种专业知识，为解决复杂的系统问题提供了一个统一的思想方法。

（1）逻辑维

运用系统工程方法解决某一大型工程项目时，一般可分为以下七个步骤。

第一，明确问题。通过系统调查，尽量全面地搜集有关的资料和数据，把问题讲清楚。

第二，系统指标设计。选择具体的评价系统功能的指标，以利于衡量所供选择的系统方案。

第三，系统方案综合。主要是按照问题的性质和总的功能要求，形成一组可供选择的系统方案，方案中要明确待选系统的结构和相应的参数。所谓方案，是指按照问题的性质和总的功能要求形成的一组可供选择的系统方案。

第四，系统分析。系统分析即分析系统方案的性能、特点、预定任务能实现的程度以及在评价目标体系上的优劣次序。

第五，系统选择。在一定的约束条件下，从各入选方案中选择出最佳方案。

第六，决策。在分析、评价和优化的基础上做出裁决并选定行动方案。

第七，实施计划。实施计划就是根据最终选定的方案将系统付诸实施。

以上七个步骤的先后顺序并无严格要求，而且往往要反复多次才能得到满意的结果。

（2）时间维

对于一个具体的工作项目，从制定规划开始，一直到更新为止，全部过程可分为七个阶段：一是规划阶段。调研、程序设计阶段，目的在于谋求活动的规划与战略。二是拟订方案。提出具体的计划方案。三是研制阶段。做出研制方案及生产计划。四是生产阶段。生产出系统的零部件及整个系统，并提出安装计划。五是安装阶段。将系统安装完毕，并完成系统的运行计划。六是运行阶段。系统按照预期的用途开展服务。七是更新阶段。为了提高系统功能，以新系统代替旧系统或改进原有系统，使之更加有效地工作。

（3）知识维

系统工程除要求为完成上述各步骤、各阶段所需的某些共性知识，还需要其他学科的知识和各种专业技术。霍尔把这些知识分为工程、医药、建筑、商业、法律、管理、社会科学和艺术等。各类系统工程，如军事系统工程、经济系统工程、信息系统工程等，都需要使用其他相应的专业基础知识。

（二）与土地开发整理的相互关系

系统工程的理论和方法在土地利用规划中有着广泛的应用。在系统工程中可将系统的处理分为系统分析、系统综合、系统决策和系统实施四大阶段。依据这一思想就可以在进行土地开发整理规划设计时，首先确定一定区域土地利用系统的一种或几种状态，同时借助模型制定可能的行动路线，以提供多种选择。该方法克服了传统规划方法使规划陷于某远景年的静止状态以致缺乏弹性、难以实施的缺点，其次特别注重实施规划采取的途径和措施，强调行动路线，并在实施过程中通过不断调整方案，使规划方案与现实目标结合起来，具有动态性。应用系统思想和系统工程的这些方法，有助于我们更好地理解和运用现代规划思想，摒弃传统规划思想不合理的地方，科学、合理地编制土地开发整理规划。

九、土地生态经济系统理论

（一）生态经济学概述

1. 生态经济学的产生

生态学是由德国动物学家恩斯特·海克尔于 1866 年首先提出的，比生态经济学的出现大约早一个世纪。英国生态学家阿·乔·坦斯利提出的生态系统学极大地丰富了生态学的内容，为后来生态经济学的产生奠定了自然科学方面的理论基础。

20 世纪 50 年代后期，美国经济学家肯尼斯·鲍尔丁在他的重要论文《一门科学——生态经济学》中正式提出了"生态经济学"的概念。在这篇文章中，作者对利用市场机制控制人口和调节消费品的分配、资源的合理利用、环境污染以及用国内生产总值衡量人类福利的缺陷等进行了有创见性的论述。自鲍尔丁创立生态经济学概念以来，出现了一大批生态经济学著作，如英国学者爱德华·哥尔德史密斯的《生存的蓝图》、法国学者加博的《跨越浪费的时代》等。经济是地球生态系统的一部分，只有调整经济使之与生态系统相适合，经济才能持续发展。

生态经济学的另一个重要来源是古今的自然论经济思想。从古希腊思想，中国的道家、儒家思想到法国自然论经济学派，后经过亚当·斯密的改造成为一种自发的市场秩序，从而过渡为一种自由主义经济思想。

2. 生态经济学的含义

生态经济学是一门跨社会科学（经济学）与自然科学（生态学）的边缘学科，也就是研究再生产过程中经济系统与生态系统之间物质循环、能量转化和价值增值规律及其应用的科学。

生态环境已经从单纯自然意义上的人类生存要素转变为社会意义上的经济要素。这包含两层含义：一是符合人类生活需要的良好生态环境已经短缺，拥有良好的环境已经成为人们追求幸福的目标之一；二是自然生态环境对于废弃物的吸纳能力已经或将要接近饱和，局部地区甚至已经超载，继续利用它进行生产就必须能生产出新的环境容量，因而需要投入资金进行建设（生态恢复和污染治理）。良好的生态环境已成为劳动的产品。换句话说，良好的生态环境已经具有二重特征，即从生活的角度看是目标，从生产的角度看已经变成生产要素和条件。

3. 生态与经济的关系

一个时期以来，生态和经济孰重孰轻、谁先谁后的问题始终处于争论之中。肯尼斯·鲍尔丁虽提出了"生态经济学"的概念，但对于生态与经济的摆位并没有做出十分明晰的规定。20世纪70年代以来，出现了几种经济模式：第一种是以摒弃经济发展来保护生态环境的原始生态经济模式；第二种是以牺牲生态环境来实现经济发展的传统生态经济模式；第三种是以限制资源消费和放慢经济增长来求得人类社会与经济的持续稳定增长的现实生态经济模式。这三种具体形态在本质上都属于消长互换型的，都不能很好地体现生态与经济的内在联系。我们真正寻求的是一条既不为加速经济发展而牺牲生态环境，也不为单纯保护生态而放弃经济发展的路子；既要按照经济规律搞好建设，又要遵循生态规律搞好开发；既为当代人创建一流的生态环境和生存质量，又不损害后代人满足其自身需要的能力。

我们所说的生态经济就是在经济和环境协调发展思想指导下，按照生态学原理、市场经济理论和系统工程方法，运用现代科学技术，形成生态学和经济上的两个良性循环，实现经济、社会、资源环境协调发展的现代经济体系。其本质就是把经济发展建立在生态可承受的基础上，在保证自然再生产的前提下扩大经济的再生产，形成产业结构优化、经济布局合理，资源更新和环境承载能力不断提高，经济实力不断增强，集约、高效、持续、健康的社会—经济自然生态系统。其组成要素包括四个方面：一是人口要素。这是构成生产力要素和体现经济关系与社会关系的生命实体，处于主体地位。二是环境要素。该要素包括除人以外的、包含各种有生命和无生命物质的空间。三是资源要素。该要素包括自然资源、经济资源和社会资源。四是科技要素。这四个要素要合理配置和组合，才能达到经济社会的可持续发展。

（二）土地生态经济系统概述

1. 土地生态经济系统的含义

历史发展到今天，土地利用不再仅仅是自然技术问题和社会经济问题，更是一个资源合理利用和环境保护的生态经济问题，同时其承受着客观存在的自然、经济和生态规律的制约。人类利用土地资源时必须有整体观念、全局观念和系统观念，要考虑到土地资源内部和外部的各种相互关系，不能只考虑对土地的利用而忽视土地利用对系统内其他要素和周围环境的不利影响。于是，在这样的背景下出现了土地生态经济系统的概念。所谓土地生态经济系统，是指由土地生态系统与土地经济系统在特定的地域空间里耦合而成的生态经济复合系统。马克思曾说过："土地是一切生产和一切存在的源泉"。作为生态系统，土地是地球生态系统的基础和核心。作为社会经济系统，土地是重要的、不可替代的生产资料。无论是劳动力的再生产，还是生物的自然再生产及作为商品交换的经济再生产，都在直接或间接地利用着土地。土地生态经济系统运行的四大要素——物流、能流、价值流和信息流，都是在土地及其所提供的空间里运行的。掌握了生态经济学原理，就能有效地运用能流、物流，从而达到既有利于生态的良性循环，又取得越来越好经济效益的目的。

2. 土地生态经济系统的三个基本规律

由于人类的经济活动必须在一定的土地自然空间中进行，并且依附于土地生态资源的供给和接纳，这就使得一般人类经济活动可以直接进入土地生态系统。这里的土地生态系统实际上已不是天然的土地生态系统，而是一个由于接纳了人类劳动而建立的人工土地生态系统和人工经济系统的复合体。在这个复合体中，人类的劳动力和土地的自然力实行不同程度的有机结合。土地自然生产力和自然生态演替与土地的经济力创新及人类社会的演替也实现了有机的结合。在研究土地生态经济系统时，我们必须遵循以下三个基本规律。

第一，土地经济系统的运行和土地生态系统的运动是交织在一起的，人类的一切经济活动都不能脱离土地生态系统独立进行，而必须考虑土地生态系统提供条件的可能性和对生态系统产生的影响。因此，人类的经济活动和土地生态系统的运动必须统一起来。

第二，在土地生态经济复合系统中，土地生态系统的运动是土地经济系统运动的基础；而土地经济系统运转所需的物质和能量，最终都取决于土地生态系统。

第三，人是土地生态经济系统的主宰。人类在生态系统中居于一般生物的地位，而在土地生态经济系统中则居于主宰地位，并且有改造土地生态系统的能力。

(三) 与土地开发整理的相互关系

人类可以通过自己的劳动能动地调节土地经济系统和土地生态系统的关系，使两者协调发展。在编制土地开发整理规划时，要遵循土地生态经济系统的规律和特点，使土地开发整理工作有利于保护和提高生产力，降低生产风险，稳定土地产出，保护自然资源，防止土壤与水质退化。

土地的定价不能只从传统经济学的角度考虑，而应具有"绿色"的思想，即注重土地生态环境的保护和保持自然生态平衡不被破坏，在进行土地开发与经营的过程中，应坚持环境经济一体化的战略方针，维护人类社会长远利益和长久发展，保证土地资源的可持续利用。

第三节　土地开发整理规划

一、土地开发整理规划综述

(一) 规划的含义

一般认为，规划是对客观事物未来的发展所做的安排，是比较遥远的分阶段实现的计划。在汉语中，"规划"一词有两层含义：一是作为活动的意思；二是作为活动成果的意思。在使用后一种含义时有时称其为"规划方案"，以示其与前者的区别。

规划作为一项活动已有几千年的历史，但其系统理论的出现则是近百年的事。20 世纪中期，由于人类面临的经济、社会、环境等问题日益纷繁复杂，不合理开发利用自然资源的后果日益严重，规划由此受到世界各国前所未有的重视，得到全面的发展。目前，经济规划、社会规划、环境规划、资源规划等在各国的政府工作中已占有重要地位。另外，在企业的经营管理中，规划也是必不可少的手段。

随着规划活动的扩大，人们对规划内涵的认识也在不断加深。过去一提到规划，人们自然就会想到规划师绘出的蓝图。这个蓝图将想要实施的事物的各个细节都描绘得清清楚楚，但对如何实现这个蓝图，却往往考虑不多。实际上，由于客观条件处在不断地发展变化之中，要原原本本地实施蓝图几乎是不可能的。人们在实践中逐渐认识到，规划不是绘制一张事物未来发展的蓝图，而是确定事物未来发展的目标，并安排实现目标的行动和措施。规划不是静态的时点行为，而是一个向着预定目标不断实践的过程。

概括来说，规划是确定事物未来发展目标和为实现该目标而预先安排行动步骤并不断付诸实践的过程。

(二) 土地利用规划概述

1. 土地利用规划的含义

土地利用规划是国家为实现土地资源优化配置和土地可持续利用、保障社会经济的可持续发展，在一定区域、一定时期内对土地利用所进行的统筹安排和制定的调控措施。

土地利用规划是一种空间规划。因为土地有不可移动的特点，在土地利用规划中需要对各种土地用途的空间布局做出安排。土地利用规划又是一种长期计划，它需要对5~15年或更长时期内可能出现的土地利用变化进行考虑，并做出长期安排。

2. 土地利用规划的类型

从我国现阶段土地利用规划的实践出发，可以将土地利用规划划分为土地利用总体规划、土地利用专项规划和土地利用规划设计几种类型。

(1) 土地利用总体规划

它是在一定区域内，根据国家社会经济可持续发展的要求和自然、经济、社会条件，对土地的开发、利用、治理和保护，在空间上、时间上所做的总体安排和布局。其特点是：

一是强制性。由各级人民政府组织编制，由上而下控制，具有法定效力。

二是整体性。以辖区内全部土地为对象，规划内容包括土地开发、利用、整治和保护各方面。

三是战略性。解决土地利用的发展方向、目标、规模和布局等重大问题。

四是长远性。其属于长期规划，规划期限一般是10~20年。

(2) 土地利用专项规划

它是指在一定区域范围内，为了解决某个特定的土地利用问题时在空间上和时间上所做的安排，如基本农田保护规划、土地开发整理规划等。

与土地利用总体规划相比，土地利用专项规划具有针对性、专一性和从属性的特点。其组织编制单位可以是政府，也可以是土地行政主管部门；其规划范围可以是一个行政区，也可以是行政区内的一个地域。

（3）土地利用规划设计

它是指为了实施某个具体的土地开发整理项目或建设项目，合理利用土地和提高土地利用效益，对项目用地内部的详细安排和对配套设施的布置和设计。

土地利用规划设计具有微观性和地方性。其范围一般比较小，直接服务于具体项目；其规划设计单位可以是政府部门，也可以是具有规划设计资质的企事业单位；其安排和设计要依据土地利用总体规划、专项规划和有关法规、规章、技术规范，同时要从当地实际出发，因地制宜地进行。

3. 土地开发整理规划概述

（1）土地开发整理规划的定义及作用

土地开发整理规划是根据国民经济和社会发展的需要及土地资源特点与利用状况，在土地利用总体规划的指导下，通过对一定区域内自然、社会、经济条件的综合分析和土地开发整理潜力的调查评价，制定土地开发整理目标，划分土地开发整理区域，明确土地开发整理重点，落实土地开发整理项目，指导土地开发整理活动所做的总体安排。

土地开发整理规划的作用是：一是土地开发整理规划是实现土地利用总体规划的重要措施；二是土地开发整理规划可以有计划地实现耕地总量动态平衡；三是土地开发整理规划能够有效规范土地开发整理活动。

（2）土地开发整理规划的特点

土地开发整理规划有如下特点。

第一，土地开发整理规划属于土地利用专项规划。土地开发整理规划是为充分挖掘土地利用潜力，提高土地利用效率，改变土地生态环境，促进土地资源可持续利用而采取的开发、利用、整治与保护相结合的综合措施。它与土地利用总体规划的区别是：土地利用总体规划的对象是一定区域内的全部土地资源，而土地开发整理规划的对象主要是利用效率不高或暂时没有开发的土地。因此，从规划的对象、解决问题的性质来看，土地开发整理规划属于土地利用规划体系中的专项规划。

第二，土地开发整理规划是土地利用总体规划的深化与完善。土地开发整理规划虽然属于专项规划，具有一定的独立性，但是它是以土地利用总体规划为指导的，是实现土地利用总体规划目标的重要手段。首先，土地开发整理规划对土地利用总体规划确定的土地开发整理内容进行深化、补充和完善；其次，土地开发整理规划通过确定土地开发整理项目的位置、范围、类型、规模、建设时序等，使土地利用总体规划制定的土地开发、土地整理和土地复垦目标得到具体落实。可以说，土地开发整理规划是土地利用总体规划的延伸，是总体规划的深化、细化。

土地开发整理规划的手段灵活，但弹性较小。我国地域广阔，土地利用的自然、社会、经济条件差异较大，土地开发整理规划的对象、目标和特点也会有所差异，因而必须采取灵活的手段，才能更切合实际地搞好规划。

尽管不同区域可以采取灵活多样的土地开发整理措施，但是土地开发整理规划本身的弹性是较小的。首先，土地开发整理规划的主要目标和内容是由土地利用总体规划制定的，必须与总体规划相衔接；其次，在土地开发整理区的划分、项目的选定和建设占用耕地指标任务的安排上，还受到农业、水利、交通、电力、城镇、林业、水土保持等相关部门规划的制约，必须与这些规划相协调。

（3）土地开发整理规划的指导思想

编制土地开发整理规划要以土地利用总体规划和有关法律、法规、政策为依据，认真贯彻"十分珍惜、合理利用土地和切实保护耕地"的基本国策和"在保护中开发、在开发中保护"的方针；要以挖潜内涵为重点，充分发挥市场机制的作用，依靠科技进步和制度创新，提高土地开发整理的水平；要遵循经济、社会和生态效益相统一的原则，坚持以增加农用地，特别是耕地面积，提高耕地质量，改变生态环境为目的，确保土地利用总体规划目标的实现。

（4）土地开发整理规划的总体目标

土地开发整理规划的总体目标是全面提高土地资源利用效率，为实现经济社会可持续发展提供土地保障。具体可以分为以下几个方面。

第一，服务和服从于经济建设这个中心，保障经济发展的用地需求；第二，落实土地利用总体规划的目标任务，实现规划期内耕地总量动态平衡；第三，全面、有序开展土地开发整理，有效复垦、利用工矿废弃地，并在保护和改善生态环境的前提下，使农业未用地得到适度开发；第四，促进土地资源的可持续利用，全面提高土地资源利用效率。

（5）土地开发整理规划的编制原则

在坚持土地开发整理规划指导思想的前提下，规划编制应遵循下列原则：第一，依据有关法律、法规、政策和土地利用总体规划；第二，上下结合，与相关规划相协调；第三，保护和改善生态环境，使经济、社会和生态效益相统一；第四，因地制宜，统筹安排，切实可行；第五，在多方案比较的基础上确定规划方案；第六，政府决策和公众参与相结合。

4. 土地开发整理规划的编制程序

（1）准备工作

成立领导小组负责审定工作计划，落实编制经费，协调与相关部门的关系，解决规划中的重大问题，审查规划方案，等等。组建编制小组负责土地开发整理规划编制的具体工作，特别是规划中的技术问题。同时，在编制土地开发整理规划前，应对有关人员进行相关法律、法规、政策和专业技能培训。

(2) 调查分析

从总体上讲，调查分析应在充分利用土地利用现状调查、土地变更调查和耕地后备资源调查等现有资料，进行必要的核实整理与补充调查的基础上，对土地开发整理现状、潜力、投入和效益进行全面分析和评价，明确其存在的问题。调查分析主要包括基础资料的收集与整理、补充调查和分析评价三部分工作。

资料收集齐全后，要对所收集的资料的合法性、真实性和有效性进行审核，并按其类别、性质进行整理。同时根据规划工作的需要，还可以开展以土地开发整理潜力为重点的补充调查。

在对资料进行整理和分析之后，就可以了解开展土地开发整理的有利条件与不利因素，评价和测算土地开发整理潜力的类型、级别、数量和分布，并进行土地供需状况分析。

(3) 拟订规划供选方案

在调查分析的基础上，提出土地开发整理的初步规划目标，并按照不同的技术、经济和政策条件，拟定若干规划供选方案。

(4) 协调论证

在多方案论证和与相关规划衔接的基础上，通过充分协调、上下反馈，修正初步目标，相应调整规划方案，提出一个科学合理、切实可行、综合效益好的方案作为规划推广方案。

(5) 确定规划方案

规划推荐方案应广泛征求有关部门、专家和公众意见，修改完善后，经规划领导小组审定，形成规划方案。

(6) 规划评审

为保证土地开发整理规划成果质量，上一级土地行政主管部门应对规划成果进行评审，通过评审，应对规划成果做出评审结论，提出修改补充意见。规划成果根据评审意见修改完善后，按照有关规定上报审批。

5. 土地开发整理规划成果

土地开发整理规划成果包括规划文本、规划图件、规划说明和规划附件。

(1) 规划文本

规划文本主要包括如下内容。

第一，前言。阐述规划的目的、任务、主要依据和规划期限。

第二，概况。简述土地开发整理区的自然、经济、社会条件和土地利用现状。

第三，土地开发整理潜力。阐明土地开发整理的类型、数量、分布和开发前景。

第四，目标和方针。阐明近、远期土地开发整理目标和方针。

第五，总体安排、划区与项目落实。阐明土地开发整理的总体安排、土地开发整理区的划分和项目具体落实情况。

第六，预期投资与效益评价。估算土地开发整理的投资规模，评价经济、社会、生态效益。

第七，实施规划的保障措施。阐明保障规划实施的行政、经济、技术以及土地权属调整等措施。

第八，文本附表。

（2）规划图件

土地开发整理规划图件主要包括土地开发整理潜力分布图（耕地整理潜力分布图、农村居民点整理潜力分布图、土地复垦潜力分布图、土地开发潜力分布图）、土地开发整理规划图、土地开发整理项目图集等。

（3）规划说明

规划说明主要包括如下内容。

第一，编制规划的简要过程；第二，规划基础数据的来源；第三，规划编制原则和指导思想；第四，土地开发整理目标、总体安排的确定依据，土地开发整理区划分和项目选择的原则、方法；第五，规划目标与方案的论证、比较；第六，规划中不同意见的处理。

（4）规划附件

规划附件主要包括如下内容。

第一，调查研究规划编制过程中形成的专题；第二，在规划编制过程中收集的各种重要的文字报表和图件，有关的法规文件、规程、标准等基础资料；第三，规划的组织、参加人员的工作体会和建议等工作报告。

6.土地开发整理规划的内容

（1）规划目标

第一，内涵。土地开发整理规划目标是指为满足经济社会可持续发展对土地资源的需求，在规划期间通过土地开发整理所要达到的特定目的，主要包括规划期内土地整理、土地复垦、土地开发的规模及增加耕地和其他用地的面积。

第二，确定规划目标的步骤。确定规划目标的步骤如下：一是提出初步规划目标。初步规划目标必须在依据国民经济和社会发展、土地利用总体规划和生态建设与环境保护等的要求和明确土地开发整理潜力的基础上提出。二是对初步规划目标进行可行性论证。对初步规划目标进行可行性论证，主要是分析影响土地开发整理规划目标实现的各种因素，包括规划期间补充耕地及各类用地的需求量、土地开发整理可提供的用地量、投资能力等。

第三，确定规划目标。根据论证结果，经过上下反馈、充分协调和修改完善，由规划领导小组审核确定规划目标。

第四，总体安排。依据土地开发整理供需分析和所要达到的规划目标，在与上级规划充分协调的基础上，落实规划期间土地开发、土地整理、土地复垦的规模以及整理后可补充耕地、其他农用地、建设用地的数量，并将这些指标分解到下级行政区域。

（2）土地开发整理分区

第一，分区目的。土地开发整理分区是为规范土地开发整理活动和引导投资方向，在规划期内有针对性地安排土地开发整理项目而划定的区域。

土地开发整理分区一般适用于县级土地开发整理规划，其目的是明确各区土地开发整理的方向和重点，分类指导土地开发整理活动，引导投资方向，为安排项目提供依据，因地制宜地制定土地开发整理措施。

第二，区域类型。区域类型包括以下几种。

一是土地整理去。土地整理区是指以开展耕地整理、农村居民点整理、其他农用地整理等活动，安排土地整理项目为主的区域。

二是土地复垦区。土地复垦区是指以开展土地复垦活动、安排土地复垦项目为主的区域。

三是土地开发区。土地开发区是指以开展土地开发活动、安排土地开发项目为主的区域。

四是土地开发整理综合区。土地开发整理综合区是指包括上述两种或两种以上，且难以区分活动主次关系的区域。

（3）划区原则

划定土地开发整理区应遵循以下原则。

一是土地开发整理潜力大小与潜力类型是确定土地开发整理区类型、规模、位置、整理目标与整理时间的主要依据。土地开发整理区最好选择在土地开发整理潜力较大、分布相对集中的地区。

二是土地开发整理区界限要尽量结合自然地形，同时尽可能兼顾行政管理界限，如乡界、村界，以避免权属纠纷。

三是土地开发整理区的划定要有利于集约利用土地，有利于提高土地质量，有利于土地适度规模经营。

四是土地开发整理区的划定要注重景观和生态保护,有利于改善生产条件和生态环境,提高农村现代化水平。

(4)重点区域与重点工程

第一,重点区域。重点区域是指在土地开发整理潜力调查、分析和评价的基础上,为统筹安排省域内耕地及各类农用地储备资源的开发利用、引导土地开发整理方向,实现土地开发整理长远目标所划定的区域。

划定重点区域应遵循以下原则:一是土地开发整理潜力较大,分布相对集中;二是土地开发整理基础条件较好;三是有利于保护和改善区域生态环境;四是原则上不打破县级行政区域界线。

第二,重点工程。重点工程是指在划定重点区域的基础上,围绕实现规划目标和形成土地开发整理规模,以落实重点区域内土地开发整理任务,或解决重大的能源、交通、水利等基础设施建设和流域开发治理、生态环境建设等国土整治活动中出现的土地利用问题为目的,所采取的有效引导土地开发整理活动的组织形式。重点工程可以跨若干重点区域,一般通过土地开发整理项目实施。

重点工程应具有以下特点:①土地开发整理规模较大;②对实现规划目标起支撑作用;③在解决基础设施建设、流域开发治理、生态环境建设等引起的土地利用问题中发挥主导作用;④预期投资效益较好;⑤能够明显改善区域生态环境。

(5)土地开发整理项目

第一,项目与项目类型。此项目一般是指在土地开发整理区内安排的,在规划期内组织实施的,具有明确的建设范围、建设期限和建设目标的土地开发整理任务。

土地开发整理项目可分为土地整理项目(包括耕地整理项目、其他农用地整理项目、农村居民点整理项目)、土地复耕项目和土地开发项目。为了便于实施和管理,项目一般要按照相对单一的活动类型划分,项目的具体名称可在此基础上根据各地实际情况确定。

第二,项目选定的原则。土地开发整理项目的选定应遵循以下原则。

一是以土地开发整理潜力评价结果为基础,注重生态环境影响;二是集中连片且具有一定规模;三是具有较好的基础设施条件;四是具有示范意义和良好的社会经济效益;五是地方政府和公众积极性高,资金来源可靠;六是项目建设期一般不超过3年(农村居民点整理项目除外)。

第三,项目选定的步骤。项目选定的步骤如下:一是根据土地开发整理潜力分析、划区结果和规划目标,初步提出项目类型、范围与规模;二是进行实地考察,邀请当地干部、群众座谈,分析项目实施的可行性;三是与有关部门协商,进行综合评价;四是确定项目的边界线,量算面积;五是进行项目汇总,编绘项目图集。

第四，安排项目时应注意的问题。安排项目时应注意的问题有：一要体现以土地整理、土地复垦为主，适度开发的原则；二要兼顾不同类型项目增加耕地潜力与实现规划目标的关系；三要考虑不同类型项目的投资要求水平与筹资能力的关系；四要所有项目的完成对实现规划目标起支撑作用，一般占规划目标的80%左右。

第五，投资与效益。投资方效益包含以下三个方面的内容。

一是投资估算。投资估算的目的主要是预测实现规划目标所需的总投资和各项目的投资额。测算典型项目单位面积投资量。分地貌类型和项目性质在本地区或类似地域选择已经完成的典型项目的决算材料，分别测算出典型项目单位面积投资量。

根据典型项目与规划确定的各个项目在地形、地貌、基础设施（水、电、路）、交通条件、物价水平、劳动力价格等方面的差异，先对项目单位面积投资标准进行修正，再根据项目规模计算出项目投资量。

二是筹资渠道分析。在进行筹资渠道分析之前，应对筹资环境进行初步分析。筹资环境分析主要包括社会经济发展水平、基础设施状况、发展前景的分析，以及土地利用的经济、社会、生态效益对筹资的影响和回报以及投资收益的可行性论证等。

目前，土地开发整理涉及的资金筹集渠道主要有新增建设用地土地有偿使用费、耕地开垦费、土地复垦费、耕地占用税、农发基金、新菜地开发建设基金等来自土地方面的资金，以及企业和个人投资、农民个人以工代赈、其他投资等。

三是效益评价。效益评价包括：①经济效益评价。重点是对土地开发整理的投入产出进行分析。一般采用静态分析法，主要测算投入量、预期净产出和投资回收期等。②社会效益评价。它是衡量社会可持续发展的重要指标，可从土地开发整理后增加耕地对扩大农村剩余劳动力就业、降低生产成本、增加农民收入、土地经营规模化和集约化、改善农业生产和农民生活条件、促进农村现代化建设等方面，选择适当的评价指标，采用定性与定量相结合的方法进行评价。③环境效益评价。它是衡量土地可持续利用的重要指标，其分析内容为评估土地开发整理实施后，通过疏浚河道、兴修水利、植树造林等增加森林覆盖率，治理水土流失地区，增强洪涝灾害抗御能力，优化生态结构，改善生态环境所取得的效益。目前，其大多采用定量分析与定性分析相结合的方法进行评价。

二、土地开发整理潜力

(一) 土地开发整理潜力的含义

土地开发整理潜力是指在一定生产力水平下，针对一定区域范围内某种特定的土地用途，通过采取工程、生物和技术措施，所能增加可利用土地面积、提高土地质量、降低土地利用成本的程度。它是土地开发整理规划的重点。

通常，土地开发整理潜力是土地开发潜力、土地整理潜力和土地复垦潜力的统称。针对我国开展土地开发整理规划的特殊背景，土地开发潜力是指在一定的经济、技术和生态环境条件下，未利用地适宜开发利用为耕地及其他农用地的面积；土地整理潜力是指对现有集中连片的耕地区域和分散的农村居民点，进行田、水、路、林、村综合整治，提高土地利用效率，可增加的有效耕地及其他农用地面积；土地复垦潜力是指对在生产建设过程中因挖损、塌陷、压占和各种污染以及自然灾害等造成破坏、废弃的土地，通过采取整治措施，使其恢复利用和经营，可增加的耕地及其他农用地面积。

(二) 土地开发整理潜力的特征

土地开发整理潜力的特征主要有。

第一，针对性。土地开发整理潜力总是针对某一确定的土地用途而言的。离开了潜力的对象，就无从谈潜力。

第二，地域性。土地开发整理潜力的大小应是针对一定的地域范围而言的，如全国土地开发整理潜力、全县土地开发整理潜力等。没有具体的地域范围，就无法进行潜力的比较。

第三，相对性。土地开发整理潜力是一个具有大小或等级的概念，潜力本身就是相对而言的。

第四，多样性。由于对"潜力"含义的理解不同，其表达的指标也是多样的。归纳起来潜力应是质与量的统一。评价潜力时，既可用单一指标评价法，也可用多指标综合评价法。

第五，复杂性。不论是表达"潜力"的单一指标，还是综合指标，其影响因素都是众多且复杂的。

第六，时限性。土地开发整理潜力总是相对某一时点或可预测时段内的生产力水平而言的。生产力水平越高，人们利用土地的技术能力越强，潜力就越大；反之，则越小。

(三) 土地开发整理潜力调查与评价

土地开发整理潜力调查方法、内容与潜力评价方法、评价指标体系是相互关联的，不同类型潜力的评价方法、评价指标不同，其潜力调查的方法、内容也就不同。因此，必须根据不同的潜力类型，选择不同的评价方法和评价指标，确定相应的潜力调查方式和内容。

1.耕地整理潜力

(1) 评价方法

由于影响耕地整理潜力的因素具有多样性和复杂性，因此评价耕地整理潜力的方法也是多种多样的。进行耕地整理潜力评价既可以采用单一指标评价法，也可以采用多指标综合评价法。

单一指标评价法具有简单、适用、便于操作的特点，但难以体现潜力的综合特性；多指标综合评价法虽反映了潜力的综合特性，但在指标的选取、量化、权重的确定上受人为影响较大，程序上也较烦琐。

(2) 评价指标

耕地整理潜力是指通过综合整治耕地及其间的道路、沟壑、田埂、坟地、零星建设用地和未利用地等，提高耕地质量，增加有效耕地面积。从耕地整理潜力的含义可以看出，耕地整理的对象包括三个方面：一是利用率较低的耕地，表现为地块规模小、分布散乱，中间夹杂分布着较多的其他闲散地；二是产出率较低的耕地，表现为单位面积的产出量低；三是利用率和产出率都较低的土地，从理论上讲，这是最值得整理的对象。

耕地整理潜力评价指标的选择首先应考虑其潜力具有"质"与"量"的双重性；其次应考虑耕地整理的最终目的是提高耕地的生产能力、增加产出量；最后，应考虑理论潜力与现实潜力的差别。从理论潜力转化为现实潜力需要一定的支持条件，如资金条件、技术能力、生态适应性等。可以说，耕地整理潜力是多因素综合影响的结果，建立评价指标体系是耕地整理潜力评价的前提。

在现实的土地整理项目运作过程中，项目立项规模相对来说是最容易满足的，因此非有效耕地比例而是耕地整理潜力"量"的决定性因素。耕地产出的预期提高幅度虽然是整理后耕地质量的外在表现，但它与土地利用的实际投入有很大的关系，因此一般只适宜作评价耕地整理潜力等级的辅助性分析因素。

(3) 调查内容

耕地整理潜力的调查内容与其潜力评价指标和评价方法有关。在采用单一指标评价法时，只需直接调查该指标的影响因子；在采用多指标综合评价方法时，调整的内容相对复杂，就需要体现潜力的"数量"与"质量"双重特征。

(4) 调查方法

县级土地开发整理规划中的耕地整理潜力调查可以采用下列两种方法之一，有条件的地方也可同时采用两种方法并进行相互校核。

第一，以乡镇为单位，分村采用实地抽样调查与问卷调查相结合的形式进行调查。

第二，以乡镇为单位，按集中连片耕地的总体坡度分别选取典型样区进行实地调查。典型样区面积应不小于该乡镇此类型耕地面积的2%。

（5）潜力分级

耕地整理潜力分级首先应考虑规划的层次。省级土地开发整理规划一般以县（区、市）为分级单元较为适宜。县级土地开发整理规划则以乡（镇）为分级单元较为合适。有条件的地方，分级单元可以更小一些。潜力级别的划分应根据各分级单元的个数和潜力的差异幅度确定。潜力级别一般以不少于3个级别为宜。

2.农村居民点整理潜力

（1）农村居民点整理潜力的内涵

农村居民点整理潜力主要是指通过对现有农村居民点改造、迁村并点等，可增加的有效耕地及其他用地面积。

（2）调查

以乡镇或村为单位，调查农村居民点用地面积、户数、人口数、居民点的个数、村镇建设标准、当地建房用地标准及村镇规划对该居民点的安排。

3.土地复垦（开发）潜力

土地复垦（开发）潜力的分析评价与潜力分级，在方法上与耕地整理潜力是基本一致的，但在调查内容、调查方法上有较大差异。由于待复垦和待开发的土地分布零散，所以应采取实地逐片调查法，以全面准确地查清后备土地资源的总量。

土地复垦（开发）潜力调查可以乡镇为单位，根据1∶10000土地利用现状图，按图斑对废弃地（未利用地）进行调查。已计入土地开发整理范围的废弃地（未利用地）应予以剔除，以免重复。采用实地按图斑调查的优点是能够结合实地情况对待复垦（开发）的土地进行现场的适宜性评价。主要调查内容有废弃地（未利用地）的面积、坡度、有效土层厚度、土壤质地、水源保护情况、有无限制因素、是否适宜复垦（开发），以及可复垦（开发）为耕地、园地和其他农用地的面积。

第十二章 土地利用管理

第一节 土地用途管制探究

一、土地用途管制的含义

土地用途管制是指国家为保证土地资源的合理利用，促进经济、社会和环境的协调发展，按照土地利用总体规划确定的土地用途和土地利用限制条件，实施土地用途变更许可的一项强制性制度。

这里用途所指的是由经国家有批准权的机构批准后，具有法律效力的土地利用总体规划规定的用途。

1999年1月1日实施的《土地管理法》第四条规定："国家实行土地用途管制制度。国家编制土地利用总体规划，规定土地用途，将土地分为农用地、建设用地和未利用地。严格限制农用地转为建设用地，控制建设用地总量，对耕地实行特殊保护"。从法律上确立了土地用途管制为土地管理的根本制度。

土地用途管制是目前世界上土地管理制度较为完善的国家和地区所普遍采用的土地管理制度，是一项旨在确保土地利用合乎社会需要的基本的土地公共管理制度。它通过对私人利用土地行为的规范，消除个体使用土地时的负外部性，并阻止资源及资源上附有的社会经济文化价值，不因私人短视行为而遭受不可逆转的破坏。在我国的土地公有制下，土地用途管制制度不仅肩负着克服土地市场失灵，实现土地资源合理配置和有效利用的重任，同时担负着对土地市场的基础性权利和土地使用权的初始界定的责任。土地用途管制制度在我国的确立，自始至终就被视为是我国土地管理制度上的一次伟大革新。

实践表明，该制度在对合理利用土地资源和保护耕地等方面起到了重要作用。

二、土地用途管制的内容和特点

(一) 土地用途管制的内容

土地用途管制的主体是国家，土地用途管制的客体是已确定用途、数量、质量和位置的土地，土地用途管制的目标是严格限制农用地转为建设用地，控制建设用地总量，对耕地实行特殊保护，确保辖区内耕地总量不减少。土地用途管制的手段是编制土地利用总体规划，规定土地用途，划分土地利用区，实行分区管制。土地用途管制的主要内容包括。

（1）土地按用途进行合理分类。这是实施土地用途管制的基础。按照《土地管理法》的规定和土地的自然属性及土地的利用状况和保护需要，将土地分为基本农田、一般农田、林地、城镇村建设用地、风景旅游用地、独立工矿用地、生态环境安全用地、自然和人文景观保护用地及其他用地。

（2）通过土地利用总体规划规定土地用途和土地使用条件。各级人民政府要按照《土地管理法》的要求，编制好土地利用总体规划，对土地利用做出长远的计划和安排。

县级和乡（镇）土地利用总体规划要划分土地利用区，明确土地用途，乡（镇）土地利用总体规划要根据土地使用条件，确定每一块土地的用途，为土地利用、农用地转用审批提供依据。

（3）土地登记要注明土地用途。在进行土地登记时必须注明土地用途，将规定用途固定在土地证书上，以防土地用途转变，便于土地利用监督管理。

（4）用途变更实行审批制。土地用途变更必须符合土地利用总体规划，并经政府行政主管部门的审批。各级土地行政主管部门必须严格按照土地利用总体规划确定的用途审批用地，严格控制农用地转为建设用地，不符合土地利用总体规划确定的用途，不得批准建设项目用地，对违反规划用地的行为要依法查处。

（二）土地用途管制的特点

土地用途是由代表国家长远和全局利益的中央政府通过各级土地利用总体规划确定的，土地用途一经确定，即具有法律效力，任何单位和个人都不得擅自改变；土地用途一经确定，即具有强制性。任何单位和个人都必须按照规定的用途使用土地，违反规定的用途使用土地的行为属违法行为，要受到法律的制裁。

三、土地用途管制规则

（一）基本农田保护区用途管制规则

（1）基本农田一经划定，任何单位和个人不得擅自占用或者擅自改变器用途，这是不可逾越的"红线"。

（2）对基本农田应逐块划界、定位，建立标志、档案，落实责任人，制定具体保护措施，实行特殊保护政策。

（3）禁止在基本农田内建窑、建房、建厂、建坟或者擅自取土、采矿、堆放废弃物。

（4）基本农田保护区内基本农田坚持实行"占一补一"原则，严格用地审批手续，任何单位和个人不得擅自改变其用途或占用，也不得使其闲置或荒芜。

（5）国家能源、交通、水利等重点建设项目选址确实无法避开基本农田保护区，需要占用基本农田保护区耕地的，必须依法报有权限部门批准。

（二）一般农用地区用途管制规则

（1）按规划确定的耕地保有量不得随意减少。

（2）积极鼓励和引导用地单位和个人加强对耕地的改良与治理，消除制约因素，改善生产条件，提高耕地质量。

（3）园地主要用于园业及其服务设施使用，林地主要用于林业生产和生态环境保护建设使用，不得擅自改变。

（4）严禁各类建设项目擅自占用园地、林地。

（5）加强园地的更新改造，强化园地生产环境保护建设，采用科学栽培技术，提高园地生产水平和产品质量；加强对现有林木的保护与管理，禁止一切乱砍、滥伐行为，加快现有林木的更新和抚育。

（三）城镇建设用地区用途管制规则

（1）其区内土地主要用于城市、建制镇建设。

（2）其区内土地使用必须符合城市、建制镇建设规划。

（3）其区内建设应优先利用现有建设用地、闲置地和废弃地。

（4）其区内农用地在批准改变用途前，应当按原用途使用，不得荒芜。

（四）村镇建设用地区用途管制规则

（1）其区内土地主要用于村庄、集镇建设。

（2）其区内土地使用应符合村庄和集镇建设规划。

（3）其区内建设应优先利用现有建设用地、闲置地和废弃地。

（4）其区内农用地在批准改变用途前，应当按原用途使用，不得使其荒芜。

（五）独立工矿用地区用途管制规则

（1）其区内土地主要用于采矿业以及不宜在居民点内配置的其他工业用地。

（2）其区内土地使用应符合工矿建设规划。

（3）其区内因生产建设挖损、塌陷、压占的耕地应及时复垦。

（4）其区内建设应优先利用现有建设用地、闲置地和废弃地。

（5）其区内农用地在批准改变用途前，应当按原用途使用，不得使其荒芜。

（六）风景旅游用地区用途管制规则

（1）其区内土地主要用于旅游、休憩及相关文化活动。

（2）其区内土地使用应当符合风景旅游区规划。

（3）其区内影响景观保护和游览的土地用途，应在规划期间调整为适宜的用途。

（4）允许使用其区内土地进行不破坏景观资源的农业生产活动和适度的旅游设施建设。

（5）严禁占用区内土地进行破坏景观、污染环境的生产建设活动。

（七）自然和人文景观保护区用途管制规则

（1）其区内土地主要用于保护具有特殊价值的自然和人文景观。

（2）其区内土地使用应符合保护区规划。

（3）其区内影响景观保护的土地用途，应在规划期内调整为适宜的用途。

（4）不得占用保护区核心区的土地进行新的生产建设活动，原有的各种生产、开发活动应逐步停止。

（八）其他用地区用途管制规则

其区内土地包括交通运输用地、水域或水利设施用地、其他土地等类型的土地用途管制规则按照特定用途需要制定。

第二节　土地节约集约利用探究

一、土地节约集约利用的含义

土地节约集约利用是贯彻十分珍惜、合理利用土地和切实保护耕地的基本国策的重要手段，落实最严格的耕地保护制度和最严格的节约集约用地制度，是提升土地资源对经济社会发展的承载能力，也是促进生态文明建设的途径。

土地节约集约利用主要是从保护土地资源的角度通过一系列政策、措施或技术手段，减少因为社会经济发展对具有自然价值的土地造成的不可逆的消耗。节约用地所体现的是减量化原则，希望用尽量少的土地占用量，来实现土地使用的基本功能。鉴于耕地资源的珍贵，节约用地不仅在于减少土地占用量，还包括尽量少占或不占耕地。

集约用地是指在土地资源使用量既定的情况下，通过增加土地的有效投入和优化土地利用与布局，提高土地的利用效率和效益，发挥有限土地资源的更大功能。集约所体现的是功效最大化原则，注重挖掘土地资源的利用潜力，实现土地利用的更大功能，提高土地利用效益。集约用地的特点是提高现有土地利用的功效，包括对农用地和建设用地的集约利用。

按照《节约集约利用土地规定》（2014年9月1日起实施）：节约与集约利用土地是指通过规模引导、布局优化、标准控制、市场配置、盘活利用等手段，达到节约土地、减量用地、提升用地强度、促进低效废弃地再利用、优化土地利用结构和布局、提高土地利用效率的各项行为与活动。

它包含以下基本内涵。

（1）在各项建设中要千方百计降低土地资源的消耗，不占或尽量少占耕地，减少用地规模，珍惜和合理利用每一寸土地。

（2）要通过盘活存量土地资源，构建符合资源国情的城乡土地利用新格局，充分发挥市场在土地资源配置中的决定性作用和创新节约集约用地机制等手段，提高土地投入和产出的强度，提高土地利用的集约化程度，以满足社会发展和经济建设的可持续性。

（3）土地利用的节约与集约是一个动态的过程，而不是一个静态的终极目标，并且存在自身的阶段性和区域性的差异化。

二、影响土地节约集约利用的因素

影响土地节约集约利用的因素有以下的几个方面。

1.土地资源状况

土地作为一种自然资源，具有有限性和位置固定的特点。土地节约与集约利用和区域土地资源状况直接相关，即土地资源的稀缺性程度是土地节约与集约利用的最直接的资源型影响因素，当土地总量和区域土地供给量充足时，易导致土地的粗放利用；相反，稀缺时易使土地利用向集约化方向发展。

2.社会经济发展水平

社会经济因素包含多个方面。

（1）社会经济总体的发展状况。在不同工业化阶段，随着产业结构的演进，资本和土地等要素的相对价格不断变化，土地利用集约度呈现非常清晰的、有规律的发展趋势。从工业化发展过程来看，在工业化和经济发展初期，由于资本稀缺，投资者倾向于以土地替代资本，土地利用呈现粗放的态势；而随着工业化的推进和经济的发展，资本问题逐渐得到解决，土地资源的稀缺性逐渐提升，土地利用的方式逐渐转为集约。

（2）利率水平。其可以影响土地收益，投入相同的资本，利率较低时投资商实际上拥有土地的价值要高于利率高时的价值，获得收益也大。

（3）社会治安状况。良好的区域，土地开发商乐意投资，土地市场供、需两旺。

（4）土地价格和税收。当价格低、税收宽松时，土地经营者可以牺牲土地资源量，减少资本和劳动的投入，来降低成本获得高额利润，导致土地粗放利用；反之，土地集约度会提高。

（5）制度制约因素。政策制度性因素对土地集约利用的影响也不可忽略，尤其是在我国当前市场经济体制尚未完善、法治建设还不健全的情况下更是如此。土地节约集约利用所产生的效益往往是长远的和全局性的，而经营者常对短期利益和个人利益更感兴趣，两者之间的矛盾需要政府制定政策来调节，对经营者的行为加以引导和约束，如城市规划、土地用途管制等政策。这些政策对土地的节约与集约利用产生了极为重要的作用。

3. 科学技术水平

一是土地节约集约利用随着科学技术的发展而变化。科学技术进步后，过去是集约利用型的土地，现在和将来可能是粗放型的，土地利用是不断调整的过程。二是技术进步才可能使人们对过去集约度较低的土地加以改造，使之集约化。如建筑技术的提高，建筑物的高度大幅度提高，提高了土地的利用率。

4. 城市规模

一般情况下，城市随着人口、经济和文化等要素的不断集聚，规模将进一步扩大，而扩大后的城市规模再促使集聚经济效益和规模经济效益更加突出，土地集约利用能力也进一步增强，城市对各要素的吸引力也增强，增强的吸引力再集聚更多的城市发展要素，如此不断循环。随着城市规模的不断扩大与要素集聚的持续进行，城市土地将得到更加充分和集约的利用。当然，城市规模与城市发展要素的集聚受制于外部不经济性，城市规模也存在一个适度问题。

除此之外，还有土地用途与区位、生态环境、人文景观和心理因素等因素都会影响土地的节约与集约利用程度。

三、土地节约与集约利用政策与措施

(一) 土地节约与集约利用的规划计划政策

1. 规模控制政策

国家通过土地利用总体规划,对各区域、各行业发展用地规模和布局进行统筹。规划范围内的产业发展、城乡建设、基础设施布局、生态环境建设等相关规划,应当与土地利用总体规划相衔接,所确定的建设用地规模和布局必须符合土地利用总体规划的安排。相关规划不符合或超出土地利用总体规划确定的建设用地布局和规模的,应当及时调整或者修改,调整用地布局,核减用地规模。

通过土地利用总体规划,确定建设用地的规模、布局、结构和时序安排,对建设用地实行总量控制,不得突破土地利用总体规划确定的约束性指标和分区管制规定。

下级土地利用总体规划不得突破上级土地利用总体规划确定的约束性指标。国土资源主管部门应当通过规划、计划、用地标准、市场引导等手段,有效控制特大城市新增建设用地规模,适度增加集约用地程度高、发展潜力大的地区和中小城市、县城建设用地供给,合理保障民生用地需求。

2. 布局优化措施

引导工业向开发区集中、人口向城镇集中、住宅向社区集中,推动农村人口向中心村、中心镇集聚,产业向功能区集中,耕地向适度规模经营集中。禁止在土地利用总体规划和城乡规划确定的城镇建设用地范围之外设立各类城市新区、开发区和工业园区。鼓励线性基础设施并线规划和建设,促进集约布局和节约用地。

国土资源主管部门应当在土地利用总体规划中划定城市开发边界和禁止建设的边界,实行建设用地空间管制。城市建设用地应当因地制宜采取组团式、串联式、卫星城式布局,避免占用优质耕地。

县级国土资源主管部门应当加强与城乡规划主管部门的协商,促进现有城镇用地内部结构调整优化,控制生产用地,保障生活用地,提高生态用地的比例,加大城镇建设使用存量用地的比例,促进城镇用地效率的提高。

鼓励建设项目用地优化设计、分层布局,鼓励充分利用地上、地下空间。建设用地使用权在地上、地下分层设立的,其取得方式和使用年期参照在地表设立的建设用地使用权的相关规定。出让分层设立的建设用地使用权,应当根据当地基准地价和不动产实际交易情况,评估确定分层出让的建设用地最低价标准。

3. 计划供地政策

实行新增建设用地计划供应制度,每年根据国家下达的用地计划以及全省国民

经济和社会发展规划、土地利用总体规划、城市总体规划及近期建设规划、城市建设开发改造计划以及产业政策、土地市场状况等因素拟定下年度的土地供应计划。

(二) 土地节约与集约利用的市场政策

1. 切实推行土地有偿使用制度

国家扩大国有土地有偿使用范围，减少非公益性用地划拨。除军事、保障性住房和涉及国家安全与公共秩序的特殊用地可以以划拨方式供应外，国家机关办公和交通、能源、水利等基础设施 (产业)、城市基础设施以及各类社会事业用地中的经营性用地，实行有偿使用。各类有偿使用的土地供应应当充分贯彻市场配置的原则，通过运用土地租金和价格杠杆，促进土地节约集约利用。县级国土资源主管部门可以采取先出租后出让、在法定最高年期内实行缩短出让年期等方式出让土地。采取先出租后出让方式供应工业用地的，应当符合自然资源部规定的行业目录。分期建设的大中型工业项目，可以预留规划范围，根据建设进度，实行分期供地。

2. 完善地价政策

经营性用地应当以招标拍卖挂牌的方式确定土地使用者和土地价格。各类有偿使用的土地供应不得低于国家规定的用地最低价标准。禁止以土地换项目、先征后返、补贴、奖励等形式变相减免土地出让价款。

鼓励土地使用者在符合规划的前提下，通过厂房加层、厂区改造、内部用地整理等途径提高土地利用率。在符合规划、不改变用途的前提下，现有工业用地提高土地利用率和增加容积率的，不再增收土地价款。符合节约集约用地要求、属于国家鼓励产业的工业用地，可以实行差别化的地价政策。

3. 实行土地储备制度

土地储备制度是土地使用制度的一个改革和创新。首先，土地储备制度通过对土地进行统一收购和垄断供应，不仅可以盘活存量土地，使不能有效利用的土地或者闲置的土地，最大限度地满足城市建设用地的需求，提高土地利用率，也能抑制中间商的土地炒作，规范土地市场行为，创造公平竞争的市场环境。其次，可以提高土地资源的利用效率，获得较高的土地经济效益。通过土地利用结构调整、土地整理等手段，实现土地合理利用，优化土地资源配置，实现土地利用在经济、生态、社会综合效益上的最大化。实行土地储备制度既维护了国家土地所有权的完整性，又满足了市场机制对资源合理配置的要求，有力地促进了市场经济体制的完善与发展。

(三)国家实行建设项目用地标准控制制度

1. 制定用地标准

自然资源部会同有关部门制定工程建设项目用地控制指标、工业项目建设用地控制指标、房地产开发用地宗地规模和容积率等建设项目用地控制标准。地方国土资源主管部门可以根据本地实际,制定和实施更加节约集约的地方性建设项目用地控制标准。

例如,自然资源部会同有关部门根据国家经济社会发展状况和宏观产业政策,制定《禁止用地项目目录》和《限制用地项目目录》,促进土地节约集约利用。

2. 按用地标准供地

建设项目应当严格按照建设项目用地控制标准进行测算、设计和施工。市、县国土资源主管部门应当加强对用地者和勘察设计单位落实建设项目用地控制标准的督促和指导。建设项目用地审查、供应和使用,应当符合建设项目用地控制标准和供地政策。市、县国土资源主管部门在有偿供应各类建设用地时,应当在建设用地使用权出让、出租合同中明确节约集约用地的规定;供应工业用地时,应当将工业项目投资强度、容积率、建筑系数、绿地率、非生产设施占地比例等控制性指标纳入土地使用条件;供应住宅用地时,应当将最低容积率限制、单位土地面积的住房建设套数和住宅建设套型等规划条件写入建设用地使用权出让合同。对违反建设项目用地控制标准和供地政策使用土地的,县级以上国土资源主管部门应当责令纠正,并依法予以处理。

国土资源主管部门为限制用地的建设项目办理的建设用地供应手续必须符合规定的条件;不得为禁止用地的建设项目办理建设用地供应手续。

(四)土地节约集约利用的经济政策

1. 严格征收土地相关的税费

我国目前设立的土地税费包括耕地占有税、契税、土地增值税、城镇土地使用税等。土地税收管理能发挥税收的经济调节作用,促进土地的节约与集约利用。

土地使用制度改革以来,土地在不断地增值,有些人以办企业为名,占用大量闲置土地,投机赚取高额利润。为合理利用土地资源,提高建设用地集约利用程度,应对这种占而不用的空地征收一定数额的闲置费。土地增值税是国家为了适应土地增值而设立的,其目的是把因社会发展所增加的土地价值用于社会共享,能有效遏制土地投机的发展。严格征收新增加的建设用地使用费、土地征用安置补偿费和房屋拆迁安置补助费等,做到专款专用,促使土地使用者自觉使用存量建设用地,形成珍惜土地、节约土地、合理用地和集约用地、积极保护耕地和生态环境用地的良好用地习惯。

2. 制定激励和奖惩政策

县级以上地方国土资源主管部门在本级人民政府的领导下，会同有关部门建立城镇低效用地再开发、废弃地再利用的激励机制，对布局散乱、利用粗放、用途不合理、闲置浪费等低效用地进行再开发，对因采矿损毁、交通改线、居民点搬迁、产业调整形成的废弃地实行复垦再利用，促进土地优化利用。

在各区、县实行建设用地节约与高效利用考核制度，将考核评价结果与年度建设用地利用计划指标分解挂钩，促进土地利用节约与高效利用程度提高。通过建设项目节约与高效利用考核评价，对于自觉追加投资或者产出密度高于规划数值的建设项目，主管部门可以根据土地集约和高效利用程度，结合实际情况给出土地利用、税收等的优惠政策，鼓励建设多层厂房，并积极推广标准厂房，以提高土地容积率。

鼓励建设项目用地由数量扩张型向质量提高型转变，综合提高建设用地的节约与高效利用效率。对于建设项目用地在节约与高效利用评价考核中未达标，但建设项目仍旧运营的情况，必须按土地有偿使用合同约定或划拨决定书规定的有关条款追究土地使用者的责任。对于仍不能达到要求的，可以和建设项目所属企业协商，通过土地置换等手段，引导建设项目达到节约与高效利用标准。

(五) 土地节约集约利用的技术政策

1. 开展土地整治

国家鼓励土地整治。县级以上地方国土资源主管部门应当会同有关部门，依据土地利用总体规划和土地整治规划，对田、水、路、林、村进行综合治理，对历史遗留的工矿等废弃地进行复垦利用，对城乡低效利用土地进行再开发，以提高土地利用效率和效益，促进土地节约集约利用。农用地整治应当促进耕地集中连片，增加有效耕地面积，提升耕地质量，改善生产条件和生态环境，优化用地结构和布局。宜农未利用地开发，应当根据环境和资源承载能力，坚持有利于保护和改善生态环境的原则，因地制宜适度开展。高标准基本农田建设，应当严格控制田间基础设施占地规模，合理缩减田间基础设施占地率。对基础设施占地率超过国家高标准基本农田建设相关标准规范要求的，县级以上地方国土资源主管部门不得通过其项目验收。县级以上地方国土资源主管部门可以依据国家有关规定，统筹开展农村建设用地整治、历史遗留工矿废弃地和自然灾害毁损土地的整治，提高建设用地利用效率和效益，改善人民群众生产生活条件和生态环境。鼓励社会资金参与城镇低效用地、废弃地再开发和利用。鼓励土地使用者自行开发或者合作开发。

2. 实行土地集约利用专项调查

通过土地集约利用的调查，查清土地的数量、质量、分布、用途和是否闲置等状况，为土地集约利用评价、土地集约利用潜力评价，实行土地科学管理提供翔实的基础资料。同时，也是为国家国民经济各部门提供确切的现实土地资料，从而为编制土地计划、农业区划和城市规划，指导各部门生产，以及科学评定企业经营效果提供科学依据。

3. 建立土地集约利用潜力评价信息系统

土地集约利用潜力评价信息系统是基于地理信息系统的多数据源、多尺度的评价信息系统。土地集约利用潜力评价信息系统是在整合多用途地籍信息系统、城镇土地定级估价信息系统等诸多系统的基础上进行的，具有一定的探索性和前瞻性，其目的在于使我国土地集约利用达到一个新的水平。该系统具备较强的动态性，能与土地利用状况保持同步调整，有利于掌握土地的信息，对土地节约集约利用起到辅助作用。

(六) 土地节约集约利用的监督考评措施

1. 土地节约集约利用普查与评价

县级以上国土资源主管部门应当组织开展本行政区域内的建设用地利用情况普查，全面掌握建设用地开发利用和投入产出情况、集约利用程度、潜力规模与空间分布等情况，根据建设用地利用普查情况，组织开展区域、城市和开发区节约集约用地评价，并将评价结果向社会公开。如浙江省区域建设用地集约利用评价结果已纳入市县党政领导干部实绩考核，其也可作为开发区升级、扩区、区位调整和退出的重要依据。

国家和地方尚未出台建设项目用地控制标准的建设项目，或者因安全生产、特殊工艺、地形地貌等原因，确实需要超标准建设的项目，县级以上国土资源主管部门应当组织开展建设项目用地评价，并将其作为建设用地供应的依据。

2. 土地节约集约利用监督

县级以上国土资源主管部门应当加强土地市场动态监测与监管，对建设用地批准和供应后的开发情况实行全程监管，定期在门户网站上公布土地供应、合同履行、欠缴土地价款等情况，接受社会监督。省级国土资源主管部门应当对本行政区域内的节约集约用地情况进行监督，在用地审批、土地供应和土地使用等环节加强用地准入条件、功能分区、用地规模、用地标准、投入产出强度等方面的检查，依据法律法规对浪费土地的行为和责任主体予以处理并公开通报。

结束语

随着世界人口的不断增加，人口与环境资源的矛盾日益凸显，能否有序开展国土空间规划工作，对于缓解这一矛盾以及我国国土资源的充分开发、合理利用和有效治理有着直接的影响。现阶段，我国在不断推进和落实生态文明建设的同时，国土空间规划体系也在不断的优化和完善之中，带来的直接结果就是有效开发国土空间。在国土空间规划中，测绘技术作为主要工作内容，为有序开展空间规划工作提供了重要基础，即准确的数据信息。对于如何在国土空间规划中应用新的测绘技术，笔者提出了以下对策。

(一) 在特殊地形中的应用

我国幅员辽阔，有着多样且复杂的地形地貌，这无形中提高了我国国土空间规划的工作难度。为了保证地形数据信息的准确性，工作人员在应用测绘新技术之前，需要对地形特点进行了解，在此基础上选择合适的测绘技术。为了掌握特定区域的地质特点、判断其是否可以进行空间开发等相关问题，工作人员需要在测绘工作正式开始之前，勘查和检测地形的特殊性。而后以地形的实际情况为基础，对测绘方法进行合理的选择，对国土空间规划工作涉及的每个环节进行全面深入的了解，对存在的问题进行分析，并采取有效的解决措施。在不影响工作质量的情况下，尽快完成测绘工作。以下是工作人员为应对相关问题需要做好的几项措施：一是应对预案的提前制定，这样可以有效快速地解决可能出现的以及紧急的问题；二是为了保证测绘技术的可操作性和实用性，对测绘新技术进行合理的选择；三是尽可能地准确测量特殊地形，不仅可以提高测绘效率，还可以为后续工作的顺利开展提供保障。

(二) 在国土测绘中的应用

在国土测绘中应用影像定位技术，测量出的物体数据信息会更加准确。特别是对复杂地形进行测绘时，为了对地形中的地质信息进行全面准确的掌握，测绘人员需要对测量数据进行连续处理，这样才能促进我国国土测绘整体精确度的提升。在国土测绘中应用影像定位技术通常需要以遥感、卫星定位等其他测绘新技术为依托，这样能够更加准确地对影像进行定位，使测绘人员对被测地的地形地貌地质有更加全面地了解，这样国土规划人员就可以从宏观的、整体的角度去规划国土空间，从而进行更加细致的分析和设计，保障后续工作的顺利开展。

(三) 在国土资源开发管理工作中的应用

多元化测绘技术在开发和管理国土资源的工作中有着广泛的应用，基于测绘技术的合理选择，工作人员可以通过遥感动态分析国土资源，有效指导国土空间规划的相关决策。进入信息时代以来，我国科技发展突飞猛进，市面上出现了各种各样的新型测绘技术，从技术层面，其为我国国土资源的合理开发利用奠定了基础。

在当前的地形测绘中，动态遥感已经成为一种非常常见且实用的技术，它实现了土地资源相关信息的精确测量。科学发展观强调人与自然的和谐共存与可持续发展，在这种背景下将先进的测绘技术引入测绘工作，可以促使工作人员对生态建设工程进行全面合理的分析，从而提高对自然资源开发和利用的合理性、有效性。

基于上文的论述，从我国国土空间规划的实际情况出发，笔者认为，在测绘工作中，工作人员要对新型测绘技术进行积极的学习和应用，以提高测绘工作的质量、效率，保证国土资源信息的准确性，促进我国国土空间规划工作的有序开展。同时，工作人员借助测绘新技术可以全天候不间断地监测生态环境，对生态环保工程各项数据的红线进行及时了解，从而更加顺利、平稳地开展环保工程的建设工作，以保证国土资源发展的可持续性。在开展测绘工作的过程中，工作人员应该以被测绘区域的应用类型为依据，对测绘方式进行科学合理的选择，以更好地指导、预测国土空间规划的工作及方向。

参考文献

[1] 洪泽珊.国土空间控制性详细规划弹性管控及动态维护机制探讨[J].智能建筑与智慧城市,2023(11):60-62.

[2] 常钦.构建国土空间开发保护新格局[N].人民日报,2023-11-17(008).

[3] 叶晓敏.基于国土空间总体规划的城市发展战略研究[J].城市建设理论研究(电子版),2023(31):25-27.

[4] 王阳,郭开明,苏练练.关于国土空间规划中城乡建设用地统筹的思考[J].西安建筑科技大学学报(自然科学版),2023,55(5):729-738.

[5] 刘宜分.现代居住社区建筑规划的理念及其国土空间规划探究[J].城市建设理论研究(电子版),2023(30):19-21.

[6] 刘佳城.数字化测绘技术在大型水利工程中的应用研究[J].水利技术监督,2023(10):64-66.

[7] 张小林.实景三维在国土空间规划中的应用探究[J].智能城市,2023,9(10):59-61.

[8] 张小平,杨传强,李士江.国土空间规划改革背景下城镇开发边界管控研究[J].特区经济,2023(10):44-47.

[9] 高明,李杰,王文进,等.遥感测绘技术在地质勘查中的应用研究[J].能源与环保,2023,45(10):116-122.

[10] 吴剑平.智慧国土空间规划的思路分析[J].智能建筑与智慧城市,2023(10):62-64.

[11] 黄晓芳.首个国土空间规划编制技术规程发布[N].经济日报,2023-10-20(006).

[12] 成校.刍议无人机测绘技术在市政道路工程中的应用[J].数字通信世界,2023(10):113-115.

[13] 胡启凌.低空无人机测绘技术在输电通道巡检中的应用[J].低碳世界,2023,13(10):49-51.

[14] 朱建平.倾斜摄影测量技术在地籍测绘中的应用研究[J].科技创新与应用,2023,13(29):157-159+164.

[15] 陈静，王卫民 . 基于测绘无人机的土壤有机污染远程检测技术研究 [J]. 环境科学与管理，2023，48(10)：127-132.

[16] 陈佐明 . 测绘地理信息技术在地质勘查中的应用 [J]. 信息系统工程，2023(10)：47-50.

[17] 吴嫣婷 . 数字化测绘技术在工程测量中的应用 [J]. 工程技术研究，2023，8(19)：84-86.

[18] 何明俊 . 关于国土空间规划立法模式的探讨 [J]. 城市规划，2023，47(10)：4-10+53.

[19] 余颖，李俐娟，周觅 . 城市更新背景下重庆详细规划更新 [J]. 城市规划，2023，47(10)：23-29.

[20] 寇科奇 . 国土空间规划管理措施研究 [J]. 城市建设理论研究(电子版)，2023(28)：13-15.

[21] 冯柳青 . 国土空间规划背景下的村庄发展策略浅析 [J]. 城市建设理论研究(电子版)，2023(28)：7-9.

[22] 马小毅，江雪峰 . 国土空间规划与交通规划的融合和协调 [J]. 规划师，2023，39(10)：28-33.

[23] 赖权有，钱竞，唐欣，等 . 市级国土空间总体规划数据库建设与报批内容研究 [J]. 地理空间信息，2023，21(9)：85-88+97.

[24] 赖晓东 . 数字化测绘技术在国土测量中应用的探讨 [J]. 城市建设理论研究(电子版)，2023(27)：154-156.

[25] 郭丽华 . 测绘新技术在国土测绘工程中的实践研究 [J]. 城市建设理论研究(电子版)，2023(27)：157-159.

[26] 徐德军，钟美 . 空地一体化测绘技术在数字化城市建设中的应用 [J]. 测绘与空间地理信息，2023，46(9)：14-17.

[27] 徐弘 . 测绘技术在现代工程测量中的应用研究 [J]. 中国高新科技，2023(18)：143-144+147.

[28] 刘梅 . 测绘新技术在地质工程测量中的应用优势及要点探讨 [J]. 科技资讯，2023，21(18)：128-131.

[29] 苗小鹏 . 测绘工程质量的控制措施探讨 [J]. 科技风，2023(26)：78-80.

[30] 李尤瑾，崔恒军，焦建超 . 水利工程测量中数字化测绘技术的应用探析 [J]. 智能建筑与智慧城市，2023(9)：32-34.

[31] 李瑞龙 . 基于测绘发展现状的工程测量测绘技术应用分析 [J]. 大众标准化，2023(18)：136-138.

[32] 李虎 . 国土测绘工程中的测绘新技术应用分析 [J]. 城市建设理论研究 (电子版)，2023(26)：178-180.

[33] 顾嘉承 . 测绘技术在资源环境及城乡规划中的应用 [J]. 城市建设理论研究 (电子版)，2023(26)：175-177.

[34] 张浩进 . 大数据技术在测绘地理信息中的应用 [J]. 冶金管理，2023 (17)：12-14.

[35] 王文 . 测绘地理信息技术在国土空间规划中的应用 [J]. 冶金管理，2023 (17)：88-90.

[36] 陈丽，孙康宁 . 无人机航拍技术在测绘工程测量中的应用 [J]. 科技创新与应用，2023，13(26)：164-167.

[37] 陈俞佐 .GIS 技术和数字化测绘技术的发展及其在工程测量中的应用 [J]. 城市建设理论研究 (电子版)，2023(23)：175-177.

[38] 侯宝胜 . 不动产测量中测绘工程技术的应用 [J]. 四川建材，2023，49 (8)：50-51+54.

[39] 宋耀东 . 地理国情监测技术与数据源分析研究 [D]. 西安：西安科技大学，2014.

[40] 武琛 . 地理国情监测内容分类与指标体系构建方法研究 [D]. 泰安：山东农业大学，2012.